Zimmermann:

Die Finanzwirtschaft

des Deutschen Reichs
und der deutschen Bundesstaaten
zu Kriegsausbruch 1914

Die Finanzwirtschart

des Deutschen Reichs und der deutschen Bundesstaaten zu Kriegsausbruch 1914

Von

Dr. F. W. R. Zimmermann

Kammerpräsident zu Braunschweig

Berlin und Leipzig

G. J. Göschen'sche Verlagshandlung G. m. b. H.

1916

Druck
der Spamerschen
Buchdruckerei in Leipzig

Inhalt.

Vorbemerkung. Die Zahlenangaben im nachstehenden sind in der Hauptsache und insbesondere da, wo es sich um jeweilige Einnahme- und Ausgabeansätze handelt, der Reichsstatistik, und zwar den regelmäßigen Veröffentlichungen über die Finanzen des Reichs und der deutschen Bundesstaaten in den Vierteljahrsheften zur Statistik des Deutschen Reichs (letzte Veröffentlichung, besonders auch die Voranschläge für 1913 betreffend, in Heft II des 23. Jahrgangs 1914, S. 119ff.) entnommen; durchweg handelt es sich dabei, wo anderes nicht hinzugefügt ist, um die Daten nach den Voranschlägen 1913. Die forstwirtschaftlichen Angaben beruhen auf den „Mitteilungen des Deutschen Forstvereins" 14. Jahrgang 1913, S. 50ff., die bergwirtschaftlichen auf einem Aufsatz des Dr. J. Jüngst über die Bedeutung des Staatsbergbaues im Haushalt der deutschen Bundesstaaten in der berg- und hüttenmännischen Zeitschrift Glückauf, 50. Jahrgang 1914, Nr. 36, S. 1363ff., und die Verkehrsangaben usw. über die Staatsbahnen auf bezüglichen Einzelveröffentlichungen im Archiv für Eisenbahnwesen, 37. Jahrgang 1914. Es ist damit überall auf die neuesten verfügbaren Daten gegriffen, welche einheitlich für die Gesamtheit der betreffenden Staatswesen vorhanden waren.

Einleitung.

Eigenart und Einteilung der Finanzwirtschaft.

Unter Finanzwirtschaft versteht man gleichbedeutend mit öffentlicher Wirtschaft alles dasjenige, was zur Wirtschaftsführung der öffentlichen Gemeinwesen gehört, also die Gesamtheit derjenigen Einrichtungen für eine wirtschaftliche Tätigkeit, wie sie nach ihrer Eigenart und ihrem Zweck von den öffentlichen Gemeinwesen auszuüben ist. In ihren allgemeinen Grundzügen stimmt die wirtschaftliche Tätigkeit der öffentlichen Gemeinwesen mit der der privaten Einzelwirtschaften (im weitesten Sinne) überein, so namentlich darin, daß für beide sowohl die Güterbeschaffung wie auch die Güterverwendung in Frage kommt.

Während aber bei der privaten Wirtschaft die Güterbeschaffung in erster Linie steht und sich wesentlich auf einen tunlichst großen Gütererwerb ohne irgendwelche Beschränkung nach dem vorhandenen Verwendungsbedürfnis zuspitzt, bildet bei der öffentlichen Wirtschaft die Güterverwendung in ihrer durch die öffentlichen Zwecke und Verpflichtungen gegebenen Beschränkung den Ausgangspunkt, nach dem sich sodann die Güterbeschaffung zu richten hat. Damit ist jedoch keineswegs ausgeschlossen, daß nicht auch in der öffentlichen Wirtschaft die Güterbeschaffung das Schwerwiegendere ist.

Die Begrenzung der Güterverwendung nach den besonderen Zwecken der öffentlichen Gemeinwesen muß der Wirtschaftsführung der letzteren notwendig eine Eigenart, welche sie von der privaten Wirtschaftsführung abscheidet, geben. Die öffentliche Wirtschaftsführung wird dadurch ohne weiteres in eine Beschränkung der Güterverwendung auf das Notwendige bzw. Notwendigste hineingedrängt; die Sparsamkeit muß in vortretenderer Weise einen Grundsatz derselben bilden.

Andererseits sind die öffentlichen Gemeinwesen zeitlich unbegrenzt und haben dementsprechend ihre Wirtschaftsführung einzurichten. Sie werden ihre wirtschaftlichen Maßnahmen stets so treffen müssen, daß diese nachhaltig und bleibend dem Gemeinwesen nützlich sind, ja unter Umständen so, daß sie erst in entlegenerer Zukunft zu voller Wirkung kommen und dadurch in der Hauptsache erst späteren Geschlechtern dienen. Auch hierin liegt ein Unterschied von der Privatwirtschaft, obwohl diese ebenfalls bis zu einem gewissen Grade der Zukunft Rechnung tragen wird.

Da die Wirtschaftsführung der öffentlichen Gemeinwesen bei ihrer Güterverwendung stets die Zwecke der Gemeinwesen im Auge haben muß, welche durchweg allgemeine, vielfach auch vorragender ideale und ethische sind, so kann in ihr ein Ausgleich zwischen Leistung und Gegenleistung, zwischen Geben und Nehmen sich nur in sehr beschränkter Weise und nicht annähernd in dem Maße wie bei der Privatwirtschaft, die sich in vielem gerade hierauf gründet, vollziehen. Es kommt dieses wesentlich bei der Güterbeschaffung in Betracht. Bezüglich der letzteren sind die öffentlichen Gemeinwesen bei ihrem für die Regel im Verhältnis geringeren Vermögensstand und bei den fortgesetzt sich erhöhenden Anforderungen durch die weitere Ausgestaltung ihrer Aufgaben und Zwecke an sich und in einem stetig zunehmenden Grade auf einen Zwang gegen ihre Gemeinschaftsangehörigen angewiesen. Dieser Zwang widerspricht schon an und für sich jenem Grundsatz der Entgeltlichkeit, welcher die Privatwirtschaft in der Hauptsache beherrscht.

In der tatsächlichen Durchführung dieses Zwangs zeigt sich die Abweichung von besagtem Grundsatz noch in verstärktem Maße. Denn die bestimmt festgelegte zwangsweise Beitreibung des Güter- bzw. Geldbedarfs der öffentlichen Gemeinwesen kann, abgesehen von einigen untergeordneten und in sich beschränkten Ausnahmen, niemals unter Anwendung des Grundsatzes der Entgeltlichkeit, unter einem Ausgleich von Leistung und Gegenleistung, vorgenommen werden. Wie wir demnächst näher sehen werden, sind dafür vielmehr besondere Grundsätze maßgebend, die dem allgemeinen idealen Zweck der öffentlichen Gemeinwesen entsprechen und der Entgeltlichkeit teilweise gerade entgegenlaufen. Letzteres gilt insbesondere bei der Heranziehung nach der Leistungsfähigkeit, welche hier die vortretendste Rolle spielt.

Abgesehen von diesen Abweichungen von der Privatwirtschaft ist endlich eine weitere Eigenart in der Wirtschaftsführung der öffentlichen Gemeinwesen hervorzuheben, welche auf der besonderen öffentlich-rechtlichen Ausgestaltung jener Gemeinwesen beruht und wesentlich äußerer Natur ist. Die eigenartige neuzeitliche Ordnung der öffentlichen Gemeinwesen bedingt durchweg, daß ihre tatsächliche Wirtschaftsführung, die Güterverwendung wie die Güterbeschaffung, die Ausgabe wie die Einnahme, für einen bestimmten Zeitraum — meist ein Jahr — in mehr oder weniger genau bestimmten Einzelheiten durch Vereinbarung und übereinstimmenden Beschluß der maßgebenden Körperschaften der Gemeinwesen (oberster Verwaltungskörper und Gemeinschaftsvertretung) bindend festgelegt wird. Den auf diese Art begründeten Wirtschaftsplan bezeichnet man als Budget oder Haushaltsetat; er ist für den betreffenden Zeitraum bezüglich der Wirtschaftsführung allein maßgebend, nur die in ihm verlautbarten Beträge dürfen entsprechend verausgabt und vereinnahmt werden; zu jeder Änderung ist wiederum der übereinstimmende Beschluß der Gemeinschaftskörper erforderlich. Hierdurch wird also in der Hauptsache nur die praktische Betätigung der Wirtschaftsführung als solche betroffen.

Je nach der Gliederung der öffentlichen Gemeinwesen — Staat, größere Selbstverwaltungskörper, Gemeinden — scheidet sich wiederum die Finanzwirtschaft oder öffentliche Wirtschaft ab. Wir haben eine staatliche Finanzwirtschaft, eine Finanzwirtschaft der größeren Verwaltungskörper (Provinz, Distrikt, Kreis u. dgl.), eine Gemeindefinanzwirtschaft, die sich weiter nach Stadt und Land trennt. Für Deutschland gliedert sich die staatliche Finanzwirtschaft noch in eine solche des Deutschen Reiches und in eine solche der Bundesstaaten.

A. Die allgemeinen Grundlagen der staatlichen Finanzwirtschaft in Deutschland.

I. Staatlicher Vermögensstand nach Aktiv- und Passiv-Vermögen.

1. Staatsvermögen.

Wie allgemein, so bildet auch in Deutschland das Staatsvermögen im weitesten Sinne den eigentlichen Kern- und Ausgangspunkt für die staatliche Finanzwirtschaft. Darauf weist schon die geschichtliche Entwicklung hin. Ursprünglich war das Staatsvermögen, welches wohl durchweg in ungetrennter Vereinigung mit dem Vermögen des Herrscherhauses stand, die alleinige Grundlage der zu der Zeit noch wenig entwickelten und gleicherweise mit der fürstlichen Sonderwirtschaft verquickten staatlichen Finanzwirtschaft. Mit der weiteren Entfaltung eines wirklichen staatlichen Lebens und der Umbildung zu dem modernen Staatswesen vollzog sich sodann immer mehr eine Trennung des Staatsvermögens von dem Herrschervermögen. Einzelne Anklänge an die frühere Vereinigung haben sich noch erhalten, so namentlich darin, daß die fürstliche Zivilliste in einzelnen Staaten auf bestimmte Teile des Staatsvermögens gelegt ist.

Die stetig fortschreitende Erweiterung und Vertiefung der staatlichen Aufgaben, welche die Neuzeit bringt, kann naturgemäß nicht ohne Einfluß auf das Staatsvermögen bleiben. In schärferer Weise macht sich jetzt besonders der Gegensatz zwischen dem nicht werbenden und dem werbenden Staatsvermögen geltend.

a) Nicht werbendes Staatsvermögen. Zu dem nicht werbenden Staatsvermögen sind alle Baulichkeiten, Gegenstände und Einrichtungen zu rechnen, welche zur Erfüllung der staatlichen Aufgaben und Zwecke dienen und hergestellt sind, ohne daß daraus überhaupt oder in erster Linie Einnahmen für den Staat gezogen werden sollen oder können. Es gehören dahin die sämtlichen Baulichkeiten nebst Zubehör für die zentrale und örtliche Staatsverwaltung, für Parlament, für Justizwesen, für Gefängnisse, für Kassen, für Schulen jeder Art usw., die Landstraßen- und Wegebauten, Brücken- und Hafenbauten u. dgl., die Hochschulen und Spezialbildungsanstalten, die Kunst- und wissenschaftlichen Sammlungen und ähnliche Bildungsinstitute, die Krankenhäuser, Irren-

und Heilanstalten, Bäder usw., endlich die gesamte militärische Ausrüstung für Landheer und Marine mit Kasernen, Festungen, Übungsplätzen, Kriegsschiffen, Luftschiffen usw.

Alle diese Gegenstände, welche in ihrer Gesamtheit sowohl für das Deutsche Reich wie für die einzelnen Bundesstaaten sehr erhebliche Werte darstellen, gehören zum Staatsvermögen und bilden einen nicht zu unterschätzenden Teil desselben. Sie haben für die staatliche Finanzwirtschaft jedoch keineswegs diejenige Bedeutung, welche dem Vermögen in der Privatwirtschaft zukommt. Sie sind eng mit dem Begriff des Staates als solchen verknüpft und bilden die notwendige Ausstattung des letzteren. Irgendwelche finanzielle Vorteile sind, abgesehen von einigen ganz untergeordneten Sonderfällen, aus ihnen für die Finanzwirtschaft des Staates nicht zu ziehen, im Gegenteil, der letzteren erwachsen durch die Schaffung und die Erhaltung dieser Vermögensgegenstände fortgesetzt bedeutende Belastungen. Folgeweise werden wir diesem Vermögensteil nicht bei den Einnahmen, sondern bei den Ausgaben wieder begegnen, wo er allerdings eine wesentliche Rolle spielt.

b) Werbendes Staatsvermögen. Anders steht die Sache mit dem werbenden Staatsvermögen. Wir wollen dieses teils nach der geschichtlichen Entwicklung, teils nach der inneren Eigenart in drei Abteilungen trennen, nämlich in einerseits das ausschließlich auf dem Grund und Boden beruhende und aus der früheren ausgedehnteren Berechtigung des Staates an solchem herrührende Vermögen, eigentliches Grundvermögen des Staates, und andererseits das in Erwerbsanstalten und besonderen Erwerbsbetrieben gegebene Vermögen, Erwerbsbetriebsvermögen des Staates, und endlich drittens das Kapitalvermögen des Staates.

1. Grundvermögen. Das eigentliche Grundvermögen der Staaten setzt sich aus Domänenbesitz (Feldgutbesitz), Forsten und Bergwerken zusammen. Es handelt sich dabei durchweg um einen von alters her überkommenen, mehr oder weniger ausgedehnten Besitz, der zunächst den eigentlichen Grundstock der staatlichen Finanzwirtschaft in Deutschland bildete, bis daß er dem gewaltigen Anschwellen der staatlichen Aufgaben und Ausgaben gegenüber sich immer weniger als ausreichend erwies. Die Nutzung des staatlichen Grundvermögens ist eine verschiedene; während sie sich beim Domänenbesitz für die Regel durch Verpachtung teils und vorwiegend in größeren geschlossenen und selbständigen Haushaltseinheiten, teils in kleineren Abschnitten ohne besonderen Haushalt vollzieht, stehen die Forsten und die Bergwerke fast ausschließlich in der eigenen Verwaltung der Staaten.

Das Deutsche Reich, als ein erst in der Neuzeit entstandenes staatliches Gebilde, besitzt ein derartiges Grundvermögen überhaupt nicht, ebenso kommt dasselbe in seinen sämtlichen drei Arten bei Reuß älterer Linie, Reuß jüngerer Linie und Bremen nicht in Frage. Sachsen-Altenburg und Elsaß-Lothringen besitzen nur Forsten, Schaumburg-Lippe nur Bergwerke; bei den übrigen Staaten ist Domänen- und Forstbesitz überall vertreten, Bergwerke fehlen jedoch noch bei Sachsen-Weimar, Mecklenburg-Strelitz, Sachsen-Meiningen, Sachsen-Coburg-Gotha, Schwarzburg-Sondershausen, Schwarzburg-Rudolstadt, Lippe, Lübeck und Hamburg. Der Umfang des fraglichen Grundvermögens ist bei den einzelnen Bundesstaaten ein sehr verschiedener, sowohl was den absoluten Betrag anlangt, wie auch im Verhältnis zu der Gebietsgröße der Staaten; näheres wird sich in dieser Beziehung bei den Einnahmen ergeben.

2. Erwerbsbetriebsvermögen. Das staatliche Erwerbsbetriebsvermögen scheidet sich der inneren Art nach von dem Grundvermögen dadurch, daß bei ihm der sachliche Wert, wie er sich besonders in den Einnahmen ausdrückt, mehr oder weniger vorwiegend in dem Betrieb als solchem liegt, daß also die zu dem Betriebe gehörigen Sachgüter demgegenüber meist nur eine untergeordnete Rolle spielen. Zu dem bezüglichen Vermögen zählen die Staatseisenbahnen, die Staatsdampfschiffahrt, Post und Telegraph, sowie sonstige Betriebe. Die letztere zusammenfassende Sammelabteilung muß Anwendung finden, einerseits um nicht über den hier gesetzten Rahmen hinaus zu sehr ins Breite zu gehen, andererseits aber auch weil sie in der Reichsstatistik über die Finanzen des Reichs und der deutschen Bundesstaaten gebraucht wird und mithin nur für sie offizielle zahlenmäßige Angaben zur Verfügung stehen. Im einzelnen sind zu den sonstigen Betrieben namentlich staatliche Druckereien, Zeitungsunternehmen, Banken, gewerbliche Institute, wie Porzellanmanufakturen u. dgl., Münzen, Mineralbrunnen, Bäder, Lotterien usw. zu zählen.

Das Erwerbsbetriebsvermögen ist in der Hauptsache erst mit der weiteren Entwicklung der Staaten und je nach den Arten der einzelnen Betriebe in einer sehr verschiedenen Weise begründet worden. Bei ihm ist folgeweise auch das Deutsche Reich, und zwar in den sämtlichen vorbezeichneten Abteilungen mit Ausnahme der Dampfschiffahrt, vertreten. Im Besitz von Staatseisenbahnen sind außer dem Deutschen Reich als solchem noch Preußen, Bayern, Sachsen (Königreich), Baden, Hessen, Mecklenburg-Schwerin, Oldenburg, Sachsen-Meiningen, Bremen und Hamburg. Staatsdampfschiffahrt kommt in Frage für Bayern, Württemberg, Baden und Mecklenburg-Schwerin; Post und Telegraph neben dem Deutschen Reich nur für Bayern und Württemberg nach Maßgabe der diesen Staaten durch die Reichsverfassung zugestandenen Sonderstellung. Ein in sonstigen Betrieben angelegtes Vermögen besitzen sowohl das Deutsche Reich wie sämtliche Bundesstaaten mit Ausnahme von Mecklenburg-Strelitz und Waldeck, bei welchen sich Erwerbsbetriebsvermögen überhaupt nicht findet; in der Art und der Bedeutung der bezüglichen Erwerbsbetriebe und ebenmäßig in dem Umfang des bezüglichen Vermögens treten naturgemäß erhebliche Verschiedenheiten zutage.

Das Erwerbsbetriebsvermögen setzt sich gleicherweise bei alle den einzelnen ausgeschiedenen Abteilungen namentlich aber wieder innerhalb der letzten Sammelabteilung in größerer Verschiedenheit und aus den mannigfaltigsten Gegenständen zusammen. Dabei kommen auch Grund- und Gebäudebesitz häufiger vor, bilden jedoch mehr etwas Nebensächliches und treten hinter dem Betrieb, der als solcher das Vermögen bildet, zurück.

3. Kapitalvermögen. Endlich besitzen die Staaten Kapitalvermögen, das lediglich als solches in der Finanzwirtschaft derselben zur Erscheinung kommt. Auch in dieser Beziehung waltet eine größere Verschiedenheit ob. Es handelt sich dabei einesteils um mehr oder weniger umfangreiche, in Wertpapieren angelegte Kapitalbestände, die sich auf die verschiedenartigsten Ursachen begründen, jedoch nunmehr ein festes Staatsvermögen bilden, dessen Erträgnisse zu unbeschränkter Verfügung in die staatliche Finanzwirtschaft übergehen. Weiter kommen in gleicher Weise angelegte Kapitalbeträge vor, die jedoch nach der Eigenart ihrer Begründung ausschließlich bestimmten Zwecken zu dienen haben, deren Erträgnisse folgeweise nur für diese Verwendung finden können.

Ferner gehören hierher die Bestände der Ausgleichs- und Reservefonds, welche der Staat, sei es für seine Finanzwirtschaft insgesamt, sei es für gewisse besondere Zwecke, sei es für seine besonderen Erwerbsanstalten, angesammelt hat. Auch die Betriebsfonds für die Staatsverwaltungen, die Staatskassen und die Staatsbetriebe sind hier in Rechnung zu ziehen. Kapitalvermögen der ein oder anderen hier einschlägigen Art besitzen sowohl das Deutsche Reich wie die sämtlichen deutschen Bundesstaaten, jedoch machen sich wiederum bezüglich der Art und der Höhe erhebliche Verschiedenheiten bemerkbar, die in der Finanzwirtschaft der einzelnen Staaten zur Geltung kommen.

Unbeschadet der vorerörterten Ausscheidungen ist für das werbende Staatsvermögen insgesamt und als solches, insbesondere im Gegensatz zu dem nicht werbenden Staatsvermögen, hervorzuheben, daß es seiner ganzen Eigenart nach in der staatlichen Finanzwirtschaft in erster Linie und mehr oder weniger ausschließlich als eine Einnahmequelle erscheint, die in ihrem Gesamterfolge für die Mehrheit der Staaten immerhin auch jetzt noch eine ausschlaggebende Bedeutung hat. Das schließt natürlich nicht aus, daß das werbende Staatsvermögen vorübergehend und in einzelnen Beziehungen auch zu einer Belastung der staatlichen Finanzwirtschaft führen kann. Diese Belastungen werden aber durchweg derart sein, daß sie den Kern eines demnächstigen, entsprechenden oder überschießenden unmittelbaren finanziellen Nutzens in sich bergen, daß sie Ergänzungen und Erweiterungen des Vermögens dienen, von welchen sich eine Ertragserhöhung mit Sicherheit erwarten läßt. Während das nicht werbende Staatsvermögen in der staatlichen Finanzwirtschaft ziemlich ausschließlich unter den Ausgaben sich geltend macht, liegt die Bedeutung des werbenden Staatsvermögens mit ähnlicher Ausschließlichkeit auf der Einnahmeseite. Das werbende Staatsvermögen steht sonach in seiner Eigenart dem Vermögen der privaten Sonderwirtschaft gleich.

2. Staatsschulden.

a) Bedeutung und Berechtigung. Dem Staatsvermögen treten die Staatsschulden gegenüber. In der staatlichen Finanzwirtschaft zeigt sich das Schuldenwesen im großen und ganzen, und insbesondere insofern, mit dem Schuldenwesen der privaten Sonderwirtschaft übereinstimmend, als bei ihm lediglich eine Belastung der Wirtschaft in Frage kommt. Im übrigen machen sich jedoch beim Staatsschuldenwesen manche Eigenarten bemerkbar.

Für die neuere Zeit ist die allgemeine und außerordentlich starke Entwicklung der Staatsschuld kennzeichnend. Man hat hierin nur die naturgemäße Folge der stetigen und großen Erweiterung und Vertiefung der staatlichen Aufgaben zu sehen, auf welche wir schon wiederholt hinzuweisen hatten. Die finanziellen Anforderungen an den Staat mußten einerseits durch das gewaltige Anwachsen der für das nicht werbende Staatsvermögen zu machenden Aufwendungen, unter denen das Bedürfnis für Heer und Marine eine vorragende Rolle spielt und daneben die weitere Verzweigung der gesamten Staatsverwaltung wesentlich in Betracht kommt, andererseits durch die Neubegründung und nutzbringende weitere Ausgestaltung der staatlichen Erwerbsbetriebe, von denen in erster Linie die Eisenbahnen zu nennen sind, zu einer solch außerordentlichen Höhe anwachsen, daß eine Erfüllung derselben durch die regelmäßigen Einnahmen nicht möglich sein konnte. Dieses machte sich nicht nur bei dem Deutschen Reich, sondern ebenmäßig bei den sämtlichen deutschen Bundesstaaten fühlbar.

Tatsächlich hat der Staat das Recht, Schulden aufzunehmen, unbegrenzt; es ist dazu lediglich ein bezügliches Zusammenwirken der gesetzgebenden Faktoren erforderlich. Grundsätzlich ist die Berechtigung unbedingt dann anzuerkennen, wenn es sich um außerordentliche Ausgaben für werbende Staatseinrichtungen handelt, deren Erträgnis dadurch entsprechend gesteigert werden soll. Nicht ganz so liegt die Sache, wenn sonstige außerordentliche Bedürfnisse des Staatshaushalts zu decken sind. Hier wird immer im einzelnen Fall zu prüfen sein, ob es gerechtfertigt scheinen kann, für die fragliche Belastung die spätere Zeit, und bis zu welchem Grade, heranzuziehen, wobei natürlich der Bedeutung für das öffentliche Leben und den Staatszweck entsprechend Rechnung zu tragen ist. Als zweifellos verwerflich ist eine Deckung regelmäßiger ordentlicher Ausgaben durch Anleihe anzusehen, wodurch lediglich eine von der Gegenwart zu tragende Belastung auf die Zukunft abgewälzt wird. Eine besondere, beispielsweise durch Krieg veranlaßte, Notlage des Staates wird überall die Aufnahme einer Anleihe rechtfertigen. Im großen und ganzen sind die Anleihen des Deutschen Reiches und der Bundesstaaten unter dieser als gerechtfertigt hingestellten Begrenzung aufgenommen worden. Es ist jedoch nicht zu verkennen, daß das Deutsche Reich zeitweise zum mindesten bis an die äußerste Grenze herangegangen ist; einzelne Bundesstaaten haben solche wohl gar überschritten.

b) Arten. Die Finanzschulden — die Verwaltungsschulden, welche in der Wirtschaftsführung der einzelnen Verwaltungsbehörden ohne eine besondere gesetzliche Ermächtigung für kurze Zeit begründet werden, bleiben hier außer Betracht — sind in Deutschland teils langfristige (fundierte Staatsschuld), teils kurzfristige (schwebende Staatsschuld); erstere bilden weitaus die Hauptmasse. Eine fundierte Staatsschuld haben das Deutsche Reich und sämtliche deutsche Bundesstaaten mit Ausnahme von Anhalt und von Reuß älterer Linie. Bei der unbedingten Kreditwürdigkeit der deutschen Staaten wird eine besondere Sicherung für die Staatsanleihen durch Sonderverpfändung gewisser staatlicher Besitzstücke oder Einnahmequellen in neuerer Zeit nicht mehr geboten, während dieses früher stellenweise, so namentlich bei Eisenbahnanleihen, der Fall war; in Preußen sind bis 1900 allgemein die Domänen als Pfand für die Staatsanleihen bestellt.

Der Form nach scheiden sich die Staatsanleihen in Deutschland in Briefschulden, bei welchen den Gläubigern eine oder mehrere auf runde

Summen, auf den Namen oder, wie jetzt die Regel, auf den Inhaber lautende Schuldverschreibungen mit Zinsscheinen usw. ausgefertigt werden, und in Buchschulden, welche zu ihrer Beurkundung in ein amtlich geführtes Buch, Staatsschuldbuch, eingetragen werden. Die erstere Form ist die ursprüngliche und weitaus überwiegende; die zweite ist neueren Datums, erfreut sich aber einer zunehmenden Entwicklung; sie kommt jedoch überall nur neben der ersteren vor. Staatsschuldbücher bestehen für das Deutsche Reich sowie in Preußen, Sachsen (Königreich), Württemberg, Baden, Hessen, Sachsen-Weimar, Sachsen-Gotha, Lübeck, Bremen und Hamburg.

Nach ihrer inneren Eigenart haben wir einen dreifachen Unterschied bezüglich der Staatsschulden in Deutschland. In der neueren Zeit hat man sich weitaus vorwiegend der Rentenschuld oder uneinlöslichen Schuld zugewandt, bei der der Staat dem Gläubiger gegenüber lediglich die Verpflichtung zur regelmäßigen Zinszahlung, nicht aber auch eine solche bezüglich der Rückzahlung eingeht. Der Staat behält dadurch bezüglich der Rückzahlung und Tilgung der Schuld vollkommen freie Hand, so daß er an dieselbe nur zu ihm gelegener Zeit zu gehen braucht. Die Anleihen des Deutschen Reiches und die von Preußen sind durchweg als Rentenschuld ausgegeben, ebenso in neuerer Zeit die einer Reihe anderer Bundesstaaten.

Eine zweite, in früheren Zeiten fast ausschließlich zur Anwendung kommende Art ist die rückzahlbare oder die einlösbare Schuld, Tilgungsschuld, bei welcher der Staat dem Gläubiger nicht nur die regelmäßige Verzinsung, sondern daneben eine Rückzahlung des Kapitals in bestimmten Fristen nach einem vorweg festgelegten Tilgungsplan zusichert. Die Tilgung kann dabei durch Auslosung oder durch freihändigen Ankauf nach den festgesetzten Tilgungsbeträgen vorgenommen werden. Durchweg steht dem Staat das Recht zu, die Tilgung zu verstärken oder in eins vorzunehmen. Fast die sämtlichen älteren Anleihen der deutschen Bundesstaaten gehören zu dieser Schuldform. Eine Unterart bei den beiden vorbezeichneten Anleiheformen, die sich erst in neuester Zeit unter den nachteiligen Folgen der Konvertierungen eingeführt hat, bilden die Staatsanleihen, bei denen die Tilgung oder die verstärkte Tilgung für eine gewisse Anzahl von Jahren ausgeschlossen ist, um dem Gläubiger für den fraglichen Zeitraum Sicherheit gegen Zinsherabsetzung zu geben. Diese zeitweise Unkündbarkeit bildet die Regel bei fast allen den neuesten Anleihen, so bei dem Deutschen Reich, Preußen, Bayern, Württemberg, Baden, Hessen und verschiedenen weiteren Bundesstaaten.

Die dritte Art bilden die Lotterie- oder Prämienanleihen, welche mit Rücksicht auf die bei ihnen stattfindende feste Tilgung auch als eine Unterart der Tilgungsschulden betrachtet werden können. Bei diesen Anleihen erhält der Gläubiger entweder keine oder nur eine ganz untergeordnete regelmäßige Verzinsung. An Stelle bzw. zur Ergänzung letzterer wird eine sich stetig etwas erhöhende Kapitalrückzahlung und daneben die Möglichkeit, eine mehr oder weniger hohe Summe als Prämie oder Gewinn zu erlangen, gewährt, und zwar in der Weise, daß regelmäßig eine gewisse Anzahl solcher Prämien in verschiedener Höhe unter den rückzahlbaren Schuldbriefen lotteriemäßig ausgespielt wird. Gegen die Prämienanleihen besteht das Bedenken, daß sie sich auf der Ausnutzung der Spielsucht aufbauen; folgeweise dürfen sie nach dem RG. v. 8. Juni 1871 nur auf Grund eines Reichsgesetzes und nur zum Zwecke der Anleihe eines Bundesstaates oder des Reichs aufgenommen werden. Tatsächlich wurden in den fünfziger und sechziger Jahren des vorigen Jahrhunderts von einer Reihe von Bundesstaaten, wie Preußen, Baden, Oldenburg, Braunschweig, Sachsen-Gotha, Sachsen-Meiningen, Hamburg Prämienanleihen aufgenommen, welche teilweise zurzeit bereits getilgt sind, sonst in nicht zu langer Frist getilgt sein werden. Nach dem RG. v. 1871 ist auf die fragliche Anleiheart nicht wieder gegriffen. Staatsschulden, welche Leibrenten gewähren, kommen in Deutschland nicht vor.

c) Tilgung und Verzinsung. Die Tilgung der Staatsschulden vollzieht sich naturgemäß in einer sehr verschiedenen Weise, wobei auch die Art der Schuld von maßgebendem Einfluß ist. Bei den Prämienanleihen steht die Tilgung von vornherein unabänderlich fest, wie solches schon in der Eigenart der Prämienanleihen liegen muß. Nicht ganz in gleicher Weise ist dieses bei den Tilgungsanleihen der Fall, da der Staat hier immer zeitweise zu verstärkter Tilgung bzw. zu außerordentlichen Tilgungen greifen kann. Die Höhe der regelmäßigen Tilgungssätze ist bei diesen Anleihen wiederum eine verschiedene. Die Rentenschuld gibt für den Staat bezüglich der Tilgung keinerlei Bindung. Dadurch ist die Gefahr begründet, daß die Tilgung zeitweise ohne irgendwelche Notlage ausgesetzt wird, wie solches tatsächlich in der Finanzwirtschaft des Deutschen Reichs und verschiedener Bundesstaaten in früherer Zeit geschehen ist. Letzteres hat dazu geführt, daß verschiedentlich, so vom Deutschen Reich, Preußen, Württemberg, auch für die Rentenschuld gesetzlich eine regelmäßige Tilgung vorgeschrieben worden ist; es ist dadurch eine freie Tilgung mit Tilgungszwang entstanden, die als Prozentualtilgung bezeichnet wird. Die Versuche, welche man früher in einzelnen Staaten, z. B. in Bayern, mit der besonders geregelten Einrichtung von Tilgungsfonds gemacht hat, sind für die jetzige Finanzwirtschaft durchweg nicht mehr von Bedeutung, weil sie verhältnismäßig frühzeitig wieder fallengelassen wurden.

Ebenso wie die Tilgung weist die Verzinsung der Staatsschulden unter den deutschen Staaten und innerhalb derselben große Verschiedenheiten auf, denn der Zinsfuß muß sich stets nach den jeweiligen Verhältnissen des Geldmarkts bei Aufnahme der Anleihe richten. Wir haben — die Entwicklung durch den großen Krieg, welche die 5prozentige Verzinsung brachte, bleibt außer Betracht — einen Zinsfuß von 4%, von 3½% und von 3%; ausnahmsweise findet sich auch wohl bei unfundierten Anleihen aus älterer Zeit ein niedrigerer Zinssatz, es handelt sich dabei aber durchweg nur um untergeordnete Beträge; an der Börse gehandelt werden nur Staatsanleihen mit jenen drei Zinssätzen, die aber häufiger sämtlich bei den Anleihen eines einzelnen Staates vorkommen. Im allgemeinen wird man sagen können, daß bei Aufnahme von Staatsanleihen etwa seit dem Jahre 1905 der Zinsfuß zu 4% die Regel bildet, in den 10—15 Jahren vorher ein solcher von 3½% und in den weiter zurückliegenden Jahren bis etwa 1880 der von 3%, während bei den älteren Anleihen meist ein Zinsfuß von 4% maßgebend war; vereinzelt kommen dabei die niederen Sätze auch für spätere Anleihen in Betracht.

Ein Wechsel in dem Zinsfuß, und zwar eine Herabsetzung desselben, wurde mehrfach durch Konvertierung herbeigeführt. Es ist in dieser Beziehung namentlich die große Konvertierung von 1896/97 hervorzuheben, welche das Reich und eine ganze Reihe von Bundesstaaten wie Preußen, Bayern, Württemberg, Baden usw. vornahmen. Die Konvertierung hat zwar den einzelnen Staaten eine nicht unerhebliche Zinsersparnis gebracht, gleicherzeit jedoch in der durch Verkürzung des Zinsgenusses empfindlich berührten Bevölkerung eine gewisse Mißstimmung bleibender Art gegen die Staatspapiere hervorgerufen, so daß es höchst zweifelhaft erscheint, ob die Konvertierung der staatlichen Finanzwirtschaft mehr genützt oder mehr geschadet habe.

d) Begebung und Verwaltung. Die Begebung der Staatsanleihen erfolgt in Deutschland regelmäßig entweder durch Subskription — der Staat legt die Anleihe öffentlich zur allgemeinen Zeichnung auf — oder durch Negotiation — der Staat überweist den Gesamtbetrag der Anleihe zu einem festen Kurse an ein Bankhaus oder an eine Vereinigung von solchen, welche den weiteren Absatz auf eigene Gefahr zu besorgen haben. Daneben kommt in beschränkterem Maße ein unmittelbarer Verkauf durch die eigenen staatlichen Kassen oder die des staatlichen Kreditinstituts vor, welche letztere zum Teil auch bei der Begebung der Anleihen unmittelbar beteiligt werden.

Für die Verwaltung der Staatsschulden besitzen die größeren Staaten teilweise eigene Verwaltungskörper, so namentlich das Deutsche Reich (Reichs-Schuldenverwaltung) und Preußen (Hauptverwaltung der Staatsschulden). Ebenmäßig sind auch besondere Aufsichtsstellen vorhanden (Reichsschuldenkommission für das Reich ; Staatsschuldenkommission für Preußen).

e) Papiergeld. Als der inneren Eigenart nach einer Staatsanleihe in gewisser Beziehung gleichstehend haben wir endlich des Papiergeldes zu gedenken, welches allerdings nach dem RG. v. 30. April 1874 nur noch für das Deutsche Reich in Frage kommt. Nach dem genannten Gesetz ist das Reich befugt, Reichskassenscheine bis zum Betrage von 120 Millionen Mark auszugeben; es hat von dieser Befugnis voll Gebrauch gemacht, so daß es eine unverzinsliche Anleihe zu jenem Betrage besitzt.

Die Reichskassenscheine werden bei allen Kassen des Reiches und der Bundesstaaten nach ihrem Nennwerte in Zahlung genommen und von der Reichshauptkasse jederzeit auf Erfordern gegen bares Geld eingelöst, wogegen im Privatverkehr ein Zwang zur Annahme nicht stattfindet. Dieselben stellen sich als ein uneigentliches einlösbares Papiergeld ohne Zwangskurs, aber mit unbeschränkter Zahlungskraft gegen die Kassen des Reichs und der Bundesstaaten dar. Bei Ausbruch des Krieges 1914 wurden sie durch RG. v.

14. August 1914 bis auf weiteres als gesetzliches Zahlungsmittel erklärt.

Von den Bundesstaaten darf nur auf Grund eines Reichsgesetzes Papiergeld ausgegeben oder dessen Ausgabe gestattet werden; auf Grund dieser Bestimmung hat eine Ausgabe bislang nicht stattgefunden. Durch RG. v. 3. Juli 1913 ist die Ausgabe von weiteren 120 Millionen Mark Reichskassenscheine verfügt, die zur Beschaffung eines gleichen Betrages an gemünztem Golde mit der Zweckbestimmung des Reichskriegsschatzes zu verwenden sind.

Ein als besonderes Geldzeichen vom Reich ausgegebenes Papiergeld bilden die Darlehnskassenscheine, welche anläßlich des großen Krieges 1914 durch das Darlehnskasseng. v. 4. August 1914 eingeführt wurden. Sie stehen als Papiergeld den Reichskassenscheinen vollkommen gleich, da auch sie bei allen Kassen des Reichs und der Bundesstaaten nach ihrem vollen Nennwert in Zahlung genommen werden müssen, während für den Privatverkehr ein Annahmezwang, wie er für die Reichskassenscheine begründet ist, selbst für die Kriegszeit nicht besteht. Sie sind auf den bestimmten Zweck beschränkt, die Mittel für die von den Darlehnskassen zur Abhilfe des Kreditbedürfnisses, vorzüglich zur Beförderung des Handels und Gewerbebetriebes, bewilligten Darlehen aufzubringen.

II. Staatseinnahmen.

Die Staatseinnahmen, wie sie in der Finanzwirtschaft des Deutschen Reiches und der deutschen Bundesstaaten tatsächlich in Erscheinung treten, scheiden wir nach G. von Mayr in zwei große Klassen, die privatwirtschaftlichen Einnahmen, welche sich die staatliche Finanzwirtschaft als Einzelwirtschaft durch Anteilnahme an dem allgemeinen volkswirtschaftlichen Erwerbe, sei es in freiem, sei es in beschränktem Wettbewerbe, verschafft, und die öffentlichwirtschaftlichen oder öffentlichrechtlichen Einnahmen, welche ihr aus staatsrechtlichen Quellen zufließen.

1. Privatwirtschaftliche Einnahmen.

Die privatwirtschaftlichen Einnahmen, welche in einem unmittelbaren inneren Zusammenhange mit dem werbenden Staatsvermögen stehen, gliedern sich wiederum wie dieses in drei Abteilungen, je nachdem sie ausschließlich oder in erster Linie auf dem Grundbesitz, auf einem Erwerbsbetrieb oder einem Kapitalbesitz beruhen; die auf Erwerbsbetrieb sich gründenden Einnahmen zerfallen weiter in solche aus Verkehrsanstalten und solche aus gewerblichen Unternehmungen.

a) Einnahmen aus Grundbesitz. 1. Domänen. Zu den privatwirtschaftlichen Einnahmen, welche der staatlichen Finanzwirtschaft aus dem Grundbesitz zufließen, gehören zunächst die Einnahmen aus den Domänen (Feldgütern). Unter Domänen verstehen wir sowohl die geschlossenen Feldgüter, wie den vereinzelten Grundbesitz, ebenso auch die Weingüter. Die geschlossenen Feldgüter ragen dabei weitaus vor und bilden die wesentlichste Einnahmequelle. Während sie in früherer Zeit unter dem Landesherrn, dessen Eigentum sie ursprünglich vielfach gebildet haben, in eigener Verwaltung bewirtschaftet wurden, trat mit der Entfaltung des modernen Staatswesens diese Bewirtschaftungsart vollkommen zurück, obwohl sie ausnahmsweise noch, z. B. in Preußen, vorkommt. Jetzt findet die Nutzung fast ausschließlich durch Verpachtung, und zwar regelmäßig unter Zeitpacht, seltener unter Erbpacht, statt; die einen Übergang zur Verpachtung bildende Garantie- oder Gewährsverwaltung, bei welcher der mit festem Gehalt angestellte Verwaltungsbeamte ein gewisses jährliches Ertragsminimum garantiert und das darüber hinaus Erzielte mit dem Staat teilt, ist gleicherweise verschwunden.

Die Zeitpacht, welche zunächst weitere Fristen von 36 bis 50 Jahr umfaßte, erstreckt sich neuerdings in der Regel auf 18 bis 20 Jahr. Die Pachtperiode muß von einer gewissen längeren Dauer sein, einerseits um einer schädigenden Ausnutzung des Grund und Bodens vorzubeugen, andererseits um eine Möglichkeit zu intensiverer Bewirtschaftung und zu Gutsverbesserungen zu geben. Die Verpachtung geschieht vorwiegend im geschlossenen Haushalt; daneben kommt es jedoch vor, daß einzelne Grundflächen von dem Gesamtgut abgetrennt und einzelnen verpachtet werden, sofern ein besonderes staatliches Allgemeininteresse dazu vorliegt, z. B. um staatlichen Beamten oder Arbeitern Pachtland zu verschaffen, um einem Gemeindebedürfnis abzuhelfen usw. Letztere Interessen führen gegebenenfalls zu einer Einzelpacht bezüglich des ganzen Feldguts, wie solches sich in neuester Zeit namentlich für die Zwecke der inneren Kolonisation als notwendig erweisen kann. Dabei tritt vielfach an Stelle der Zeitpacht auch die Erbpacht, welche letztere besonders in Mecklenburg-Schwerin behufs Schaffung von Bauerngutsstellen zur Anwendung gebracht ist.

Die Verpachtung, welche früher meist eine freihändige war, vollzieht sich nunmehr entweder durch Ausschreibung mit Abgabe schriftlicher und geheimer Angebote oder durch Meistgebot im öffentlichen Termin; bei beiden Arten stehen gewisse Vorteile und Nachteile sich gegenüber. Der vereinzelte Grundbesitz des Staates wird ausschließlich durch Verpachtung genutzt, wobei die Zeitpacht die Regel bildet. Bei den Weingütern dagegen herrscht die eigene Verwaltung vor; sie kommen übrigens nur in geringerer Ausdehnung, z. B. in Preußen, Bayern, Sachsen (Königreich), Baden, vor und bilden eine untergeordnete Einnahmequelle. Des weiteren sind als Nebeneinnahmen hierher gehörig die meist noch geringfügigeren Erträge aus Bädern und Mineralquellen. Mooren, der Bernsteinfischerei, Mühlen, Grundgerechtsame und dergleichen anzuführen.

2. Forsten. Die zweite Stelle unter den Grundbesitzeinnahmen nehmen die Einnahmen aus den Forsten ein. Im Gegensatz zu den Domänen erfordern die Forsten nach dem Fortschreiten zu einem sachgemäßen und eine volle Nutzung bringenden Kulturbetrieb vermöge ihrer eigenartigen Bewirtschaftungsweise nach einem den langen Umtriebszeiten entsprechenden Plane, der großen Zwischenräume zwischen Aufforstung und Abtrieb und der hohen Bedeutung einer erhaltenden Kultur unabweislich die eigene Verwaltung durch den Staat, die dementsprechend durchweg Anwendung findet. Durch die erst in neuerer Zeit zum Durchbruch gekommene rationelle Forstwirtschaft des Staates hat sich der Ertrag zu wesentlicher Höhe gesteigert; er beruht jetzt weitaus in erster Linie auf der Holznutzung, während früher in der Hauptsache Jagd- und Weidenutzung in Frage kam. Bei dem Bestreben auf möglichste Ertragssteigerung dürfen aber die Rücksichten auf das allgemeine Wohl nicht außer acht gelassen werden.

Die Bewirtschaftung kann entweder auf den größten Waldreinertrag oder auf den größten Bodenreinertrag hinzielen; im ersteren Fall wird in der Hauptsache mit hohen, im letzteren mit niederen Umtriebszeiten gearbeitet; in der Praxis sucht man beide Arten sachgemäß zum Ausgleich zu bringen. Die Einnahme aus der Holznutzung, welche zur Zeit den eigentlichen Hauptertrag liefert, wird durch den von der Verwaltung durchgeführten Holzverkauf geliefert; derselbe geschieht in der Regel durch Versteigerung der entsprechend aufgearbeiteten und aufgeschichteten Hölzer, seltener durch Versteigerung auf dem Stamm, durch Verkauf zur Taxe (dem einseitig von der Verwaltung festgesetzten Holzpreise) oder durch Verkauf nach Preisvereinbarung.

Neben der Holznutzung kommen als staatliche Einnahmequellen in der Hauptsache nur noch Jagd- und Fischerei in Betracht, welch letztere allerdings zum Teil auch mit den Domänen in Verbindung gebracht ist. Die Ausübung der Jagd ist zum Teil bzw. für bestimmte Bezirke nach gesetzlicher oder sonstiger Regelung dem Landesherrn vorbehalten. Teilweise wird sie für Rechnung der Staatskasse verwaltet; in einzelnen Fällen ist sie den staatlichen Forstbeamten gegen eine mäßige Pacht übertragen. Die Einnahmen aus der Jagd sind folgeweise meist von geringerer Bedeutung. Stellenweise kommt in den Forsten auch Torfgräberei vor, welche von der Verwaltung teils durch eigenen Betrieb, teils durch Verpachtung genutzt wird.

Die sonstigen forstlichen Nebennutzungen wie Weide,

Viehmast, Grasschnitt, Streu- und Reisigsammeln bilden für den Staat regelmäßig keine Einnahmequelle, sondern für Dritte, welche eine darauf hinauslaufende Berechtigung an den Staatsforsten besitzen. Dementsprechend erscheinen sie für den Staat durchweg als Last; nur ganz untergeordnet und mehr ausnahmsweise wird daraus für den Staat auch eine Einnahme gewonnen.

3. Bergwerke. Die letzte Einnahme aus dem Grundbesitz bieten die Bergwerke, Hüttenwerke und Salinen. Letztere fußen allerdings nur zum Teil auf dem Grundeigentum, zum Teil auf dem Bergregal und den damit zusammenhängenden älteren Rechtsverhältnissen; sie reihen sich hier aber im ganzen zweckentsprechend an und sind nicht zu trennen. Nach der Eigenart der in Frage stehenden Werke sind die Einnahmen ausschließlich durch den eigenen Betrieb des Staates zu erzielen und werden durchweg dementsprechend erzielt. Vereinzelt kommt die Beteiligung eines Staates an einem gewerkschaftlichen oder sonstigen Betriebe vor.

Die Einnahmen aus den hier berührten Quellen — Kohlen-, Steinsalz-, Kalisalz-, Eisenerz-, sonstige Erz- und Salinenbergwerke — gründen sich durchweg auf ältere Verhältnisse, wie sie unter der bis gegen das laufende Jahrhundert das Grundprinzip des deutschen Bergrechts bildenden Bergbaufreiheit sich entwickelt hatten. Hüttenwerke stehen in der Regel mit Bergwerken in Verbindung; Einnahmen aus ihnen liefern jetzt meist infolge der umfassender stattgehabten Veräußerung nur noch geringere Erträge. Ein Nebenerträgnis bei den Salinen wird stellenweise durch Solbäder für den Staat gewonnen.

4. Grundsätzlich Gemeinsames. Den vorbehandelten privatwirtschaftlichen Einnahmequellen ist das gemeinsam, daß die staatliche Finanzwirtschaft sie nicht in dem gleichen Maße wie die private Einzelwirtschaft lediglich unter dem Gesichtspunkt eines möglichst hohen bleibenden Ertrages behandeln kann. Ihrer Eigenart entsprechend muß die staatliche Finanzwirtschaft bei der Ausnutzung jener Einnahmequellen häufiger gleichzeitig auch andere Zwecke, welche der Staat zu fördern gezwungen ist, berücksichtigen. Unter allgemein staatswirtschaftlichen, sozialpolitischen oder sonstigen Gesichtspunkten wird sie genötigt, auf die volle finanzielle Ausnutzung der Einnahmequelle, wie sie für die private Einzelwirtschaft unbedenklich und grundsätzlich gerechtfertigt sein würde, zu verzichten. Es entspricht dieses dem durchweg anerkannten Grundsatz, daß gegenüber den zwingenden Verpflichtungen, welche dem Staat aus seinem allgemeinen Zweck entstehen, die lediglich finanziellen Rücksichten nach Möglichkeit zurückzutreten haben.

Die Verwaltung der drei bezüglichen Einnahmequellen geschieht in der Regel durch besondere Behörden, welche zum Teil unter sich verbunden, zum Teil in eins zusammengezogen sind; verschiedentlich handelt es sich dabei um besondere Abteilungen des Ministeriums. Die oberste Leitung gipfelt meist in dem Finanzministerium; es kommt aber auch anderweite Regelung vor, so unterstehen in Preußen die Domänen und Forsten dem Landwirtschaftsminister, die Berg- und Hüttenwerke dem Minister für Handel und Gewerbe. Das Reich kennt Einnahmen der fraglichen Art nicht, weil ihm die Vorbedingung dafür, ein entsprechender Grundbesitz fehlt. Sonst finden sich, abgesehen von Reuß älterer Linie, Reuß jüngerer Linie und Bremen, diese Einnahmen bzw. je eine oder mehrere derselben in sämtlichen Bundesstaaten, allerdings sehr verschieden nach Umfang und Ausgestaltung, wie wir demnächst sehen werden.

b) Einnahmen aus Erwerbsbetrieb. 1. Verkehrsanstalten. Von den privatwirtschaftlichen Einnahmequellen der staatlichen Finanzwirtschaft, welche sich auf einen Erwerbsbetrieb gründen, sind ihrer allgemeinen und finanziellen Bedeutung nach zuerst die Verkehrsanstalten zu nennen. Unter diesen ragen wieder die Eisenbahnen am meisten hervor, obwohl sie ihrer Entwicklung nach erst verhältnismäßig jüngeren Datums sind. Die früher viel umstrittene Frage, ob für die Eisenbahnen der Staatsbetrieb oder der Privatbetrieb der geeignetere sei, ist jetzt wohl unter allgemeiner Anerkennung zugunsten des ersteren entschieden. Tatsächlich hat sich in Deutschland das staatliche Eisenbahnwesen in den letzten vier Jahrzehnten in ganz ungemeiner Weise gehoben, wesentlich dadurch, daß nach dem Scheitern des Bismarckschen Reichseisenbahnprojekts Preußen sein gewaltiges Eisenbahnnetz immer mehr im Staatsbetriebe zusammenschloß, was schließlich zu der weitergehenden Vereinigung in der preußisch-hessischen Eisenbahngemeinschaft durch Staatsvertrag von 1896 führte.

Daß für die Staatseisenbahnen allein ein staatlicher Betrieb in Frage kommen kann, steht schon nach der Entscheidung obiger Frage außer Zweifel; er ist daher der allein maßgebende; nur für einige untergeordnete Strecken, die sich naturgemäß in ein größeres Eisenbahnnetz — durchweg das der preußischen Staatsbahn — einfügen, kommt eine Nutzung durch Verpachtung vor. Dadurch, daß ein lebenskräftiger und vollgültiger Betrieb sich mit immer größerer Entschiedenheit für die längere durchgehende Bahnstrecke durchsetzt, kommen Staatsbahnen in der Hauptsache nur für die größeren Bundesstaaten in Frage. Die mittleren und kleinen Bundesstaaten sind meist in die größeren Staatsbahnnetze aufgesogen, teils mit, teils ohne finanzielle Entschädigung. Bei der hohen Bedeutung und dem stetigen Anwachsen der Einnahmen aus den Staatseisenbahnen befindet sich die staatliche Finanzwirtschaft der letzteren Bundesstaaten zweifellos in einer schwierigeren Lage.

Im Anschluß an die Eisenbahnen ist der Einnahmen aus der Dampfschiffahrt zu gedenken, welche allerdings nur vereinzelt vorkommen und von untergeordneter Bedeutung sind. Es handelt sich dabei lediglich um Binnenschiffahrtsverkehr, und zwar in der Hauptsache um den von Bayern, Württemberg und Baden auf dem Bodensee betriebenen, der mehr oder weniger in Verbindung mit dem Eisenbahnverkehr der fraglichen Staaten steht. Außerdem findet sich die bezügliche Einnahmequelle noch in Mecklenburg-Schwerin. Die Einnahme fließt durchweg aus dem vom Staat selbst geleiteten Betrieb, wie bei den Eisenbahnen. An und für sich erscheint der Dampfschiffahrtsbetrieb für den Staat weniger geeignet; er war in früherer Zeit ausgedehnter in den Händen des Staates, wurde aber immer mehr dem Privatbetrieb überlassen.

Als letzte Einnahmequelle aus Verkehrsanstalten macht sich der Post- und Telegraphenbetrieb geltend, dem in neuerer Zeit der Fernsprechbetrieb angegliedert ist. Daß das allgemeine Interesse diese Betriebe in die Hand des Staates fordert, kann nicht zweifelhaft sein. Dabei waltet allerdings wesentlich die Rücksicht auf den Verkehr vor. Nach der neueren Entwicklung sind die Betriebe in einem erheblicheren Grade auch Einnahmequellen für den Staat geworden, worin, wenn man die Verpflichtung des Staates, für den fraglichen Verkehr zu sorgen, anerkennt, eine entsprechende finanzielle Belastung des Verkehrs als solchen zu erblicken wäre. Nach der Reichsverfassung (Artikel 48) ist das Post- und Telegraphenwesen, zu welchem letzteren auch die Fernsprechanlagen nach dem RG. v. 6. April 1892 zu zählen sind, für das Gesamtgebiet dem Reich vorbehalten; es ist jedoch (Artikel 52) Bayern und Württemberg eine Sonderstellung zugestanden und ihnen die eigene Post- und Telegraphenverwaltung belassen. Die fragliche Einnahmequelle findet sich demnach nur bei dem Reich, bei Bayern und bei Württemberg. Etwas anderes wie die eigene Verwaltung durch den Staat kann hier natürlich nicht in Frage kommen.

Den vorberührten Einnahmequellen ist wiederum das gemeinsam, daß sie vom Staat folgerichtig erst in zweiter Linie unter dem Gesichtspunkt der Einnahmequelle zu behandeln sind. Die privatwirtschaftliche Seite, wie sie für die staatliche Finanzwirtschaft maßgebend ist, wird hier ungleich umfassender wie bei den Einnahmen aus dem Grundbesitz durch die allgemeine Staatspflicht beschränkt. Letztere begreift die Fürsorge des Staates für den bezüglichen Verkehr in sich, und dieser würde es grundsätzlich entsprechen, den Verkehr für die Bevölkerung tunlichst billig zu gestalten. Bei der außerordentlichen Entfaltung des Verkehrs und gleicherzeit der berührten staatlichen Verkehrsanstalten in der neueren Zeit sind letztere ohne weiteres in vorragenderer Weise auch Einnahmequellen für die staatliche Finanzwirtschaft geworden.

Einerseits würde es für letztere schwer sein, den reichlichen Einnahmezufluß zu entbehren, andererseits hat die fortgesetzte Verkehrssteigerung gezeigt, daß der Verkehr an sich die finanzielle Belastung, welche ihm durch den privatwirtschaftlichen Betrieb des Staates erwächst, ohne Beschwer und Beeinträchtigung zu tragen in der Lage ist. Grundsätzlich können daraus immerhin Bedenken gegen die privatwirtschaftliche Ausnutzung des Verkehrs entstehen; derselben ist jedenfalls durch das weitere allgemeine Staatsinteresse eine engere Grenze gesetzt.

Der Betrieb der Verkehrsanstalten ist für die staatliche Finanzverwaltung dadurch noch von einer besonderen Bedeutung, daß er einen im Verhältnis außerordentlich großen Personal- und Materialaufwand erfordert. Die Ausgaben des Staates werden folgeweise durch die Betriebe in einem ganz besonderen Maße in die Höhe geschraubt. In dem Gesamthaushaltsetat des Staates spielen die besonderen Abteilungen für die Verkehrsanstalten eine eigenartig vorragende Rolle, die an Bedeutung stetig noch wächst. Die Verwaltung der Verkehrsanstalten liegt durchweg besonderen Verwaltungskörpern ob, die wiederum teils den Finanzministerien, teils gesonderten Ministerien unterstehen.

2. Gewerbliche Unternehmungen. Als privatwirtschaftliche, auf Erwerbsbetrieb sich gründende Einnahmequellen besitzt die staatliche Finanzwirtschaft neben den Verkehrsanstalten auch reine gewerbliche Unternehmungen. Unter diesen nehmen weitaus die erste Stelle die staatlichen Kreditinstitute ein, welche wieder in verschiedener Art vorkommen. Reine, volle Staatsbanken bestehen für Preußen in der Seehandlung (Preußische Staatsbank) und für Bayern in der Königl. Bank zu Nürnberg. Die für das Reich nach dem Bankg. v. 14. März 1875 § 12ff. begründete Reichsbank ist gemischten Systems; sie steht unter Aufsicht und Leitung des Reichs, die Beamten sind Reichsbeamte; mit Anteilscheinen bis zu einem gewissen Betrage ist das Privatkapital beteiligt; vom Gewinn fließt ein Vorzugsanteil in die Reichskasse. Landeskreditinstitute, die in erster Linie meist dem Grund- und Hypothekenkredit sowie der Geldbeschaffung für die staatlichen Bedürfnisse dienen sollen, nebenher aber auch bankmäßige Geschäfte in verschiedener Abstufung betreiben, hat eine Reihe weiterer Bundesstaaten wie Oldenburg, Sachsen-Weimar, Braunschweig, Sachsen-Gotha, Sachsen-Altenburg, Schwarzburg-Rudolstadt, Schwarzburg-Sondershausen. Der privatwirtschaftliche Erwerbszweck wird gleichfalls bis zu einem gewissen Grade durch überwiegendes staatliches Allgemeininteresse beschränkt. Die Verwaltung besorgen besondere Verwaltungskörper; dieselben unterstehen durchweg dem Finanzministerium. Neben den oder verbunden mit den Landeskreditinstituten kommen vereinzelt Leihhäuser und

Sparkassen vor, so z. B. erstere in Preußen, letztere in Braunschweig.

Eine weitere bezügliche Einnahmequelle bildet die Klassenlotterie. Bis in den Anfang des laufenden Jahrhunderts besaß eine ganze Anzahl von Bundesstaaten Staatslotterien, die teils verpachtet teils in eigener Verwaltung betrieben wurden, ihren Geschäftskreis aber meist, berechtigter oder unberechtigterweise, über das eigene Staatsgebiet hinaus ausgedehnten. Um den aus diesem Stande sich ergebenden, vielfachen Mißständen zu begegnen, begann von 1904 ab Preußen, mit den eigene Staatslotterien betreibenden Bundesstaaten und später auch mit andern Staatsverträge über alleinige Zulassung der Preußischen Klassenlotterie gegen gewisse Anteilzusicherungen an dem Gewinn der letzteren abzuschließen. Mit Ende 1912 war nach und nach die nunmehr als Preußisch-Süddeutsche bezeichnete Lotterie über das ganze Gebiet des Deutschen Reichs, mit Ausnahme des Königreichs Sachsen und Hamburgs, welche beiden ihre eigenen Staatslotterien beibehalten haben, ausgedehnt; die sonstigen früheren Staatslotterien haben aufgehört zu bestehen. Der gesammte Betrieb der allgemeinen Lotterie wird unter gewissen Beeinflussungen einzelner Bundesstaaten einheitlich von Preußen geführt. Aus der Lotterie kommen für die staatlichen Finanzwirtschaften der übrigen Bundesstaaten teils Renten, teils Ertragsanteile in Frage, die denselben von Preußen ausgezahlt werden. Renten und Anteile sind in den einzelnen Staatsverträgen je nach den gegebenen besonderen Verhältnissen verschieden hoch bemessen. Sachsen (Königreich) und Hamburg haben sich nicht angeschlossen, sondern ihre von früher bestehenden eigenen Staatslotterien beibehalten; in Sachsen führt der Staat den Betrieb selbst, Hamburg hat die Lotterie verpachtet; ein Losvertrieb der Sächsischen und Hamburgischen Lotterie und ebenso ein Spielen in den gedachten Lotterien ist für das sonstige deutsche Gebiet verboten.

Endlich finden sich sonstige lediglich gewerbliche Unternehmungen verschiedener Art als Einnahmequelle der staatlichen Finanzwirtschaft. Daß an und für sich der Staat für derartige Betriebe weniger geeignet erscheint, ist wohl allgemein anerkannt, so daß Neubegründungen seltener in Frage kommen werden. Die bestehenden, mehr vereinzelten Unternehmungen sind durchweg von alters her überkommen und haben ihren Grund in früheren besonderen Verhältnissen, Förderung gewisser Landesteile, Schaffung von Musteranstalten behufs Hebung der Industrie, Ausnutzung alter Staatsmonopole und dergleichen. Im einzelnen handelt es sich namentlich um Porzellanfabriken, wie in Preußen, Bayern, Sachsen, Braunschweig, sodann um Bierbrauereien, wie in Bayern, um Tabakfabrikation, wie in Elsaß-Lothringen, um Drukkerei wie beim Reich, um Zeitungsunternehmungen, wie bei einer Reihe von Staaten; in weiterem Sinne werden auch die Münzanstalten hierher schlagen. Nicht zu den fraglichen Unternehmungen gehören selbstredend die großen staatlichen Anstalten für Herstellung von Kriegsmaterial, Schiffswerften u. dgl., welche ausschließlich für den Staat arbeiten und stets nur besonderen Zwecken desselben dienen. Die in Frage stehenden Gewerbsunternehmen werden in der Regel vom Staat selbst betrieben, zum Teil findet eine Verpachtung statt. Für den Betrieb kommen neben der Nutzung als Staatseinnahmequelle häufig mehr oder weniger vortretend andere staatliche Interessen in Betracht.

c) Einnahmen aus Kapitalbesitz. Die letzte Abteilung der privatwirtschaftlichen Einnahmen der staatlichen Finanzwirtschaft bilden diejenigen, welche auf einen Kapitalbesitz beruhen, also in der Regel auf zinstragenden Wertpapieren jedweder Art. Grundsätzlich werden gegen einen derartigen, wesentlich als Einnahmequelle dienenden Besitz des Staates vielfach Bedenken geltend gemacht, weil er zweckentsprechender zur Schuldentilgung oder zu besonderen im staatlichen Interesse liegenden Anlagen (Land- und Wasserstraßen, Eisenbahnen usw.) zu verwenden sei. Dieses wird jedoch nur in sehr eingeschränkter Weise anzuerkennen sein. Die Mittel zur Schuldentilgung wird jede einsichtige Finanzverwaltung den laufenden Einnahmen und nicht dem Staatsvermögen entnehmen; nur in ganz besonderen Ausnahmefällen könnte letzteres berechtigt erscheinen. Kann man ohne Nachteil durch Aufwendung des Kapitalbesitzes zu einer im Staatsinteresse liegenden werbenden Anlage gelangen, so wird sich solche regelmäßig empfehlen. Dieses darf jedoch niemals so weit ausgedehnt werden, daß man lediglich behufs Beseitigung des staatlichen Kapitalbesitzes zu jedweder Anlage, auch wenn sie nicht dringend erscheinen würde, schreiten müßte. Stets wird hier eine Entscheidung nach den Verhältnissen im einzelnen Fall unter sorgfältiger Abwägung von Vorteil und Nachteil zu treffen sein, wobei niemals dem Fortfall des Kapitalbesitzes eine besondere Bedeutung beigelegt werden darf. Im Gegenteil wird gerade die Beibehaltung eines gewissen Kapitalbesitzes von Wert sein, um gegebenenfalls ohne Schwierigkeit die Mittel für eine sich möglicherweise später plötzlich als notwendig oder im allgemeinen Interesse dringend wünschenswert erweisende werbende Anlage zur Verfügung zu haben.

Tatsächlich ist ein derartiger Kapitalbesitz in der staatlichen Finanzwirtschaft Deutschlands in ausgedehnterem Maße, wenn auch in verschiedener Weise, vertreten. Es handelt sich einmal um in zinstragenden Wertpapieren angelegte Kapitalbestände, welche unbeschränkt dem Staat als solchem gehören, deren Erträgnis daher zur allgemeinen Verwendung für Staatszwecke der Staatskasse zufließt. Die Grundlage ist dabei wieder eine verschiedene. Die Kapitalien können aus Veräußerung allgemeinen Staatsbesitzes, staatlicher Anlagen oder dergleichen herrühren, aus Entschädigungen für Aufgabe staatlicher Rechte, aus Entäußerung gewisser Regalien usw.; sie können auch besondere frühere Ersparungen umfassen, die man aus bestimmten Gründen dauernder festgelegt hat; es kommt ferner ein Aktienbesitz in Betracht, der als ein Entgelt für staatliche Unterstützung gewisser privater, gleichzeitig dem öffentlichen Interesse entsprechender Verkehrs- oder sonstiger Anstalten überwiesen ist. Vielfach ist der Kapitalbesitz auf bestimmte Staatszwecke oder Staatseinrichtungen beschränkt, denen er durchweg auch sein Entstehen verdankt, ebenso wie die Erträgnisse nur entsprechend Verwendung finden können; es ist dieses der Fall bei Domanialfonds, Forstbesitzfonds, Eisenbahnfonds u. dgl., die demgemäß nur in beschränkter Weise als eigentliches Kapitalvermögen anzusehen sind.

Im weiteren Sinne werden hierher die Reservefonds für bestimmte Zwecke oder für einzelne staatliche Einrichtungen und Anstalten zu rechnen sein, obwohl sie immer nur abgetrennten Teilen der staatlichen Finanzwirtschaft und möglicherweise auch nur vorübergehend als Einnahmequelle dienen. Ähnlich steht es mit den Tilgungsfonds für den Anleihedienst und gewissen Ausgleichsfonds, wie sie für stark schwankende privatwirtschaftliche Einnahmequellen stellenweise gebildet sind. Nicht als Einnahmequellen können ihrem ganzen Zweck nach die Betriebsfonds der einzelnen Verwaltungen und Kassen in Betracht kommen. Unter Umständen werden Kapitalbestände aus außerordentlichen Einnahmen nur vorübergehend und für einen bestimmten Zweck festgelegt sein, wie für das Reich aus der französischen Kriegsentschädigung der Reichsfestungsbaufonds, der Reichtagsgebäudefonds, der Reichsinvalidenfonds. Der Reichskriegsschatz fällt wiederum nicht hierher, da er keine Einnahmequelle bildet. Je nach der besonderen Art der einzelnen Kapitalfonds fließen die Zinserträgnisse derselben der staatlichen Finanzverwaltung zu unbeschränktem Gebrauch für jedwede Ausgabe oder zu auf gewisse Interessen beschränkter Verwendung zu.

2. Öffentlichwirtschaftliche Einnahmen.

Öffentlichwirtschaftliche oder öffentlichrechtliche Einnahmen sind solche, welche der staatlichen Finanzwirtschaft aus staatsrechtlichen Quellen zugeführt werden. Sie scheiden sich zunächst in Leistungen von Staat zu Staat, welche keiner besonderen Definition bedürfen, und Abgaben, das sind die sämtlichen Geldbeiträge, welche die staatliche Finanzwirtschaft zur Dekkung ihrer Ausgaben kraft der Finanzhoheit von der Bevölkerung erhebt. Die Abgaben zerfallen wieder in besondere und allgemeine. Die besonderen Abgaben sind einerseits Gebühren, das sind Vergütungen, welche anläßlich einer besonderen Inanspruchnahme öffentlicher Behörden oder Anstalten zu zahlen sind, andererseits Beiträge, das sind Leistungen von Interessenten zu den Herstellungs- und Unterhaltungskosten gewisser staatlicher, ihnen Vorteil gewährender Einrichtungen. Die allgemeinen Abgaben bilden die Steuern, das sind die Geldbeiträge, welche allgemein von der Bevölkerung zur Deckung der Ausgaben der staatlichen Finanzwirtschaft kraft der Finanzhoheit erhoben werden.

a) Leistungen von Staat zu Staat. Die Leistungen von Staat zu Staat, welche auf öffentlich-wirtschaftlicher, gesetzlicher Grundlage beruhen, sehen wir in den deutschen staatlichen Finanzwirtschaften in einer einschneidenden Weise in dem Verhältnis zwischen Reich und Bundesstaaten verkörpert, und zwar einerseits allgemein in den Matrikularbeiträgen, in den sog. Überweisungen und den Vergütungen aus der Reichskasse für die Zoll- und Reichssteuerverwaltung, andererseits auf den einzelnen Staat beschränkt in den Ausgleichsbeiträgen für Reservatrechte und den Zoll- und Steuerabfindungen für Zollausschlußgebiete. Nicht zu den Leistungen von Staat zu Staat in dem hier maßgebenden Sinn gehören die finanziellen Beziehungen zwischen einzelnen Staaten, welche lediglich auf vertraglicher Abmachung beruhen; bei der wesentlichen Bedeutung derselben wollen wir sie jedoch anschließend kurz berühren.

1. Matrikularbeiträge. Nach dem durch das RG. v. 14. Mai 1904 abgeänderten Artikel 70 der Reichsverfassung sind die Ausgaben des Reichs, soweit sie aus den gemeinschaftlichen Einnahmen an Zöllen, Steuern usw. nicht gedeckt werden, durch Beiträge der einzelnen Bundesstaaten nach Maßgabe ihrer Bevölkerung aufzubringen, welche in der Höhe des budgetmäßigen Betrages durch den Reichskanzler ausgeschrieben werden. Insoweit diese Beiträge in den Überweisungen keine Deckung finden, sind sie den Bundesstaaten am Jahresschluß in dem Maße zu erstatten, als die übrigen ordentlichen Einnahmen des Reichs dessen Bedarf übersteigen. Die einschränkende Bestimmung, welche das RG. v. 3. Juni 1906 bezüglich der ungedeckten (über die Überweisungen hinausgehenden) Matrikularbeiträge traf, ist durch das RG. v. 15. Juli 1909 wieder beseitigt worden. Die Matrikularbeiträge, welche ursprünglich als eine vorübergehende Einrichtung gedacht waren, sind damit zu einer bleibenden, dehnbaren Einnahmequelle für die Finanzwirtschaft des Reichs geworden, an der der Reichstag aus parteipolitischen Gründen festhält, obwohl dadurch dem Reich für seine Finanzierung die eigene selbständige Grundlage entzogen wird.

2. Überweisungen. Den Matrikularbeiträgen stehen als Einnahmequellen der Bundesstaaten durch das Reich die Überweisungen gegenüber, die zunächst durch die Frankensteinsche Klausel — dieselbe überwies einen wesentlichen Teil der durch die Zoll- und Steuereinnahme im Jahre 1879 zu erwartenden Mehreinnahmen des Reichs an die Bundesstaaten — eingeführt, dann aber durch das schon angeführte RG. v. 14. Mai 1904 auf eine sachgemäßere, wenngleich beschränktere Grundlage gestellt wurden. Nach dem RG. v. 15. Juli 1909 wird den Bundesstaaten nunmehr nur noch die Reineinnahme aus der Branntweinsteuer nach Maßgabe der Bevölkerung, mit der sie zu den

Matrikularbeiträgen herangezogen werden, überwiesen. In den beiden letzten Jahrzehnten des vorigen Jahrhunderts blieben die Matrikularbeiträge meist hinter den Überweisungen zurück; seitdem ist ständig das umgekehrte Verhältnis in sich nach und nach verschärfender Form eingetreten, so daß also nach Ausgleich zwischen Matrikularbeiträgen und Überweisungen als Endergebnis sich eine Belastung der Finanzwirtschaft der einzelnen Bundesstaaten geltend macht.

3. Vergütungen für die Zoll- und Reichssteuerverwaltung. Obwohl das Reich einen wesentlichen Teil seines Staatsbedarfes durch Zölle und Reichssteuern, die ausschließlich seiner Regelung im einzelnen unterliegen, deckt, hat es keine eigene Zoll- und Steuerverwaltung. Letztere wird vielmehr verfassungsmäßig durch die Bundesstaaten besorgt. Dabei sind allerdings vom Reich gewisse größere Grundzüge für die Verwaltungsführung als unumgänglich festgelegt, so namentlich bezüglich der behördlichen Instanzen, die unbedingt vorhanden sein müssen. Auch findet behufs Sicherung der Einheitlichkeit des Verfahrens eine Kontrolle durch das Reich statt, welche von den Reichsbevollmächtigten für Zölle und Steuern und den Stationskontrolleuren ausgeübt wird. Die Vergütung der Bundesstaaten vollzieht sich bei den einzelnen Steuerarten in verschiedener Weise. Sie geschieht entweder durch Erstattung der erwachsenen Kosten, welche nach näher bestimmten Grundzügen festzulegen und einzufordern sind, oder durch Gewährung eines Prozentsatzes der in dem betreffenden Bundesstaat zur Verrechnung gekommenen Roh-Solleinnahme. Nach ersterer Art bestimmt sich die Vergütung bei den Zöllen, bei denen übrigens eine Kostenerstattung nur bezüglich des Grenzverkehrs gewährt wird, und bei der Salzsteuer, nach der zweiten Art bei den übrigen Steuern, wobei der Prozentsatz wiederum ein verschiedener ist, so 8% bei der Zuckersteuer, der Branntweinsteuer und der Essigsäureabgabe, 5% bei der Biersteuer, 4% bei der Zigarettensteuer, der Schaumweinsteuer, der Leuchtmittelsteuer und der Zündwarensteuer, 3% beim Spielkartenstempel, 2% bei der Tabaksteuer, der Wechselstempelsteuer und der Reichsstempelsteuer; bezüglich der Reichserbschaftssteuer findet eine Verwaltungsvergütung nicht statt. Im einzelnen bestehen noch mancherlei Sonderheiten; so ist auch der Satz für die Verwaltung und für die Erhebung getrennt.

4. Ausgleichsbeträge und Zoll- und Steuerabfindungen. Bayern, Württemberg, Baden und Elsaß-Lothringen haben nach Reservatrecht ihre eigene Bierbesteuerung, deren Erträgnis voll den betreffenden Landeskassen zufließt, während die Biersteuer aus der Norddeutschen Brausteuergemeinschaft von der Reichskasse vereinnahmt wird. Naturgemäß mußte hierfür ein Ausgleich durch entsprechende anderweite Belastung der bevorzugten Staaten geschaffen werden. Dem dienen die Ausgleichsbeträge (Aversa), welche die genannten Staaten an die Reichskasse abzuführen haben. Sie umfassen denjenigen Betrag, der als Kopfteil der Biersteuer auf die norddeutsche Brausteuergemeinschaft entfällt, ausgerechnet auf die durch die Volkszählung festgesetzte Bevölkerungszahl Bayerns, Württembergs, Badens und von Elsaß-Lothringen. Die Zoll- und Steuerabfindungen (Aversa) werden für bestimmte Zollausschlußgebiete bezahlt, nämlich einerseits für die zu Preußen gehörige Insel Helgoland und anderseits für die Zollausschlüsse des Großherzogtums Baden (Gemeinden Büsingen und Altenburg, sowie eine Anzahl Höfe im Kreise Waldshut). Die Berechnung ist eine ähnliche wie bei den Ausgleichsbeträgen.

5. Staatsvertragliche Leistungen zwischen den Bundesstaaten. Die finanzwirtschaftlichen und finanziellen Beziehungen, welche auf Grund staatsvertraglicher Abmachungen zwischen den einzelnen Bundesstaaten entstehen, führen an sich zu Leistungen von Staat zu Staat im weiteren Sinn; letztere entbehren aber der öffentlichwirtschaftlichen Grund-

lage, welche wir als die entscheidende Eigenart der Leistungen von Staat zu Staat in unserem engeren Sinne hingestellt haben. Tatsächlich sind sie von weittragenderer Bedeutung und scheiden sich wiederum nach ihrem inneren Gehalt mehrfach voneinander ab.

Einmal handelt es sich dabei um Übernahme gewisser Verwaltungsfunktionen des einen Staates durch einen anderen, der solche sei es zweckentsprechender sei es mit geringerem Kostenaufwande zu erfüllen vermag. Das Weitgehendste in dieser Richtung bietet die staatsvertragliche Abmachung zwischen Preußen und Waldeck-Pyrmont, nach welcher Preußen die gesamte innere Verwaltung Waldecks mit nur einer geringen Ausnahme übernommen hat. Bei der besonderen Tragweite, die hier die öffentliche Gesamtwirtschaft umfaßt, wird man die aus dieser Abmachung entstehenden finanziellen Beziehungen wohl mehr als Leistungen von Staat zu Staat auch in dem engeren Sinne anzusehen haben. Sonst kommt vorwiegend die Verwaltung der Zölle und indirekten Steuern in Betracht, soweit dafür durch das Reich die maßgebenden Grundzüge festgelegt sind. Einesteils ist die bezügliche Verwaltung als Ganzes an den anderen Staat übergegangen, so die von Lippe und von Schaumburg-Lippe an Preußen, andernteils sind nur gewisse Enklaven einzelner Staaten der Verwaltung des umgebenden Staatsgebietes angeschlossen, so zu Mecklenburg, Oldenburg, Sachsen-Coburg-Gotha, Hamburg, Lübeck gehörige Enklaven an Preußen, zu Sachsen-Weimar und Sachsen-Coburg-Gotha gehörige Enklaven an Bayern. Hierher zählen auch die zahlreichen Gerichtsgemeinschaften soweit lediglich Angliederungen kleinerer Gebiete an größere in Betracht kommen, so der Anschluß gewisser Teile des Fürstentums Lippe an das preußische Amtsgericht Lippstadt, des oldenburgischen Fürstentums Birkenfeld an das preußische Landgericht Saarbrücken, des Fürstentums Schwarzburg-Sondershausen an das preußische Landgericht Erfurt, des Fürstentums Waldeck an das preußische Landgericht Cassel, des Fürstentums Pyrmont an das preußische Landgericht Hannover, des Herzogtums Anhalt an das preußische Oberlandesgericht Naumburg, der Fürstentümer Lippe und Schaumburg-Lippe an das preußische Oberlandesgericht Celle. Ebenso kommen auf anderen Verwaltungsgebieten gleichartige Abmachungen vor, welche alle zu berühren uns hier zu weit führen würde. Regelmäßig werden hierdurch auch finanzwirtschaftliche Beziehungen zwischen den berührten Staaten begründet.

Auf eine zweite Art wirken die staatsvertraglichen Abmachungen dadurch, daß vermöge derselben zwei oder mehrere Staaten sich zusammentun, um gemeinsam für sich zur Erfüllung bestimmter Staatszwecke verschiedentlicher Art eine einheitliche Verwaltungseinrichtung zu schaffen. Auch hier gibt uns die indirekte Steuerverwaltung ein Beispiel in dem Thüringischen Zoll- und Steuerverein, in dem Sachsen-Weimar, Sachsen-Meiningen, Sachsen-Altenburg, Sachsen-Coburg-Gotha, Schwarzburg-Sondershausen, Schwarzburg-Rudolstadt, Reuß älterer Linie, Reuß jüngerer Linie, sowie Teile der preußischen Regierungsbezirke Erfurt und Merseburg vereinigt sind. Auf dem Gebiete der Rechtspflege kommen ebenfalls bezügliche Vereinigungen zahlreicher vor, so das Oberlandesgericht zu Jena für die vorbezeichneten Staaten des Thüringischen Zoll- und Steuervereins mit Ausnahme von Schwarzburg-Sondershausen, das Oberlandesgericht Rostock für Mecklenburg-Schwerin und Mecklenburg-Strelitz, das Oberlandesgericht Hamburg für die drei Hansastädte und das Fürstentum Lübeck, das Oberlandesgericht Oldenburg für Oldenburg (Großherzogtum) und Schaumburg-Lippe, das Landgericht Meiningen für Teile von Preußen und von Sachsen-Meiningen, sowie für Coburg, das Landgericht Rudolstadt gleichfalls für Teile von Preußen und von Sachsen-Meiningen, sowie für Schwarzburg-Rudolstadt und andere mehr. Auch auf anderen Verwaltungsgebieten finden sich häufiger und in mannigfacher Weise gemeinsame staatliche Einrichtungen. So ist die Universität

Jena den thüringisch-sächsischen Staaten gemeinsam. Sachsen-Weimar und Sachsen-Coburg-Gotha haben gemeinschaftlich die Landesversicherungsanstalt in Weimar und das Oberversicherungsamt in Gotha; Sachsen-Weimar, Sachsen-Altenburg, Sachsen-Coburg-Gotha, Schwarzburg-Sondershausen und Schwarzburg-Rudolstadt das Thüringische Oberverwaltungsgericht in Jena; Sachsen-Weimar, Sachsen-Altenburg, die beiden Schwarzburg und Reuß das Statistische Bureau vereinigter Thüringischer Staaten, jetzt Thüringisches Statistisches Amt bezeichnet; Sachsen-Meiningen, Sachsen-Altenburg, Schwarzburg-Sondershausen und Reuß älterer Linie das Strafarbeitshaus in Dreißigacker; Sachsen-Weimar, Sachsen-Coburg-Gotha und Reuß jüngerer Linie das Strafarbeitshaus in Eisenach; die drei Hansastädte die Landesversicherungsanstalt in Lübeck usw.

In einer dritten sehr bedeutungsvollen Weise schaffen die staatsvertraglichen Abmachungen besondere und an sich verschieden geartete Vereinigungen von Staaten zur Förderung des Verkehrs. Obenan steht hier die Preußisch-Hessische Eisenbahngemeinschaft, der in etwas auch Baden angehört. Geringfügig demgegenüber sind die weiteren Abmachungen Preußens bezüglich des Eisenbahnbetriebes, so mit Hamburg, mit Bremen, mit Oldenburg, desgleichen die zwischen Oldenburg und Bremen usw. Es gehören sodann Kanalanlagen hierher; als Beispiel sei nur der Elbe-Trave-Kanal herausgehoben, der von Preußen und Lübeck gemeinsam ausgeführt ist. Auch bezüglich des durchlaufenden Staatsstraßennetzes bestehen für Grenzdistrikte vielfach staatliche Vereinbarungen, die im einzelnen durchweg nach der Natur der Sache nur von geringerer Tragweite sind.

Schließlich findet sich als letzte Art die Vereinigung zu einem gemeinsamen Erwerbsbetrieb. Eine solche ist am weitgehendsten wiederum in der Preußisch-Süddeutschen (Königl. Preußischen) Klassenlotterie verkörpert, der mit Ausnahme von Sachsen (Königreich) und Hamburg jetzt sämtliche deutsche Bundesstaaten angehören. Alle die gemeinsamen Einrichtungen und Anstalten, mögen sie von der einen oder von der anderen Art sein, bringen naturgemäß auch die einzelnen staatlichen Finanzwirtschaften in Beziehung zueinander, die je nach der Bedeutung des gemeinschaftlichen Gegenstandes eine leichtere oder eine schwerwiegendere sein muß. Leider gestattet der beschränkte Raum uns nicht, demnächst bei Betrachtung der Finanzwirtschaften der einzelnen Bundesstaaten auf dieses Ineinandergreifen der Finanzwirtschaften näher einzugehen und zahlenmäßige Nachweise dafür zu erbringen. Letzteres würde bei der großen Zahl der betreffenden Wechselbeziehungen auch schwer durchführbar sein, zumal die Reichsfinanzstatistik in dieser Richtung keine näheren Daten erbringt.

b) Abgaben. 1. Besondere Abgaben. aa) Gebühren. Unter den besonderen Abgaben treten in der deutschen staatlichen Finanzwirtschaft nach Umfang und Bedeutung weitaus am vorragendsten die Gebühren hervor, also die Vergütungen, welche anläßlich einer besonderen Inanspruchnahme öffentlicher Behörden oder Anstalten zu zahlen sind. Der Staat — Reich und Bundesstaaten kommen in gleicher Weise in Betracht — hat eine ganze Reihe besonderer Einrichtungen zu treffen, welche zwar an und für sich den allgemeinen Staatszweck erfüllen und durchaus öffentlichrechtlicher Natur sind, welche aber andererseits in ihrer praktischen Betätigung wiederum in vortretenderem Maße dem Sonderinteresse derjenigen dienen, welche sie jeweilig in Anspruch nehmen. Im Hinblick auf letzteres wird es als durchaus gerechtfertigt angesehen werden müssen, wenn der Staat für die Inanspruchnahme jener Einrichtungen eine Vergütung fordert, seine bezüglichen Leistungen bis zu einem gewissen Grade zu entgeltlichen macht. Es würde anderenfalls unbillig sein, wenn derjenige, welcher in seinem Interesse von jenen Einrichtungen Gebrauch macht, den Vorteil, der ihm dadurch erwächst, lediglich auf Kosten der Gesamtheit genießen würde.

Die Gebühr setzt mithin stets eine bestimmte staatliche Leistung voraus, welche von dem Gebührenpflichtigen regelmäßig besonders veranlaßt wird. Wenngleich durch die Gebühr die betreffenden staatlichen Leistungen zu entgeltlichen werden, so ist damit aber keineswegs gesagt, daß der Staat mit dem Entgelt bezüglich seiner Gesamtaufwendung für die Einrichtungen entschädigt werden müsse. Die Frage, inwieweit das Entgelt dem Kostenaufwand zu entsprechen habe, wird sich stets in der verschiedensten Weise je nach der Eigenart der Einrichtung und nach den besonderen Verhältnissen, welche durch dieselbe berührt werden, zu regeln haben. Der Leistungsfähigkeit des Pflichtigen kann bei der Abmessung der Gebühren regelmäßig keine Rechnung getragen werden, da die sich stets gleich bleibende staatliche Leistung den Ausgangspunkt bilden muß; für eine geringere oder fehlende Leistungsfähigkeit des Pflichtigen wird man nur in einem teilweisen oder gänzlichen Gebührenerlaß einen Ausgleich finden können. Der Abgabennatur der Gebühr entspricht die einseitige Festsetzung derselben durch den Staat; hierin liegt der Hauptunterschied von den privatwirtschaftlichen Einnahmen.

In früherer Zeit flossen die Gebühren, nach Maßgabe ihrer Entwicklung aus den alten Sporteln, in weiterem Umfang nicht in die Staatskasse, sondern standen dem die Leistung vollziehenden Beamten zu, dessen staatliche Entlohnung sie bildeten oder vervollständigten. Jetzt nimmt in der deutschen staatlichen Finanzwirtschaft durchweg der Staat die Gebühren grundsätzlich für sich in Anspruch (Fiskusgebühren); nur ausnahmsweise werden aus besonderen, in der eigenartigen Tätigkeit liegenden Gründen Gebühren den Beamten zugewiesen (Beamtengebühren), so bei den Gerichtsvollziehern und den Vollziehungsbeamten des Verwaltungszwangsverfahrens; ein gleiches ist der Fall, wo es sich um Leistungen von Persönlichkeiten handelt, denen die volle Beamteneigenschaft fehlt, wie den Notaren.

Nach der Art, wie die Gebühren im einzelnen festzusetzen und zu berechnen sind, haben wir mehrfache Unterscheidungen, welche in den deutschen staatlichen Finanzwirtschaften mannigfaltig praktisch werden. Es gibt allgemeine und besondere Gebühren. Bei den ersteren wird auf jedwede Berücksichtigung der Bedeutung und der besonderen Verhältnisse bei den einzelnen Arten der

Behördeninanspruchnahme verzichtet und eine bestimmte meist gering bemessene Gebühr für alle Amtshandlungen, sofern sie sich in gewisser Weise insbesondere durch Schriftlichkeit auszeichnen, gleichförmig gehoben. Die besonderen Gebühren dagegen passen sich den eigenartigen Umständen und Verhältnissen, wie sie für die einzelnen Amtshandlungen maßgebend sind, an und bemessen danach die Gebühren zu verschiedener Höhe. Zur Zeit bilden die besonderen Gebühren die Regel, die allgemeinen kommen nur noch vereinzelt vor.

Sodann sind feste und veränderliche Gebühren zu unterscheiden. Die feste (fixe) Gebühr gibt einen bestimmten unabänderlichen Satz für sämtliche gebührenpflichtige Vorgänge einer bestimmten Art, während bei den veränderlichen Gebühren innerhalb der Vorgänge einer gleichen Art eine Bemessung nach bestimmten Umständen des Einzelfalles, also der Höhe nach eine Mehrheit von Sätzen, sich findet. Innerhalb der letzteren heben sich wieder Rahmen- und Gradations- (Staffel-) gebühren voneinander ab. Die Rahmengebühren gewähren der festsetzenden Behörde einen gewissen Spielraum für die Festsetzung im Einzelfall zwischen einem Mindest- und einem Höchstbetrage. Bei den Gradationsgebühren ist von vornherein eine feste Abstufung nach bestimmten Merkmalen gegeben, unter welche der Einzelfall entsprechend einzureihen ist; je nach den für die Abstufung zugrunde gelegten Merkmalen spricht man von Zeitgebühren, wenn die Abstufung sich auf die Zeitdauer der behördlichen Handlung gründet, von Raumgebühren, wenn die Staffelung nach dem Umfang der aufzusetzenden Schriftstücke erfolgt, und von Wertgebühren, wenn nach dem Geldwert, welcher dem Ganzen zugrunde liegt, abgestuft wird; die Wertgebühren können wieder als Klassengebühren erscheinen, wenn eine Anzahl bestimmter Wertklassen gebildet ist, und als Prozentualgebühren, wenn je von dem Wert der einzelnen Betätigung ein bestimmter von vornherein gegebener Prozentsatz als Gebühr zu entrichten ist.

Endlich haben wir die Einzel- und die Bauschgebühren hervorzuheben. Bei den Einzelgebühren wird jeder einzelne Vorgang mit seiner bestimmten Gebühr belegt. Bei den Bauschgebühren wird eine Reihe einzelner Vorgänge, die in einem mehr oder weniger engen Zusammenhang zueinander stehen, für eine einzige, entsprechend höhere Gebühr zusammengezogen.

Alle diese einzelnen Gebührenarten sind mit einer bunten Mannigfaltigkeit in den verschiedenen gesetzlichen Gebührenfestlegungen des Reichs und der Bundesstaaten vertreten, je nach den besonderen Verhältnissen, welche für die eine oder die andere Art sprechen mußten.

Die Erhebung der Gebühren geschieht in zweifacher Weise, einesteils in Stempelform, anderenteils durch unmittelbare Bezahlung seitens des Pflichtigen. Die erstere Erhebungsform empfiehlt sich nur da, wo die Gebühr eine feste oder nach gleichmäßigen und einfachen Merkmalen abgestufte ist, so daß ins einzelne gehende Berechnungen entfallen; in allen anderen Fällen ist die unmittelbare Bezahlung durch den Pflichtigen vorzuziehen. Dementsprechend erscheinen beide Erhebungsformen in der staatlichen Finanzwirtschaft des Reichs und der Bundesstaaten.

Je nach der staatlichen Grundlage, auf welcher sich die Gebühren aufbauen, zerlegt man sie in zwei große Gruppen, die Gebühren der Rechtspflege, welche sich an die Rechtspflege, und die Verwaltungsgebühren, welche sich an die Verwaltung anknüpfen. Die Gebühren der Rechtspflege sind Gebühren der streitigen Rechtspflege und solche der nichtstreitigen Rechtspflege. Zu den Gebühren der streitigen Rechtspflege gehören diejenigen der Zivilrechtspflege und die der Strafrechtspflege, erstere sich wiederum in Gebühren in bürgerlichen Rechtsstreitigkeiten und in Gebühren im Konkursverfahren scheidend. Zu den Gebühren der nichtstreitigen Rechtspflege zählen namentlich Gebühren in Vormundschafts- und Pflegschaftssachen, Gebühren bei Nachlaßregulierungen, Gebühren der Fideikommißangelegenheiten, Gebühren von Rechtsgeschäften, Registergebühren. Auf die Einzelheiten einzugehen, würde zu weit führen. Die Gebühren der streitigen Rechtspflege sind in der Hauptsache durch das Reich geregelt in dem Gerichtskosteng. in der neuen Fassung v. 20. Mai 1898, zu der nur einige Ergänzungen erfolgt sind. Die Gebühren der nichtstreitigen Rechtspflege ordnen landesgesetzliche Vorschriften der einzelnen Bundesstaaten in mannigfaltiger Weise. Gebühren der Rechtspflege vereinnahmen die staatlichen Finanzwirtschaften des Reichs und sämtlicher Bundesstaaten.

Verwaltungsgebühren gibt es der verschiedentlichsten Art eigentlich auf fast allen Gebieten der Verwaltung. Sie sind teils durch die Reichsgesetzgebung, teils durch die Landesgesetzgebung geregelt; bei reichsgesetzlicher Ordnung werden die Gebühren in einzelnen Fällen trotzdem für die einzelstaatliche Finanzwirtschaft vereinnahmt. Verwaltungsgebühren finden sich im Gebiete der auswärtigen Angelegenheiten, wie die Konsulatsgebühren, auf dem Gebiete der allgemeinen inneren Verwaltung, wie Gebühren bei Erwerb der Staatsangehörigkeit und bei Namensänderungen, Gebühren für Pässe, Heimatscheine, Legitimationspapiere, Gebühren bei Ausstellung von Dienst- und Arbeitsbüchern, Gebühren für Prüfungen, Befähigungsatteste, Konzessionen, Gebühren für Anstellung und Beförderung im öffentlichen Dienst usw., auf dem kirchlichen Gebiet, wie Gebühren für kirchliche Amtshandlungen bei Taufen, Trauungen, Beerdigungen usw., auf dem Gebiete des öffentlichen Unterrichts- und Bildungswesens, wie

Schulgelder, Kollegiengelder, Aufnahme- und Abgangsgebühren, Gebühren für den Besuch und die Benutzung öffentlicher Kunst- und wissenschaftlicher Sammlungen, Museen, Bibliotheken usw., auf dem Gebiete des Gesundheitswesens, wie Gebühren für Impfung, Desinfizierung, Totenschau, auf dem Gebiete der Zollverwaltung, wie die sog. statistische Gebühr, welche allerdings wesentlich zur Sicherung gewisser Anzeigeverpflichtungen der an Ausfuhr und Einfuhr Beteiligten dienen soll und daher eigentlich gemischter Natur ist, auf dem Gebiet der Volkswirtschaftspflege, wie Eichgebühren, Punzierungsgebühren, Gebühren für Apotheken-, Dampfkesselrevisionen und dergleichen, Jagd- und Waffenscheine, Schiffsvermessungsgebühren, Patent- und Musterschutzgebühren, Gebühren für Prüfung von Kraftfahrzeugen usw. Entsprechend ihrer außerordentlichen Vielseitigkeit treten die Verwaltungsgebühren in den staatlichen Finanzwirtschaften der einzelnen Bundesstaaten in größerer Verschiedenheit hervor; durchweg bilden sie in ihrer Gesamtheit eine nennenswertere Einnahmequelle in fast sämtlichen Bundesstaaten.

Im Anschluß wollen wir hier der Vermögensstrafen gedenken. Dieselben stehen allerdings meist in äußerer Verbindung mit den Gebühren, ihrem inneren Wesen nach stellen sie sich jedoch mehr als Ersatzleistungen dar und werden deshalb häufig als besondere Abgabenkategorie behandelt. Sie kommen sowohl für das Reich wie in sämtlichen Bundesstaaten vor, sind aber überall von wenig ausschlaggebender Bedeutung. Man scheidet innerhalb derselben Geldstrafe, Einziehung und Buße. In allen drei Fällen handelt es sich um Vermögensleistungen, welche sich auf ein bestimmtes, eine Verletzung öffentlichen oder privaten Interesses bzw. Störung der öffentlichen Ordnung in sich schließendes Handeln oder Unterlassen des Pflichtigen gründen und einen Ausgleich für jene Verletzung oder Störung bieten sollen.

bb) Interessentenbeiträge. Die zweite Gruppe der besonderen Abgaben bilden die Beiträge oder Interessentenbeiträge, welche Leistungen von Interessenten zu den Herstellungs- und Unterhaltungskosten gewisser staatlicher, ihnen Vorteil gewährenden Einrichtungen umfassen. Als Einnahmequelle der staatlichen Finanzwirtschaft sind sie von verhältnismäßig sehr geringer Bedeutung. Sie kommen nur in den Bundesstaaten mehr oder weniger vereinzelt vor. Von der Theorie werden sie teilweise mit zu den Gebühren gezogen und zwar als Gebühren mit beonderer Erhebungsform; die Eigenart gebietet jedoch eine Ausscheidung, wie sie hier gemacht worden.

Es kommen in der Hauptsache Leistungen von Grundbesitzern und Gewerbetreibenden in Betracht, welche nach bestimmter Veranlagung regelmäßig mit Rücksicht auf ihre das allgemeine Maß überschreitende Inanspruchnahme staatlicher und vom Staat zu unterhaltender Einrichtungen, wie z. B. der Straßenzüge, gefordert werden (Präzipua, Präzipualleistungen). Ähnlich kann auch bei der ersten Anlage einer bestimmten Einrichtung, wie Eisenbahn, Kanal, durch den Staat als Voraussetzung oder Vorbedingung für die Ausführung eine derartige Leistung, sei es bleibend, sei es zeitweise, sei es einmalig, von den Interessenten in Anspruch genommen werden, wie Geldleistungen oder die freie Grundabtretung bei dem staatlichen Bau einer Nebenbahn. In neuester Zeit sind namentlich hinzugekommen die Sonderbeiträge, welche von dem Betrieb fester Kraftfahrzeuglinien für stärkere Abnutzung der Staatsstraßenstrecken erhoben werden.

Die Höhe der Leistung wird regelmäßig für jeden einzelnen Pflichtigen unter Berücksichtigung der besonderen Inanspruchnahme bzw. der dem Staat durch solche erwachsenden höheren Kosten gesondert festgelegt. Es besteht dafür ein meist gesetzlich genau geregeltes Verfahren mit Beschwerdeinstanzen, welches sich in seinen Grundsätzen mehr oder weniger an das Steuerveranlagungsverfahren anlehnt. Zahlenmäßige Nachweisungen lassen sich aus dem zur Verfügung stehenden allgemeinen Material, welches eine bezügliche Ausscheidung bei der geringen Bedeutung nicht vornimmt, für diese Einnahmequelle nicht erbringen; im weiteren wird auf dieselbe nur allgemein Bezug genommen werden können.

2. Allgemeine Abgaben oder Steuern. aa) Grundsätzliches. Die allgemeinen Abgaben oder die Steuern stellen sich als diejenigen Geldbeiträge dar, welche allgemein von der Bevölkerung zur Deckung der Ausgaben der staatlichen Finanzwirtschaft kraft der Finanzhoheit des Staates gehoben werden. Wenngleich die Steuern an und für sich, und teilweise auch kraft besonderer Verfassungsbestimmung, lediglich eine subsidiäre Einnahmequelle bilden und nur da und insoweit eintreten sollen, wo andere Einnahmen nicht zur Verfügung stehen, so nehmen sie doch ihrer tatsächlichen Bedeutung und der besonderen Schwierigkeit ihrer Behandlung nach den ersten Platz unter den Einnahmequellen der deutschen staatlichen Finanzwirtschaften ein. Es liegt dieses im wesentlichen schon daran, daß die ganze Ausgestaltung nach Art und Maß einerseits überall der verfassungsmäßigen Mitwirkung der Landesvertretungen bedarf und andererseits nicht allein nach finanzpolitischen, sondern gleicherzeit nach allgemeinen volkswirtschaftlichen und sozialpolitischen Gesichtspunkten zu erfolgen hat. Aus letzterem ergiebt sich wiederum für die staatliche Finanzwirtschaft als besondere Aufgabe die Steuerpolitik, welche in der Hauptsache darauf hinauslaufen muß, die Gerechtigkeit in der Steuerverteilung zum Durchbruch zu bringen, das heißt, die Steueranforderungen insgesamt mit der Steuerkraft und den wirtschaft-

lichen und sonstigen Verhältnissen der steuerpflichtigen Bevölkerung sachgemäß zu vereinigen.

Bei der tatsächlichen Unmöglichkeit einer Einheitssteuer wird es stets darauf ankommen, für jede staatliche Finanzwirtschaft ein Steuersystem zu bilden, welches dem letztgesagten in tunlichster Vollkommenheit Rechnung trägt. Im einzelnen handelt es sich dabei wesentlich um die entsprechende Beobachtung der obersten Steuerprinzipien, der finanzpolitischen Prinzipien, welche Zulänglichkeit und eine gewisse Beweglichkeit der Steuer bedingen, der volkswirtschaftlichen Prinzipien, welche zur Wahl der richtigen Steuerquellen und Steuerarten führen müssen, der Prinzipien der Gerechtigkeit, welche eine Allgemeinheit der Besteuerung und eine Gleichmäßigkeit derselben sowie im besonderen eine Besteuerung nach der wirtschaftlichen Leistungsfähigkeit fordern, und endlich der Prinzipien der Steuerverwaltung, die sich auf die Bestimmtheit der Steuer und eine möglichst leichte und leicht zu tragende Durchführung der Besteuerung beziehen.

Das Doppelverhältnis in Deutschland mit der Finanzwirtschaft des Reiches auf der einen und den Finanzwirtschaften der Bundesstaaten auf der anderen Seite muß hierbei naturgemäß zu erheblicheren Schwierigkeiten führen, zumal eine feste Abgrenzung zwischen dem Steuergebiet des Reichs und dem der Bundesstaaten nicht besteht. Mit der stetig und überall wachsenden Bedeutung der Steuern werden sich diese Schwierigkeiten fortgesetzt vermehren. Man hatte zunächst, wenn auch ganz unverbindlich und ohne verfassungsmäßige oder gesetzliche Unterlage, den Grundsatz aufgestellt, das Reich solle sich auf die indirekte Besteuerung beschränken, wogegen den Bundesstaaten die direkte Besteuerung verbleiben würde. Dieser Grundsatz hat sich gegenüber dem starken Anwachsen der Steueranforderungen und der unglücklichen Verworrenheit der Parteiungen im Reichstag neuerdings nicht mehr aufrecht erhalten lassen; das Reich hat auch das Gebiet der direkten Besteuerung betreten. Für die Finanzwirtschaften der Bundesstaaten sind daraus notwendig weitere Erschwerungen erwachsen.

Schon bei der einfacheren Lage eines ungebundenen Einzelstaats stellen sich der Durchführung eines gesunden, allen berechtigten Anforderungen entsprechenden Steuersystems mannigfache Hemmnisse entgegen. In den besonderen deutschen Verhältnissen ist demgegenüber noch eine wesentliche Verschärfung begründet. Vorzugsweise werden hiervon die Finanzwirtschaften der Bundesstaaten betroffen, da sie sich nach dem selbständigen Vorgehen des Reiches richten müssen. In dieser wechselseitigen, nicht fest abgegrenzten Einwirkung zwischen Reich und Bundesstaaten liegt die Ursache, daß weder das Steuersystem Deutschlands als

Ganzes — Reich und Bundesstaaten zusammengefaßt — noch die Steuersysteme der einzelnen Bundesstaaten, an welche sich wiederum die Besteuerung der übrigen öffentlichen Gemeinwesen, wie Gemeinden, Kreise, Provinzen, angliedert, als mustergültig anzusehen sind. Es läßt sich nicht verkennen, daß bei der Zusammensetzung der einzelnen Steuersysteme aus den verschiedenen Steuern und Steuerarten vielfach der Gerechtigkeit in der Steuerverteilung als dem obersten Grundsatz einer gesunden Steuerpolitik und ebenmäßig auch den angeführten obersten Grundprinzipien der Besteuerung nicht in genügendem und ausgiebigem Maße Rechnung getragen ist.

Wie die bezüglichen parlamentarischen Verhandlungen im einzelnen ersehen lassen, galt es immer in erster Linie, die erforderlichen Deckungsmittel in den Steuern zu schaffen, ohne daß man der Art der Steuer im Zusammenhang mit dem Steuersystem insgesamt besondere Berücksichtigung schenkte. Nicht unerwähnt darf bleiben, daß man innerhalb der einzelnen Steuern die obersten Grundprinzipien, namentlich die volkswirtschaftlichen und die der Gerechtigkeit in der Besteuerung, nach Tunlichkeit zur Geltung zu bringen und die Besteuerung besonders auch mit der wirtschaftlichen Leistungsfähigkeit im Einklang zu halten bestrebt war. Hierdurch sind immerhin bis zu einem gewissen Grade die Mängel im Steuersystem ausgeglichen.

Die Steuern nach ihrem allgemeinen Begriff und ihren Grundlagen im einzelnen zu erörtern, kann hier nicht unsere Aufgabe sein; wir wollen jedoch einige technische Ausdrücke, auf welche wir demnächst Bezug nehmen müssen, kurz erläutern. Unter Steuerquelle versteht man die Gütermasse, aus welcher die Steuer tatsächlich entrichtet wird oder nach der Absicht des Gesetzgebers entrichtet werden soll. Regelrechterweise sollte nur das reine Einkommen die eigentliche Steuerquelle bilden, welches unmittelbar oder mittelbar in Anspruch genommen werden kann. Nach letzterem scheidet sich von der Steuerquelle das Steuerobjekt ab als Gegenstand, Handlung oder Vorgang, für welche die Steuerpflicht besteht, die gesetzlich zum Maßstab oder Anlaß der Besteuerung gemacht ist.

Steuersubjekt ist jeder, der nach der öffentlich rechtsverbindlichen Regelung (Gesetz, Statut usw.) zur Zahlung der Steuer verpflichtet ist. Steuerträger ist derjenige, welcher die Steuer endgültig aus seinem Vermögen oder Einkommen entrichtet. Der Unterschied zwischen Steuersubjekt und Steuerträger beruht auf der Steuerüberwälzung, welche bedeutet, daß derjenige, welcher die Steuer zunächst tatsächlich zahlt, sich danach von der Steuerlast wiederum befreit und sie auf einen anderen oder mehrere überträgt. Die Steuerüberwälzung kann eine gesetzlich gewollte, wie z. B. bei den indirekten Steuern, oder eine gesetzlich nicht gewollte, rein privatwirtschaftliche sein; im letzteren Fall spricht man von Steuerabwälzung.

Eine Doppelbesteuerung tritt ein, wenn das gleiche Steuerobjekt von mehreren Steuergewalten übereinstimmend steuerlich erfaßt wird. Bei den engeren Beziehungen zwischen dem Deutschen Reich und den Bundesstaaten bzw. zwischen den Bundesstaaten untereinander liegt die Gefahr einer Doppelbesteuerung für die deutschen staatlichen Finanzwirtschaften besonders nahe. Um hier einen entsprechenden Schutz zu bieten, ist das Reichsgesetz wegen Beseitigung der Doppelbesteuerung vom 13. Mai 1870 erlassen, welches durch das RG. v. 22. März 1909 sodann eine weitere Ergänzung fand.

Wenn wir nunmehr zu der Betrachtung der Einzelsteuern, wie sie in den deutschen staatlichen Finanzwirtschaften tatsächlich vorkommen, übergehen, so müssen wir dabei ebenmäßig davon absehen, die Meinungsverschiedenheiten, welche in der Theorie bezüglich der systematischen Einteilung und Gruppierung der Steuerarten bestehen, näher zu berühren. Wir folgen im großen und ganzen der vorherrschenden Auffassung, lassen aber im einzelnen mehr äußere praktische Gesichtspunkte walten, die wir unserer vorliegenden Aufgabe am besten entsprechend erachten. Zunächst scheiden wir die beiden großen Gruppen der direkten und der indirekten Steuern und verstehen unter direkten Steuern diejenigen, welche im allgemeinen von dem entrichtet werden, der sie endgültig trägt bzw. tragen soll (Steuersubjekt und Steuerträger die gleiche Persönlichkeit), und unter indirekten diejenigen, bei denen in der Regel das Umgekehrte der Fall ist (Steuersubjekt und Steuerträger verschiedene Persönlichkeiten).

bb) Direkte Steuern. Direkte Steuern bildeten bis vor kurzem ausschließlich für die staatlichen Finanzverwaltungen der Bundesstaaten eine Einnahmequelle; erst in jüngster Zeit hat die Finanzverwaltung des Reichs mit dem sich allerdings nur als außerordentliche einmalige steuerliche Belastung darstellenden Wehrbeitrage und der gleichzeitig eingeführten sog. Besitzsteuer auf dieses Gebiet übergegriffen. Abgesehen von den beiden letztgenannten beruhen mithin die sämtlichen direkten Steuern auf der Landesgesetzgebung der Bundesstaaten, welche in dieser Beziehung eine verhältnismäßig bunte Mannigfaltigkeit aufweist, obwohl in neuerer Zeit sich immer mehr eine gewisse tatsächliche Gleichförmigkeit in den Hauptrichtungen durchgerungen hat.

Allgemeine Einkommensteuer. Die allgemeine Einkommensteuer kann wohl mit Recht als die vollendetste derzeitige Steuerart bezeichnet werden, welche alle den einzelnen Anforderungen der obersten Steuerprinzipien in weitgehendstem Maße Rechnung trägt und entspricht. Ihre sachgemäße, zu jener vollen Höhe führende Ausgestaltung hat sie allerdings im wesentlichen erst gegen Ende vorigen Jahrhunderts erhalten. Die allgemeine Einkommensteuer, sich auf Individualität und Subjektivität aufbauend, nimmt das individuelle Einkommen, das wirkliche Einkommen jedes einzelnen Steuersubjektes, zur Grundlage; dieses Einkommen bildet den Maßstab für die Besteuerung als solche.

Die Steuerpflicht ist auf breiteste Unterlage gestellt; im allgemeinen ist jeder, der im Staate oder als Angehöriger auch nur aus dem Staate ein Einkommen bezieht, steuerpflichtig; juristische Personen unterliegen gleichfalls in bestimmter Weise der Steuerpflicht. Allerdings dem Buchstaben nach dem Prinzip der Allgemeinheit entgegen, sachlich aber dem Prinzip der Gerechtigkeit voll entsprechend verbleibt ein gewisses Mindesteinkommen (Existenzminimum) durchweg von der Steuer befreit. Was als Einkommen zu rechnen , ist regelmäßig gesetzlich näher festgelegt; meist sind dabei vier Einnahmequellen geschieden: Kapitalvermögen, Grundvermögen, Handel und Gewerbe, gewinnbringende Beschäftigung. Die Einzelvorschriften spitzen sich darauf zu, daß nur das reine Einkommen zur Steuer herangezogen wird; folgeweise sind von dem tatsächlichen Gesamteinkommen (Roh-Einkommen) Abzüge zugelassen für Geschäftsunkosten, Betriebsausgaben, Schuldenzinsen, Renten, privatwirtschaftliche Lasten, ebenso für Krankenkassenbeiträge und Lebensversicherungsprämien bis zu bestimmter Höhe.

Der Steuersatz bestimmt sich nach einer Reihe von Stufen, welche mit einem Mindest- und einem Höchstsatz des Einkommens aneinander gegliedert sind, und bildet, wenngleich in einheitlicher runder Summe ausgeworfen, einen Prozentsatz des Durchschnitts der Einkommenshöhe innerhalb der einzelnen Stufen; letzterer Prozentsatz erhöht sich von den niederen Einkommensstufen zu den höheren hin in einer stetigen Steigung (Progressivtarif); namentlich hierdurch wird der Verschiedenheit in der wirtschaftlichen Leistungsfähigkeit der einzelnen Steuerpflichtigen sachgemäß Rechnung getragen. Das Veranlagungsverfahren ist überall sorgfältigst durchgebildet und in einer Art geregelt, welche auf der einen Seite den Interessen des Staates, auf der anderen Seite aber namentlich den Interessen des Steuerpflichtigen in weitgehendstem Maße entgegenkommt (besondere und in sich gegliederte Behördenorganisation, Mitwirkung des Steuerpflichtigen durch Steuererklärung, Instanzenzug für Beschwerden usw.).

In ihren Einzelvorschriften weisen die bezüglichen Ordnungen der Bundesstaaten allerdings mannigfache Verschiedenheiten auf; die vorberührten Grundsätze kommen aber wohl durchweg zum Durchbruch. Abgesehen von Mecklenburg-Schwerin, Mecklenburg-Strelitz und Elsaß-Lothringen haben z. Z. sämtliche deutsche Bundesstaaten eine allgemeine Einkommensteuer. Eine einmalige außerordentliche Einkommensteuer in Verbindung mit einer Vermögenssteuer hat unlängst das Reich in dem Wehrbeitrage erhoben, worüber unten das Nähere.

Vermögenssteuer. Die Vermögenssteuer, wie sie sich in Deutschland neuerdings im Anschluß an die allgemeine Einkommensteuer durchgebildet hat, stellt den Abschluß der Besteuerung der individuellen Einkünfte und eine Ergänzung der allgemeinen Einkommensteuer dar, weshalb sie vielfach als Ergänzungssteuer bezeichnet wird. Die Einkommensteuer berücksichtigt die Quelle des Einkommens nicht, trifft fundiertes Einkommen ebenso wie Arbeitseinkommen, obwohl ersteres steuerlich ungleich leistungsfähiger ist. In dieser Beziehung bringt die Ergänzungssteuer einen Ausgleich, indem sie das fundierte Einkommen in seiner Quelle, dem Vermögen, besonders belastet. Sie will aber nicht den Besitzstamm angreifen, sondern nur das Besitzeinkommen mit seiner höheren Steuerkraft treffen.

Dementsprechend zeigt sie an sich und im Verhältnis zur Einkommensteuer niedrigere Sätze; es fehlt ihr auch der Progressivtarif. Der Steuer unterliegt das gesamte bewegliche und unbewegliche Vermögen abzüglich der auf demselben ruhenden Schuldenlasten, also das reine Vermögen. Der Kreis der Steuerpflichtigen ist etwa der gleiche wie bei der Einkommensteuer, nur fallen die juristischen Personen weg. Vermögen unter einem gewissen Mindestbetrage bleibt frei. Die Bewertung der einzelnen Vermögensgegenstände und die Berechnung der Steuer sind eingehend geregelt. Das Veranlagungsverfahren entspricht im wesentlichen dem bei der Einkommensteuer, nur umfassen die Veranlagungsperioden meist mehrere Jahre. Eine Ergänzungssteuer erheben z. Z. Preußen, Sachsen (Königreich), Baden, Hessen, Sachsen-Gotha, Oldenburg, Braunschweig und Schaumburg-Lippe.

Wehrbeitrag. Eine Vereinigung von Vermögenssteuer und Einkommensteuer, bei der aber an Bedeutung die Vermögenssteuer überwiegt, ist der 1913 für das Reich eingeführte Wehrbeitrag. Wenngleich derselbe für die staatliche Finanzwirtschaft des Reiches als eine einmalige und außerordentliche Besteuerung nur vorübergehend in Betracht kommt, so konnte derselbe doch nicht unerwähnt bleiben. Der Kreis der Steuerpflichtigen ist auch hier weit gezogen; von den juristischen Personen werden nur bei der Vermögenssteuer Aktiengesellschaften und Kommanditgesellschaften auf Aktien mit ihren Reservekontenbeträgen getroffen. Das steuerpflichtige Vermögen, nach Grundvermögen, Betriebsvermögen und Kapitalvermögen gegliedert, ist im einzelnen näher bestimmt, ebenso die abzugsfähigen Schulden. Die Steuersätze sind wesentlich höhere als bei der Ergänzungssteuer, auch steigen sie mit der Vermögenshöhe progressiv an; dementsprechend trifft die Steuer den Besitz selbst und nicht nur das Besitzeinkommen.

Über Wertermittlung, Steuerbefreiung und Ermäßigung, Veranlagung, Erhebung, Rechtsmittel usw. sind nähere Bestimmungen getroffen, die sich mehr oder weniger eng teils an das Reichserbschaftssteuerg., teils an das Preußische Ergänzungssteuerg. anschließen. Die Strafvorschriften sind besonders scharfe. Für den Wehrbeitrag nach dem Einkommen ist ein besonderer Progressivtarif vorgeschrieben, sonst greifen im wesentlichen die landesgesetzlichen Vorschriften Platz.

Besitzsteuer. Eine Vermögenszuwachssteuer ist ebenso 1913 für das Deutsche Reich in der Besitzsteuer eingeführt, welche für die staatliche Finanzwirtschaft des Reichs jedoch erst von 1917 an in Betracht kommt. Die Steuer erfaßt den Besitz, aber nur in dem Zuwachs desselben; sie belastet daher unmittelbar das Vermögen. Der Vermögenszuwachs wird regelmäßig nach Zwischenräumen von drei Jahren festgestellt. Als Zuwachs gilt der Unterschied zwischen dem reinen Werte des steuerbaren Gesamtvermögens am Ende des jeweiligen Veranlagungszeitraumes und dem reinen Wert des steuerbaren Gesamtvermögens zu Anfang dieses Zeitraumes, wobei jedoch der Einfluß der abzugsfähigen Schulden und Lasten eine besondere Berücksichtigung findet. Die Steuer wird für den ganzen dreijährigen Zeitraum nach der Höhe des Zuwachses auf Grund eines Progressivtarifs veranlagt, welcher von 0,75% bis zu 1,50% (mehr als 1 Million Mark) vom Zuwachs ansteigt. Diese Grundtaxe erhöht sich nach der Höhe des steuerbaren Vermögens (von mehr als 100 000 M. an) wieder staffelweise um 0,1 bis 1,0% (mehr als 10 Millionen Mark) des Zuwachses. Der Steuerbetrag verteilt sich auf drei Jahre. Im übrigen entsprechen die Einzelvorschriften bezüglich der Besitzsteuer in der Hauptsache denen über den Wehrbeitrag, so namentlich die über die Wertermittlung, die Veranlagung, die Verjährung, die Strafen.

Ertragssteuern. Den vorbehandelten, auf Individualität und Subjektivität sich gründenden Steuern aus Einkommen und Vermögen schließen sich als weitere Klasse der direkten Steuern die Ertragssteuern an, bei denen die rein nach objektiven Verhältnissen bemessene Ertragsfähigkeit der einzelnen Steuerobjekte die Grundlage für die Besteuerung bildet. Als besondere Ertragsarten, auf denen sich die hierher gehörigen Steuern aufbauen, kommen in Betracht der Ertrag aus dem Grund und Boden sowie aus Gebäuden (Grundsteuer, Gebäudesteuer), der Ertrag aus Handel und Gewerbe (Gewerbesteuer), der Ertrag aus Kapitalvermögen (Kapitalrentensteuer) und schließlich der Ertrag an sonstigen Sonderbezügen (partielle Einkommensteuer usw.). Die frühere große Bedeutung der Ertragssteuern für die deutsche staatliche Finanzwirtschaft ist mit der systematischen Entwicklung des Steuerwesens in der neueren Zeit stark zurückgetreten, weil die Eigenart der fraglichen Steuern die Durchführung gewisser oberster Steuerprinzipien, so namentlich Beweglichkeit der Steuer und Besteuerung nach der wirtschaftlichen Leistungsfähigkeit mehr oder weniger ausschließt.

Grundsteuer. Die Grundsteuer ist die älteste der Ertragsteuern. Sie will den Reinertrag aus dem Grund und Boden treffen. Steuerpflichtig ist ohne Rücksicht auf seine individuellen Verhältnisse der Eigentümer, teilweise auch, unter Umständen beschränkt, der Nutznießer oder Pächter. Steuerobjekt ist der Reinertrag aus dem Grund und Boden, also der Ertrag nach Abzug der Bewirtschaftungskosten. Jedwede Nutzung des Grund und Bodens kommt in Betracht, nicht nur die landwirtschaftliche Nutzung im weitesten Sinne, sondern auch jede andere Nutzung auf und unter der Bodenfläche (Bergwerke, Steinbrüche, Torfgruben, Sandgruben usw.), teilweise sogar Realberechtigungen; nur die mit Gebäuden besetzten Flächen sind da, wo besondere Gebäudesteuern bestehen, ausgenommen. Für die Veranlagung ist der objektive Ertrag für jeden einzelnen Bodenabschnitt je nach der Nutzungsart derselben festzustellen (Grundsteuerreinertrag); sie bedingt genaue Vermessung und eine weit gegliederte Katastrierung; in ihren Einzelheiten ist sie eine äußerst verwickelte, außerordentliche Schwierigkeiten bietende. Die Folge ist, daß tatsächlich die einmal durchgeführte Ermittlung des Grundsteuerreinertrages als Ganzes für die Dauer unverändert für lange Zeit bestehen bleibt. Nach seinem Grundsteuerreinertrage wird jeder einzelne Bodenabschnitt mit seinem Steuersatz in den klassifizierten Tarif eingestellt. Steuerverteilung und Steuerfuß findet sich in verschiedener Weise geordnet. Die Steuer besteht teils als Repartitionssteuer, teils als Quotitätssteuer, teils mit veränderlichem Steuerfuß, teils mit dauernd feststehendem Steuerfuß.

Als Einnahmequelle der staatlichen Finanzwirtschaft findet sich die Grundsteuer noch in sämtlichen Bundesstaaten mit Ausnahme von Preußen, Baden, Hessen, Sachsen-Weimar (seit 1913) und Schaumburg-Lippe. Sie hat aber fast durchgehends ihre führende Bedeutung verloren und ist auf geringere Sätze zurückgeschraubt. Vielfach bildet sie lediglich mit anderen noch zu erörternden Ertragssteuern eine Ergänzungssteuer in dem System der individuellen allgemeinen Einkommensbesteuerung, so z. B. in Bayern, Sachsen (Königreich), Württemberg. In Mecklenburg-Schwerin und in Mecklenburg-Strelitz besteht neben der Grundsteuer die sog. Landwirtschaftliche Steuer, welche sich als eine gemischte Steuer darstellt, da sie teils nach der Größe der Grundstücke, teils nach den Pachtsummen erhoben wird.

Gebäudesteuer. Die Gebäudesteuer steht in innerer Verbindung mit der Grundsteuer und ist eigentlich nur eine spezielle Ausscheidung aus derselben. Sie trifft den aus der Nutzung des Hauseigentums fließenden Ertrag. Steuerpflichtig ist wiederum der Eigentümer bzw. der Nutznießer oder auch der Mieter. Das Steuerobjekt bildet der Ertrag aus dem Gebäudebesitz, und zwar entweder der Ertrag der ganzen wirtschaftlichen Einheit (Gebäude oder Mehrzahl von Gebäuden mit Grundfläche nebst Zubehör, wie Hofraum, Hausgarten) oder nur das Gebäude allein. Der Ertrag wird teils nach dem Nutzungs- oder Mietwert, teils nach dem Kaufwert ermittelt. Für das Verfahren gibt es wiederum eingehende Spezialvorschriften mit Abweichungen nach verschiedenen Richtungen hin.

Eine Gebäudesteuer kommt lediglich als solche, und zwar einheitlich geregelt vor in Württemberg, Oldenburg, Sachsen-Meiningen, Schwarzburg-Sondershausen, Schwarzburg-Rudolstadt, Lippe, Elsaß-Lothringen; gemischt teils als Flächensteuer, teils als Mietsteuer findet sie sich in Bayern, Mecklenburg-Schwerin, Mecklenburg-Strelitz und Bremen. In Sachsen (Königreich), Sachsen-Weimar (bis 1913) Braunschweig, Sachsen-Altenburg, Sachsen-Coburg-Gotha, Reuß jüngerer Linie, Lübeck und Hamburg ist sie mit der Grundsteuer vereinigt bzw. ganz in diese einbezogen. Was bei der Grundsteuer bezüglich der derzeitigen Bedeutung der Steuer gesagt ist, gilt hier in gleichem Maße.

Gewerbesteuer. Die Gewerbesteuer soll an und für sich den Ertrag aus Handel und Industrie, das Erträgnis jedweder gewerblichen Tätigkeit im weitesten Sinne treffen. Hierbei bietet jedoch die Abgrenzung einen weiteren Spielraum und ist danach die bezügliche Regelung im einzelnen eine mannigfaltigere. Steuerpflichtig ist der Inhaber des Betriebes ohne Rücksicht auf Eigenschaft oder Art der Rechtspersönlichkeit. Die Veranlagung zur Steuer geschieht teils auf Grund bestimmter Betriebsmerkmale, wie Art des Gewerbes, Zahl des Hilfspersonals, Art und Leistungsfähigkeit der Maschinen und Werkzeuge, Größe des Absatzgebietes usw. (Gewerbeklassensteuer), teils nach dem Gewerbsvermögen, teils nach dem tatsächlichen Reinertrag; im einzelnen walten vielfache Verschiedenheiten bezüglich der Regelung ob. Entsprechend ist auch das Verfahren in mannigfaltiger Weise geregelt, doch bietet durchweg ein fester Instanzenzug Sicherungen nach beiden Seiten hin.

Eine Gewerbesteuer, bezüglich deren Bedeutung in neuester Zeit wiederum das gleiche wie bei der Grundsteuer gilt, haben als Einnahmequelle die staatlichen Finanzwirtschaften von Bayern, Württemberg, Mecklenburg-Schwerin, Mecklenburg-Strelitz, Oldenburg, Braunschweig, Sachsen-Altenburg, Anhalt, Schwarzburg-Sondershausen, Schwarzburg-Rudolstadt, Waldeck, Lippe, Lübeck, Bremen und Elsaß-Lothringen.

Neben der eigentlichen, wesentlich nur den stehenden Gewerbebetrieb treffenden Gewerbesteuer findet sich noch eine besondere Besteuerung des Gewerbebetriebes im Umherziehen, welche einerseits als Hausiersteuer, andererseits als Wanderlagersteuer erscheint. Bei dieser Besteuerung tritt der Finanzzweck mehr zurück; namentlich die letztere Art kennzeichnet sich wesentlich als Prohibitivsteuer. Obwohl die Steuer in der einen oder anderen Weise und unter verschiedenartigster Ausgestaltung in sämtlichen deutschen Bundesstaaten vorkommt, ist ihr Erträgnis für die einzelnen staatlichen Finanzwirtschaften durchweg nur ein untergeordnetes.

Kapitalrentensteuer. Die Kapitalrentensteuer ergreift den arbeitslos bezogenen Ertrag des Kapitalvermögens. Sie lehnt sich teils an das Erträgnis, teils an das Vermögen selbst an und wird im letzteren Fall als Kapitalsteuer bezeichnet. Ihre Verbreitung war an sich eine geringere; sie ist durch die Entwicklung der Einkommensteuer noch weiter beschränkt. In der Hauptsache bezieht sich die Besteuerung auf das Erträgnis desjenigen Erwerbsvermögens, welches als Geld- oder Leihkapital dem Besitzer in Form von Zins oder Rente Ertrag bringt. In ihrer bezüglichen Einzelregelung weichen die Gesetzgebungen verschiedentlich und unterschiedlich voneinander ab. Die Steuerpflicht ist meist in ähnlicher Weise wie bei der Einkommensteuer bestimmt; ebenso verhält es sich mit der Veranlagung. Der Steuerfuß ist durchweg höher wie bei Grund- und Gewerbesteuer, vorwiegend auch ein progressiver. Als Ergänzungssteuer zur allgemeinen Einkommensteuer haben die Kapitalrentensteuer bzw. Kapitalsteuer Bayern, Württemberg, Sachsen-Altenburg und Anhalt; selbständig besteht sie für Mecklenburg-Schwerin, Mecklenburg-Strelitz, Oldenburg und Elsaß-Lothringen.

Partielle Einkommensteuern. Unter den sonstigen Ertragssteuern hatten früher die sog. speziellen oder partiellen Einkommensteuern, welche mit einer größeren oder geringeren Verallgemeinerung gewisse Sonderbezüge erfaßten, eine vorragendere Bedeutung, die aber jetzt durch die allgemeine Einkommensteuer zurückgedrängt ist. Es handelt sich z. Z. in der Hauptsache noch um Besoldungs- und Lohnsteuer, welche meist getrennt das Einkommen aus öffentlichem und privatem Dienstverhältnis und aus Lohnarbeit steuerlich belastet. In unterschiedlicher Weise findet sich eine bezügliche Besteuerung in Mecklenburg-Schwerin, Mecklenburg-Strelitz und Elsaß-Lothringen.

Des ferneren schlägt hierher die Firmensteuer, welche Bremen von eingetragenen Kaufleuten, Handelsgesellschaften usw. in 5 Klassen erhebt, deren Ergebnis aber von keiner ausschlaggebenden Bedeutung ist. Sodann ist hier die Eisenbahnabgabe anzuführen, welche von dem Reinertrage der Eisenbahnunternehmungen in verschiedenartiger Festlegung und Höhe, teils nach besonderer gesetzlicher Vorschrift, teils nach näheren Bestimmungen in den Konzessionsurkunden gehoben wird. Eine derartige Steuer vereinnahmen die staatlichen Finanzwirtschaften von Preußen, Sachsen-Weimar, Sachsen-Meiningen, Sachsen-Altenburg, Sachsen-Coburg-Gotha, Anhalt, Schwarzburg-Sondershausen, Schwarzburg-Rudolstadt, Reuß älterer Linie und Lübeck.

Endlich wollen wir hier die Bergwerksabgabe anreihen, welche sich allerdings nur zum Teil als Ertragsteuer kennzeichnet. Dieselbe wird einerseits nach der Ausdehnung der verliehenen Grubenfelder (Grubenfeldabgabe), andererseits nach der Menge und dem Wert der Förderung (Produktionsabgabe) erhoben, wobei auch beides vereinigt vorkommt. Die Grubenfeldabgabe wäre eigentlich den Abgaben von Grund und Boden anzuschließen gewesen. Die Besteuerung ist im einzelnen nach Höhe und besonderen Ausscheidungen mannigfach verschieden. Eine Bergwerksabgabe kommt vor in Bayern, Sachsen (Königreich), Braunschweig, Sachsen-Meiningen, Sachsen-Coburg-Gotha, Anhalt, Schwarzburg-Sondershausen, Schwarzburg-Rudolstadt, Reuß jüngerer Linie, Lippe und Elsaß-Lothringen.

cc) Indirekte Steuern. Bei den indirekten Steuern wird die Zahlung der Steuer der einen Person, dem Steuerzahler, auferlegt, während eine andere Person, der Steuerträger, mit der Steuer nach der Absicht des Gesetzgebers tatsächlich belastet werden soll. Steuerzahler und Steuerträger sind verschiedene Personen; ersterer überwälzt die Steuer auf letzteren. Mit den indirekten Steuern werden die Steuerquellen oder die Grundlagen der Steuerkraft nicht unmittelbar erfaßt, sondern nur mittelbar in gewissen Handlungen, Besitzzuständen usw., wie sie an und für sich einen Schluß auf Vorhandensein von Steuerkraft zulassen. Da das Deutsche Reich eigentlich allein auf die indirekte Besteuerung angewiesen sein sollte, so sehen wir dasselbe hier stark vortreten, obwohl auch die staatlichen Finanzwirtschaften der Bundesstaaten auf dem fraglichen Gebiet immerhin beachtenswerter sich betätigen. Die Steuerverwaltung und Erhebung liegt jedoch, wie sonst überall, in den Händen der Bundesstaaten, welche lediglich die erhobenen Steuerbeträge unter entsprechender Vergütung für die Hebung an das Reich abzuführen haben. Wir teilen die indirekten Steuern in innere Verbrauchs- und Gebrauchssteuern, in Zölle, in Aufwandsteuern, in Verkehrssteuern und in Anfallsteuern.

Innere Verbrauchs- und Gebrauchssteuern. Die inneren Verbrauchs- und Gebrauchssteuern belasten je auf Grund eines besonderen Steuergesetzes einzelne bestimmte Güter des Verbrauchs oder Gebrauchs ausschließlich nach dem Maße dieses Verbrauchs oder Gebrauchs. Es folgt hieraus, daß es sich bei ihnen um eine größere Zahl von Einzelbesteuerungen nach Einzelsteuergesetzen handeln muß. Wir fassen diese in vier Gruppen zusammen: Getränkesteuern, Steuern auf wichtigere Verzehrungsgegenstände, Tabaksteuern, Steuern auf sonstige Verbrauchsgegenstände.

Getränkesteuern. Die Getränkesteuern treffen den Branntwein, das Bier und den Wein einschließlich des Obstweines. Die frühere große Mannigfaltigkeit in der Branntweinbesteuerung sowohl unter den deutschen Bundesstaaten wie innerhalb derselben ist jetzt beseitigt. Der Branntwein unterliegt für das ganze Reichsgebiet und zugunsten der staatlichen Finanzwirtschaft des Reichs der gleichen Besteuerung, welche lediglich auf eine entsprechend hoch bemessene Verbrauchsabgabe und einem als Betriebsauflage bezeichneten Zuschlag zu derselben (mit eigener Zweckbestimmung) sich gründet. Die gesamte Reineinnahme fließt in die Reichskasse, wird aber den einzelnen Bundesstaaten, wie schon oben bemerkt, überwiesen.

Die Besteuerung des Bieres ist für das Gebiet der Brausteuergemeinschaft — Deutsches Reich, mit Ausnahme von Bayern, Württemberg, Baden und Elsaß-Lothringen — eine einheitliche zugunsten der staatlichen Finanzwirtschaft des Reichs, die jetzt im wesentlichen nach dem System der Rohstoffbesteuerung erfolgt. Eine eigene in der Besteuerungsgrundlage (Malzaufschlag) abweichende Biersteuer erheben Bayern, Württemberg, Baden und Elsaß-Lothringen, die lediglich eine Einnahmequelle ihrer staatlichen Finanzwirtschaft bildet. Infolge der verschiedenen Biersteuererhebungen innerhalb des Deutschen Reichs finden nach genauer Regelung beim Übergang von Bier aus einem in ein anderes Brausteuergebiet bestimmte Übergangsabgaben vom Bier und Biersteuervergütungen bei der Ausfuhr Anwendung; der Zuschlag zur Reichsbrausteuer und zu der Einfuhrabgabe, den Lübeck und Bremen erheben, ist lediglich als Gemeindesteuer und nicht als staatliche Besteuerung anzusehen.

Eine allgemeine Weinsteuer für das Deutsche Reich, wie sie geplant war, ist nicht zur Durchführung gekommen. Einheitlich für das Reich und für die Reichskasse wird nur eine Steuer von Schaumweinen (einschließlich Fruchtwein) und schaumweinähnlichen Getränken erhoben. Eine landesgesetzliche Steuer von Wein (Trauben- und Obstwein) haben Württemberg (Wirtschaftsabgabe vom Ausschank oder Kleinverkauf nach Getränkemenge und Verkaufspreis bemessen), Baden (allgemeine Verbrauchsabgabe vom Einleger bzw. Eigentümer erhoben; besondere Bestimmungen für Kunstweine) und Elsaß-Lothringen (Abgabe für jede Versendung vom Versender, unter Umständen vom Empfänger erhoben).

Im Anschluß an die Getränkesteuer ist der Wirtschaftsabgabe für den Ausschank und Kleinhandel mit Wein und Branntwein, welche in Preußen für die hohenzollernschen Lande zur Hebung kommt, und der Lizenzgebühr zu gedenken, die für Elsaß-Lothringen bezüglich der Schankwirte, der Großhändler mit Getränken, der Branntweinbrenner und Destillateure sowie der Bierbrauer besteht.

Steuern auf wichtigere Verzehrungsgegenstände. Unter den Steuern auf wichtigere Verzehrungsgegenstände ist zunächst die Salzabgabe zu nennen, welche einheitlich im Deutschen Reich für die Reichskasse gehoben wird. Schon nach der Übereinkunft vom 8. Mai 1867 wurde sie gleichförmig in den Zollvereinsstaaten und gemeinsam für diese veranlagt; auf Elsaß-Lothringen ist sie durch das RG. v. 17. Juli 1871 ausgedehnt worden. Von der reichsgesetzlich den Bundesstaaten gegebenen Befugnis, das zu landwirtschaftlichen und gewerblichen Zwecken bestimmte abgabefreie Salz mit einer Kontrollgebühr zu belegen, hat nur Sachsen-Weimar Gebrauch gemacht; die von den Salzempfängern gehobene mäßige Gebühr hat jedoch mehr die Bedeutung eines Kostenersatzes wie die einer Verbrauchsabgabe.

Die Zuckersteuer besteht nunmehr lediglich als Verbrauchsabgabe (Fabrikatsteuer) zugunsten der staatlichen Finanzwirtschaft des Reichs. Die Ermäßigung derselben (von 14 M. auf 10 M. für 100 kg), welche zunächst durch G. v. 19. Februar 1908 vom 1. April 1909 an für den Fall bestimmter Erhöhung der eigenen Einnahmen des Reichs und sodann durch G. v. 15. Juli 1909, Art. V vom 1. April 1914 an in Aussicht gestellt und festgelegt war, ist nach dem G. v. 3. Juli 1913 Änderung im Finanzwesen betr. § 3 wieder fallen gelassen. Zur Sicherung der Zuckererzeugung und der Zuckersteuer ist die Herstellung und Einfuhr künstlicher Süßstoffe durch RG. v. 7. Juli 1902 verboten; zur Herstellung für den beschränkt zugelassenen Verkehr ist eine Fabrik monopolisiert.

Endlich gehören hierher die Schlacht- oder Fleischsteuer nebst Übergangsabgabe und Verbrauchsabgabe von Fleisch, welche Sachsen (Königreich) (Rinder, Schweine, Schafe), Baden (Rindvieh) und Sachsen-Altenburg (jedwedes Schlachtvieh) lediglich für die eigene staatliche Finanzwirtschaft zur Hebung bringen.

Tabaksteuer. Für die Besteuerung des Tabaks kommt wiederum ausschließlich das Reich in Betracht. Die bezügliche Gesetzgebung regelt sowohl den Tabakzoll wie die Besteuerung des inländischen Tabaks, für welch letztere Gewichtssteuer oder Flächensteuer Platz greifen kann. Die Steuersätze sind 1909, zum Teil erheblich, erhöht.

Betreffs der Zigaretten ist 1906 ein besonderes Reichsg. erlassen, das sich gleicherweise auf Zoll und Steuer bezog; die bezüglichen Zollbestimmungen sind durch das Änderungsg. v. 1909 in das Tabaksteuerg. übernommen. Des weiteren verschärft das letztere Gesetz auch hier die Steuersätze in höherem Maße. Die Steuer wird von dem im Inlande geschnittenen Zigarettentabak und den im Inlande hergestellten Zigaretten sowie von den ungefüllt zum Verkauf gelangenden Zigarettenhüllen gehoben. Die sämtlichen Einnahmen fließen der Reichskasse zu.

Steuern auf sonstige Verbrauchsgegenstände. Steuern auf sonstige Gebrauchs- oder Verbrauchsgegenstände werden gleicherweise ausschließlich für das Reich und zugunsten von dessen staatlicher Finanzwirtschaft erhoben. Der Hauptteil der fraglichen Steuern verdankt sein Entstehen der Finanzreform des Reiches von 1909. Es ist dieses die Leuchtmittelsteuer, welche elektrische Glühlampen und Brenner für solche, Glühkörper für Gas-, Spiritus-, Petroleum- und ähnliche Glühlampen, Brennstifte für elektrische Bogenlampen, Quecksilberdampflampen und ihnen ähnliche elektrische Lampen mit einer Steuer belegt, die Zündwarensteuer, welche die zum Verbrauch im Inlande bestimmten Zündwaren (Zündhölzer, Zündspänchen, Zündstäbchen, Zündkerzchen) steuerlich belastet, und die Essigsäureverbrauchsabgabe, welche für die im Inlande aus Holzessig oder essigsauren Salzen gewonnene Essigsäure durch das neue Branntweinsteuerg. 1909 eingeführt wurde. Außerdem gehört der Spielkartenstempel hierher. Derselbe wird für den Verbrauch von Spielkarten durch Abstempelung der letzteren gegen Entrichtung der Steuer erhoben.

Zölle. Zölle sind diejenigen öffentlichen Abgaben, welche von gewissen Waren bei Überschreitung der Grenzen eines Steuergebietes erhoben werden; je nachdem dieses bei der Einfuhr, bei der Durchfuhr oder bei der Ausfuhr geschieht, scheidet man Einfuhr-, Durchfuhr- und Ausfuhrzoll. Die Zölle in ihrer Gesamtheit sind gemischten Charakters. Sie haben nicht lediglich den Zweck, eine Einnahmequelle für den Staat zu bilden; sie sollen namentlich auch dem Schutz der inländischen Erzeugung dienen (Finanzzoll, Schutzzoll). Die Festlegung der Zölle geschieht meist für längere Frist in einem Zolltarif, der aber in den Handelsverträgen eine wesentliche Ergänzung erhält; auch die einzelnen Steuergesetze wie das Tabaksteuergesetz, Zuckersteuergesetz usw. enthalten Umgestaltungen, in denen gerade die Verbrauchsabgabennatur der bezüglichen Zölle besonders scharf hervortritt. Die Zölle kommen lediglich als Einnahmequelle für die staatliche Finanzwirtschaft des Reiches in Betracht. Ihre derzeitige grundsätzliche Regelung beruht auf dem Zolltarifgesetz vom 25. Dezember 1902 nebst dem angefügten Zolltarif, welcher mit dem 1. März 1906 in Kraft getreten ist.

Aufwandsteuern. Luxussteuern im weiteren Sinne oder Aufwandsteuern sind diejenigen Steuern, welche auf einen besonderen Aufwand, wie er eine gewisse gehobene finanzielle Leistungsfähigkeit voraussetzt, gelegt werden. Sie erscheinen aus allgemeinen Gesichtspunkten zwar besonders gerechtfertigt, bleiben aber als Einnahmequelle regelmäßig nur von untergeordneter Bedeutung. Zum Teil werden sie auch als Gebühr erhoben wie z. B. in den Jagdscheinen, die durchweg in den Bundesstaaten vorkommen. Wegen ihres mit den Erhebungskosten meist nicht im Verhältnis stehenden Ertrages wird verhältnismäßig selten auf diese Steuern gegriffen.

Die staatliche Finanzwirtschaft des Reiches hat eine bezügliche Einnahmequelle nicht, wohl aber die einer Reihe von Bundesstaaten. Am verbreitetsten ist die Hundesteuer, welche für den Besitz eines Hundes, zum Teil unter besonderen Klassifizierungen, gehoben wird; sie findet sich in Baden, Hessen, Mecklenburg-Schwerin, Sachsen-Weimar, Mecklenburg-Strelitz, Sachsen-Coburg-Gotha, Schwarzburg-Rudolstadt, Waldeck, Reuß älterer Linie, Reuß jüngerer Linie, Lübeck, Bremen und Hamburg. Sodann ist zu nennen die Nachtigallensteuer, die den Besitz einer Nachtigall trifft, in Hessen, die Lustbarkeitssteuern in Lübeck und in Hamburg, sowie endlich die Luxusabgaben in Bremen für Maskenbälle, Nachtigallen, Pferde, Lustfuhrwerke, Billards und Kegelbahnen.

Verkehrssteuern. Die Verkehrssteuern schließen sich unmittelbar an den wirtschaftlichen Verkehr an, indem sie einzelne Erscheinungen und Vorgänge desselben steuerlich belasten. Bezüglich der Erscheinungen und Vorgänge des Verkehrs, welche von der Besteuerung getroffen werden, herrscht im einzelnen eine sehr bunte Mannigfaltigkeit, zumal die fragliche Besteuerung nicht nur für das Reich, sondern auch für fast sämtliche Bundesstaaten eine der Gesamthöhe nach nicht unerhebliche Einnahmequelle bildet. Äußerlich kommt dadurch eine gewisse Einheitlichkeit in diese verschiedenartige Besteuerung, daß die Erhebungsform für dieselbe fast durchweg der Stempel bildet und daß sie nach dieser Besteuerungsform in Eins als Stempelsteuer zusammengefaßt werden. Den dementsprechend als Ganzes verlautbarten Stempelgesetzen ist stets ein mehr oder weniger umfassender Tarif angeschlossen, in welchem die mannigfachen Einzelbesteuerungen je mit ihren Steuersätzen zur Erscheinung kommen. Auf die vielen bezüglichen Einzelheiten können wir hier nicht eingehen.

Das Reich erhebt zwei Arten von Stempelsteuern, einmal die Wechselstempelsteuer bezüglich der gezogenen und eigenen Wechsel, der durch Indossament übertragbaren Verpflichtungsscheine über Zahlung von Geld und der in gleicher Weise übertragbaren Anweisungen über Geldzahlungen usw., und ferner die Reichsstempelabgabe bezüglich der Gesellschaftsverträge, der ausländischen Aktien, inländischen und ausländischen Kuxen, Renten- und Schuldverschreibungen u. dgl., der Kauf- und sonstigen Anschaffungsgeschäfte, des Spiels und der Wetten, der Frachturkunden, der Personenfahrkarten, der Erlaubniskarten für Kraftfahrzeuge, der Vergütungen für Aufsichtsratsmitglieder, der Schecks, der Grundstücksübertragungen und der Versicherungen.

Von den Bundesstaaten besitzen eine Stempelsteuer als eine meist ergiebigere Einnahmequelle für ihre staatliche Finanzwirtschaft: Preußen, Sachsen (Königreich), Hessen, Mecklenburg-Schwerin, Oldenburg, Braunschweig, Sachsen-Altenburg, Sachsen-Coburg-Gotha (ausschließlich für Gotha), Anhalt, Schaumburg-Lippe, Lübeck, Bremen, Hamburg und Elsaß-Lothringen.

In den vorstehend berührten Stempelsteuergesetzen ist vielfach auch der Umsatz von Grundstücken mit getroffen worden. Einzelne Bundesstaaten haben aber eine besondere Umsatzsteuer von Grundstücken, welche allerdings durch die Reichsstempelgesetzgebung weiter beschränkt worden ist, so Württemberg, Baden, Lübeck, Bremen, Hamburg und Elsaß-Lothringen.

Durch ihre Angliederung an den Übergang des Eigentums stellt sich als eine Verkehrssteuer auch die Zuwachssteuer dar, welche vom Reich durch das RG. v. 14. Februar 1911 zur Einführung gebracht und vom Wertzuwachs an inländischen Grundstücken, der ohne Zutun des Eigentümers entstanden ist, gehoben wurde. Der Ertrag floß zu 50% in die Reichskasse, zu 10% in die Staatskassen der Bundesstaaten und zu 40% in die Gemeindekassen. Nach dem RG. v. 3. Juli 1913 ist die Erhebung des Reichsanteils fortgefallen; die Weitererhebung der Wertzuwachssteuer zugunsten der staatlichen Finanzwirtschaften ist im wesentlichen der Landesgesetzgebung vorbehalten. In letzterer Beziehung ist die Entwicklung noch im Gange, doch scheint nur ein Teil der Bundesstaaten geneigt zu sein, die Wertzuwachssteuer für die staatliche Finanzwirtschaft zu verwerten. Die Steuer wird wohl meist den Gemeinden überlassen bleiben.

Anfallsteuern. Die Anfallsteuern, welche die Besteuerung an gewisse Vermögensbereicherungen oder Anfälle anknüpfen und deshalb auch als ergänzende Vermögenssteuern betrachtet werden, sind nur mit der vereinigten Erbschafts- und Schenkungssteuer, welche grundlegend als Reichssteuer erhoben wird, vertreten.

Der Steuerertrag wird zwischen Reich und Bundesstaaten verteilt; der dabei anzuwendende Maßstab — zunächst Reich $^2/_3$, Bundesstaaten $^1/_3$ — hat sich fortgesetzt zuungunsten der Bundesstaaten verschlechtert;

durch RG. v. 15. Juli 1909 stellt er sich: Reich $^{3}/_{4}$, Bundesstaaten $^{1}/_{4}$, nach dem RG. v. 3. Juli 1913 auf: Reich $^{4}/_{5}$, Bundesstaaten $^{1}/_{5}$. Von der den Bundesstaaten gesetzlich eingeräumten Berechtigung *Zuschläge zu der Reichserbschaftssteuer* zu erheben, bzw. eine besondere Steuer von Abkömmlingen und Ehegatten bestehen zu lassen oder neu einzuführen, haben Gebrauch gemacht: Bayern, Württemberg, Baden, Hessen, Schwarzburg-Sondershausen, Reuß älterer Linie, Lübeck, Bremen, Hamburg und Elsaß-Lothringen.

III. Staatsausgaben.

1. Grundsätzliches.

Die *Staatsausgaben* hängen nicht unmittelbar und in erster Linie von der staatlichen Finanzverwaltung ab; sie treten an letztere vielmehr als etwas in der Hauptsache schon Gegebenes heran. Da sie an und für sich lediglich den *Geldbedarf der einzeln gegliederten Verwaltungszweige des Staats* darstellen, ohne welchen solche ihre den allgemeinen und besonderen Staatsverpflichtungen entsprechenden Obliegenheiten nicht zu erfüllen imstande sind, so muß die erste Festlegung der Ausgaben jeweilig bei jenen einzelnen Verwaltungszweigen erfolgen, welche allein die für ihre erfolgreiche Wirksamkeit notwendigen Beträge näher anzugeben vermögen. Die staatliche Finanzwirtschaft kommt dementsprechend bezüglich der Staatsausgaben erst in zweiter Linie zum Zuge insofern, als sie für das *Staatsbudget* verantwortlich ist, dieses aufzustellen und für die Ausgleichung der Einnahmen und Ausgaben in demselben zu sorgen hat.

Sie hat *im allgemeinen* darauf zu sehen, daß die Anforderungen der einzelnen Verwaltungszweige nicht über das Notwendige und die Grenzen einer sachgemäßen Sparsamkeit hinausgehen. Ferner muß sie eine der Gerechtigkeit entsprechende Gleichförmigkeit in den Einzelforderungen der Verwaltungszweige, soweit sich diese auf übereinstimmenden Grundlagen bewegen, durchzuführen suchen. Endlich wird sie die Zurückstellung weniger notwendiger Aufwendungen vor dringenderen zu veranlassen und in dieser Weise die Anforderungen gegeneinander auszugleichen und zeitlich nach der jeweiligen Leistungsfähigkeit des Staates aneinander zu gliedern haben.

Die *einzelnen Ausgaben des Staats* werden je nach ihren Grundlagen und ihrem Zweck in den *Etats* des Reiches und der Bundesstaaten zusammengruppiert. Obwohl bezüglich der Grundlage und des Zwecks ihrer Verausgabungen bei alle den verschiedenen staatlichen Finanzwirtschaften naturgemäß eine gewisse Übereinstimmung gegeben ist, so sind in den Einzelheiten und in den Nebenpunkten doch wiederum mannigfache Abweichungen nach verschiedenen Richtungen vorhanden, welche sich auf die eigenartige Ordnung des Finanz- und Etatswesens der einzelnen

Staaten gründen. Für die zahlenmäßigen Nachweisungen einer Statistik wird hierdurch eine nicht zu unterschätzende Schwierigkeit geboten, welche notwendig zu Beschränkungen zwingen muß.

Eine obere und allgemeine Einteilung der Ausgaben des Staates ist die in ordentliche und außerordentliche, neben welcher sodann die weitere, unter Umständen nur auf die ordentlichen Ausgaben Anwendung findende, in fortlaufende und einmalige hergeht.

Die ordentlichen Ausgaben sind diejenigen, welche aus der regelmäßigen und an und für sich gegebenen Fortführung des gesamten Staatsbetriebes in der Art, wie er sich im Laufe der Zeit zu dem jeweiligen Stand ausgestaltet hat, erwachsen. Zu den außerordentlichen Verausgabungen sind alle diejenigen zu zählen, welche durch besondere Eingriffe in den gegebenen Staatsbetrieb sei es von außen, durch Krieg usw., sei es von innen durch Umgestaltung, Veränderung, Ausdehnung der Staatsaufgaben oder besondere Vertiefung derselben usw. veranlaßt werden. Unter fortlaufenden Ausgaben versteht man diejenigen, welche regelmäßig Jahr für Jahr, wenn auch in einer je nach den besonderen Verhältnissen des einzelnen Zeitabschnitts unterschiedlichen Höhe, durch den Staatsbetrieb als solchen entstehen. Demgegenüber machen die einmaligen Ausgaben diejenigen Aufwendungen aus, welche im regelrechten Staatsbetrieb nur für ein oder mehrere bestimmte Jahre, also vorübergehend, wenn auch je zu vorauszusehenden längeren Zeitabschnitten wiederkehrend, notwendig werden. Die Unterscheidung zwischen fortlaufenden und einmaligen Ausgaben wird meist nur als eine Untergliederung bei den ordentlichen Ausgaben zur Anwendung gebracht, wobei allerdings in der praktischen Durchführung die Abgrenzung zwischen außerordentlichen und einmaligen eine flüssigere werden kann.

Die staatliche Finanzwirtschaft des Deutschen Reichs hat einen ordentlichen und einen außerordentlichen Etat und trennt innerhalb des ersteren die fortlaufenden Ausgaben von den einmaligen. In gleicher Weise verfahren einzelne der größeren Bundesstaaten, häufiger findet nur eine Zweiteilung statt. Die kleineren Bundesstaaten; haben eine bezügliche Scheidung überhaupt nicht.

Eine weitere allgemeine Gliederung der Ausgaben ist die in Personalausgaben und Sachausgaben. Die Personalausgaben umfassen diejenigen Aufwendungen, welche der staatlichen Finanzwirtschaft durch jedwede Inanspruchnahme persönlicher Dienstleistungen im weitesten Sinne verursacht werden. Die Sachausgaben entstehen durch die Beschaffung aller derjenigen Gegenstände verschiedentlichster, vorragenderer und untergeordneterer Art, die zu dem Bedarf des Staatsbetriebes, wiederum im weitesten

Sinne, gehören. In den Hauptetats des Deutschen Reiches und der Bundesstaaten findet sich diese Ausgabegliederung nicht besonders durchgeführt; auch ergibt sie sich aus den Spezialetats meist nur in unvollkommenerer Weise und bietet hierin für allgemeine zahlenmäßige Nachweisungen keine genügende Unterlage.

Die eigentliche Einzel-Einteilung der staatlichen Ausgaben schließt sich an die besondere Verwaltungseinteilung des Staates an; sie bringt gleichzeitig die Aufwendungen für die einzelnen Staatszwecke zum Ausdruck. Dabei erscheinen aber die Ausgaben für die einzelnen Staatszwecke durchweg in den Etats der deutschen staatlichen Finanzwirtschaften in einer verhältnismäßig weitgehenden, vielfach rein äußerlichen Gliederung und in einer sehr bunten Mannigfaltigkeit, zumal die geschiedenen, in sich wieder in einem gewissen inneren Zusammenhang stehenden Ausgabearten überhaupt nicht bzw. nicht in einer einigermaßen gleichmäßigen Form zu Hauptgruppen vereinigt sind.

Ohne Rücksicht auf die tatsächlichen Etatgestaltungen wird man die Ausgaben insgesamt rein theoretisch so einteilen können, daß man in sich geschlossen vorweg die Ausgaben auf die staatlichen Erwerbseinkünfte (auf Staatsvermögen, Domänen, Forsten, Bergwerke, staatlichen Erwerbsanstalten usw.) und die Ausgaben auf die Staatsschuld (Verzinsung, Amortisation) ausscheidet und die übrigen Ausgaben nach den großen Hauptstaatszwecken in Ausgaben für die verfassungsmäßige Staatsvertretung (mit der Unterteilung für Staatsoberhaupt und für Volksvertretung), Ausgaben für die Verwaltung des Äußeren, Ausgaben für die Landesverteidigung (mit der Unterteilung für Heer und für Marine), Ausgaben für die Rechtspflege, Ausgaben für Unterricht und Kultus (mit der Unterteilung nach Unterrichtswesen und Kultuswesen), Ausgaben für die Verwaltung des Inneren (mit der Unterteilung für Förderung der Volkswirtschaft und für Gesundheitswesen) und in Ausgaben für die Finanzverwaltung gliedert. Für die Bundesstaaten würden die Leistungen an das Reich hinzutreten und besonders nachzuweisen sein.

Die Verschiedenheit und das unregelmäßige Ineinandergreifen der einzelnen Ausgabenansätze aus jenen großen Gruppen ist aber in den Etats der einzelnen Bundesstaaten tatsächlich eine so große und in sich verwickelte, daß selbst in der Statistik über die Finanzen des Reichs und der deutschen Bundesstaaten, welche das Kaiserliche Statistische Amt seit einer Reihe von Jahren bearbeitet, eine Ausscheidung der staatlichen Verausgabungen der Bundesstaaten nach den vorbezeichneten oder ähnlichen Artunterschieden bei diesen Verausgabungen nicht durchzuführen war. Diese Statistik weist in ihren tabellarischen Zusammenstellungen gesondert nur die Ausgaben auf die Erwerbseinkünfte, den Bedarf für die Staatsschuld und die Leistungen an das Reich nach, gibt aber die weiteren Ausgaben für die verschiedenen Staatszwecke lediglich in einer zusammenfassenden Rubrik als „sonstiger Bedarf für die Staatsverwaltung". Bei unseren bezüglichen Zahlenangaben werden wir dem in der Hauptsache zu folgen haben.

2. Ordnung im Reich.

Die Ausgabenansätze wie sie die staatliche Finanzwirtschaft des Reiches aufweist, haben sich nach und nach zu einem erweiterten Stand herausgebildet, während sie anfangs nur eine geringere Zahl ausmachten. Der Reichshaushaltsetat für 1913 enthält folgende größere Ausgabegruppen unter den fortdauernden Ausgaben des ordentlichen Etats: I. Bundesrat; II. Reichstag; III. Reichskanzler und Reichskanzlei; IV. Auswärtiges Amt; V. Reichsamt des Innern; VI. Verwaltung des Reichsheeres; VI a. Reichsmilitärgericht; VII. Verwaltung der Kaiserlichen Marine; VIII. Justizverwaltung; IX. Reichsschatzamt; X. Reichs-Kolonialamt; XI. Reichs-Eisenbahnamt; XII. Reichsschuld; XIII. Rechnungshof; XIV. Allgemeiner Pensionsfonds; XV. Reichs-Post- und Telegraphenverwaltung; XVI. Reichsdruckerei; XVII. Reichs-Eisenbahnverwaltung; XVIII. Allgemeine Finanzverwaltung.

Diese größeren Ausgabegruppen sind je wiederum in eine verschieden große Anzahl von Kapiteln zerlegt. Die Kapital sind fortlaufend durch den ganzen ordentlichen Etat der fortdauernden Ausgaben numeriert und kommen bis auf die Zahl 91, wobei aber einige Ziffern noch durch Buchstabenzufügung in sich gegliedert sind. Des weiteren sind die Kapitel in eine mehr oder weniger große Zahl von Titeln zerlegt, welche je in dem Kapitel selbständig numeriert erscheinen und in dem Hauptetat nicht speziell aufgeführt werden.

Wenn in der angeführten oberen Etatsgruppierung sich immerhin eine gewisse Angliederung an die Hauptverwaltungszweige des Reiches im einzelnen geltend macht, so wird dieselbe auf der anderen Seite doch wiederum von einer erheblicheren Reihe mehr oder weniger willkürlichen, im wesentlichen wohl nur auf der geschichtlichen Entwicklung beruhenden Ausschaltungen und Sonderheraushebungen unterbrochen, welche sich in den einzelnen Kapiteln und Titeln fortsetzen und das Ganze zu scharf vortretender Eigenart ausgestalten; jedwede Vergleichung bzw. vergleichende Zusammenstellung wird dadurch ungemein erschwert.

3. Ordnung in den Bundesstaaten.

In verschärftem Maße zeigt sich ein gleiches bei den staatlichen Finanzwirtschaften der einzelnen Bundesstaaten. Bei der Mehrheit derselben, und namentlich bei den kleineren Bundesstaaten, sind die Verausgabungen in mehr oder weniger zahlreichen Einzelansätzen nach der verzweigteren Gliederung in den einzelnen Verwaltungszweigen, die jedoch durchweg in den Staaten eine eigenartige, von den anderen abweichende zu sein pflegt, etatsmäßig ausgewiesen. Wir haben es mit einer außerordentlichen Mannigfaltigkeit von Einzelheiten zu tun, auf die näher einzugehen kaum Interesse bieten, jedenfalls den uns gesetzten Rahmen weitaus überschreiten würde. Die Verschiedenheit in den Einzelheiten ist aber eine zu große, um eine Zusammenziehung in ein auf übereinstimmender Grundlage beruhendes Muster zu gestatten, wie es für eine zahlenmäßige Vergleichung notwendig wäre.

Wir sehen dieses auch aus jener schon berührten Statistik über die Finanzen des Reichs und der Bundesstaaten. Dieselbe gibt für die einzelnen Bundesstaaten, worauf wir bei der besonderen Behandlung der letzteren unten zurückkommen werden, näher an, welche Ausgaben unter der nach unserer obigen Angabe gewählten Sammelrubrik „Sonstiger Staatsbedarf" zusammengefaßt sind. Es handelt sich dabei einesteils um besondere Etatansätze, andernteils um mehr oder weniger weitgehende Zusammenziehungen von solchen; die Verschiedenheit in den einzelnen Nachweisungen läßt aber den sicheren Schluß auf die weit größere Verschiedenheit in der Etatisierung zu.

Dabei findet einmal eine Gliederung nach Ministerien statt, und zwar wiederum entweder ausschließlich eine solche (Bayern), oder eine solche mit einigen weiteren Sonderansätzen (Preußen, Sachsen [Königreich], Baden, Mecklenburg-Schwerin, Sachsen-Meiningen) bzw. auch mit einer größeren Zahl von dergleichen (Württemberg, Hessen). Bei kleineren Staaten treten an die Stelle der Ministerien die Ministerialabteilungen (Sachsen-Altenburg, Schwarzburg-Sondershausen, Schwarzburg-Rudolstadt). Daneben sind in einer bald weiteren, bald engeren Gliederung die Verwaltungszweige zugrunde gelegt, welche zum Teil, häufig jedoch nur in beschränkterer Weise, den Ministerien bzw. deren Abteilungen entsprechen (Mecklenburg-Strelitz, Oldenburg, Waldeck, Reuß jüngerer Linie, Lippe, Elsaß-Lothringen). Wiederholt ist eine weitergehende Sondereinteilung verschiedener Art, in der unter Umständen einzelne Ministerien erscheinen, beibehalten (Sachsen-Weimar, Braunschweig, Anhalt, Reuß älterer Linie, Schaumburg-Lippe, Lübeck, Bremen, Hamburg). In einem Falle endlich fehlen die Angaben, weil eine Zusammenstellung nach Ministerien usw. bei der besonderen Organisation nicht gegeben werden könne (Sachsen-Coburg-Gotha). Wenn aber für eine gemeinsame Finanzstatistik nur Nachweisungen in einer derartigen Verschiedenheit zu erbringen waren, so sind dadurch die großen inneren Abweichungen unter den Etatisierungen der Bundesstaaten wohl zur Genüge bezeugt. Auf diesen Nachweis müssen wir uns hier beschränken.

IV. Staatliche Wirtschaftsführung.

Die tatsächliche Wirtschaftsführung des Staates zeigt gewisse Eigenheiten der Privatwirtschaftsführung gegenüber, die in der Natur der öffentlichen Wirtschaft begründet sind. Sie beruhen einerseits darauf, daß die Wirtschaft des Staates stets unmittelbar auf die angehörigen Privatwirtschaften und deren Mittel zurückgreifen muß, was eine geregelte Mitwirkung der letzteren bedingt, zweitens darauf, daß die Verfügung über das Staatsvermögen und insbesondere die dauernde Belastung desselben unter feste Formen zu stellen sind, damit die bleibende Erhaltung für den Staatszweck gewährleistet wird, endlich drittens darauf, daß der außerordentliche Umfang der staatlichen Wirtschaftsführung besondere Sicherungen für eine bestimmungs- und ordnungsmäßige Durchführung bedingen. Dementsprechend ist hier Dreifaches zu behandeln: die formelle Festlegung der Wirtschaftsführung, die Verfügung über das Staatsgut insonderheit die Belastung desselben und die besonderen Sicherungsmaßnahmen für ordnungsmäßige Wirtschaftsführung.

1. Formelle Festlegung.

Die formelle Festlegung der Wirtschaftsführung geschieht auf Grund des allgemeinen Wirtschaftsplanes, der einer besonderen Verlautbarung nicht bedarf, für einen bestimmten Zeitabschnitt (Finanzperiode) durch einen Voranschlag (Budget, Etat, Staatshaushaltsetat), welcher zwischen Regierung und Landesvertretung zu vereinbaren ist und sodann Gesetzeskraft erhält. Wie der Voranschlag im einzelnen zustande zu bringen, insbesondere welche Befugnisse dabei den Landesvertretungen zustehen, ist für das Deutsche Reich und die Bundesstaaten durchweg in ihren Verfassungen oder in Anhangsgesetzen zu solchen genau geregelt. Die Mitwirkung der Landesvertretungen ist zum Teil grundsätzlich verschieden begrenzt, so fehlt in einzelnen Staaten, z. B. Reich und Preußen, ein allgemeines Einnahmeverwilligungsrecht der Landesvertretung. Tatsächlich wird überall der ganze Voranschlag zwischen Regierung und Landesvertretung verhandelt; nur Mecklenburg-Schwerin und Mecklenburg-Strelitz wirtschaften ohne Voranschlag.

Die Finanzperiode oder der Zeitraum, für welchen der Voranschlag jedesmal festgelegt wird, ist nach Dauer und Laufzeit verschieden. Die Dauer beträgt ein Jahr für Deutsches Reich, Preußen, Hessen, Oldenburg, Anhalt, Schaumburg-Lippe, Lippe, Lübeck, Bremen, Hamburg, Elsaß-Lothringen; zwei Jahre für Bayern, Sachsen (Königreich), Württemberg, Baden, Braunschweig, Sachsen-Coburg-Gotha; drei Jahre für Sachsen-Weimar, Sachsen-Meiningen, Sachsen-Altenburg, Schwarzburg-Rudolstadt, Waldeck, Reuß älterer Linie, Reuß jüngerer Linie; vier Jahre für Schwarzburg-Sondershausen.

Die Laufzeit des Voranschlags bzw. das Wirtschaftsjahr beginnt mit dem 1. April im Deutschen Reich, in Preußen, Württemberg, Hessen, Braunschweig, Sachsen-Coburg-Gotha, Schwarzburg-Sondershausen, Schwarzburg-Rudolstadt, Reuß älterer Linie, Reuß jüngerer Linie, Schaumburg-Lippe, Lippe, Lübeck, Bremen, Elsaß-Lothringen; mit dem 1. Juli in Mecklenburg-Schwerin, Mecklenburg-Strelitz, Anhalt; mit dem Kalenderjahr in Bayern, Sachsen (Königreich), Baden, Sachsen-Weimar, Oldenburg, Sachsen-Meiningen, Sachsen-Altenburg, Waldeck, Hamburg.

Nach ihrer ganzen Ausgestaltung unterscheiden sich die Voranschläge in mehrfacher Richtung. Ein Teil der Staaten faßt die gesamte staatliche Finanzwirtschaft in einem Voranschlag zusammen, während ein anderer gewisse Gegenstände der staatlichen Wirtschaft, zu bestimmtem Zweck festgelegte Vermögensobjekte, Überschüsse aus Vorjahren u. dgl. in besondere Voranschläge bringt und so mehrere derselben führt. Die Bundesstaaten mit mehreren Voranschlägen sind Sachsen (Königreich), Württemberg, Baden, Sachsen-Weimar, Oldenburg, Braunschweig, Sachsen-Meiningen, Sachsen-Altenburg, Sachsen-Coburg-Gotha, Bremen, Hamburg. Des Weiteren werden wohl durchgängig der Hauptvoranschlag (Hauptetat) und die Einzelvoranschläge (Spezialetats) geschieden; ersterer enthält eine summarische Zusammenfassung aller staatlichen Einnahmen und Ausgaben in großen Posten; letztere geben in weiterer Verzweigung Einnahmen und Ausgaben der einzelnen Verwaltungseinrichtungen an und sind dementsprechend in sich in den Bundesstaaten in größerer Mannigfaltigkeit abgeteilt. Ein weiterer Unterschied ist der zwischen Bruttovoranschlag und Nettovoranschlag. Der erstere umfaßt die Einnahmen und Ausgaben in ihrem Gesamtumfang einschließlich der Betriebs-, Verwaltungs- und Erhebungskosten, wogegen der Nettovoranschlag letztere Kosten ausscheidet und nur die zu staatlicher Verfügung stehenden Überschüsse angibt. In Deutschland ist fast allgemein die

Aufstellung von Bruttovoranschlägen üblich. Vereinzelt, so im Reich, Bayern, Baden, Hamburg, Elsaß-Lothringen, scheidet man auch einen ordentlichen und einen außerordentlichen Voranschlag, wobei letzterer die außerordentlichen Einnahmen und Ausgaben aufzunehmen hat.

Innerhalb des Voranschlags bilden die Einnahmen und die Ausgaben die beiden großen, stets wiederkehrenden Hauptgruppen, in denen sich in bunter Verschiedenheit je nach den eigenartigen Verwaltungseinrichtungen der einzelnen Bundesstaaten die Ansätze aneinander gliedern. Vielfach findet dabei eine allgemeine Trennung nach regelmäßig wiederkehrenden oder ordentlichen Einnahmen und Ausgaben und nach einmaligen oder außerordentlichen statt.

An den gesetzlich festgelegten Voranschlag ist die staatliche Wirtschaftsführung unbedingt gebunden. Machen sich Überschreitungen bei den Einzelansätzen notwendig oder ist infolge außerordentlicher, nicht vorherzusehender Vorgänge ein sofortiges besonderes finanzielles Eintreten erforderlich, so ist nachträglich Genehmigung der für den Voranschlag maßgebenden Stellen einzuholen. Hierfür geben die Verfassungen und sonstigen grundlegenden Gesetze durchweg besondere Regelungen. Für Mehreinnahmen ist nachträgliche Genehmigung meist nicht erforderlich. Nach Feststellung des Voranschlags hervortretende Bedürfnisse können, sofern die besonderen Umstände solches gestatten, sogleich durch ergänzende Voranschläge (Nachtragetats) befriedigt werden. Innerhalb der Begrenzung des Voranschlags ist die staatliche Wirtschaftsführung zu jedweder Verfügung über die Staatsmittel nach den Grundsätzen des Privatrechts befugt.

2. Verfügung über Staatsgut.

Grundbedingung für gesunde Staatsfinanzen ist eine uneingeschränkte Erhaltung des eigentlichen Staatsvermögens, mag es in Grund und Boden, Berechtigungen oder beweglichem Gut bestehen. Für die Veräußerung von Staatsvermögen sind daher überall eigene erschwerende Vorschriften gegeben. Durchweg sind in den Verfassungen und den dazu erlassenen Gesetzen die bezüglichen Bestimmungen getroffen, die im einzelnen mannigfach voneinander abweichen. In einigen Bundesstaaten ist grundsätzlich jede Veräußerung des eigentlichen Staatsvermögens ausgeschlossen, nur für ganz besondere Fälle sind Ausnahmen zugelassen, für welche Genehmhaltung durch die Volksvertretung gefordert wird. Für die meisten Bundesstaaten ist die Veräußerung und Belastung des Staatsvermögens allgemein an die Zustimmung der Landschaft geknüpft. Ausgenommen ist meist eine Zwangsenteignung, die weiterer Genehmigung nicht bedarf. Verschiedene Bundesstaaten überlassen unbedeutendere Veräußerungen bis zu einer gewissen niederen Wertgrenze ohne weiteres der Landesregierung, von anderen wird zu Veräußerungen von einem bestimmten etwas höher begrenzten Wert nicht die Zustimmung der Landesversammlung selbst, sondern nur einer Deputation oder eines Ausschusses derselben gefordert. Vereinzelt ist eine Veräußerung bestimmter Arten von Staatsgütern durch die Staatsregierung allein allgemein zugelassen, ebenso auch eine Veräußerung, wenn unmittelbar anschließend ein entsprechendes, mindestens gleichwertiges Vermögensobjekt dafür neu erworben wird.

Einfacher liegt die Sache bei der Belastung des Staatsvermögens oder des Staates mit Anleihen. Für Reich und Bundesstaaten gilt der gleiche Grundsatz, daß Staatsanleihen nur unter der Mitwirkung der gesetzgebenden Glieder, Regierung und Landesvertretung, aufgenommen werden können. Die regelmäßige Form dafür ist die des Gesetzes, doch kann auch mit der ständischen Genehmigung des Voranschlags eine Ermächtigung zur Anleiheaufnahme erteilt werden. Meist ist die Regierung ermächtigt in außerordentlichen Notfällen namentlich für den Krieg selbständig eine Anleihe aufzunehmen, die jedoch der nachträglichen Genehmigung der Landesvertretung bedarf.

3. Sicherungen.

Die Sicherungen, welche eine ordnungsmäßige Wirtschaftsführung des Staates verbürgen sollen, bewegen sich in einer zwiefachen Richtung. Sie laufen darauf hinaus, daß die Wirtschaftsführung einerseits sich in den verfassungsmäßigen Grenzen halte, andererseits eine verwaltungs- und rechnungsmäßig geordnete sei.

In ersterer Richtung wird eine entsprechende Kontrolle regelmäßig durch die Landesvertretungen selbst nach näheren verfassungsrechtlichen Bestimmungen geführt, die sich in der Hauptsache auf die Nachprüfung bezieht, ob die staatliche Wirtschaft tatsächlich den Voranschlag innegehalten habe. Die Nachprüfung geschieht entweder auf Grund der staatlichen Rechnungen selbst oder auf Grund besonderer Auszüge aus denselben. In den Einzelheiten weichen die bezüglichen Gesetzesvorschriften der Bundesstaaten mannigfaltig voneinander ab.

Die Verwaltungs- und Rechnungskontrolle dagegen wird lediglich von staatlichen Behörden vorgenommen, wobei gleicherweise die Einzelregelungen der Bundesstaaten verschiedenartige sind. Durchweg ist Verwaltungs- und Rechnungskontrolle in eins verbunden. Die größeren Staaten haben regelmäßig eigene Behörden für die bezügliche Kontrolle, die teils als Rechnungshof (Deutsches Reich z. Z. nach Reichskontrollgesetz vom 21. März 1910, Bayern), teils als Oberrechnungskammer (Preußen, Sachsen [Königreich], Württemberg, Baden, Hessen) bezeichnet werden. In den mittleren und kleineren Bundesstaaten ist die Kontrollführung verschiedenartig sowohl dem Staatsministerium (z.B. Sachsen-Altenburg, Anhalt) wie den Finanzministerien (z. B. Sachsen-Weimar, Sachsen-Meiningen) angegliedert, zum Teil auch der Finanzverwaltungsbehörde übertragen (z. B. Braunschweig).

B. Die Finanzwirtschaft der einzelnen deutschen Staatswesen.

I. Vorwort.

Mangel grundsätzlicher Abgrenzung zwischen Reich und Bundesstaaten.

Bei einer Darlegung der Finanzwirtschaft des Deutschen Reichs und der deutschen Bundesstaaten im einzelnen, ist es notwendig, vorweg die unmittelbaren gegenseitigen Einwirkungen zu berühren, unter welchen die Wirtschaftsführungen des Reichs und der Bundesstaaten zueinander stehen. Daß in dieser Beziehung eine scharfe Scheidung zwischen Reich und Bundesstaaten fehlt, ist eine unliebsame Schattenseite der deutschen staatlichen Finanzwirtschaft, wie sie sich im Lauf der geschichtlichen Entwicklung herausgebildet und leider immer mehr gefestigt hat.

1. Matrikularbeiträge. Durch das Neuentstehen der Finanzwirtschaft des Deutschen Reichs bzw. zunächst des Norddeutschen Bundes war unbedingt ein gewisser Eingriff in die Finanzwirtschaften der Bundesstaaten gegeben. Dieser Eingriff konnte sich sehr wohl unter fester Abgrenzung der beiderseitigen Gebiete vollziehen; von vornherein war es auch Absicht, ihn in dieser Weise vorzunehmen. Bei der Begründung von Norddeutschen Bund und Reich standen der neuen staatlichen Bildung eigene Einnahmen, aus welchen die notwendigen Ausgaben hätten bestritten werden können, nur in einem sehr beschränkten Maße zur Verfügung. Ein unmittelbarer Rückgriff auf die Finanzwirtschaften der Bundesstaaten war dadurch zunächst zwingende Notwendigkeit. So führte Artikel 70 der Reichsverfassung die Matrikularbeiträge ein, „solange Reichssteuern nicht eingeführt sind". Die Matrikularbeiträge waren also lediglich als eine vorübergehende Einrichtung gedacht. Bei dem mit der schnellen Erweiterung seiner Aufgaben starken Ansteigen der Ausgaben des Reichs stieß die Einführung ausreichender Reichssteuern fortgesetzt auf Schwierigkeiten; auch richtete sich das Bestreben des Reichstags bald im Interesse der eigenen Machtstellung auf dauernde Beibehaltung der Matrikularbeiträge.

Als 1879 durch neue Zollgesetzgebung und Tabaksteuer das Reich in seiner Finanzwirtschaft auf eigene Füße gestellt erscheinen konnte, wurde solches durch die sog. Franckensteinsche Klausel wiederum ausgeschlossen, welche anordnete, daß der die Summe von 130 Millionen Mark übersteigende Ertrag der Zölle und Tabaksteuer den einzelnen Bundesstaaten nach ihrer Matrikularbeitragspflicht überwiesen werden solle. Die Matrikularbeiträge blieben fortbestehen, sie wurden aber durch die Zoll- und Steuerüberweisungen gedeckt. Tatsächlich war nunmehr eine finanzielle Belastung der Bundesstaaten für das Reich nicht weiter vorhanden. Da für die nächste Folge nur gedeckte Matrikularbeiträge in Frage kamen und diese sogar durch die Überweisungen des Reiches zeitweise nicht unerheblich überschritten wurden, so konnten für die Finanzwirtschaften der Bundesstaaten Schwierigkeiten nicht entstehen; ein Bedürfnis nach Änderung war für sie nicht gegeben. Dieser Zustand wurde durch Überweisung weiterer Reichseinnahmen (1881 Stempelabgabe, 1887 und 1892 Branntweinsteuer) zunächst noch gefestigt und verbessert.

Gegenüber den stetig und außerordentlich anwachsenden Ausgaben des Reichs, zu deren Deckung entsprechende Einnahmequellen nicht geschaffen wurden, konnte aber das bisherige die Bundesstaaten nicht bedrückende Verhältnis nicht auf die Dauer gehalten werden. Obwohl man zur Abhilfe auf eine wilde Anleihewirtschaft für das Reich griff, mußten die Überweisungen zu Ende des vorigen Jahrhunderts immer mehr beschnitten werden und mit dem laufenden Jahrhundert kam es dazu, daß neben den gedeckten Matrikularbeiträgen auch ungedeckte von den Bundesstaaten gefordert wurden. Statt aus der Reichskasse Einnahmen zu beziehen, hatten nunmehr die Bundesstaaten unmittelbar zu den Ausgaben des Reiches beizutragen.

Lag in diesem Wechsel schon ein scharfer und unliebsamer Einschnitt in die Finanzwirtschaft der einzelnen Bundesstaaten, so wurde das Ganze noch dadurch sehr wesentlich verschärft, daß der Reichstag gerade in den Matrikularbeiträgen ein Einnahmebewilligungsrecht durchzusetzen suchte und auf einer jährlichen Festlegung der Höhe derselben durch das Reichsetatsgesetz bestand. Die Matrikularbeiträge sollten dem letzten Ausgleich zwischen den Ausgaben und den Einnahmen des Reichs dienen; nach dem Betrage, von welchen die Ausgaben die sonstigen Einnahmen überragten, war die jeweilige Höhe der Matrikularbeiträge zu bestimmen. Den Bundesstaaten war damit die feste Unterlage für ihre eigene Wirtschaftsführung entzogen. Sie befanden sich in einer andauernden Unsicherheit darüber, welche Summen sie für das Reich aufzubringen haben würden und hatten auf die Festlegung dieser Summen kaum einen Einfluß. Infolge davon war es dem einzelnen Bundesstaat unmöglich, einen gesunden, weiter ausgreifenden Finanzplan für seine Wirtschaftsführung aufzustellen und durchzuführen.

Dieser namentlich die mittleren und kleineren Bundesstaaten schwer drückende Zustand führte zu einer Reihe sog. Reichsfinanzreformen, deren rasches Aufeinanderfolgen allein schon zeigt, daß es sich dabei um eine wirklich gesundende Umgestaltung, um eine Beseitigung der vorhandenen Mißstände nicht gehandelt hat. So wurde 1904 der Artikel 70 der Verfassung durch Streichung der Worte „so lange Reichssteuern nicht eingeführt sind", geändert und damit die Erhebung der Matrikularbeiträge zu einer dauernden Einrichtung gemacht; gleichzeitig wurden die Überweisungen verfassungsmäßig anerkannt und neu geregelt; die Frankensteinsche Klausel wurde beseitigt, Überweisungen bildeten nur noch gewisse Reichsstempelabgaben und die Branntweinverbrauchsabgabe. Die Unsicherheit der Bundesstaaten bezüglich der Höhe ihres Matrikularbeitrages blieb danach unverändert. Im Jahre 1906 wurde anstatt der angestrebten festen Begrenzung der Matrikularbeiträge bestimmt, daß, soweit die Matrikularbeiträge in einem Rechnungsjahre den Sollbetrag der Überweisungen um mehr als vierzig Pfennig auf den Kopf der Bevölkerung übersteigen, die Erhebung des Mehrbetrags für dieses Rechnungsjahr auszusetzen sei, und daß, soweit sich ein solcher Mehrbetrag auch nach der Rechnung ergäbe, dessen Erhebung im Juli des drittfolgenden Rechnungsjahres erfolgen solle. Diese Stundung der ungedeckten Matrikularbeiträge hat sich jedoch nur als völlig unzulängliches Abhilfmittel erwiesen, wenngleich den Bundesstaaten damit die Höhe ihrer Leistungen für eine bestimmte Frist übersichtlich gemacht war. Schon im Jahre 1909 mußte man sich von der Unhaltbarkeit des geschaffenen Zustandes überzeugen. Es wurden deshalb die Matrikularbeiträge, deren Erhebung ausgesetzt war, definitiv auf das Reich, und zwar auf Anleihe, übernommen; die Matrikularbeiträge wurden vorläufig andauernd auf einen dem

Satz von 80 Pf. auf den Kopf der Bevölkerung entsprechenden Betrag festgelegt; die Überweisungen werden auf die Branntweinsteuer beschränkt. Bei der Finanzreform von 1913 ist eine grundsätzliche Änderung der Matrikularbeiträge nicht erfolgt.

In gewisser Weise ist jetzt die Unsicherheit der Bundesstaaten bezüglich ihrer jeweiligen Leistungspflicht allerdings beseitigt worden. Immerhin ist aber auch für die Folge noch die Möglichkeit gegeben, daß das Reich in dem einzelnen Etatsgesetz wieder auf eine anderweite Festlegung der Matrikularbeiträge zurückgreift. Eine grundsätzliche feste Scheidung zwischen der Finanzwirtschaft des Reiches und den Finanzwirtschaften der Bundesstaaten besteht in fraglicher Beziehung nicht, da die Matrikularbeiträge zu einer regelmäßigen und ständigen Einnahmequelle des Reiches erhoben sind.

2. Besteuerung. Aber noch in einer anderen Beziehung macht sich das Fehlen einer scharfen Abgrenzung zwischen der Finanzwirtschaft des Reichs und den Finanzwirtschaften der Bundesstaaten in einer sehr empfindlichen Weise für letztere fühlbar; das ist auf dem Gebiet der Besteuerung, das als Einnahmequelle für die jeweilige besondere Regelung der Finanzwirtschaft weitaus das wichtigste ist und voraussichtlich bei dem stetigen Anwachsen der Staatsbedürfnisse fortgesetzt an Bedeutung gewinnen wird. Bezüglich des Besteuerungsrechts gibt es keinerlei Abscheidung zwischen dem Reich und den Bundesstaaten. Folgeweise ist bei dem unbedingten Vorgehen des Reichsrechts vor Landesrecht das Reich grundsätzlich in der Lage, für sich eine Besteuerung jedweder Art ohne irgendwelche Rücksicht auf die Bundesstaaten vorzunehmen. Den Bundesstaaten stehen nur diejenigen Gebiete der Besteuerung zur Verfügung, welche das Reich ihnen freiläßt.

Wie oben bemerkt, besteht in dem Vorhandensein der doppelten Steuerhoheit von Reich und Bundesstaaten nebeneinander schon an und für sich eine außerordentliche Schwierigkeit für die Bildung eines gerechten Allgemein-Steuersystems, die wiederum als die vornehmste Aufgabe einer sachgemäßen staatlichen Finanzwirtschaft anzusehen ist. Diese Schwierigkeit muß aber ganz wesentlich erhöht werden, wenn, wie es tatsächlich der Fall ist, die zuerst zum Zuge kommende Steuerhoheit in ihrer Betätigung vollkommen unbeschränkt ist, wenn sie fortgesetzt in der Lage bleibt, solche Betätigung nach freiem Belieben bezüglich jeder Steuerart eintreten zu lassen. Hierdurch wird den erst in zweiter Linie stehenden Bundesstaaten die feste dauernde Grundlage für ihre Besteuerung in Frage gestellt, denn jederzeit kann durch das Reich ein Eingriff in dieselbe erfolgen. Das Steuersystem der Bundesstaaten und ein gesundes Allgemein-Steuersystem, welche beide an sich dem Wechsel nach Möglichkeit entzogen werden müssen, sind in dieser Weise aufs schärfste gefährdet.

Zudem muß es den einzelnen Bundesstaat notwendig in seinen ganzen wirtschaftlichen Verhältnissen schwer treffen, wenn ihm plötzlich eine bedeutungsvolle Steuerquelle durch das Reich entzogen wird; selbst noch so weitgehende Übergangsvorschriften werden dem nicht abhelfen können. Es handelt sich dabei nicht etwa um eine theoretische Frage, sondern um eine solche, welche sich praktisch schon äußerst drückend fühlbar gemacht hat und für die Zukunft solches in verstärktem Maße tun kann.

Zunächst suchte man tatsächlich eine Abgrenzung zu ziehen; das Reich sollte sich auf die indirekte Besteuerung beschränken. Hierdurch würde immerhin ein erträglicher Zustand geschaffen sein, obwohl schon auf diese Weise der Stand einzelner Bundesstaaten je nach ihren Sonderverhältnissen mehr oder weniger erschwert wurde. Bei der grundsätzlichen Abneigung des Reichstags gegen die Erhöhung der indirekten Steuern, namentlich derer, welche größere Erträge zeitigen konnten, ließ aber das unausgesetzt stark ansteigende Bedürfnis bald jene tatsächliche Abgrenzung unhaltbar werden. Das Reich griff zunächst auf die Erbschaftssteuer, welche zwar noch auf dem Grenzgebiet der indirekten Besteuerung steht, von vornherein jedoch als den Bundesstaaten vorbehalten betrachtet wurde und von letzteren auch fast durchweg entsprechend ausgebildet war. Mit dem Wehrbeitrag und der Besitzsteuer beschritt das Reich dann das zweifellose Gebiet der direkten Besteuerung.

Dadurch war von neuem die eigene Besteuerung der Bundesstaaten in erheblichem Grade eingeengt; vielfach wurde eine einschneidendere Neubildung bundesstaatlicher Steuersysteme erforderlich. Des weiteren besteht aber keinerlei Sicherheit, daß jenen ersten Inanspruchnahmen direkter Steuern nicht weitere folgen werden. Auch bezüglich ihrer Besteuerungsmöglichkeit befinden sich danach die Bundesstaaten auf unsicherem, schwankendem Boden. Daß ein derartiger Zustand auf eine gesunde Ausgestaltung der Finanzwirtschaft und eines wesentlichsten Teils desselben, der Besteuerung, für die Bundesstaaten einen sehr nachteiligen Einfluß ausüben muß, braucht nicht näher dargelegt zu werden.

In zwiefacher Richtung macht sich dementsprechend das Bedürfnis nach scharfer Abgrenzung der Finanzwirtschaften des Reichs und der Bundesstaaten fühlbar. Ob solches bald und überhaupt Befriedigung finden wird, steht nach den derzeitigen Verhältnissen dahin. Als höchst bedauerlich und nicht gerade ruhmvoll muß es bezeichnet werden, daß trotz der zahlreichen Versuche und sog. Finanzreformen ein befriedigender Abschluß zwischen der Finanzwirtschaft des Reichs und denen der Bundesstaaten nicht erreicht werden konnte.

II. Deutsches Reich.

1. Vermögen und Schulden. Das Staatsvermögen des Deutschen Reiches ist ein verhältnismäßig unbedeutendes. Namentlich fehlt dem Reich infolge des Zeitpunktes und der Eigenart seines Entstehens ein lediglich als solcher zu nutzender Besitz an Grund und Boden, Berechtigungen oder Fonds, wie er sich bei den Bundesstaaten durchweg in einem mehr oder weniger ausgedehntem Maße findet. Als eigentliches Finanzvermögen kommen nur einige Erwerbsbetriebe in Betracht, welche im Eigentum und in der Verwaltung des Reiches stehen und für die Finanzwirtschaft desselben von Bedeutung sind.

So zunächst die Post und Telegraphie mit Ausschluß von Bayern und Württemberg. Neben dem Betrieb selbst steht das gesamte Gebäude- und sonstige Inventar der Anstalt im Eigentum des Reichs. Wie hoch letzteres zu bewerten, wird weder in den Etats noch in der Reichsfinanzstatistik angegeben. Ferner die Reichseisenbahnen in Elsaß-Lothringen zu einer Gesamtlänge von 1897 km (1913 Jahresschluß) und einem Anlagekapital von rund $847\frac{1}{2}$ Million Mark. Die weitere Bedeutung erweist sich aus folgenden allgemeinen Daten: Von den Lokomotiven und Triebwagen wurden im Jahre 1912 insgesamt 33,89 Millionen Lokomotivkilometer geleistet, von den Personen-, Gepäck- und Güterwagen 1343,87

Millionen Achskilometer; im Personenverkehr sind 55,49 Millionen Reisende, im Güter- und Tierverkehr 46,73 Millionen Tonnen befördert; die Zahl der Beamten und Arbeiter belief sich auf 32 108 im Jahresdurchschnitt. Aus den Erträgnissen ist der Landeskasse von Elsaß-Lothringen jährlich ein gewisser Anteil zu zahlen. Endlich sind die Reichsdruckerei, deren ursprüngliche Erwerbskosten sich auf 11¼ Million Mark belaufen, der Deutsche Reichs- und Preußische Staatsanzeiger, dessen Überschuß halb dem Reich und halb Preußen zufließt, und die Rechte des Reichs der Reichsbank gegenüber, die sich in fester Summe nicht schätzen lassen, anzuführen.

Ein Vermögen des Reichs, wenn auch für die regelmäßige Wirtschaftsführung desselben ohne Bedeutung, bildete der Reichskriegsschatz, der zunächst im Betrage von 120 Millionen Mark der französischen Kriegsentschädigung 1870/71 entnommen, dann aber 1913 durch Ausgabe weiterer Reichskassenscheine verdoppelt wurde; derselbe hat 1914 seine bestimmungsmäßige Verwendung gefunden. Als wirkliches Vermögen, das die praktische Wirtschaftsführung unmittelbar berührt, sind weiter die Betriebsfonds der einzelnen hauptsächlichen Kassen zu nennen, welche ebenmäßig in ihrem Grundbestande der französischen Kriegsentschädigung entnommen, später aber aus verfügbaren Reichsmitteln erweitert wurden. Dieselben bilden eiserne Bestände der betreffenden Kassen und sind als solche dem bleibenden Vermögen zuzuzählen, wenngleich ein fester Ertrag aus ihnen nicht erwächst und sie eine Einnahmequelle nicht bilden. Nach dem Voranschlag für 1913 belaufen sich die Betriebsfonds auf 126 155 400 M. bei der Reichshauptkasse, auf 750 000 M. bei der Legationskasse, auf 58 300 M. bei der Verwaltung des Reichsheeres, auf 5 250 000 M. bei der Post- und Telegraphenverwaltung und auf 400 000 M. bei der Reichsdruckerei.

Nicht zum Finanzvermögen im eigentlichen Sinne sind dagegen diejenigen Fonds zu rechnen, welche lediglich zu einem bestimmten, in längerer Frist zu erfüllenden Zweck ausgewiesen wurden und in ihrem Gesamtbestande für diesen Zweck zu verausgaben sind, wie Reichstagsgebäudefonds, Festungsbaufonds, Reichsinvalidenfonds.

Neben dem Finanzvermögen ist des Verwaltungsvermögens des Reichs zu gedenken, welches sich aus dem Gebäude- und sonstigen Inventar der einzelnen Verwaltungen zusammensetzt und dadurch ein sehr vielverzweigtes ist. Es handelt sich dabei um eine große Zahl einzelner Vermögensgegenstände, namentlich Gebäude und Gebäudeinventar, welche über das ganze Reich verteilt sind, aber, wie Gesandtschafts- und Konsulatsgebäude usw., auch außerhalb des Reichs sich befinden. Die Hauptmasse entfällt auf das Auswärtige Amt, das Heer und die Marine.

Insgesamt steckt in diesem Verwaltungsvermögen ein hoher Wert, der jedoch einen finanziellen Ertrag nicht abwirft. Im Gegenteil verlangt das Verwaltungsvermögen infolge der notwendigen Unterhaltung und des sich unausgesetzt erweiternden Bedürfnisses stetig einen mehr oder weniger erheblichen Aufwand, so daß es sich für die staatliche Finanzwirtschaft nicht nach der Ertrags-, sondern lediglich nach der Belastungsseite hin fühlbar macht. Es ist dieses eine Eigenart des nicht werbenden Staatsvermögens, worauf wir schon oben hinzuweisen hatten. In der gleichen Weise wie beim Reich findet sich ein Verwaltungsvermögen bei sämtlichen Bundesstaaten. Wenn sich solches auch nach Größe und Sonderverhältnissen verschiedenartig abstuft, so ist doch die innere Natur überall die gleiche. Wir werden deshalb demnächst bei den einzelnen Bundesstaaten das Verwaltungsvermögen nicht weiter berühren, sondern mit diesem allgemeinen Hinweis uns begnügen.

Das Schuldenwesen des Reichs bildet den dunkelsten Punkt in der tatsächlichen Wirtschaftsführung desselben und läßt den Mangel einer gesunden Finanzpolitik aufs schärfste hervortreten. Die größere Anleihe anläßlich des Krieges 1870/71 war 1875 getilgt; in diesem Jahr stand das Reich schuldenfrei da. In den nächsten zehn Jahren wurden wiederholt Anleihen aufgenommen, aber durchweg nur geringeren Betrages und für einen Bedarf, den durch Anleihe zu decken gerechtfertigt scheinen mußte; 1886 beläuft sich die Schuldenlast auf 446 Millionen Mark. Von da an setzt ein planloses Schuldenmachen ein, das sich in dem letzten Jahrzehnt des vorigen Jahrhunderts in stärkerem Maße steigert und um so bedenklicher dasteht, als das Reich in der fraglichen Zeit zum Teil umfassendere Überweisungen an die Bundesstaaten abführen konnte. 1900 betrug die Reichsschuld 2298,5 Millionen Mark.

Im Jahre 1901 wurden gewisse Grundsätze für die Schuldenaufnahme mit dem Reichstag vereinbart, welche jedoch nicht gesetzlich festgelegt und dadurch vielfach unbeobachtet gelassen wurden. Das bedeutende Anschwellen des Bedarfs, namentlich für Heeres- und Marinezwecke, machte die Aufnahme weiterer größerer Anleihen im ersten Jahrzehnt des laufenden Jahrhunderts und bis in die neueste Zeit erforderlich, die insofern begründeter erscheinen können, als in dieser Zeit besondere Überweisungen an die Bundesstaaten nicht mehr erfolgten. Große Bedenken muß es jedoch haben, daß nicht nur der außerordentliche Bedarf, sondern auch Teile des ordentlichen durch Anleihe gedeckt wurden. Lediglich der Mangel eigener Einnahmen führte zu der Schuldenpolitik des Reiches, ohne daß man daran dachte, durch eine entsprechende Hebung der Einnahmequellen des Reiches zu einem gesunderen Stande zu gelangen. Mit 1913 ist die fundierte Schuld auf 4677,2 Millionen

Mark angewachsen, von denen 1072,0 Millionen mit 4%, 1970,8 Millionen mit $3\frac{1}{2}$% und 1634,4 Millionen mit 3% verzinst werden.

Erschwerend wirkt dabei das *Fehlen in sich gefestigter Tilgungsgrundsätze*. Der erste Versuch einer Tilgung wurde Mitte der neunziger Jahre vorigen Jahrhunderts gemacht; die Tilgung wurde an die Überweisungen, soweit sie über die Matrikularbeiträge hinausgingen, angeknüpft und fiel mit dem fraglichen Überschreiten ohne weiteres tatsächlich wieder fort; es gelangten dadurch insgesamt nicht ganz 150 Millionen Mark zur Rückzahlung. Bei der *Finanzreform von* 1906 wurde gesetzlich festgelegt, daß vom Jahre 1908 ab eine feste Tilgungsquote von mindestens $\frac{3}{5}$% des jeweiligen Standes der Reichsanleiheschuld in den ordentlichen Etat eingestellt werden solle. Die *Reichsfinanzreform von* 1909 brachte eine erhebliche Verschärfung hinzu: Die Bestimmungen, welche für die Tilgung der zu werbenden Zwecken bereits ausgegebenen Anleihen galten (Tilgung zu $\frac{3}{5}$%), bleiben in Kraft. Zur Tilgung der bis zum 30. September 1910 begebenen sonstigen Anleihen ist jährlich mindestens 1% des an diesem Tage vorhandenen Schuldkapitals unter Hinzurechnung der ersparten Zinsen zu verwenden. Zur Tilgung des vom 1. Oktober 1910 ab begebenen Schuldkapitals sind jährlich von dem für werbende Zwecke bewilligten Anleihebetrage mindestens 1,9%, im übrigen mindestens 3%, in beiden Fällen unter Hinzurechnung der ersparten Zinsen, die zu $3\frac{1}{2}$% der Tilgungssumme angesetzt werden, zu verwenden.

Die grundsätzlich einer gesunden Wirtschaftsführung voll entsprechende T lgungsregelung verliert aber dadurch erheblich an Wert, daß Abschreibungen vom Anleihesoll ebenso wie Anrechnungen auf offene Kredite bis zur Höhe der zur Schuldentilgung zur Verfügung stehenden Beträge einer *Tilgung gleichgeachtet* werden sollen. Tatsächlich wird die Tilgung dadurch in Frage gestellt, daß sie mehr oder weniger verschleiert durch die einzelnen Etatsgesetze wiederum auf neue Anleihe genommen wird, so daß bislang die Tilgung eine wirkliche Bedeutung nicht gewonnen hat. Der Voranschlag für 1913 weist 59 244 400 M. für Tilgung der Reichsschuld auf.

Die Anleihen des Deutschen Reichs sind in der Hauptsache durch Schuldverschreibungen als *Inhaberpapiere* begeben worden, welche teils durch Vermittlung von Bankvereinigungen, teils durch unmittelbare Ausschreibung zu verschiedenem, der jeweiligen Zeitlage entsprechendem Zinsfuß auf den Geldmarkt gebracht wurden. Seit dem RG. v. 31. Mai 1891, und später neugeregelt durch RG. v. 6. Mai 1910, besteht ein *Reichsschuldbuch*. Durch Eintragung in dasselbe können einerseits Reichsschuldverschreibungen in Buchschulden des Reichs auf den Namen eines bestimmten Gläubigers umgewandelt, andererseits mit Ermächtigung des Reichskanzlers Buchschulden ohne solche Umwandlung selbständig begründet werden. Die Benutzung des Reichsschuldbuchs ist in ansteigender Entwicklung.

Neben der fundierten Schuld besteht in den Schatzanweisungen eine schwebende Schuld, welche stetig an Bedeutung gewonnen hat. An sich sollen die Schatzanweisungen nur zur vorübergehenden Verstärkung der ordentlichen Betriebsmittel der Reichshauptkasse dienen. Die Höhe der auszugebenden Reichsschatzscheine wird im Etatsgesetz regelmäßig festgelegt. Die Umlaufsdauer, die früher beschränkt war, unterliegt jetzt der freien Bestimmung des Reichskanzlers; die frühere kurze Dauer bildet nicht mehr die Regel, sondern ein mehrjähriger Umlauf. Durch den längeren Umlauf und die regelmäßige Wiederkehr der Ausgabe wird der Unterschied von der fundierten Schuld mehr oder weniger verwischt. Nach dem Voranschlag 1913 beziffert sich die schwebende Schuld auf 220 Millionen Mark.

Im Anschluß ist als eine weitere einlösliche Schuld das Reichspapiergeld anzuführen. Reichskassenscheine sind zunächst nach dem RG. v. 30. April 1874 120 Millionen Mark ausgegeben, zu denen durch RG. v. 3. Juli 1913 weitere 120 Millionen Mark hinzutraten. Daneben sind anläßlich des großen Krieges 1914 durch RG. v. 4. August 1914 auf bestimmte Zeit beschränkte Darlehnskassenscheine zur Ausgabe gelangt.

2. Einnahmen. Erwerbseinkünfte. Entsprechend dem an sich geringfügigem Erwerbsvermögen des Deutschen Reichs halten sich die Erwerbseinkünfte desselben in verhältnismäßig beschränkten Grenzen. Immerhin macht sich eine gewisse Steigerung dieser Einkünfte, am meisten in die Augen fallend allerdings bei den Roheinkünften, geltend. Die Gesamtsumme der fraglichen Roherträge belief sich nach dem Voranschlag 1913 auf 1049,2 Millionen Mark, während sie 1906 nur den Betrag von 700,3 Mil ionen erreichte; der Reinertrag hat sich in der gleichen Zeit von 122,7 Millionen auf 186,8 Millionen Mark gehoben.

Der Höhe nach stehen die Einkünfte aus dem Post- und Telegraphenbetriebe weitaus obenan. Sie beruhen in der Hauptsache auf dem Porto im weiteren Sinne oder dem der Postverwaltung für die Sachbeförderung und die damit im Zusammenhang stehenden Nebenleistungen zukommenden Gebühren, welche wiederum allgemein für das Deutsche Reich durch RG. über das Posttaxwesen v. 28. Oktober 1871 und die späteren Abänderungsgesetze dazu, namentlich RG. v. 20. November 1899, geregelt sind. Das Reineinkommen aus dem Post- und Telegraphenbetrieb stellt sich für das Reich nach dem Voranschlag 1913 auf 131 758 700 M. (Rohertrag 861,3 Millionen Mark). Der Voranschlag von 1906 zeigte ein Reineinkommen von 81 241 100 M. (Rohertrag 562,9 Millionen Mark).

An zweiter Stelle folgen die Eisenbahneinkünfte. Es sind dieses die Erträgnisse aus den Elsaß-Lothringischen Eisenbahnen, welche durch den Zusatzartikel 1 zum Frankfurter Frieden vom 10. Mai 1871 auf das Reich übergegangen sind, und aus dem Betrieb der Wilhelm-Luxemburg-Eisenbahn, welcher durch Vertrag vom 11. Juni 1872 vom Reich übernommen worden. Der bezügliche Reinertrag stellt sich nach dem Voranschlag 1913 auf 31 391 900 M. (Rohertrag 153,8 Millionen Mark), nach dem Voranschlag 1906 auf 20 150 800 M. (Rohertrag 107,4 Millionen Mark).

Bezüglich der sonstigen Betriebe des Reichs sind die Reineinnahmen in der Finanzstatistik zusammengezogen, nur für die Roheinnahme liegt Ausscheidung vor. Als Gesamtreinertrag berechnet der Voranschlag 1913 23 635 200 M. (Rohertrag 34,1 Millionen Mark), der Voranschlag 1906 21 326 400 M. (Rohertrag 30,1 Millionen Mark). Der Rohertrag verteilt sich nach Voranschlag 1913 mit 12 130 000 M. (1906 8 933 000 M.) auf die Reichsdruckerei, deren Entstehung und Betrieb sich insbesondere auf die RG. v. 23. Mai 1877 und v. 15. Mai 1879 gründet, mit 6 552 000 M. (1906 6 330 000 M.) auf das Münzwesen, dessen Einkünfte sich nach dem neuen, die ältere seit dem Jahre 1873 erlassene Gesetzgebung ersetzenden und aufhebenden Münzg. v. 1. Juni 1909 — ergänzt durch RG. v. 4. August 1914 — und den vom Bundesrat dazu getroffenen näheren Anordnungen bestimmen, mit 15 264 000 M. (1906 14 715 000 Mark) auf den Geschäftsgewinn von der Reichsbank, der nach dem Bankg. v. 14. März 1875 und den dazu erlassenen Abänderungsg v. 7. Juni 1899 und v. 1. Juni 1909 zu berechnen ist, und mit 190 500 M. (1906 99 100 M.) auf die Einkünfte aus dem Reichsanzeiger, welche die Hälfte des Reinertrages aus dem mit Preußen gemeinsamen Unternehmen des Deutschen Reichs- und Preußischen Staatsanzeigers ausmachen. Die Steigerung der Einkünfte seit 1906 greift nach den angeführten Daten bei sämtlichen einzelnen Erwerbseinnahmen Platz.

Leistungen von Staat zu Staat. Unter den öffentlichwirtschaftlichen Einnahmen kommen als eine Leistung der Bundesstaaten an das Reich hauptsächlich die Matrikularbeiträge in Betracht. Über die geschichtliche Entwicklung und die gesetzliche Grundlage der Matrikularbeiträge ist oben das Nähere ausgeführt. Sie werden nach wie vor lediglich nach der Kopfzahl auf die Bundesstaaten veranlagt, zur Zeit mit 80 Pf. auf den Kopf der Bevölkerung als ungedeckte, d. h. durch die Überweisungen von Steuereinnahmen des Reichs an die Bundesstaaten nicht ausgeglichene. In den Voranschlag 1913 sind die Matrikularbeiträge mit einer Summe von 255 419 300 M. eingestellt. Dieser Summe stehen Überweisungen des Reichs an die Bundesstaaten zum Betrage von 203 478 500 M. gegenüber, so daß als ungedeckte Matrikularbeiträge oder als tatsächlich von den Bundesstaaten zu tragende Last sich 51 940 800 M. ergeben. Auf entsprechender Höhe stehen die Matrikularbeiträge seit 1909, während sie für die vorhergehende Zeit, insbesondere von 1902 bis 1908, rechnungsmäßig nur auf die Hälfte des jetzigen Betrages kamen. Neben den Matrikularbeiträgen sind die Ausgleichsbeträge für Reservatrechte und die Zoll- und Steuerabfindungen für Zollausschlußgebiete anzuführen, welche wir des näheren oben behandelt haben. Den Betrag derselben scheidet die Reichsfinanzstatistik für das Reich nicht zahlenmäßig aus; im einzelnen erscheinen jedoch die fraglichen Summen unter den Ausgaben der betreffenden Bundesstaaten, wo wir sie demnächst angeben werden. In der Reichsfinanzstatistik bilden die Matrikularbeiträge und die letzteren Aversa weitaus den Hauptbetrag der für Reich und Bundesstaaten übereinstimmend unter den Einnahmen eingefügten Spalte „sonstige Einnahmen aus der Staatsverwaltung". Wir wollen deshalb die dort nachgewiesene Gesamtsumme gleich vorweg anführen; sie beziffert sich nach dem Voranschlag von 1913 auf 330 606 100 M. Das Nähere bezüglich der betreffenden Spalte werden wir in den Ausführungen über das Königreich Preußen bringen.

Gebühren. Die Gerichtsgebühren in den vor die ordentlichen Gerichte gehörigen Rechtssachen, auf welche die Zivilprozeßordnung, die Strafprozeßordnung oder die Konkursordnung Anwendung findet, sind vom Reich ohne Rücksicht darauf, ob die Gebühren für das Reich oder für einen Bundesstaat erhoben werden, einheitlich in dem Gerichtskostengesetz geregelt, welches in einer neuen, zur Zeit gültigen Fassung durch B. vom 20. Mai 1898 veröffentlicht und im einzelnen später durch die RG. v. 1. Juni 1909 und v. 22. Mai 1910 geändert wurde. Das Gerichtskostengesetz unterscheidet Gebühren in bürgerlichen Rechtsstreitigkeiten, in Konkurssachen und in Strafsachen und behandelt daneben getrennt Auslagen und Kostenvorschuß. Zugrunde gelegt ist in der Hauptsache ein Pauschgebührensystem, das die einzelnen Instanzen scheidet. In bürgerlichen Rechtsstreitigkeiten und in Konkurssachen ist die Gebühr nach Wertklassen abgestuft. Es wird getrennt eine Verhandlungsgebühr, eine Beweisgebühr und eine Entscheidungsgebühr erhoben. Gewisse Vergünstigungen und Ermäßigungen sind für Sonderfälle zugelassen. In der höheren Instanz erhöhen sich sämtliche Gebührensätze, und zwar in der Berufung um ein Viertel, in der Revision auf das Doppelte. Für das Reich kommen nur die beim Reichsgericht entstehenden Gebühren zur Vereinnahmung.

In der Wirtschaftsführung des Reichs und anschließend in der Reichsstatistik sind diese Gebühren mit den gerichtlichen Strafen, welche vom Reichsgericht auf Grund bezüglicher Einzelgesetze verfügt werden, in eins zusammengezogen. In den Voranschlag 1913 sind als Gebühren- und Strafgeldeinnahme 1300000 M. eingestellt. Die fragliche Einnahme zeigt eine ansteigende Bewegung; in die Voranschläge von 1911 und 1912 waren je 1,2 Millionen Mark aufgenommen. Für die Vorjahre näherte sich der Betrag nach und nach nahezu einer Million Mark. Der schroffere Übergang von 1910 zu 1911 beruht in der Hauptsache auf der Verdoppelung der Revisionsgebühren durch das genannte RG. v. 1910.

Verwaltungsgebühren sind von dem Reich in verschiedenster Richtung und zahlreicheren Fällen gesetzlich vorgeschrieben und der Höhe nach festgelegt. Die Gebühren fließen aber vielfach nicht dem Reich, sondern den Bundesstaaten zu, so die Gebühren für Pässe und Paßkarten, die Gebühren für Musterungsverhandlungen und Ausfertigung der Musterungsrolle für Seeschiffe, die Gebühren für die verschiedenen ärztlichen Prüfungen, für die pharmazeutischen Prüfungen, für die Schiffer- und Seeprüfungen verschiedener Art, die Gebühren für Münzprägungen, die Eichgebühren, die Gebühren für Schiffsvermessungen, die Gebühren für Prüfung der Handfeuerwaffen, der Kraftfahrzeuge und der Führer für Kraftfahrzeuge, der Gebühren für Untersuchung eingehenden Fleisches und andere.

In einer Reihe von Fällen werden Verwaltungsgebühren aber auch für die Reichskasse gehoben. Einmal sind es die Konsulatsgebühren, soweit Berufskonsulate in Frage stehen (RG. v. 17. Mai 1910), die sich jedoch, wenn sie die Konsulargerichtsbarkeit betreffen (RG. v. 10. Juli 1879), als Gerichtsgebühren darstellen. Der finanziellen Bedeutung nach stehen weitaus obenan die Gebühren, welche bei dem Patentamte vereinnahmt werden, so die eigentliche Patentgebühr (Patentg. v. 7. April 1891), die Gebühr für Anmeldung eines Gebrauchsmusters (RG. v. 1. Juni 1891) und die Gebühr für die Anmeldung eines Warenzeichens (RG. v. 12. Mai 1894). Ertragreicher stellt sich auch die Statistische Gebühr (RG. v. 20. Juli 1879), welche ihrer Eigenart nach nur beschränkt als Verwaltungsgebühr anzusehen ist, in der Finanzstatistik aber unter letztere einbezogen ist. In der Finanzstatistik durchgehend besonders ausgewiesen sind dagegen die Hafen-, Schleusen-, Kranen-, Bagger- und Schiffahrtsgebühren, Chausseegelder und dergleichen, welche sich zum Teil als Verwaltungsgebühren, zum Teil als Interessentenbeiträge darstellen werden. Für das Reich kommen hierunter hauptsächlich die Gebühren für den Kaiser-Wilhelm-Kanal in Frage, deren Festsetzung bis 1917 dem Kaiser im Einvernehmen mit dem Bundesrat überlassen ist (RG. v. 8. Juni 1912); ein bezüglicher Gebührentarif ist durch Höchsten Erlaß vom 4. August 1896 festgelegt. Die sonst vom Reich gehobenen Verwaltungsgebühren sind untergeordneter Bedeutung.

Nach dem Voranschlag 1913 belaufen sich die Verwaltungsgebühren ausschließlich der Wasser- und Straßenanlagenbeiträge, aber einschließlich der statistischen Gebühr, auf 14 667 100 M., wovon auf Gebühren des Patentamts 11 220 000 M. und auf die statistische Gebühr 1 918 200 M. entfallen. Die Einnahme bewegt sich in stärker ansteigender Linie; im Voranschlag 1906 erreicht sie nicht ganz 10 Millionen Mark. Für die Wasseranlagenbeiträge weist der Voranschlag 1913 4 060 000 M. aus, in denen 4 035 000 M. Gebühren für den Kaiser-Wilhelm-Kanal enthalten sind; die letzteren haben sich seit 1896 etwa vervierfacht.

Direkte Steuern. In das Gebiet der direkten Steuern hat das Reich bislang mit dem Wehrbeitrag und der Besitzsteuer eingegriffen. Da beide nach ihrer besonderen Ausgestaltung je eine eigene Steuerart bilden, so sind ihre Grundlagen, wie sie tatsächlich nur für das Reich in Frage kommen, im ersten Teil bereits dargelegt. Es ist dem nur einiges hinzuzufügen.

Der Wehrbeitrag, auf dem RG. v. 3. Juli 1913 beruhend, ist eine außerordentliche und einmalige steuerliche Inanspruchnahme, welche wesentlich zur Deckung der einmaligen, durch die Wehrvorlage 1913 veranlaßten Ausgaben dienen soll und gesetzlich ausdrücklich auf diesen Zweck beschränkt worden ist. Das Vermögen ist nach einem Staffeltarif mit 0,15% bis zu 1,5% belastet, das Einkommen in gleicher Weise mit 1% bis zu 8%. Die Steuer ist in drei Teilbeträgen zu entrichten, die an sich auf die Finanzjahre 1913, 1914 und 1915 fallen sollten; durch verzögerte Veranlagung ist die Steuer für 1913 gleichfalls erst 1914 fällig geworden. Die späteren Teilbeträge können im voraus unter entsprechendem Zinsabzug gezahlt werden. In dem Voranschlag 1913 ist der Wehrbeitrag mit 416 787 000 M. eingestellt.

Die Besitzsteuer, welche sich gleicherweise auf RG. v. 3. Juli 1913 gründet, stellt sich als eine Vermögenszuwachssteuer dar. Der Vermögenszuwachs wird für den dreijährigen Erhebungszeitraum zunächst unter entsprechender Abstufung mit einem Grundsatz von 0,75% bis zu 1,50% des Zuwachses belastet; dieser Grundsatz erhöht sich nach dem Vermögen gestaffelt um 0,1% bis zu 1,0% des Zuwachses. Der Steuerbetrag wird auf drei Jahre verteilt. Von drei zu drei Jahren findet die neue Veranlagung statt. Zum ersten Male gehoben wird die Steuer für das Jahr 1917. Dieser Zeitpunkt liegt dadurch fest, daß die Veranlagung zum Wehrbeitrage in der Hauptsache den Ausgangspunkt für die Berechnung des Vermögenszuwachses geben soll.

Indirekte Steuern und Zölle. Eine Branntweinsteuer erhebt lediglich das Reich, dessen bezügliche Regelung für das gesamte Reichsgebiet maßgebend ist. Die früher sehr verwickelte Besteuerung ist zunächst durch das jetzt die allgemeine Regelung gebende RG. v. 15. Juli 1909 und darauf noch im besonderen durch das RG. betreffend Beseitigung des Branntweinkontingents vom 14. Juni 1912 wesentlich vereinfacht worden. Für den im Inlande erzeugten Branntwein wird im Grundsatz nur eine Verbrauchsabgabe von 1,25 M. für das Liter Alkohol erhoben; Obstbrennereien entrichten unter bestimmten Voraussetzungen bei einer Jahreserzeugung von nicht mehr als 50 Liter Alkohol eine Verbrauchsabgabe von 0,84 M. für das Liter Alkohol. Eine Ermäßigung tritt allgemein für landwirtschaftliche Brennereien und Obstbrennereien mit einer Jahreserzeugung von nicht mehr als 10 Hektoliter Alkohol ein; des weiteren ist der Steuersatz unter Staffelung für landwirtschaftliche Brennereien, Obstbrennereien und gewisse gewerbliche Brennereien mit einer Jahreserzeugung von nicht mehr als 300 Hektoliter Alkohol ermäßigt. Sonderbestimmungen sind für Bayern, Württemberg und Baden getroffen, für deren Gebiet das Kontingent beibehalten ist. Für bestimmte Brennereien mit einem untergeordneten Betrieb ist eine Steuerabfindung zugelassen. Die Verbrauchsabgabe wird zu ihrem Gesamtbetrage den Bundesstaaten überwiesen, bildet mithin für die Reichskasse nur eine durchlaufende Einnahme. In dem Voranschlag 1913 ist die Verbrauchsabgabe mit 213 018 500 M. ausgeworfen. Neben der Verbrauchsabgabe wird eine nach der Höhe der Jahreserzeugung gestaffelte (von 4 M. bis 14 M. für das Hektoliter Alkohol) Betriebsauflage erhoben, die sich wiederum unter näheren Sondervorschriften nach der Art der Brennerei und der Entstehungszeit derselben erhöht oder ermäßigt. Der Ertrag der Betriebsauflage ist für sich zu verwalten und kann bis zu einem Bestande von 40 Millionen Mark angesammelt werden. Aus den Einnahmen werden für vollständig vergällten, für den mit anderen Mitteln als Essig unvollständig vergällten und für ausgeführten Branntwein Vergütungen gezahlt, worüber besondere Bestimmungen erlassen sind. Auch die Betriebsauflage ist sonach für die eigentliche Wirtschaftsführung des Reichs ohne weitere Bedeutung.

Die Biersteuer hat gleichfalls erst nach manchen Wandlungen ihre jetzige, durch das RG. v. 15. Juli 1909 bestimmte Form erreicht. Sie wird nur in dem Gebiet der Brausteuergemeinschaft erhoben, d. i. das Reich mit Ausschluß von Bayern, Württemberg, Baden und Elsaß-Lothringen. Letztere Staaten haben dafür in die Reichskasse Ausgleichsbeträge abzuführen, welche nach der Bevölkerung und dem Kopfbetrage des Ertrags der Brausteuer in der Brausteuergemeinschaft berechnet werden. Die Biersteuer des Reichs stellt sich als eine Brausteuer dar; sie besteuert die zur Bierbereitung zugelassenen und verwendeten Braustoffe, in erster Linie und grundsätzlich das Malz und daneben den in beschränkter Weise zugelassenen Zucker, der mit dem eineinhalbfachen Malzgewicht in Anrechnung gebracht wird. Die Steuer beträgt für jeden Doppelzentner des Gesamtgewichts der in einem Brauereibetrieb innerhalb eines Rechnungsjahres steuerpflichtig gewordenen Braustoffe von den ersten 250 Doppelzentnern 14 M., von den folgenden 1250 15 M., den folgenden 2000 18 M. und von dem Reste 20 M. Einige Steuerermäßigungen sind zugelassen, andererseits ist eine Steuererhöhung für neu entstehende Brauereien vorgeschrieben. Für das aus einem anderen deutschen Brausteuergebiet eingeführte Bier wird eine Übergangsabgabe erhoben, welche der Bundesrat auf 5 M. für das Hektoliter festgesetzt hat. Der Voranschlag 1913 setzt den Ertrag der Brausteuer einschließlich der Ausgleichsbeträge und der Übergangsabgabe auf 164701400 M. an; auf die Ausgleichsbeträge entfallen davon 34 453 500 M. Der Ertrag der Brausteuer hat sich unter den Steuererhöhungen und durch Verbrauchszunahme wesentlich vergrößert; 1903 war derselbe nur mit 44 708 000 M. veranschlagt; 1891 stellte er sich auf 24,77 Millionen Mark und 1871 auf 15,04 Millionen Mark.

Eine Weinbesteuerung kennt das Deutsche Reich nur in der Schaumweinsteuer, welche nach den RG. v. 9. Mai 1902 und v. 15. Juli 1909 gehoben wird. Die Steuer beträgt für Schaumwein, der bloß aus Fruchtwein ohne Zusatz von Traubenwein hergestellt ist, 0,10 M. für die Flasche. Für anderen Schaumwein und für schaumweinähnliche Getränke ist sie nach dem Preise, zu dem der Schaumwein vom Hersteller abgegeben wird, abgestuft und zwar mit 1 M. für die Flasche bei einem Preise von nicht mehr als 4 M., mit 2 M. bei einem Preise von nicht mehr als 5 M. und mit 3 M. bei einem Preise von mehr als 5 M. Entsprechend hoch ist gleicherzeit der Schaumweinzoll bemessen. Die Schaumweinsteuer ist für 1913 mit 11 738 300 M. veranschlagt; durch das Gesetz von 1909 wurde eine beträchtliche Erhöhung herbeigeführt; der Voranschlag 1906 weist nur 5 059 500 M. auf.

Die Salzsteuer wird als Verbrauchsabgabe einheitlich für das Reich nach dem G. v. 12. Oktober 1867 erhoben. Sie trifft das zum inländischen Verbrauche bestimmte Salz (das im Inland gewonnene wie das vom Ausland eingeführte) mit dem Satze von 12 M. für den Doppelzentner Reingewicht. Unter bestimmten Voraussetzungen bleibt zu landwirtschaftlichen und gewerblichen Zwecken bestimmtes Salz von der Abgabe befreit; ebenmäßig ist steuerfrei das zum Einsalzen von Heringen und ähnlichen Fischen sowie das zum Einsalzen, Einpökeln usw. von Gegenständen, welche zur Ausfuhr bestimmt sind und ausgeführt werden, erforderliche und verwendete Salz. Nach dem Voranschlage 1913 beläuft sich die Salzsteuer auf 60 266 900 M.; der Betrag ist fortgesetzt gestiegen; 1873 wurden 33,08 Millionen Mark Salzsteuer erhoben. Das eingeführte Salz trägt neben der Salzabgabe den Einfuhrzoll (0,80 M. für den Doppelzentner Reingewicht nach dem Tarif von 1902).

Die Zuckersteuer, übereinstimmend für das gesamte Reichsgebiet geltend, zunächst Materialsteuer, dann gemischt Materialsteuer und Verbrauchsabgabe; ist nach dem noch jetzt zu Recht bestehenden RG. v. 27. Mai 1896 ausschließlich Verbrauchsabgabe, welche seit dem Abänderungsg. v. 6. Januar 1903 in einer einheitlichen Form gehoben wird. Besteuert wird der inländische Rübenzucker, und zwar zum Satze von 14 M. für den Doppelzentner Reingewicht. Als inländischer Rübenzucker gilt aller im Inlande durch Bearbeitung von Rüben oder durch weitere Bearbeitung von Erzeugnissen, welche aus im Inlande bearbeiteten Rüben herstammen, gewonnene feste und flüssige Zucker; unter weiterer Bearbeitung von Erzeugnissen aus Rüben ist insbesondere verstanden die Entzuckerung oder Raffination von Zuckerabläufen (Sirup, Melasse), die Raffination von Rohzucker, die Auflösung von festem Zucker, die Inversion. Zucker, welcher unter Steuerkontrolle ausgeführt wird, ist von der Zuckersteuer befreit; wird Zucker aus dem freien Verkehr ausgeführt, so findet eine Vergütung der Zuckersteuer nicht statt. Nach näherer Bestimmung des Bundesrats kann einerseits im Falle der Ausfuhr von mit inländischem Rübenzucker hergestellten Fabrikaten Befreiung von der Zuckersteuer oder Vergütung derselben zugelassen werden, andererseits inländischer Rübenzucker zur Viehfütterung oder zur Herstellung von anderen Fabrikaten als Verzehrungsgegenständen steuerfrei abgelassen werden. Die Einnahme aus der Zuckersteuer ist im Voranschlag 1913 mit 164 388 200 M. angesetzt; sie hat sich seit Begründung des Reichs in stark steigender Richtung entwickelt; 1873 wurden 45,45 Millionen Mark vereinnahmt, 1891 64,95 Millionen, 1901 106,19 Millionen und 1906 138,40 Millionen Mark. Der Einfuhrzoll für Zucker ist auf 40 M. für 100 kg festgelegt; prämienfreier Zucker ist für die Dauer der Brüsseler Konvention mit dem höchsten nach solcher zulässigem Satz (18,80 M. für 100 kg raffinierten und 18,40 M. für Rohzucker) zu belegen. Die Zolleinnahme ist von sehr untergeordneter Bedeutung; sie kommt nicht auf $^1/_2$ Million Mark für das Jahr. Das RG. v. 19. Februar 1908, nach welchem die Zuckersteuer, sobald eine Erhöhung der eigenen Einnahmen des Reichs um mindestens 35 Millionen jährlich eintreten würde, auf 10 M. von 100 kg Reingewicht herabgesetzt werden sollte, ist durch RG. v. 3. Juli 1913 aufgehoben worden, so daß die erstrebte Ermäßigung der Zuckersteuer vor der Hand nicht in Aussicht steht.

Die Tabaksteuer, bezüglich deren für das gesamte Reich das Tabaksteuerg. v. 15. Juli 1909 gilt, ist insofern verzweigter, als sie teils als Gewichtssteuer, teils als Flächensteuer zur Hebung gelangt. Die Gewichtssteuer ist die Hauptform. Sie belastet den Tabak in gegorenem (fermentiertem) oder getrocknetem verarbeitungsreifen Zustande mit 57 M. für den Doppelzentner; Tabakblätter, welche zur Herstellung von Tabakserzeugnissen verwendet werden, auf die das Zigarettensteuergesetz Anwendung findet, und Grumpen mit 45 M. für den Doppelzentner. Tabakersatzstoffe, deren Verwendung grundsätzlich verboten ist, aber ausnahmsweise vom Bundesrat gestattet werden kann, werden nach Verfügung des Bundesrats zur Zeit mit 85 M. für den Doppelzentner besteuert. Die Flächensteuer beträgt für ein Quadratmeter der mit Tabak bepflanzten Fläche 5,7 Pfennig, im ganzen aber mindestens 50 Pfennig. Steuerbefreiungen und Nachlässe sind bei außerordentlichen Umständen zugelassen. Die Tabaksteuer ist in den Voranschlag 1913 mit 11 456 300 M. eingestellt. Sie hält sich schon seit länger auf etwa gleicher Höhe; 1891 wurden 11,48 Millionen Mark vereinnahmt, 1881 aber nur 6,58 Millionen und 1873 1,12 Millionen Mark.

Neben der Tabaksteuer wird eine Zigarettensteuer nach dem Zigarettensteuerg. v. 3. Juni 1906 gehoben, dessen Sätze durch RG. v. 15. Juli 1909 verschärft sind. Die Zigarettensteuer wird für Zigaretten, für Zigarettentabak und für Zigarettenpapier entrichtet. Die Steuer für Zigaretten ist in 6 Klassen nach dem Kleinverkaufspreis für das Stück ($1^1/_2$ Pfennig bis über 7 Pfennig) mit 2 M. bis zu 15 M. für Tausend Stück gestaffelt, ähnlich auch die Steuer für Zigarettentabak in 5 Klassen nach dem Kleinverkaufspreis für das Kilogramm (von $3^1/_2$—5 M. bis über 30 M.) mit 0,80 M. bis zu 7 M. für 1 Kilogramm. Zigarettenpapier, mit Ausnahme des zur gewerblichen Verarbeitung bestimmten, wird mit 1 M. für 1000 Zigarettenhüllen besteuert. Nach dem Voranschlag 1913 beläuft sich die Zigarettensteuer auf 37 872 800 M. Sie ist in ansteigender Bewegung; für 1907 wurde sie auf 12 Millionen Mark veranschlagt, für 1909 auf 16 Millionen, für 1910 auf nahezu 25 Millionen, für 1911 auf fast 27 Millionen und für 1912 auf 31 Millionen Mark. In dem Tabaksteuerg. 1909 ist zugleich der Tabakzoll entsprechend festgelegt. Er beträgt für Tabakblätter 85 M., für Tabakerzeugnisse je nach bestimmter Art 100—700 M., für Zigarren 270 M. und für Zigaretten 1000 M. für den Doppelzentner. Für Tabakblätter und für Zigarren wird außerdem ein Zollzuschlag von 40% des Wertes erhoben, über dessen Festlegung nähere Vorschriften getroffen sind.

Für gewisse Beleuchtungsmittel, soweit sie zum Verbrauch im Inlande bestimmt sind, ist eine besondere Steuer durch das Leuchtmittelsteuerg. v. 15. Juli 1909 eingeführt. Derselben unterliegen elektrische Glühlampen und Brenner zu solchen — nach dem Verbrauche zunächst bis 200 Watt fünffach gestaffelt für Kohlenfadenlampen von 5—50 Pfennig, für Metallfadenlampen, Nernstlampenbrenner und andere Glühlampen von 10 Pfennig bis 1 M. und bei höherem Verbrauche im ersten Fall je 25 Pfennig, im zweiten Fall je 40 Pfennig mehr für jedes weitere angefangene 100 Watt —, Glühkörper zu Gasglühlicht und ähnlichen Lampen

— 10 Pfennig für das Stück —, Brennstifte zu elektrischen Bogenlampen — aus Reinkohle 60 Pfennig, sonst 1 M. für das Kilogramm —, Brenner zu Quecksilberdampf- und ähnlichen Lampen — bis 100 Watt 1 M. für das Stück, bei höherem Verbrauch je 1 M. mehr für jedes weitere angefangene 100 Watt —. Für die Leuchtmittelsteuer setzt der Voranschlag 1913 17 446 700 M. an.

Den Inlandsverbrauch bestimmter Zündwaren besteuert das Zündwarensteuerg. v. 15. Juli 1909 ergänzt durch RG. v. 6. Juni 1911. Die Zündwarensteuer beträgt: für Zündhölzer, für Zündspänchen und für Zündstäbchen aus Strohhalmen oder aus Pappe in Schachteln oder anderen Behältnissen mit einem Inhalte von weniger als 30 Stück 1 Pfennig und mit einem Inhalte von 30 bis 60 Stück $1^1/_2$ Pfennig für jede Schachtel oder jedes Behältnis, in Schachteln oder anderen Behältnissen mit einem Inhalte von mehr als 60 Stück $1^1/_2$ Pfennig für 60 Stück oder einen Bruchteil davon; für Zündkerzchen aus Stearin, Wachs oder ähnlichen Stoffen in Schachteln usw. mit 20 oder weniger Zündkerzchen 5 Pfennig für jede Schachtel usw., in größeren Packungen für je 20 Zündkerzchen oder einem Bruchteil davon 5 Pfennig. Für die ersten 10 Jahr nach dem Inkrafttreten der Steuer erhöht sich dieselbe um 20% bezüglich derjenigen Zündwaren, welche in erst nach 1909 betriebsfähig gewordenen Fabriken oder in vorher bestehenden Fabriken über das Kontingent hinaus hergestellt sind; die Gesamtsumme der Kontingente bestimmt sich durch den Inlandsverbrauch (Gesamtheit desselben), das Einzelkontingent nach der Durchschnittserzeugung der Fabrik in den letzten 3 Betriebsjahren vor 1909. Unter Steueraufsicht ausgeführte oder vernichtete Zündwaren bleiben steuerfrei. Nach dem Voranschlag 1913 beträgt die Zündwarensteuer 20 923 300 M.

In einer inneren Verbindung mit der derzeitigen Branntweinbesteuerung steht die Essigsäureverbrauchsabgabe, welche durch das Branntweinsteuerg. v. 15. Juli 1909 (§ 110) zur Einführung gebracht ist. Der Steuer unterliegt Essigsäure, die im Inland aus Holzessig oder essigsauren Salzen gewonnen ist, und zwar mit 0,30 M. für das Kilogramm wasserfreier Säure. Essigsäure, die ausgeführt oder zu gewerblichen Zwecken verwendet wird, bleibt steuerfrei. Die Essigsäureverbrauchsabgabe ist für 1913 mit 897 100 M. veranschlagt; die finanzielle Bedeutung ist mithin für die Wirtschaft des Reichs nur eine untergeordnete.

Der Spielkartenstempel, welcher einheitlich für das Reich nach RG. v. 3. Juli 1878 erhoben wird und die Natur der Verbrauchsabgabe trägt, ist ebenmäßig von geringer finanzieller Erheblichkeit. Die Bezeichnung ist auf die Erhebung in Stempelform zurückzuführen. Die Abgabe beträgt 0,30 M. für jedes Kartenspiel von 36 oder weniger Blättern und 0,50 M. für jedes andere Spiel. Unter amtlicher Kontrolle ins Ausland ausgeführte Spielkarten unterliegen der Abgabe nicht. Der Voranschlag 1913 bringt den Spielkartenstempel, welcher in der Finanzstatistik mit der Stempelsteuer zusammengezogen ist, mit 2 000 100 M. in Anschlag. Im ganzen macht sich eine Erhöhung der bezüglichen Einnahmen bemerkbar, denn dieselbe stellte sich 1881 auf 1,03 Millionen Mark, 1891 auf 1,25 Millionen, 1901 auf 1,71 Millionen und 1911 auf 2,04 Millionen Mark.

Als Einnahmequelle sind für die Finanzwirtschaft des Reiches die Zölle weitaus von vorragendster Bedeutung, wie ihnen ja eine gleiche Rolle für die gesamten wirtschaftlichen Verhältnisse des Reiches zukommt. Die gesetzliche Grundlage für die Zölle bildet das Vereinszollg. v. 1. Juli 1869; ihre Erhebung im einzelnen beruht auf dem Zolltarifg. v. 25. Dezember 1902 nebst anhängendem Zolltarif, welches mit dem 1. März 1906 in Kraft getreten ist. Die Zölle des deutschen Zolltarifs sind ausschließlich Einfuhrzölle; Durchfuhrzölle und Ausfuhrzölle kommen nicht in Frage. Des weiteren stellen sie sich dem ganzen System nach in erster Linie stets als Schutzzölle dar; die ausschließliche oder vorwiegende Finanzzollnatur kommt nur bei einer geringen Zahl zum Durchbruch. In letzterer Beziehung ist besonders der Kaffee- und Teezoll hervorzuheben, welcher durch das Finanzreformg. v. 15. Juli 1909 eine entsprechende Erhöhung erfuhr. Ein Teil der Zölle, die sich namentlich als Finanzzölle darstellen, ist wiederum durch die Verbrauchsbesteuerung des Reichs bedingt und in den bezüglichen Steuergesetzen besonders geregelt, worauf wir schon hinzuweisen hatten. Der autonome Zolltarif ist im einzelnen und für bestimmte Verkehrsrichtungen durch die Handelsverträge ganz wesentlich eingeschränkt, welche nach Maßgabe der eigenartigen Wechselbeziehungen mit den verschiedenen Staaten abgeschlossen sind und mehr oder weniger ausgedehnt vertragsmäßige Zollzugeständnisse enthalten, so daß Vertragszölle den Tarifzöllen entgegenstehen.

Der Zolltarif scheidet die für den Güteraustausch in Betracht kommenden Waren in 19 Abschnitte, welche meist noch in Unterabschnitte zerfallen. Die Abschnitte und Unterabschnitte schließen sich an die einzelnen Industrie- und Gewerbszweige an, je einen oder mehrere derselben umfassend. In ihnen sind die einzelnen Waren teils je für sich, teils zu Gruppen zusammengezogen, aufgeführt und mit einer durch den ganzen Tarif fortlaufenden Numerierung versehen. Insgesamt umfaßt der Zolltarif 946 einzelne Tarifnummern. Für jede Tarifnummer ist der entsprechende Zollsatz ausgeworfen, bzw. die Zollfreiheit festgelegt. In ihrer weitüberwiegenden Mehrheit sind die Zölle Gewichtszölle; in einer Reihe von Fällen werden sie nach der Stückzahl erhoben. Für die Regel wird bei den Gewichtszöllen das Reingewicht zugrunde gelegt; nach Rohgewicht wird nur bemessen, wenn der Tarif dies ausdrücklich vorschreibt und bei Waren, für die der Zoll 6 M. für den Doppelzentner nicht übersteigt. Die einzelnen Zollsätze sind naturgemäß sehr verschieden; sie gehen zum Teil sogar bis unter 1 M. hinab, überschreiten andererseits aber auch wieder 1000 M., dazwischen der Hauptmasse nach sich in bunter Folge abstufend.

Da der Zolltarif die zollpflichtigen Gegenstände immerhin vorwiegend noch in mehr oder weniger großen Zusammenfassungen nach Warengruppen und Warenklassen aufführt, so hat man zur Erleichterung der Zollbestimmung im einzelnen Fall sowohl im Interesse des Publikums wie in dem des Abfertigungsdienstes ein amtliches Warenverzeichnis gewissermaßen als Einzelgliederung des Zolltarifs herausgegeben, in welchem nach alphabetischer Ordnung jede einzelne Ware, welche für die Verzollung oder überhaupt für die Einfuhr in Frage kommen kann, gesondert aufgeführt und das für Verzollung und Abfertigung Maßgebende, so namentlich auch der Vertragszollsatz, bezeichnet ist. Das Zolltarifgesetz läßt auch eine Anzahl einzelbestimmter Zollbefreiungen zu, wie sie der Billigkeit entsprechen und meist allgemeiner üblich sind. Andererseits gibt das Gesetz die Möglichkeit in Retorsionszöllen eine Verschärfung der Zollsätze einzuführen. Der Voranschlag 1913 sieht 880 719 100 M. als Einnahme aus den Zöllen vor. Die Zollerträge haben sich teils durch Tariferhöhung, wesentlich jedoch unter der gewaltigen Steigerung des wirtschaftlichen Verkehrs in einem außerordentlichen Maße gehoben. Im Jahre 1873 betrugen sie 122,61 Millionen Mark, 1881 181,35 Millionen, 1891 378,47 Millionen, 1901 494,39 Millionen und 1906 557,05 Millionen; für 1908 sind sie auf 754,56 Millionen, für 1910 auf 760,46 Millionen und für 1912 auf 848,87 Millionen Mark veranschlagt.

Dem finanziellen Ertrage nach an zweiter Stelle steht die Reichsstempelabgabe, in welche eine Reihe verschiedener Besteuerungen nach Maßgabe der einheitlichen Erhebungsform des Stempels zusammengefaßt ist. Durch eine eigene gesetzliche Regelung und eine Ausscheidung in der Finanzstatistik hebt sich die Wechselstempelsteuer hervor, welche jetzt auf dem Wechselstempelg. v. 15. Juli 1909 beruht. Dem Wechselstempel unterliegen gezogene und eigene Wechsel. Die Abgabe wird nach der Wechselsumme bemessen und ist für Wechsel bis zu 1000 M. in 5 Sätzen von 0,10—0,50 M. abgestuft; darüber hinaus werden von jedem ferneren 1000 M. der Summe 0,50 M. mehr erhoben, dergestalt, daß jedes angefangene Tausend für voll gerechnet wird. Wechsel im Auslandsverkehr sind unter bestimmten Voraussetzungen von der Abgabe befreit. Der Voranschlag 1913 wirft die Wechselstempelsteuer mit 20 000 900 M. aus. Die Einnahme bewegt sich in steigender Tendenz; sie betrug 1873 5,75 Millionen Mark, 1891 7,78 Millionen und 1906 15,02 Millionen Mark.

Die übrigen Stempel, die schlechthin als Reichsstempelabgabe bezeichnet werden, regelt das Reichsstempelg., welches im Laufe der Zeit (erster Erlaß 1. Juli 1881) zahlreiche Erweiterungen und Erhöhungen seiner Sätze erfahren hat und in der jetzt gültigen Fassung unter dem 3. Juli 1913 neu erlassen ist. Ein demselben angeschlossener Tarif ordnet die einzelnen Steuersätze, welche je nach dem Gegenstand der Besteuerung in großer Verschiedenheit ausgeworfen sind, teils als Fixstempel, teils als Prozentualstempel. Die einzelnen Gegenstände der Besteuerung sind oben aufgeführt. Danach handelt es sich um Börsensteuer, Talonsteuer, Tantiemensteuer, Umsatzsteuer, Transportsteuer, Kraftfahrzeugsteuer, Scheck- und Quittungssteuer usw. Die zur Zeit noch gültige Besteuerung von Schecks und ihnen gleichgestellten Quittungen kommt mit dem 31. Dezember 1916 in Wegfall. Der Voranschlag 1913 beziffert die Reichsstempelabgaben insgesamt auf 250 711 600 M.; die Finanzstatistik zerlegt diese Summe nicht weiter; abgerundet sind darunter begriffen an Abgaben von Wertpapieren 61,8 Millionen Mark, von Kaufgeschäften usw. 20,6 Millionen, von Lotterielosen 50,9 Millionen, von Frachturkunden 18,4 Millionen, von Personenfahrkarten 22,8 Millionen, von Erlaubniskarten für Kraftfahrzeuge 3,9 Millionen, von Vergütungen an Mitglieder von Aufsichtsräten 5,9 Millionen, von Schecks 3,1 Millionen, von Grundstücksübertragungen 39,2 Millionen und von Gesellschaftsverträgen, Versicherungsquittungen usw. 14,5 Millionen Mark. Das außerordentliche Anwachsen der Einnahme ergibt sich daraus, daß dieselbe 1881 6,11 Millionen Mark, 1891 24,06 Millionen, 1901 70,64 Millionen, 1906 120,29 Millionen und 1911 234,31 Millionen Mark betrug; der Voranschlag 1912 weist insgesamt 236 516 500 M. nach.

In der Finanzstatistik erscheint jetzt der Stempelabgabe angegliedert und in den Gesamtbetrag derselben einbezogen die Banknotensteuer, die vielleicht mit der Börsen- oder Wertpapiersteuer in einen gewissen Zusammenhang zu bringen ist. Die Banknotensteuer beruht auf dem § 9 des Bankg. v. 14. März 1875, welcher anordnet, daß Banken, deren Notenumlauf ihren Barvorrat und einen ihnen nach der Gesetzesanlage ausdrücklich zugewiesenen Betrag übersteigt, von dem Überschuß eine Steuer von jährlich 5% an die Reichskasse zu entrichten haben. Nach dem Voranschlag 1913 beträgt die Banknotensteuer 1 036 000 M.; sie hat nur verhältnismäßig geringen Schwankungen unterlegen.

Die Wertzuwachssteuer, welche, wie schon oben bemerkt, durch RG. v. 14. Februar 1911 eingeführt, aber durch RG. v. 3. Juli 1913 bereits mit dem 1. Juli 1913 wieder beseitigt wurde ist in den Voranschlag 1913 noch mit 5 Millionen Mark eingestellt. Im Jahre 1911 sind aus derselben rechnungsmäßig 10 957 800 M. für das Reich vereinnahmt; der Voranschlag 1912 wirft 18 Millionen Mark aus.

Bezüglich der Erbschafts- und Schenkungssteuer besteht das Sonderverhältnis, daß sie von vornherein zwischen dem Reich und den Bundesstaaten geteilt ist. Das Reich regelt die Steuer einheitlich für das ganze Reichsgebiet, überläßt aber den die Steuer hebenden Bundesstaaten einen festen Anteil von ihrem Erhebungsbetrage, der jetzt nach dem RG. v. 5. Juli 1913 auf ein Fünftel herabgedrückt ist. Die reichsgesetzliche Regelung der Steuer gibt das Erbschaftssteuerg. v. 3. Juni 1916, welches durch RG. v. 5. Juli 1913 einige die Steuer erhöhende Abänderungen erfahren hat. Die Steuer wird von dem Erwerb von Todes wegen erhoben; was als solcher anzusehen, ist eingehend bestimmt; der Wert des Anfalls bildet die Grundlage. Der Steuersatz ist zunächst nach dem Verwandtschafts- bzw. Verschwägerungsverhältnis zum Erblasser in fünf Klassen zu 4% bis 12% des Wertes abgestuft; sofern aber der Wert des Anfalls 20 000 M. übersteigt, wird in weiterer Staffelung bis zum Wert von 1 Million Mark hin das $1^1/_{10}$fache bis $2^5/_{10}$fache der ersteren Klassensätze erhoben. Gewisse Befreiungen und Ermäßigungen sind zugelassen. Nach den gleichen Grundsätzen wird die Steuer von den Schenkungen unter Lebenden mit der Maßgabe erhoben, daß an Stelle des Erblassers und des Erwerbers die Verhältnisse des Schenkers und des Beschenkten berücksichtigt werden. Die Befreiungen sind hier noch etwas erweitert. Der Voranschlag 1913 nimmt die Erbschafts- und Schenkungssteuer zu 47 Millionen Mark an.

Überschüsse und Bestände aus Vorjahren. Neben den vorerörterten für die ständige Wirtschaftsführung des Reichs mit wenigstens grundsätzlicher Gleichmäßigkeit in Betracht kommenden Einnahmen erscheint im Reichshaushaltsetat noch eine Reihe anderer, denen wesentlich nur eine Bedeutung für das jeweilige Etatsjahr zukommt, wenngleich sie mit mehr oder weniger Regelmäßigkeit sich Jahr für Jahr wiederholen können. Es sind dahin zu rechnen die Einnahmen aus den Überschüssen und Beständen früherer Rechnungsjahre, aus den Prüfungen der Rechnungen, aus Erstattungen und Tilgungen früherer außerordentlicher Aufwendungen, die gewissermaßen nur vorschußweise zu leisten waren, und aus weiterem dergleichen, unter Umständen die Einnahmen aus etwa aufzunehmenden Anleihen, sofern solche nicht unter den außerordentlichen Einnahmen Verrechnung zu finden haben. Einnahmen dieser Art kommen nicht nur bei dem Reich, sondern in gleicher Weise bei den Bundesstaaten vor. Mit Rücksicht auf die besondere Eigenart können wir uns hier darauf beschränken, lediglich allgemein auf ihr Vorkommen hinzuweisen. Nur soweit Überschüsse und Bestände aus den früheren Jahren unter den ordentlichen Einnahmen eingestellt sind, werden wir den bezüglichen Betrag regelmäßig nach dem Voranschlag von 1913 kurz angeben. Beim Reich sind in fraglicher Beziehung 273 117 400 M. angesetzt, von denen 704 700 M. aus der Prüfung von Rechnungen, 205 573 600 M. aus den Überschüssen des Rechnungsjahres 1911 und 66 839 100 M. aus den Überschüssen des Rechnungsjahres 1912 entstammen.

3. Ausgaben. In welche einzelnen Ausgabegruppen der Staatsbedarf des Reiches nach dem Reichshaushaltsetat gegliedert ist, wurde oben bereits angegeben. Bei den hier aufzunehmenden Sondernachweisen des Bedarfs für das Reich und die einzelnen Bundesstaaten werden wir der von der Finanzstatistik angewandten Gliederung der Verausgabungen folgen, da allein auf diese Weise eine gewisse äußere Übereinstimmung und, wenn auch nur unter Vorbehalt und beschränkt, eine Vergleichbarkeit in den anzuziehenden Zahlendaten zu ermöglichen stand. In der Hauptsache müssen wir uns dabei auf eine Anführung der betreffenden Summen beschränken. Die Zahlenangaben beziehen sich durchweg auf den Voranschlag 1913; es sind ausschließlich die ordentlichen Ausgaben berücksichtigt, von diesen aber sowohl die fortdauernden wie die einmaligen, wenngleich ohne entsprechende Ausscheidung.

Der Staatsbedarf des Reichs, welcher sich insgesamt auf 4 001 739 600 M. berechnet, betrifft: I. Ausgaben auf die Erwerbsanstalten (862 422 300 M.), welche wiederum teils auf die Staatseisenbahnen (122 387 100 M.), teils auf Post und Telegraph (729 533 900 M.), teils auf Münzwesen (1 552 000 M.) und teils auf die Reichsdruckerei (8 949 300 M.) entfallen; II. Bedarf für die Staatsschuld (243 854 000 M.), welcher sich in Verzinsung (177 433 800 M.), in Tilgung (65 018 600 M., darunter einmalig zur Tilgung der für die Träger der Unfallversicherung geleisteten Vorschüsse 5 774 200 M.) und in Verwaltungsaufwand (1 401 600 M.) scheidet; III. Bedarf für die Staatsverwaltung (2 895 463 300 M.) unter welchem die einzelnen Verausgabungen für die verschiedenen Staatszwecke zur Verrechnung kommen. Die letzteren Ausgaben für den eigentlichen Bedarf der Staatsverwaltung betreffen folgende Einzelposten: Reichstag (2 235 800 M.), Reichskanzler und Reichskanzlei (318 600 M.), Auswärtiges Amt (19 354 900 M.), Reichsamt des Innern (155 148 000 M.), Verwaltung des Reichsheeres ohne die Quote an Bayern und ohne Absetzung der eigenen Einnahmen (1 366 201 300 M.), Reichsmilitärgericht (534 300 M.), Verwaltung der Kaiserlichen Marine (430 610 700 M.), Reichsjustizverwaltung (2 907 000 M.), Reichsschatzamt (44 923 900 M.), Reichskolonialamt (27 402 400 M.), Reichseisenbahnamt (471 100 M.), Rechnungshof (1 323 600 M.), allgemeiner Pensionsfonds (ohne die Pensionen im Bereiche der Betriebsverwaltungen wie Kanalamt, Post- und Telegraphenverwaltung, Reichsdruckerei, Verwaltung der Reichseisenbahnen, welche in den betreffenden Sonderetats geführt werden, 142 542 100 M.), allgemeine Finanzverwaltung (701 489 600 M.), worin die Überweisungen an die Bundesstaaten (203 478 524 M.) und die Quote für Militärausgaben an Bayern (164 485 100 M.) inbegriffen sind.

III. Königreich Preußen.

1. Vermögen und Schulden. Als werbendes Staatsvermögen kommt für Preußen zunächst ein an sich und im Verhältnis beträchtlicher Landgutbesitz in Betracht, der sich mehr oder weniger über sämtliche Provinzen verteilt; die neuen Provinzen zeichnen sich meist durch umfassenderen Domänenbesitz aus mit Ausnahme von Schleswig-Holstein; abgesehen von letzterem ist besonders in Westfalen und in der Rheinprovinz der fragliche Besitz geringfügig. Im vorigen Jahrhundert überwogen die Domänenveräußerungen, im laufenden traten die Ankäufe stärker in den Vordergrund. Der Stand von 1910 weist 1064 Domänen mit 441 719 ha nutzbarer Fläche auf, von denen 1056 mit 439 266 ha Fläche durch Verpachtung, 8 mit 2453 ha Fläche im eigenen Betriebe genutzt werden. Der Domanialbesitz umfaßt weiter eine Anzahl zum Teil sehr wertvoller Weingüter am Rhein (1910 74,08 ha) und wesentlich durch neuere Ankäufe an der Mosel, die sämtlich in Regiebewirtschaftung stehen. Außerdem kommen, meist untergeordneter Art, gewisse Zubehörungen, welche in der Regel durch Einzelverpachtung genutzt werden, in Betracht, wie Mühlen, Moore, Grundgerechtsame, Bäder und Mineralquellen. Endlich ist an und für sich hier das Bernsteinregal anzuführen, das ausschließliche Recht des Staats in der Ostsee und am Strande derselben — abgesehen von einem kleinen Bezirk, für welchen die Stadt Danzig berechtigt — Bernstein zu gewinnen, welches in der Hauptsache jetzt vom Fiskus im Eigenbetriebe genutzt wird, für kleinere Strecken aber auch verpachtet ist. Obwohl der Bernstein nicht zu den Bergwerksmineralien gehört, ist die Verwaltung des Bernsteinregals der Verwaltung des Berg-, Hütten- und Salinenwesens angegliedert.

Ebenso wie der Domanialbesitz ist der Forstbesitz Preußens ein sehr beträchtlicher. Er umfaßt (1911) 3 009 993 ha, von denen 2 689 740 ha auf Holzboden und 320 253 ha auf Nichtholzboden entfallen. Staatsforsten kommen in sämtlichen Provinzen vor, am vorragendsten sind sie jedoch in den östlichen vertreten. Im Wirtschaftsjahre 1911 wurde von den Staatsforsten insgesamt eine Holzmasse von 13,17 Millionen Festmeter erzielt, welche sich aus 7,36 Millionen Festmeter Bau- und Nutzholz und 5,81 Millionen Festmeter Brennholz zusammensetzt; für 1 ha Holzbodenfläche ergibt sich daraus ein Durchschnittsertrag von 4,90 Festmeter. Als mehr selbständige Zubehörungen finden sich Torfgräbereien, Steinbrüche, Sandgruben und dgl., welche meist durch Verpachtung genutzt werden. Sonst sind die Staatsforsten durchweg im Eigenbetriebe des

Staates. Die Verwaltung der Domänen und Forsten untersteht dem Ministerium für Landwirtschaft, Domänen und Forsten, von wo sie sich weiter in die Regierungen verzweigt.

Auch an Bergwerken hat Preußen einen reichen Besitz. Die staatlichen Berg- und Hüttenbetriebe (einschließlich der mit den Salinen verbundenen Badeanstalten und Bernsteinregalverwaltung) umfaßten 1912 insgesamt 60 Werke mit einer durchschnittlichen Arbeiterschaft von 105 562 Personen, einer Rohgewinnung zum Werte von 285,97 Millionen Mark und einem Wert verarbeiteter Erzeugnisse von 81,83 Millionen Mark. Die vorberührten Staatswerke setzen sich zusammen aus 23 Steinkohlenbergwerken, 3 Braunkohlenbergwerken, 1 Bernsteinwerk, 2 Eisenerzbergwerken, 5 sonstigen Erzbergwerken, 3 Steinbrüchen (Kalkstein und Gips), 3 Kalisalzbergwerken einschließlich Nebenbetrieben, 7 Steinsalzbergwerken und Salinen, 4 Eisenhütten, 4 Metallhütten, 4 Badeanstalten und 1 Bohrverwaltung. In neuerer Zeit ist man bestrebt gewesen, den Bergwerksbesitz des Staates nach Tunlichkeit zu vermehren. Die Förderung bewegt sich im allgemeinen in ansteigender Linie. Die Verwaltung untersteht dem Ministerium für Handel und Gewerbe. Sie wird durch die Ministerialabteilung für das Berg-, Hütten- und Salinenwesen geleitet, der 5 Oberbergämter (Breslau, Halle a. S., Clausthal, Dortmund, Bonn) untergeordnet sind.

Die Eisenbahnen haben sich in neuerer Zeit nach und nach zu der bedeutendsten und wichtigsten Einnahmequelle Preußens herausgebildet. Der zunächst nur verhältnismäßig untergeordnete Staatsbahnbesitz wurde seit dem letzten Viertel des vorigen Jahrhunderts durch Verstaatlichung der meisten und namentlich aller durchlaufenden Eisenbahnlinien des Gebiets sowie durch den Neubau weiterer Strecken fortgesetzt in umfassendster Weise ausgedehnt. Die Streckenlänge der Preußischen Staatsbahnen stellen sich 1876 auf 4335 km, 1881 auf 11 506 km, 1891 auf 24 903 km, 1902 auf 31 453 km. Im Jahre 1897 wurde die Preußisch-Hessische Eisenbahngemeinschaft begründet, durch welche die beiderseitigen Staatsbahnen in eine Betriebs- und Finanzgemeinschaft gebracht wurden, der 1901 auch ein Teil der Badischen Bahnen (Main-Neckarbahn) beitrat. Neben der Erweiterung des Bahnnetzes ging eine umfassende innere Ausgestaltung durch Gleisvermehrung, Bahnhofsbauten, Verbesserung der Verkehrsmittel usw. her, welche die Leistungsfähigkeit in einem außerordentlichen Grade steigerte. Der verbesserten Verkehrsgelegenheit folgte ein gewaltiger Aufschwung des Verkehrs. Nach den Voranschlägen 1913 belief sich die Streckenlänge der Preußischen Staatsbahnen ohne die unter Gemeinschaftsverwaltung stehenden Anteile der Hessischen und Badischen Eisenbahnen auf 37 577 km; das Anlagekapital bezifferte sich auf 11 667,1 Millionen Mark, die darauf ruhenden Schulden auf 7 594,7

Millionen Mark. In dem gemeinsamen Betrieb der Preußisch-Hessischen Eisenbahnen (einschließlich des badischen Anteils) berechnet sich die Leistung der Lokomotiven und Triebwagen für das Jahr 1912 auf 873,18 Millionen Lokomotivkilometer, die der Personen-, Gepäck- und Güterwagen auf 24 753,39 Millionen Achskilometer; im Personenverkehr wurden 1230,92 Millionen Reisende, im Güter- und Tierverkehr 454,70 Millionen Tonnen befördert; die Zahl der Bediensteten einschließlich der Bahnunterhaltungsarbeiter und der Werkstättenarbeiter betrug 525 322 nach dem Durchschnitt im Jahre. Außer seinem Anteil an den Preußisch-Hessischen Bahnen besaß Preußen die 52,38 km lange Eisenbahn von Wilhelmshaven nach Oldenburg, welche schon früher von der Großhzgl. Oldenburgischen Eisenbahndirektion verwaltet wurde und nunmehr durch Staatsvertrag vom 30. Dezember 1913 in das Eigentum des Oldenburgischen Staates übergegangen ist. Die Staatsbahnen unterstehen dem Minister der öffentlichen Arbeiten und werden einheitlich durch das Eisenbahnzentralamt in Berlin und für den Bezirksbetrieb von 21 Eisenbahndirektionen verwaltet, die ihren Sitz in Altona, Berlin, Breslau, Bromberg, Cassel, Cöln, Danzig, Elberfeld, Erfurt, Essen, Frankfurt a. M., Halle, Hannover, Kattowitz, Königsberg, Magdeburg, Mainz, Münster, Posen, Saarbrücken und Stettin haben; die Direktionen zu Frankfurt a. M. und Mainz haben gleichzeitig die Verwaltung der hessischen Bahnen.

Gegenüber den Staatsbahnen sind die sonstigen Erwerbsbetriebe Preußens von geringer Bedeutung. Die Seehandlung, 1772 begründet und in der ersten Hälfte des vorigen Jahrhunderts zu einer Staatsbank ausgebildet, hat sich diese Eigenart dauernd bewahrt, wie auch in dem ihr 1904 gegebenen Titel „Königliche Seehandlung (Preußische Staatsbank) zum Ausdruck kommt. Sie ist bestimmt, die preußischen Staatsanleihen zu begeben und im Interesse ihres Kurses den Markt zu überwachen und zu pflegen; daneben soll sie regelmäßige Bankgeschäfte treiben. Durch G. v. 4. August 1904 wurde das Stammkapital auf 99 402 515 M. erhöht. Das Bankinstitut steht unter dem Finanzminister und wird durch einen Präsidenten und drei Direktionsmitglieder verwaltet. Der Reingewinn fließt in die Staatskasse.

Die unter mannigfachen Umwandlungen seit 1762 bestehende Preußische Klassenlotterie ist zunächst zu Anfang laufenden Jahrhunderts durch Staatsverträge auf die große Mehrheit der nord- und mitteldeutschen Staaten und sodann 1910/12 auf Elsaß-Lothringen, Württemberg, Baden und Bayern ausgedehnt und wird seitdem als Preußisch-Süddeutsche Klassenlotterie bezeichnet. Die vertraglich beigetretenen Staaten erhalten aus dem Überschuß entsprechend festgelegte Renten von verschiedener Höhe. In jedem Kalenderjahr werden 2 Lotterien mit je 5 Klassen und

468 000 Losen (428 000 Stammlosen und 40 000 Freilosen) gespielt; Preis des ganzen Loses 40 M. für jede Klasse; die Zahl der Gewinne ist gleich der halben Zahl der Stammlose. Die Verwaltung wird unter dem Finanzminister von einer General-Lotterie-Direktion in Berlin geführt.

Die Berliner Porzellanmanufaktur besteht als staatliches Unternehmen seit 1763. Sie wurde zu Mitte der sechziger Jahre vorigen Jahrhunderts nicht unerheblich erweitert; dabei ist ihr Sitz nach Charlottenburg verlegt. Sie untersteht dem Ministerium für Handel und Gewerbe. Des weiteren sind als Erwerbsbetriebe geringeren Umfangs zu nennen: die Königl. Münze und die Probieranstalt zu Frankfurt a. M., welche von einem Direktor unter dem Finanzminister verwaltet werden, das schon beim Reich berührte Unternehmen des Deutschen Reichs- und Kgl. Preußischen Staatsanzeigers und die Redaktion der Gesetzsammlung, beide unmittelbar dem Staatsministerium untergeordnet, die Beschußanstalt Suhl sowie die Musterbleiche in Solingen.

An Staats-Kapitalvermögen kommen verschiedene Fonds, zum Teil mit den oben hervorgehobenen Beschränkungen in Betracht, die der Wirtschaftsführung des Staates nur geringere Einnahmen zuführen, soweit solches überhaupt der Fall ist. Es gehören zunächst nur in gewissem Sinne hierher die nicht festgelegten Betriebsfonds der einzelnen Kassen mit 3 941 100 M. Mehr als wirkliches Kapitalvermögen ist anzusehen der Reservefonds der Rentenbanken, mit 10 714 400 M., der Betriebsfonds der Hauptverwaltung der Staatsschulden mit 7 899 300 M., der Staats-Aktiv-Kapitalbestand mit 54 646 500 M., das Kapitalkonto der Seehandlung mit 99 402 500 M., Darlehen an die Zentral-Genossenschaftskasse mit 75 000 000 M., Ansiedelungskommission mit 507 044 100 M., Darlehnsforderungen zur Beseitigung von Notständen mit 10 510 000 M. und für den Bau von Kleinbahnen 88 488 700 M.

Die Politik Preußens bezüglich der Staatsschulden ist eine ungleich gesundere als die des Reiches. Man war von jeher bestrebt, den Schuldenstand in angemessenen Grenzen zu halten und Anleihen nur zu Zwecken aufzunehmen, bezüglich deren solches gerechtfertigt erschien. Schon zu Anfang vorigen Jahrhunderts wurde auf ausgiebige Tilgung gesehen, die man für jede Anleihe besonders vorzuschreiben pflegte. Die große Zahl verschiedenartiger Einzelanleihen, welche zum Teil auch auf der Gebietserweiterung von 1866 beruhte, ist mit dem G. v. 19. Dezember 1869 durch eine Vereinigung des Hauptteils der Staatsschuld zu beseitigen gesucht. Dadurch, daß man später die große, aus der Verstaatlichung der Eisenbahnen herrührende Schuldenmasse einbezog, wurde diese in vollkommener Weise erreicht, so daß nunmehr Preußen in der Hauptsache nur eine einheitliche Staatsschuld besitzt.

Zur Tilgung sollen nach dem G. v. 1869 die etatsmäßigen Überschüsse der Staatseinnahmen über die Staatsausgaben, soweit der Staatshaushalt darüber nicht verfügt, verwendet werden. Behufs eines regelmäßigen Abstoßens der Staatsschuld aus den laufenden Mitteln bestimmt das G. v. 8. März 1897, daß in jedem Jahr mindestens $^3/_5$% der sich jeweils nach dem Staatshaushaltsetat ergebenden Staatskapitalschuld getilgt werden sollen; die Tilgung durch die etatsmäßigen Überschüsse ist daneben beibehalten. Letztere ist aber durch die Bildung eines rechnungsmäßigen (G. v. 3. Mai 1903) und eines etatsmäßigen (1910) Eisenbahnausgleichsfonds tatsächlich mehr oder weniger in Frage gestellt. Umfassendere Konvertierungen wurden 1885 und 1896 vorgenommen.

Ein Staatsschuldbuch zur Umwandlung der Staatspapierschuld in eine Buchschuld wurde bereits durch G. v. 20 .Juli 1883, das 1886, 1891, 1899 und 1904 Ergänzungen erfuhr, eingeführt, dann aber durch G. v. 22. Mai 1910 wesentlicher umgestaltet, um eine leichtere Benutzbarkeit zu gewährleisten. Seitdem hebt sich die Benutzung. Schatzanweisungen mit verschiedener Lauffrist werden in Preußen ähnlich wie im Reich ausgegeben. Sie dienen einmal zur vorübergehenden Verstärkung der ordentlichen Betriebsmittel der Generalstaatskasse und werden entsprechend durch das Etatsgesetz ausgeworfen (jetzt regelmäßig 100 Millionen Mark). Sie können aber auch zur Deckung vom Landtag genehmigter Anleihen, also für bewilligte Kredite, verwendet werden. Die Leitung der Staatsschuld führt eine eigene unter dem Finanzminister stehende Behörde: die Hauptverwaltung der Staatsschulden in Berlin. Die fundierten Staatsschulden beliefen sich 1913 auf 9 266 769 100 M., wovon 7 594 700 000 M. auf Eisenbahnschulden entfallen; 1905 war der Schuldenbestand 7 208 953 100 M., er hat sich also in den 8 Jahren um mehr als 2000 Millionen Mark vermehrt. Die schwebende Schuld (Schatzanweisungen) belief sich auf 635 000 000 M. Zu der Gesamtschuldenlast würden noch diejenigen Schulden hinzukommen, welche der Staat nur als Kreditvermittler aufgenommen hat, für welche er aber haftet, wie Grundlastenablösungsschulden u. dgl.; dieselben machen insgesamt 9 270 000 M. aus.

2. Einnahmen. Erwerbseinkünfte. Unter den ordentlichen Einnahmen Preußens nehmen gemäß dem ausgedehnten Staatsvermögen die Erwerbseinkünfte die erste Stelle ein. Sie erreichen den Gesamtbetrag von 696 794 200 M. (Rohertrag 3 192 137 900 M.); seit 1906 hat sich derselbe um über 71 Millionen Mark gehoben, wozu namentlich Forsten und Eisenbahnen beigetragen haben. Die Domäneneinkünfte belaufen sich darunter auf 15 461 400 M. (Rohertrag 34 647 900 M.); in dieser Summe sind die Einnahmen der zur Domänenverwaltung gehörenden Badeanstalten und Mineralbrunnen nicht mit enthalten, da sie unter sonstige

Betriebe verrechnet werden. Die Forsten erbringen einen Ertrag von 78 717 000 M. (Rohertrag 155 632 000 M.). In den beiden vorbezeichneten Summen ist die Rente, welche an den Kronfideikommißfonds regelmäßig abgeführt werden muß, mit insgesamt 7 719 300 M. enthalten. Die Bergwerke, Hütten und Salinen bringen eine Einnahme von 23 541 400 M. (Rohertrag 334 812 800 M.), ausschließlich der zu den Salinen gehörenden Badeanstalten, deren Einnahme gleichfalls unter sonstigen Betrieben erscheint. Die Einnahmen aus den Staatsbahnen sind mit 560 784 900 M. (Rohertrag 2 456 395 800 M. ausschließlich des Anteils der mit den Preußischen gemeinschaftlich verwalteten Badischen und Hessischen Eisenbahnen zu 2 780 000 M. bzw. 52 983 200 M.) eingestellt. Bei letzterer Reineinnahme sind diejenigen 93 482 900 M. nicht mitgerechnet, welche zur Verstärkung des Ausgleichsfonds dienen; die gesamten Reineinnahmen der Preußischen Eisenbahnverwaltung stellen sich mithin auf 654 267 800 M.

Die sonstigen Betriebe weisen eine Einnahme von 18 289 500 M. (Rohertrag 210 649 400 M. einschließlich der Verwaltungskosten der Seehandlung zu 1 513 950 M., welche aus den Einnahmen des Instituts bestritten werden) auf. An dieser Einnahme sind beteiligt die Seehandlung, die Lotterieverwaltung, die Porzellanmanufaktur, die Münze und die Probieranstalt zu Frankfurt a. M., die sämtlichen Badeanstalten und Mineralbrunnen, das Gesetzsammlungsamt, der Deutsche Reichs- und Preußische Staatsanzeiger, die Beschußanstalt Suhl und die Musterbleiche Solingen. Aus dem gesamten werbenden Staatsbesitz sind mithin Einnahmen zu verzeichnen. Der durch Absatz der Reineinnahme von der Roheinnahme zu ermittelnde Aufwand für die Nutzung des Staatsvermögens beziffert sich auf die nicht unbeträchtliche Summe von 2 495 343 700 M., macht also etwa das $3^1/_2$fache des Reinertrages aus. Zu den Einnahmen aus dem Staatsbesitz würden an sich auch die Eingänge aus dem staatlichen Kapitalvermögen an Zinsen usw. zu treten haben. Die Finanzstatistik hat die bezüglichen Beträge aber nicht besonders berücksichtigt, sondern sie lediglich in die Sammelspalte „sonstige Einnahmen aus der Staatsverwaltung" verwiesen. Wir werden sie deshalb nur in dieser Vereinigung mit anderen Einnahmen unten berücksichtigen können.

Leistungen von Staat zu Staat. Unter den öffentlich wirtschaftlichen Einnahmen kommen als Leistungen von Staat zu Staat in der Hauptsache die Überweisungen aus den Einnahmen des Reichs (Branntweinsteuer) in Betracht, deren grundsätzliche Seite wir oben erörtert haben. Sie stellen sich für Preußen auf 125 878 100 M. Dem ist die Vergütung, die aus der Reichskasse für die Zoll- und Steuerverwaltung gezahlt wird, anzuschließen, welche die Finanzstatistik entsprechend ausscheidet. Sie beträgt

45 909 000 M. Die sonstigen Zahlungen, welche Preußen aus besonderem Anlaß von anderen Staaten erhält, wie die Vergütung für Verwaltung der Reichsschuld vom Reich, Vergütungen der Reichspost an die Staatsbahnen, Beitrag für die Verbindungs- und Stadtbahn von Hamburg usw., sind in der Statistik nicht besonders ausgewiesen, sondern lediglich bei der Kapitelsumme berücksichtigt, in welcher sie verrechnet sind, der sie gemäß unserer obigen Ausführungen ihrer inneren Natur nach auch angehören.

Gebühren. Von den Gebühren nehmen nach ihrer finanziellen Bedeutung die Gerichtsgebühren weitaus die erste Stelle ein. Ihre gesetzliche Regelung haben sie, wie oben dargelegt, durch das Reich gefunden, wenngleich die Gebühren selbst dem ausschreibenden Staat zufallen. Das der Landesgesetzgebung vorbehaltene Gebiet ist für Preußen durch ein allgemeines Gerichtskostengesetz geordnet, welches unter dem 9. Oktober 1899 in neuer Fassung bekannt gegeben und durch weiteres G. v. 25. Juli 1910 (neue Redaktion durch B. v. 6. August 1910) ergänzt worden ist. In der Hauptsache werden die Gebühren in Angelegenheiten der freiwilligen Gerichtsbarkeit festgelegt, daneben solche in Nachlaßsachen, für Tätigkeit des Vormundschaftsgerichts, für Zwangsversteigerung unbeweglichen Vermögens usw. Die Einnahmen aus den Gerichtsgebühren belaufen sich einschließlich der Strafgelder, welche überall von der Finanzstatistik mit denselben zusammengezogen sind, und einschließlich der Einnahmen des Oberverwaltungsgerichts und der Bezirksausschüsse auf 122685800 M. Die Einnahme ist in beträchtlichem Anwachsen; 1901 zeigte sie 76,09 Millionen und 1906 85,73 Millionen Mark. Auch die Verwaltungsgebühren sind nach unseren obigen Ausführungen vielfach vom Reich angeordnet, obwohl sie den Bundesstaaten zufließen. Daneben kommt aber noch eine Reihe durch die Landesgesetzgebung eingeführter Gebühren in Betracht, welche in die verschiedenartigsten Verwaltungsgebiete einschlagen. Namentlich zu nennen sind Prüfungsgebühren verschiedener Art für öffentlichen Dienst und Stellung, Gebühren in Auseinandersetzungssachen, Gebühren bei den Katasterverwaltungen, Medizinalgebühren, Baupolizeigebühren, Gebühren für polizeiliche Prüfungen mannigfacher Art, Exekutionsgebühren, Auktionsgebühren, Jagdscheingebühren usw. Insgesamt beträgt die fragliche Einnahme, der auch hier die bezüglichen Strafgelder hinzutreten, 23 061 400 M. Als dritter, nach der Finanzstatistik besonders ausgeschiedener Einnahmeposten schlagen hierher die Hafen-, Schleusen-, Kranen-, Brücken-, Schiffahrtsgebühren sowie die Wegebeiträge u. dgl., welche gleichzeitig die Interessentenbeiträge mit umfassen. Insbesondere kommt in Betracht einmal das Niederlage-, Kran- und Wagegeld, dessen Feststellung durch Höchsten Erlaß dem Finanzminister übertragen ist, die Lotsengebühren, welche durch den Minister für Handel und Gewerbe festgelegt werden, und endlich Ufer-, Hafen-, Schleusengeld und sonstige Verkehrsabgaben, deren Bestimmung nach Höchstem Erlaß vom 4. September 1882 dem Minister der öffentlichen Arbeiten in Gemeinschaft mit dem Finanzminister und dem Minister für Handel und Gewerbe zusteht. Nach letzterer Richtung sind für die einzelnen Häfen, Wasserstraßen, Fähren usw. besondere Tarife erlassen. Der Hauptteil dieser Einnahme entfällt auf Wasserstraßenabgaben, welche insgesamt für etwa 2700 km (1100 km künstliche und 1600 km natürliche Wasserstraßen, welche kanalisiert oder sonst für die Schiffahrt besonders verbessert sind) zum Betrage von rund 11 Millionen Mark erhoben werden. Die Gesamteinnahme erreicht die Summe von 19 039 100 M.

Direkte Steuern. Den Grundpfeiler des preußischen Steuersystems bildet jetzt eine allgemeine Einkommensteuer, welche 1891 eingeführt und durch Gesetze von 1906, 1907 und 1909 weitergebildet wurde. Da in ähnlicher Weise und zum Teil nach preußischem Vorbild die allgemeine Einkommensteuer sich in fast sämtlichen Bundesstaaten inzwischen Bahn gebrochen hat, so werden wir die Grundsätze dieser Besteuerung, soweit sie insbesondere von finanzieller Tragweite sind, hier näher erörtern, um uns bei den übrigen Bundesstaaten entsprechend kürzer fassen zu können.

Die Steuer beruht auf dem neugefaßten Einkommensteuerg. v. 19. Juni 1906, welches durch G. v. 26. Mai 1909 ergänzt worden ist. Subjektiv steuerpflichtig sind: 1. Die preußischen Staatsangehörigen mit Ausnahme derjenigen, welche, ohne in Preußen einen Wohnsitz zu haben, in einem anderen Bundesstaat oder in einem deutschen Schutzgebiet oder in Österreich wohnen, sich aufhalten bzw. einen dienstlichen Wohnsitz haben, oder welche zwar einen Wohnsitz in Preußen, aber in einem anderen Bundesstaat bzw. in einem Schutzgebiet ihren dienstlichen Wohnsitz und auch einen Wohnsitz im Sinne des Doppelsteuerg. (R.-G. v. 22. März 1909) haben, oder welche, ohne in Preußen einen Wohnsitz zu haben, seit mehr als 2 Jahren sich im Ausland dauernd aufhalten; 2. diejenigen Angehörigen anderer Bundesstaaten, welche, ohne in ihrem Heimatstaat einen Wohnsitz zu haben, in Preußen wohnen bzw., ohne im Deutschen Reich einen Wohnsitz zu haben, sich in Preußen aufhalten, oder welche in Preußen einen Wohnsitz und ihren dienstlichen Wohnsitz haben, oder, welche ohne im Deutschen Reich zu wohnen, in Preußen ihren dienstlichen Wohnsitz haben; 3. die Ausländer, die in Preußen einen Wohnsitz haben oder sich des Erwerbes wegen oder länger als 1 Jahr dort aufhalten; 4. Aktiengesellschaften, Kommanditgesellschaften auf Aktien, Berggewerkschaften und diejenigen eingetragenen Genossenschaften, deren Geschäftsbetrieb über den Kreis ihrer Mitglieder hinausgeht; 5. Vereine einschließlich eingetragener Genossenschaften zum gemeinsamen Einkauf von Lebensmitteln und ähnlichen Bedürfnissen im großen und Verkauf im kleinen; 6. die Gesellschaften mit beschränkter Haftung. Ohne Rücksicht auf Staatsangehörigkeit oder Wohnsitz unterliegen der Einkommensteuer alle Personen mit dem Einkommen: a) aus den von der preußischen Staatskasse gezahlten Besoldungen, Pensionen oder Wartegelder; b) aus preußischem Grund- und Gebäudebesitz und aus preußischen Betriebsstätten zur Ausübung des stehenden Gewerbes. Persönlich befreit sind die Mitglieder des Königlichen Hauses, die 1866 depossedierten Fürstenfamilien, die Vertreter fremder Mächte einschließlich der Bundesratsbevollmächtigten.

Objektivsteuerpflichtig sind die gesamten Jahreseinkünfte aus: 1. Kapitalvermögen; 2. Grundvermögen, Pachtungen und Mieten einschließlich des Mietwerts der Wohnung im eigenen Hause; 3. Handel und Gewerbe einschließlich des Bergbaues; 4. gewinnbringender Beschäftigung sowie aus Renten auf wiederkehrende Hebungen aller Art. Gewisse Einkommen sind von vornherein von der Besteuerung ausgeschlossen. Außerordentliche Einnahmen aus Erbschaften, Schenkungen und Lebensversicherungen gelten nicht als steuerpflichtiges Einkommen, sondern als Vermehrung des Stammvermögens. Aufwendungen zur Erwerbung, Sicherung und Erhaltung des Ertrags sind von dem Rohertrage der 4 Einnahmequellen abzusetzen. Des weiteren sind Schuldenzinsen, Renten und dauernde Lasten u. dgl. vom Gesamteinkommen abzuziehen, nicht dagegen Aufwendungen zur Vermögensvermehrung, zur Bestreitung des Haushalts, zum Unterhalt der Angehörigen. Maßgebend für die Veranlagung der physischen Personen ist der Bestand der einzelnen Einkommensquellen bei Beginn des Steuerjahres; die Veranlagung erfolgt nach dem Ergebnisse des dem Steuerjahr unmittelbar vorangegangenen Kalender- oder Wirtschaftsjahres. Die Veranlagung der nichtphysischen Personen erfolgt nach dem durchschnittlichen Ergebnisse der drei der Veranlagung unmittelbar vorangegangenen Geschäftsjahre. Die weiter für die Veranlagung maßgebenden Grundsätze sind eingehend gesetzlich festgelegt, zum Teil für die physischen und für die nichtphysischen Personen in gesonderter Weise. Ebenso ist das Verfahren bei der Veranlagung genau bestimmt und durch Instanzenzug gesichert.

Die Steuerpflicht beginnt mit einem Einkommen von mehr als 900 M. Die Steuer wird zunächst nach einem Staffeltarif bestimmt, der bei einem Einkommen von 900—1050 M. mit 6 M. Steuer beginnt und mit 24 zwischenliegenden Staffelsätzen bei einem Einkommen von 9500—10 500 M. eine Steuer von 300 M. erreicht; bei höheren Einkommen wächst der Steuersatz anfangs in Stufen von 1000 M. um je 30 M. (Einkommen 10 500—30 500 M.), dann in Stufen von 1500 M. um je 60 M. (Einkommen 30 500 bis

32 000 M.), endlich in Stufen von 2000 M. um je 80 M. (Einkommen 32—78 000 M.) bzw. um je 100 M. (Einkommen 78—100 000 M.); bei den Einkommen über 100000 M. beträgt die Steuer gleichmäßig 4%. Zu den danach berechneten Steuern werden Zuschläge erhoben, welche wiederum fünffach gestaffelt sind; sie setzen bei den Einkommenstufen von 1200—3000 M. ein und erreichen bei dem Einkommen von mehr als 30 500 M. den Höchstsatz; für die physischen Personen sowie für die Genossenschaften, deren Geschäftsbetrieb über den Kreis der Mitglieder hinausgeht und die oben unter 5 als steuerpflichtig bezeichneten Vereine usw., beträgt der Zuschlag in der untersten Stufe 5% und steigt mit 5 bis zu 25% in der obersten Stufe; für Aktiengesellschaften, Kommanditgesellschaften auf Aktien und Berggewerkschaften verdoppeln sich die Sätze (10% bis 50%). Die Veranlagung der Gesellschaften mit beschränkter Haftung erfolgt nach besonderen Grundsätzen. Der Geschäftsgewinn der Gesellschaften unterliegt einem um etwas erhöhten Steuertarife; bei den Gesellschaftsmitgliedern bleibt aber derjenige Teil der auf sie veranlagten Einkommensteuer unerhoben, welcher auf ihre Gewinnanteile entfällt. Die Sätze für den Steuerzuschlag liegen in der Mitte zwischen denen der physischen Personen und denen der Aktiengesellschaften. Bestimmte Steuerermäßigungen bei größerer Kinderzahl und beeinträchtigter Leistungsfähigkeit sind zugelassen. Aus der Einkommensteuer berechnet sich jetzt eine Einnahme von 379000000 M. Mit dem steigenden Einkommen hebt sich der Steuerertrag ohne weiteres stetig; in jüngster Zeit ist er aber daneben durch gesetzgeberische Maßnahmen wesentlich gesteigert; 1912 stellte er sich auf 352½ Million Mark, 1906 auf 198 Millionen und 1901 auf 174 Millionen Mark.

Neben der Einkommensteuer, und wie schon der Name sagt, zur Ergänzung derselben, um die in der gleichmäßigen Heranziehung des Einkommens aus Besitz und aus Arbeit liegende Ungerechtigkeit in der Steuerverteilung zu heben, ist 1893 als eine Vermögenssteuer die Ergänzungssteuer eingeführt. Ihre Grundlage hat die Steuer jetzt in dem neugefaßten Ergänzungssteuerg. v. 19. Juni 1906, welches gleicherweise durch das G. v. 26. Mai 1909 erweitert wurde. Der Steuer unterliegen einerseits die oben unter 1—3 als einkommensteuerpflichtig bezeichneten physischen Personen nach dem Gesamtwert ihres steuerbaren Vermögens, andererseits, ohne Rücksicht auf Staatsangehörigkeit oder Wohnsitz, alle physischen Personen nach dem Werte ihres preußischen Grundbesitzes sowie ihres, dem Betriebe der Land- und Forstwirtschaft und ähnlichen Gewerben dienenden Anlage- und Betriebskapitals. Die nichtphysischen Personen werden zu der Steuer nicht herangezogen. Der Besteuerung unterliegt das gesamte bewegliche und unbewegliche Vermögen nach Abzug der Schulden. Ausgeschlossen sind die außerhalb Preußens belegenen Grundstücke und das außerhalb Preußens befindliche gewerbliche Anlage- und Betriebskapital. Im wesentlichen kommen in Betracht Grundstücke nebst allem Zubehör, das dem Betriebe der Land- und Forstwirtschaft und ähnlichen Gewerben dienende Anlage- und Betriebskapital und alles sonstige Kapitalvermögen, nicht aber Möbel, Hausrat und andere bewegliche körperliche Sachen, die nicht Zubehör von Kapitalanlagen und Erwerbseinrichtungen sind. In Abzug gebracht werden dürfen die dinglichen und persönlichen Kapitalschulden des Steuerpflichtigen (nicht aber die Haushaltungsschulden) sowie der Kapitalwert der vom Steuerpflichtigen aus einer Fideikommißstiftung zu entrichtenden Renten, Altenteile und sonstigen geldwerten Leistungen.

Das steuerbare Vermögen wird für die Regel nach dem gemeinen Wert zur Zeit der Veranlagung berechnet und geschätzt; nur bei Grundstücken, die dauernd land- und forstwirtschaftlichen Zwecken zu dienen bestimmt sind, nebst Gebäuden und Zubehör, wird der Ertragswert zugunde gelegt; als letzterer gilt das 25fache des Reinertrags, welchen die Grundstücke nach ihrer wirtschaftlichen Bestimmung bei gemeinüblicher Bewirtschaftung im Durchschnitt nachhaltig gewähren können. Die Befreiungen sind die gleichen wie bei der Einkommensteuer. Ferner werden zur Steuer nicht herangezogen Vermögen zu einem Gesamtwerte bis 6000 M., Personen mit einem Jahreseinkommen bis 900 M., falls ihr steuerpflichtiges Vermögen 20 000 M. nicht übersteigt, und endlich weibliche Personen, die Familienangehörige pflichtmäßig zu unterhalten haben, vaterlose minderjährige Waisen und Erwerbsunfähige, insoweit ihr Vermögen höchstens 20000 M. und ihr einkommensteuerpflichtiges Gesamteinkommen nicht mehr als 1200 M. beträgt. Die Veranlagung und das Veranlagungsverfahren ist grundsätzlich in entsprechender Weise wie bei der Einkommensteuer geregelt. Die Veranlagung erfolgt jedesmal für eine Periode von 3 Steuerjahren. Die Hebung ist wie bei der Einkommensteuer.

Die Steuersätze sind nach einem Klassentarif geordnet und betragen mit ganz geringem Ansteigen etwas mehr als ½‰ der Unterstufe jeder Klasse. Bei einem steuerbaren Vermögen von 6—8000 M. beginnt der Jahressatz mit 3,20 M. und erhebt sich in 18 Stufen bis auf 31,60 M. bei einem steuerbaren Vermögen von 60—70 000 M.; bei höheren Vermögen bis einschließlich 200 000 M. steigt der Steuersatz um je 5,20 M. für jede angefangenen 10000 M. und bei einem Vermögen von mehr als 200 000 M. um je 10,52 M. für jede angefangenen 20000 M. Zu diesen Steuersätzen werden seit 1909 allgemeine Zuschläge von 25% erhoben. Der Ertrag der Ergänzungssteuer stellt sich auf 61 000 000 M. Die Entwicklung ist die gleiche wie bei der Einkommensteuer; 1906 war die Steuer mit 39½ Million und 1901 mit 33 Millionen Mark eingestellt.

Von den früheren wichtigen Ertragsteuern wurden mit Einführung der allgemeinen Einkommensteuer die sog. Realsteuern, die Grund- und Gebäudesteuer (1861 umgestaltet) und die Gewerbesteuer vom stehenden Gewerbe (von 1820) als Staatssteuern aufgehoben und durch G. v. 14. Juli 1893 den Gemeinden zugewiesen. Als staatliche Steuer ist die Steuer vom Gewerbebetriebe im Umherziehen bestehen geblieben, welche nach dem G. v. 3. Juli 1876 zur Hebung gelangt. Die Steuer trifft alle diejenigen, welche nach Maßgabe der Gewerbeordnung einen Gewerbebetrieb im Umherziehen in Preußen ausüben; nicht berührt wird der Reisendenverkehr stehender Geschäfte, der ausschließliche Meß- und Marktverkehr und ein gewisser beschränkter Verkehr in Ortsnähe durch Anbieten selbstgefertigter Waren oder gewerblicher Leistungen. Die Steuer beträgt in der Regel 48 M. jährlich; bei besonderen Verhältnissen ist Ermäßigung bis auf 6 M. und Erhöhung bis auf 144 M. zulässig. Die Steuer bringt einen Ertrag von 3 174 000 M. Auch sie zeigt eine Zunahme; 1906 wurden 2,94 Millionen und 1901 2,86 Millionen angesetzt.

Als letzte direkte Staatssteuer kommt für Preußen die Eisenbahnsteuer in Betracht, welche auf den G. v. 30. Mai 1853 und v. 16. März 1867 beruht. Derselben sind alle für den öffentlichen Verkehr benutzten, nicht im Staatsbesitze befindlichen Eisenbahnen mit Ausnahme der Kleinbahnen unterworfen. Sie ist nach dem in jedem Kalenderjahr aufkommenden Reinertrage zu berechnen und stuft sich dergestalt ab, daß von einem Reinertrage bis 4% des Anlagekapitals $^1/_{40}$ dieses Ertrages, bei einem höheren Reinertrage außerdem von dem Mehrertrag über 4 bis 5% $^1/_{20}$, dem Mehrertrag über 5 bis 6% $^1/_{10}$ und von dem Mehrertrag über 6% $^2/_{10}$ des Ertragsanteils zu entrichten sind. Reinertrag ist die Summe, um welche die Betriebs-Roheinnahmen die in dem Kalenderjahr aufgewendeten Verwaltungs-, Unterhaltungs- und Betriebskosten übersteigen. Anlagekapital ist der Betrag, der auf die Herstellung der Bahn und deren Ausrüstung nützlich verwendet ist. Die Einnahme aus der Eisenbahnsteuer ist bei dem stark vorwiegenden Staatsbahnsystem nur eine geringfügige, nämlich 463 500 M. Sie ist wechselnd; 1906 belief sie sich auf 419 900 M., 1901 auf 565 100 M.

Indirekte Steuern. Die indirekten Steuern setzen bei den Aufwandsteuern ein, welche jedoch nur mit einer einzigen untergeordneten und lediglich für einen sehr kleinen Teil des Staatsgebiets geltenden Steuer vertreten sind, nämlich mit den in die Besteuerung des umschließenden Württemberg sich einfügenden Wirtschaftsabgaben für die hohenzollernschen Lande, welche auf den G. v. 21. Mai 1856 und v. 27. März 1875 beruhen. Sie werden für den Schank und Kleinhandel von Wein, Obstwein und Obstmost mit 10%, von Branntwein und Likör mit 15% der mutmaßlichen

Jahreseinnahme jährlich entrichtet. Der Ertrag der Steuer stellt sich auf 37 000 M.

Die Stempelsteuer ist für Preußen die weitaus wichtigste indirekte Steuer. Sie wird auf Grund der G. v. 31. Juli 1895 und v. 26. Juni 1909 von dem im Stempeltarif besonders aufgeführten und näher gekennzeichneten Urkunden und Vorgängen erhoben, nach deren Inhalt sich im einzelnen bestimmend. Sie stellt sich einerseits, und in der Hauptsache besonders unter Berücksichtigung des finanziellen Erfolges, als eine Verkehrsurkundensteuer dar, die von der Beurkundung gewisser Verkehrsvorgänge ohne Rücksicht auf behördliche Mitwirkung erhoben wird, andererseits besitzt sie eine gebührenartige Natur, indem die Stempel in gewisser Weise als Entgelt für eine besondere Inanspruchnahme der Behörden erscheinen. In erster Beziehung sind besonders zu nennen die Stempel für Auflassungen, für Kauf-, Miet-, Pachtverträge, für Fideikommiß-, Leibrenten-, Rentenverträge usw., in letzterer Beziehung die Stempel für Erlaubniserteilungen in gewerbepolizeilichen Angelegenheiten, für Standeserhöhungen und Gnadenbeweise usw. Der Stempel für Auflassungen umfaßt die Umsatzsteuer für den Verkehr mit Grundstücken. Die Stempelabgabe ist entweder in sich fest bestimmt (Fixstempel) oder nach Wertklassen bestimmt (abgestufter Fixstempel) oder in Bruchteilen vom Wert des Gegenstandes (Prozentualstempel) festgesetzt. In den beiden ersteren Fällen bewegen sich die Stempel für die Regel in dem Rahmen von 1–500 M. (äußerste Grenze 12 000 M.). Die Wertstempel stufen sich in den Steuersätzen von 1 ‰ bis 10 % ab. Die Wertermittelung erfolgt nach dem gemeinen Wert des Gegenstandes zur Zeit der Beurkundung des Geschäfts. Eine Reihe persönlicher und sachlicher Befreiungen ist zugelassen. Der Ertrag der Stempelsteuer ist jetzt auf 72 000 000 M. gestiegen. Unter dem Zusammenwirken der Gesetzesänderungen und des steigenden Verkehrs hat sich der Ertrag außerordentlich gehoben; die bezügliche Vereinnahmung betrug 1890 20,6 Millionen Mark, 1900 34 Millionen, 1905 52 Millionen und 1910 66,35 Millionen Mark.

Durch die reichsgesetzliche Regelung der Wertzuwachssteuer (RG. v. 14. Februar 1911) wurden 10% des bezüglichen Steuerertrages den Bundesstaaten überwiesen. In den Voranschlag 1913 sind für diese Überweisung 1 080 000 M. eingestellt. Eine bezügliche Einnahme wird für die Folge in Wegfall kommen, da nicht beabsichtigt ist, die aufgehobene Reichssteuer in eine preußische Staatssteuer umzugestalten. Bei dem kurzen Bestehen und den unverhältnismäßig hohen Erhebungskosten der Steuer wird sich der Ausfall für die staatliche Finanzwirtschaft kaum fühlbar machen.

Die für Preußen zur Vereinnahmung kommende Erbschafts- und Schenkungssteuer stellt sich fast allein als ein Anteil an der Reichssteuer dar, denn die infolge eines Irrtums bei Erlaß des Reichsgesetzes bestehen gebliebene frühere Besteuerung hinsichtlich des 1000 M. nicht übersteigenden Erwerbs, welcher unehelichen anerkannten Kindern aus den Vermögen des Vaters anfällt, ist ohne Bedeutung. Als bezügliche Einnahme gibt der Voranschlag 1913 8 735 000 M. an. Darin ist die letzte Herabsetzung des bundesstaatlichen Steueranteils von $^1/_4$ auf $^1/_5$ (RG. v. 3. Juli 1913) noch nicht zum Ausdruck gekommen; es ist also mit einem Herabgehen der Steuer zu rechnen, soweit der allgemeine Vermögensaufschwung nicht ausgleichend wirkt. Die unter der preußischen Gesetzgebung ansteigende Einnahme — 1901 9,6 Millionen, 1905 11 Millionen Mark — hat sich unter der Reichsgesetzgebung nicht unerheblich verringert.

Sonstige Einnahmen aus der Staatsverwaltung. In der Finanzstatistik ist den ordentlichen Einnahmen allgemein eine Sammelspalte „sonstige Einnahmen aus der Staatsverwaltung" beigefügt, in welcher alle diejenigen Beträge zusammengezogen sind, welche in den übrigen Einnahmeklassen nicht besonders nachzuweisen standen, sei es, weil sie nach der eigenen Etatisierung nicht entsprechend auszuscheiden waren, sei es, weil sonst tatsächliche Schwierigkeiten sich der Verrechnung entgegenstellten. Die betreffende Einnahmespalte ist bei sämtlichen Bundesstaaten vertreten. Die in derselben nachgewiesenen Einnahmen bestehen meist in Eingängen aus Staatskapitalien (Zinsen usw.), Beiträgen von Behörden und Privaten zu Staatsausgaben, Miete, Pacht, Verkaufserlösen von beweglichem und unbeweglichem Staatseigentum und Einnahmen zufälliger und vermischter Art. Im weiteren werden wir bei den einzelnen Bundesstaaten auf diese allgemeine Eigenart der Spalte nicht jedesmal zurückkommen, sondern stets nur das herausheben, was insbesondere sich für den betreffenden Bundesstaat bemerkbar macht. Für Preußen kommen in letzterer Beziehung in Betracht die Einnahmen aus technischen und anderen Lehranstalten, bei denen sich nach Maßgabe des Etats die Gebühren (Schulgelder usw.) nicht von den Zuschüssen und sonstigen Einnahmen trennen lassen, sowie eine Beihilfe zur Unterstützung ehemaliger Krieger aus dem Reichsinvalidenfonds. Der Einnahmeertrag aus der Zusammenziehung ist insgesamt mit 186 545 700 M. eingestellt. Überschüsse und Bestände aus früheren Jahren sind nicht in Anschlag gebracht.

3. Ausgaben. Der nur beschränkt verfügbare Raum verbietet uns für jeden Bundesstaat besonders anzugeben, in welcher Gliederung im einzelnen die Staatsausgaben in dem oder den Etats erscheinen. Bei allen Verschiedenheiten, welche die bundesstaatlichen Etats in ihren Einzelgestaltungen zeigen, zieht sich doch durch das Ganze wieder ein gewisser übereinstimmender, schon durch die gleichen Vorbedingungen gegebener Grundzug hin, der in der oben

angeführten Einteilung für das Reich in entsprechender Weise zum Durchbruch kommt, so daß in dieser Einteilung gewissermaßen die allgemeine Form gefunden werden kann. Wir werden bei den einzelnen Bundesstaaten durchweg nur die einzelnen Ausgabeposten nach der Finanzstatistik in der gleichen Weise wie für das Reich angeben.

Der Staatsbedarf Preußens, welcher sich insgesamt auf 4 240 746 500 M. berechnet, umfaßt: I. Ausgaben auf die Erwerbseinkäufe mit 2 495 343 700 M., die in sich greifen: 1. Domänen 19 186 500 M.; 2. Forsten 76 915 000 M.; 3. Bergwerke, Hütten, Salinen 311 271 400 M.; 4. Staatseisenbahnen 1 895 610 900 M.; 5. sonstige Betriebe 192 359 900 M. II. Bedarf für die Staatsschuld 431 009 800 M., darunter: Verzinsung 366 345 900 M.; Tilgung 59 942 600 M.; Verwaltungsaufwand 1 673 300 M.; sonstige Leistungen (Renten von eingezahlten Privat-Rente-Ablösungskapitalien und Eisenbahnannuität an Braunschweig) 3 048 000 M. III. Bedarf für die Staatsverwaltung 1 153 944 100 M. IV. Leistungen an das Reich 160 448 900 M., darunter: 1. Matrikularbeiträge 160 100 364 M. 2. Zoll- und Steuerabfindung für Zollausschlußgebiete 84 800 M. Der Bedarf für die Staatsverwaltung enthält im einzelnen: Dotationen 20 000 300 M.; Allgemeine Finanzverwaltung 104 994 300 M.; Staatsministerium 31 015 800 M.; Ministerium der auswärtigen Angelegenheiten 588 800 M.; Finanzministerium 185 033 900 M.; Ministerium der öffentlichen Arbeiten 66 634 600 M.; Ministerium für Handel und Gewerbe 23 248 500 M.; Justizministerium 214 675 000 M.; Ministerium des Innern 150 641 700 M.; Ministerium für Landwirtschaft, Domänen und Forsten 61 152 400 M.; Ministerium der geistlichen usw. Angelegenheiten 295 879 100 M.; Kriegsministerium 179 700 M.

IV. Königreich Bayern.

1. Vermögen und Schulden. Ein Besitz an eigentlichen Domänen (Feldgütern) kommt für Bayern nur in einem untergeordneten Grade in Betracht. Die zu der Landwirtschaft bestimmte Fläche des Staatsguts umfaßt nur 1178 ha und wird im wesentlichen zu landwirtschaftlichen Lehrzwecken (Weihenstephan, Triesdorf) und für die Gestütsverwaltung genutzt. In Unterfranken gehört dem Domanium ein Weingut mit dem Hofkeller zu Würzburg. Dazu tritt noch die Fischerei auf dem Chiemsee (in eigener Regie) und eine Anzahl Bäder (Kissingen, Bocklet, Brückenau, Steben), die teils durch eigene Wirtschaft teils durch Pacht genutzt werden. Umfassend ist dagegen der staatliche Forstbesitz, welcher sich insgesamt auf 935 688 ha — 817 167 ha Holzboden, 118 521 ha Nichtholzboden — beläuft. Nach dem Ertrag von 1911 stellte sich die gesamte anfallende Holzmasse auf 4,89 Millionen

Festmeter, darunter 2,62 Millionen Festmeter Bau- und Nutzholz und 2,27 Millionen Festmeter Brennholz; für ein Hektar Holzbodenfläche ergibt sich danach ein durchschnittlicher Ertrag von 5,99 Festmeter. Die Verwaltung der Domänen und Forsten untersteht dem Ministerium der Finanzen; für die Forsten ist in demselben eine besondere Ministerialforstabteilung gebildet, unter der die Regierungen (Kammer der Forsten) stehen. Die staatlichen Bergwerke, Hütten und Salinen Bayerns umfassen nach dem Stande von 1911 3 Bergwerke für Steinkohle, 1 für Braunkohle, 5 für Eisenerze, 1 für Schwefelkies und sonstige Vitriolerze, 1 für Steinsalz, 4 Salinen und 9 Hütten. Insgesamt wurden in diesen Staatsbetrieben 5697 Arbeiter beschäftigt; der Gesamtwert des Erzeugnisses belief sich auf 16,41 Millionen Mark; gefördert wurden 416 000 t Steinkohle, 230 000 t Braunkohle, 93 000 t Eisenerze und 6000 t Schwefelkiese und sonstige Vitriolerze; 41 000 t Salz lieferten die Salinen. Die Verwaltung führt die dem Finanzministerium untergeordnete Generaldirektion der Berg-, Hütten- und Salzwerke, der die verschiedenen Betriebsämter für die einzelnen Werke unmittelbar unterstehen.

Einen wesentlichen Einfluß auf die Finanzwirtschaft Bayerns haben die Staatseisenbahnen. Die Streckenlänge derselben beträgt 8027 km, das Anlagekapital 2176,83 Millionen Mark, die Eisenbahnschuld 1913,32 Millionen Mark. Die Lokomotiven und Triebwagen leisteten 1912 insgesamt 106,26 Millionen Lokomotivkilometer, die Personen-, Gepäck- und Güterwagen 2774,35 Achskilometer; im Personenverkehr wurden 129,48 Millionen Reisende befördert, im Güter- und Tierverkehr 45,48 Millionen Tonnen; die Zahl der Beamten und Arbeiter belief sich auf 65 167. Die Verwaltung liegt nach der Regelung von 1906 in oberster Instanz dem Staatsministerium der Verkehrsangelegenheiten ob, bei dem eine besondere Eisenbahnverwaltung gebildet ist. Für die unmittelbare örtliche Verwaltung bestehen unter dem Ministerium 6 Eisenbahndirektionen (Augsburg, Ludwigshafen, München, Nürnberg, Regensburg, Würzburg) und 10 Ämter, welche letztere mit der vereinheitlichten Behandlung einzelner bestimmter Geschäftsaufgaben betraut sind. Anschließend sei die Dampfschiffahrt auf dem Bodensee, die Ammerseedampfschiffahrt, sowie die Schiffahrt auf der Amper erwähnt, die staatliche Betriebsunternehmen sind. Dieselben werden von der Eisenbahnverwaltung als zugehörige Nebenbetriebe mitgeleitet. Eine eigene Erwerbsanstalt bildet für Bayern die Post und Telegraphie, welche 1912 insgesamt 5273 Postanstalten und 7909 Telegraphenanstalten mit 26 604 Beamteten und Bediensteten umfaßte. Die Verwaltung untersteht dem Staatsministerium für Verkehrsangelegenheiten, das eine besondere Postabteilung besitzt. Darunter wirken 8 Oberpostdirektionen nebst

6 Ämtern für vereinheitlichte Bearbeitung bestimmter Geschäftszweige.

Eine Staatsbank besitzt Bayern in der Königlichen Bank zu Nürnberg, deren Geschäftsbetrieb durch V. v. 13. Dezember 1878 geregelt ist. Sie wurde 1780 in Fürth gegründet und ist jetzt Depositen-, Wechsel- und Leihbank, die in erster Linie dem Geldbedürfnis von Handel, Industrie, Gewerbe und Landwirtschaft dienen soll. Sie besitzt eine Anzahl von Zweigniederlassungen, ist unmittelbar dem Finanzministerium untergeordnet und wird durch eine Bankdirektion geleitet. In die Staatskasse fließt nur die eine Hälfte des Reingewinns, die andere wird dem Reservefonds zugeführt. An sonstigen Erwerbsanstalten kommen noch in Betracht: das Hofbräuhaus zu München, welches dem Finanzministerium unterstellt ist, die Münzanstalt in München, welche unter dem Finanzministerium von dem Hauptmünzamt geleitet wird, die Herausgabe des durch V. v. 29. Oktober 1873 neugeregelten Gesetz- und Verordnungsblattes für das Königreich Bayern und endlich der Anteil an der Preußisch-Süddeutschen Klassenlotterie, der sich auf den Staatsvertrag vom 29. Juli 1911 gründet. Die früher bestehende Porzellanfabrik zu Nymphenburg ist 1855 aufgegeben.

Kapitalvermögen des Staats kommt im wesentlichen nur in den besonderen zum Teil allerdings nicht unbeträchtlichen Fonds in Betracht, welche bei den einzelnen Betrieben und Verwaltungen bestehen, dadurch aber auch nur für einen ganz bestimmten und begrenzten Zweck ihre Verwendung finden können, so daß sie mehr beschränkt der staatlichen Finanzwirtschaft nutzbar sind; in gewisser Beziehung würde hierher auch der unten zu berührende Tilgungs- und Ausgleichsfonds der Staatseisenbahnverwaltung gehören. Ein größeres in Wertpapieren oder dergleichen angelegtes Kapitalvermögen, dessen Erträgnis allgemein für die staatlichen Zwecke Verwendung zu finden hätte und ohne weitere Verwendungsbeschränkung der Staatskasse zuflösse, besitzt Bayern nicht. Das verfügbare Kapitalvermögen an Geldbeständen, Wertpapieren, Geldforderungen wurde zum 1. Juni 1911 auf 49 409 300 M. veranschlagt, die festgelegten Betriebsfonds der Staatskasse, der einzelnen Staatsbetriebe und Staatsverwaltungen auf 80 000 000 M.

Die Staatsschulden Bayerns, welche grundsätzlich nur mit Zustimmung des Landtags aufgenommen werden können, gliedern sich in vier Klassen. 1. Die allgemeine Staatsschuld, welche durch diejenigen allgemeinen Staatsbedürfnisse hervorgerufen wurde, die weder durch die ordentlichen noch durch die außerordentlichen Beiträge der Untertanen ohne deren zu große Belastung bestritten werden können und die zum wahren Nutzen des Landes gereichen. Sie steht unter Verrechnung und Verwaltung der Staatsschuldentilgungshauptkasse. 2. Die Eisenbahnschuld, durch den Ausbau des ausgedehnten Staatsbahnnetzes veranlaßt, steht unter Verrechnung und Verwaltung der Eisenbahndotationshauptkasse. 3. Die Grundrentenschuld nach den G. v. 4. Juni 1848, 25. Mai 1852 und 24. April 1872 zur Ablösung der bayerischen Grundlasten. 4. Die Landeskulturrentenschuld nach dem G. v. 21. April 1884 für die Zwecke der durch das genannte Gesetz ins Leben gerufenen Landeskulturrentenanstalt. Die beiden letzteren Schuldarten sind gesonderter Verrechnung und Verwaltung durch die Grundrentenablösungskasse unterstellt. Für die Tilgung wird regelmäßig bei der Anleihegenehmigung durch den Landtag teils allgemein, teils gesondert für die einzelne Anleihe ein Tilgungsplan festgesetzt, von dem ohne Zustimmung des Landtags nicht abgewichen werden darf. In den Grundsätzen ist dabei verschieden verfahren; im allgemeinen macht sich ein Übergang von strengeren zu milderen Vorschriften geltend. Durch G. v. 20. Juli 1912 ist ein Staatsschuldbuch eingeführt, wobei man sich im wesentlichen den neueren Regelungen durch das Reich und Preußen angeschlossen hat. Die obere Leitung der Verwaltung der Staatsschulden besorgt die Staatsschuldentilgungskommission, eine dem Finanzministerium untergeordnete Hauptstelle, welcher wiederum die drei genannten Kassen unterstehen.

Durch G. v. 15. März 1904 und Finanzg. v. 1. November 1912 ist der Finanzminister dauernd ermächtigt, Schatzanweisungen bis zum Betrage von 80 Millionen Mark teils zur vorübergehenden Verstärkung der Betriebsmittel der Zentralstaatskasse, teils zur Bestreitung von Ausgaben, zu deren Deckung die Aufnahme eines Anlehens gestattet ist, auszugeben. Ein Ausgleichs- und Tilgungsfonds der Staatseisenbahnverwaltung ist durch G. v. 13. August 1910 bei der Staatsschuldenverwaltung gebildet, welchem bestimmte Erträgnisse der Staatseisenbahnen zufließen. Derselbe ist zunächst zur Bestreitung der vertragsmäßigen Tilgung der Eisenbahnschuld bestimmt, soll jedoch des weiteren dazu dienen, Überschüsse guter Jahre anzusammeln, um in schlechten Jahren Mindererergebnisse zu ergänzen oder Fehlbeträge zu decken. Am 1. Januar 1912 betrug die allgemeine Staatsschuld 372 660 900 M., die Eisenbahnschuld 1 913 315 200 M., die Grundrentenschuld 94 916 900 M. und die Kulturrentenschuld 46 473 500 M.; Schatzanweisungen liefen nicht.

2. Einnahmen. Die Einnahmen aus den Erwerbsvermögen und den Erwerbsanstalten des Staates spielen auch in Bayern die vorragendste Rolle. Insgesamt belaufen sie sich auf 146 293 700 M. (Rohertrag 477 398 300 M.). Davon entfallen auf die Domänen 1 216 300 M. (Rohertrag 1 842 100 M.), auf die Forsten 31 231 600 M. (Rohertrag 60 985 300 M.), auf die Bergwerke, Hütten und Salinen 524 600 M. (Rohertrag 20 436 300 M.), auf die Staats-

eisenbahnen 93 822 200 M. (Rohertrag 308 722 800 M.), auf die Staatsdampfschiffahrt 51 400 M. (Rohertrag 873 400 M.) — die fragliche Reineinnahme rührt lediglich von der Bodenseedampfschiffahrt her, da die Ammerseedampfschiffahrt und die Schiffahrt auf der Amper mit einem Fehlbetrage abschlossen —, auf Post und Telegraph 17 371 000 M. (Rohertrag 79 816 600 M.) und auf die sonstigen Betriebe 2 076 600 M. (Rohertrag 4 721 800 M., in welchem die Münze mit 489 900 M., das Hofbräuhaus mit 3 048 100 M., das Gesetz- und Verordnungsblatt mit 76 300 M. und die Lotterie mit 1 107 500 M. erscheinen). Die Einnahmen aus den Kapitalbeständen des Staats erscheinen wie überall unter den „sonstigen Einnahmen aus der Staatsverwaltung".

An Leistungen von Staat zu Staat sind lediglich die regelmäßig bei allen Bundesstaaten wiederkehrenden beiden Ansätze, Überweisungen aus den Einnahmen des Reichs (Branntweinsteuer) und Vergütungen aus der Reichskasse für die Zoll- und Steuerverwaltung anzuführen. Die Überweisungen belaufen sich auf 20 692 600 M., die Zoll- und Steuerverwaltungsvergütungen auf 5 339 900 M. Eine weitere Leistung, die das Reich an Bayern macht, die Unterstützung für das germanische Museum in Nürnberg, kommt nur in den Spezialetats zur Erscheinung.

Die nach den bezüglichen Reichsgesetzen zu hebenden Gerichtsgebühren bilden die Hauptgrundlage der Gebühreneinnahme. Die neben dem Reichsgesetz erforderliche landesgesetzliche Regelung bezüglich des Gerichtskostenwesens war für Bayern in dem allgemeinen Gebühreng. v. 29. April 1910 getroffen, das gleichzeitig die Verwaltungsgebühren und gewisse sonst meist in der Stempelsteuer zur Hebung gelangende Verkehrssteuern umfaßte. Durch G. v. 21. August 1914 über Änderungen im Gebührenwesen ist die Regelung nunmehr außer Kraft gesetzt und in dem genannten Gesetz statt dessen ein Kostengesetz und ein Stempelgesetz (Beilage I und II des Gesetzes) verlautbart. Das Kostengesetz gibt neben allgemeinen Vorschriften in vier gesonderten Abschnitten nähere Bestimmungen über die Gebühren in bürgerlichen Rechtsstreitigkeiten, in Strafsachen, in Angelegenheiten der freiwilligen Gerichtsbarkeit, in der Justiz-, inneren und Finanzverwaltung sowie Verwaltungsrechtspflege. Die Gebühren sind verschiedenster Art und in mannigfaltigster Weise abgestuft. Das Stempelgesetz führt eine regelrechte Stempelsteuer ein, wie sie in anderen Bundesstaaten besteht; wir werden darauf unten zurückkommen. Der Voranschlag 1913, dessen Zahlendaten wir hier allgemein wiedergeben, beruht noch auf der früheren Gesetzgebung, in der die Verkehrssteuer (jetzt zur Stempelsteuer erweitert) mit den Gerichts- und Verwaltungsgebühren vereinigt erscheinen. Die Finanzstatistik scheidet die Gebühreneinnahmen in der üblichen Art aus und stellt für Gerichtsgebühren und gerichtliche Strafen 28278100 M. und für Verwaltungsgebühren und Strafgelder 4956000 M. ein. Dazu treten an Hafen-, Schleusen-, Kranen-, Schiffahrtsgebühren u. dgl. 127000 M. hinzu, so daß sich insgesamt eine Gebühreneinnahme von 33 361 100 M. ergibt, in der allerdings in nennenswerterem Betrage auch Einnahmen, welche bei den anderen Bundesstaaten als Stempelsteuern erscheinen, begriffen sind.

Das im 19. Jahrhundert sorgsam durchgebildete, schließlich alle Ertragsquellen erfassende reine Ertragssteuersystem (Spezielle Einkommensteuer, Kapitalrentensteuer, Grundsteuer, Haussteuer, Gewerbesteuer) hat Bayern mit der zum 1. Januar 1912 in Kraft getretenen Gesetzgebung vom 14. August 1910 bestehend aus Einkommensteuergesetz, Grundsteuergesetz, Haussteuergesetz, Gewerbesteuergesetz, Kapitalrentensteuergesetz — die sämtlichen bezüglichen Einzelgesetze tragen das gleiche vorbezeichnete Datum, doch sind das Grundsteuergesetz, das Haussteuergesetz und Kapitalrentensteuergesetz inzwischen schon durch eine Novelle vom 2. November 1912 ergänzt — aufgegeben und in ein neues Steuersystem umgebildet, in welchem die allgemeine progressive Einkommensteuer die Hauptsteuer bildet und als Nebensteuern Ertragssteuern (Grundsteuer, Haussteuer, Gewerbesteuer und Kapitalrentensteuer) angegliedert sind, um in ähnlicher Weise wie die preußische Ergänzungssteuer eine Vorbelastung des Besitzeinkommens zu begründen.

Die Einkommensteuer erfaßt unter Berücksichtigung der besonderen wirtschaftlichen Verhältnisse des Pflichtigen sein gesamtes Einkommen nach Abzug seiner Schuldverbindlichkeiten als Einheit, gleichviel ob das Einkommen aus Grundbesitz, Hausbesitz, Kapitalbesitz, Gewerbebetrieb, beruflicher Tätigkeit oder sonstigen Bezügen sich herleitet. Sie belastet je nach der Höhe dieses Einkommens die Einkünfte mit einem steigenden Hundertsatze (bis zu 5%) nach Maßgabe eines dem Gesetz als Anlage beigegebenen Tarifs. Im großen und ganzen entspricht die grundsätzliche Regelung, insbesondere was die subjektive und objektive Steuerpflicht anlangt, der Preußens, wenngleich im einzelnen mannigfache Abweichungen so namentlich im Tarif hervortreten. Die untere Befreiungsgrenze ist für natürliche Personen schon bei 600 M., für juristische Personen bei 200 M. gezogen. Steuerpflichtig sind auch die Stiftungen des öffentlichen und des bürgerlichen Rechts; die Gesellschaften mit beschränkter Haftung unterliegen der allgemeinen Steuerpflicht. Bei Einkommen von 150 000 M. beträgt die Steuer etwa 5%. Der Steuerertrag ist 1913 auf 51 350 000 M. veranschlagt. Die frühere spezielle Einkommensteuer brachte zuletzt (Rechnungsjahr 1911) einen Ertrag von 7 147 500 M.

Für die Grundsteuer wird eine einfache Beitragsgröße ermittelt, die so lange unverändert bleibt wie der Besteuerungsgegenstand selbst. Den Maßstab der Besteuerung bildet bei allen Grundstücken der aus dem Flächeninhalt und nach der natürlichen Ertragsfähigkeit berechnete mitteljährige Ertrag. Die natürliche Ertragsfähigkeit wird unter Ausmittlung von Mustergrundstücken festgestellt, mit denen alle übrigen Grundstücke verglichen werden. Dem Ergebnis entsprechend sind sämtliche Grundstücke in bestimmte Klassen zu bringen. Grundflächen der Gebäude und Hofräume gelten der besten Grundstücksklasse der Ortsflur gleich; Bauplätze und Hausgärten werden nicht besonders herausgehoben. Schuldzinsen dürfen nicht abgezogen werden. Von jeder Steuereinheit (Verhältniszahl), die einen Katasterertrag von 1 Gulden (1,71 M.) bezeichnet, ist ein Betrag von 4 Pfennig (2,33%, früher 4,4%) als Jahressteuer zu erheben. Der Ertrag der Grundsteuer, welcher gegen früher auf etwa die Hälfte herabgesetzt ist, ist zu 5 200 000 M. veranschlagt. Das Rechnungsjahr 1911 weist eine Einnahme von 12 640 800 M. nach.

Die Haussteuer soll die Nutzung aus Häusern in Städten, Märkten und auf dem platten Lande treffen. Den Maßstab für die Steuer bildet die Mietertragsfähigkeit der Gebäude nach dem wirklichen oder möglichen Mietertrag. Wo in wirklichen Mietbeständen Anhaltspunkte vorliegen, wird der Mietertrag durch eine nachgeprüfte Erhebung der jährlichen Mietzinse vermieteter Häuser oder Hausteile und eine an Mustern abgleichende Mieteneinschätzung unvermieteter Häuser und Hausteile gefunden (Miethaussteuer), wo keine bezüglichen Anhaltspunkte gegeben sind, durch die Annahme einer Ertragsgröße, welche sich aus dem Flächeninhalt der überbauten und zu Hofräumen bestimmten Flächen berechnet (Arealhaussteuer). Der jährliche wirkliche oder geschätzte Mietertrag wird in Mark ausgedrückt und bildet die Haussteuerverhältniszahl. Von jeder Mark der Haussteuerverhältniszahl wird ein Betrag von 2 Pfennigen als Jahressteuer erhoben. Der Ertrag stellt sich auf 6 850 000 M. Im Rechnungsjahr 1911 belief sich die Einnahme aus der Haussteuer auf 13 147 100 M.

Der Gewerbesteuer unterliegen die in Bayern betriebenen Gewerbe einschließlich des Bergbaues, der Steinbrüche u. dgl., nicht jedoch die Land- und Forstwirtschaft und die verwandten Betriebe, sowie der Gewerbebetrieb im Umherziehen und der Wanderlagerbetrieb, soweit die Besteuerung der letzteren besonders geregelt ist. Die Gewerbesteuer zerfällt in eine Betriebskapitalsanlage und eine Ertragsanlage, die nach besonderen Tarifen zu berechnen sind. Zur Bemessung der Umlagepflicht ist die Gewerbesteuer nach einem weiteren Tarif vormerkungsweise unter Zugrundelegung des Betriebskapitals zu berechnen, wenn sie hiernach höher ist als bei der sonstigen Berechnung. Den Maßstab für die Betriebskapitalsanlage bildet der Wert des Betriebskapitals, welches sämtliche, dem Gewerbebetriebe gewidmeten Gegenstände mit Ausnahme solcher, die der Grund- und Haussteuer unterliegen, umfaßt. Der Wert des Betriebskapitals ist durch Berechnung und Schätzung nach dem gemeinen Wert für die einzelnen Bestandteile zu ermitteln. Den Maßstab für die Ertragsanlage gibt der gewerbliche Reinertrag ab, welcher unter entsprechender Anwendung der für die Ermittlung der Einkünfte aus dem Gewerbebetriebe maßgebenden Vorschriften des Einkommensteuergesetzes festzustellen ist. Bei Gewerbetreibenden, deren Betriebskapital nicht mehr als 4000 M. beträgt, bleibt die Betriebskapitalsanlage, und bei solchen, deren Reinertrag nicht mehr als 1500 M. beträgt, die Ertragsanlage außer Ansatz; zur Begründung der Umlagenpflicht sind jedoch diese Gewerbetreibenden vormerkungsweise zu veranlagen. Der Tarif für die Betriebskapitalsanlage beginnt in seiner untersten Stufe bei einem Betriebskapital von 4—6000 M. mit dem Steuersatz von 1,50 M. und geht dann in Stufen von 3000, 5000 und 10 000 M. in die Höhe bis zu einem Betriebskapital von 200 000 M., um von da an fortgesetzt in Stufen von 20 000 M. anzusteigen; die Steuer beträgt etwa 0,5 vom Tausend des unteren Stufensatzes. Bei dem Tarif für die Berechnung der Ertragsanlage ist der Steuersatz der untersten Stufe bei einem Reineinkommen von 1500—2000 M. gleicherweise 1,50 M.; er wächst mit Ertragsstufen von 500 M. nach und nach an, um bei einem Reinertrag bis zu 14 000 M. die Höhe von 93 M. zu erreichen; bei höheren Reinerträgen steigen die Stufen wie bei der Einkommensteuer; die Steuer beträgt 0,7% des unteren Stufensatzes. Die Gewerbesteuer insgesamt ist zu 4 200 000 M. veranschlagt. Die Einnahme des Rechnungsjahres 1911 belief sich auf 17 068 200 M.

Der Kapitalrentensteuer unterliegen die Erträge in Geld und Geldeswert aus Kapitalvermögen (Kapitalrenten) insbesondere Zinsen und Renten aus festverzinslichen Anlagepapieren, aus Hypotheken- und Darlehnsforderungen, Dividenden und Zinsen gesellschaftlicher Unternehmungsformen, Zinsen und Gewinne aus unverzinslichen Zielforderungen, Wechseln und anderen Kapitalforderungen, die in Abmachungen über das Kapital begründet sind. Fallen derartige Erträge jedoch im Betriebe eines Gewerbes, namentlich aus dem gewerblichen Betriebskapital, an, so sind sie zum gewerblichen Ertrage zu rechnen. Befreiungen sind in etwas weiterer Abgrenzung zugelassen, namentlich für einkommensteuerfreie Personen und Vereine, für Versicherungsvereine auf Gegenseitigkeit, gewisse erwerbsbeschränkte Personen, Wohltätigkeits- und Unterrichtsanstalten. Den Maßstab für die Veranlagung bildet der Jahresbetrag der steuerbaren Kapitalrente, die nach dem Stande des Kapitalvermögens am 1. Oktober des Steuervorjahres zu berechnen ist. Feststehende Erträge sind mit dem für das Steuerjahr zu erwartenden Jahresbetrag, unbestimmte und schwankende Erträge nach dem Ergebnis des der

Veranlagung unmittelbar vorangegangenen Jahres, nötigenfalls nach dem mutmaßlichen Jahresergebnis, anzusetzen. Schulden und Lasten dürfen unter bestimmten Beschränkungen (so nicht die auf allgemeinen gesetzlichen Verpflichtungen beruhenden) abgezogen werden. Kapitalrenten bis 70 M. bleiben steuerfrei. Bei Kapitalrenten von mehr als 1000 M. beträgt die Steuer 2% der steuerbaren Kapitalrente. Für die Kapitalrenten von 70—1000 M. ist die Steuer in 4 Klassen von 1% ab mit Steigung um $^1/_4$% abgestuft. Der Ertrag der Kapitalrentensteuer ist jetzt mit 5 400 000 M. angesetzt. Im Rechnungsjahr 1911 betrug die bezügliche Einnahme 10 710 900 M.

Durch die Steuerreform nicht getroffen sind die Steuer vom Gewerbebetrieb im Umherziehen und die Grubenfeldabgabe. Die Steuer vom Gewerbebetrieb im Umherziehen beruht auf den G. v. 10. März 1879 und 20. Dezember 1897. Sie wird von den im § 55 der Gewerbeordnung aufgeführten Personen erhoben, nicht jedoch von den Reisenden stehender Geschäfte. Sie besteht in einer Normalanlage zwischen 3 und 60 M. und einer Betriebsanlage bis zu 1200 M. und ist im voraus für das Kalenderjahr mit dem ganzen Betrage zu entrichten. Der Gesamtsteuerertrag beläuft sich auf 250 000 M.; er bewegt sich in einer ansteigenden Linie, denn für 1901 war nur der Betrag von 200 000 M. angesetzt. Die Grubenfeldabgabe wird nach dem G. v. 6. April 1869 neben der den Bergbauertrag erfassenden Gewerbesteuer nach Maßgabe der Größe des Grubenfeldes erhoben. Sie beträgt bei geviertem Felde von jedem Hektar der Oberfläche, bei Längenfeldern von je 20 m Länge jährlich 25$^5/_7$ Pfennig. Bei Distriktsfeldern wird die Abgabe für den Raum, der die Größe von 10 Maximalgrubenfeldern überschreitet, mit 8$^4/_7$ Pfennig berechnet. Der Abgabenertrag beziffert sich auf 80 000 M.; auch er geht in die Höhe, 1901 stand er auf 52 700 M.

Unter den indirekten Steuern hebt sich für Bayern die Biersteuer besonders hervor, die als Malzaufschlag nach dem G. v. 18. März 1910 erhoben wird. Zur Bierbereitung darf nur Malz verwendet werden. Dem Malzaufschlag unterliegt das zur Bierbereitung innerhalb Bayerns bestimmte, in Bayern geschrotete Malz. Die Brauereien sind nach ihrem Gesamtmalzverbrauch in 11 Klassen geteilt; in die unterste fallen die Betriebe mit einem jährlichen Verbrauch bis zu 1000 dz, in die oberste solche mit über 6000 dz Malzverbrauch. Für jede Klasse ist ein einziger für den gesamten Malzverbrauch der Brauereien der Klasse gültiger Steuersatz festgelegt. Die Steuersätze beginnen bei der ersten Klasse mit 15 M. und steigen um je 0,50 M. bis zu dem für die letzte Klasse gültigen Betrage von 20 M. für 1 dz. Neben dem Malzaufschlag wird eine Übergangsabgabe vom Bier erhoben, welche durch V. v. 21. August 1911 näher bestimmt ist. Der Steuerertrag ist auf 66 321 000 M. berechnet gegen 43 085 400 M. im Jahre 1901; er hat sich mithin wesentlich gehoben.

Die bislang als Aufwandsteuer in Betracht kommende Hundesteuer ist mit dem 1. Januar 1912 als Staatseinnahme nach dem Hundeabgabeng. v. 14. August 1910 in Wegfall gekommen. Im Jahr 1911 vereinnahmte der Staat aus der Hundesteuer 2 312 000 M. Eine als Stempelsteuer bezeichnete indirekte Abgabe kannte Bayern früher nicht; eine bezügliche Besteuerung, im wesentlichen Verkehrssteuer, vollzog sich, wie schon hervorgehoben, durch das Gebührengesetz. Der in der Finanzstatistik für 1913 als Stempelsteuer angesetzte Betrag zu 60 000 M. umfaßt ausschließlich den Erlös aus dem Verkauf von Gebührenmarken und Stempelmaterial. Durch das oben berührte G. v. 21. August 1914 ist jedoch vom 1. Januar 1915 ab eine regelrechte Stempelsteuer ins Leben getreten, welche sich im allgemeinen an die übliche Regelung anderer Bundesstaaten anschließt. Die Steuer stellt sich einerseits als Urkundenstempel dar, welcher für Urkunden erhoben wird, die in einem dem Gesetz angehängten Tarif näher bezeichnet sind. Unter 45 einzelnen Ziffern sind die Urkunden im Tarif verzeichnet. Die Stempel sind teils Fixstempel (für die Regel zwischen 0,50 M. und 200 M., Höchstbetrag 20000 M.), teils Wertstempel (1‰ bis 3%). Andererseits wird die Steuer als sog. Stempelersatzabgabe erhoben, wenn das Eigentum an einem in Bayern gelegenen Grundstück oder ein in Bayern bestehendes, den Grundstücken gleichstehendes Recht auf nichtrechtsgeschäftlichem Wege auf einen anderen übergeht. Die Stempelersatzabgabe wird nach dem Wert des Gegenstandes ohne Abzug der Schulden berechnet und beträgt 1 bzw. 2%. Der staatliche Anteil an der bisherigen reichsgesetzlichen Wertzuwachssteuer ist mit 250 000 M. eingestellt; er wird für die Folge zunächst bestehen bleiben, da in Bayern die Staat und Gemeinden zustehenden 50% der Wertzuwachssteuer vorläufig weiter gehoben werden.

Die frühere bayerische Erbschaftssteuer ist nach Erlaß des Reichserbschaftsteuerg. v. 3. Juni 1906 nur bezüglich der Anfälle an Eltern, Großeltern und entferntere Voreltern bis zum Betrage von 10 000 M. bestehen geblieben. Da dieses ganz untergeordneter Bedeutung ist, beruht die Einnahme aus Erbschafts- und Schenkungssteuern in der Hauptsache nur auf dem gesetzlichen Anteil an der Reichssteuer. Der bezügliche Einnahmeertrag ist auf 1 750 000 M. festgelegt; die frühere Einnahme aus der Erbschaftssteuer war erheblich höher, sie war für 1905 auf 3,19 Millionen Mark veranschlagt. In diesem Stande ist neuerdings eine Änderung eingetreten, da durch G. v. 21. August 1914 die Hebung eines Zuschlages von 25% der nach dem Reichserbschaftssteuerg. veranlagten Erbschafts- und Schenkungssteuer für die bayerische Staatskasse vorgeschrieben ist. Die bezügliche Steuereinnahme wird danach von 1914 ab — die Zuschlagserhebung tritt mit dem 1. Januar 1914 in Kraft — wieder eine höhere sein.

In der Sammelspalte sonstige Einnahmen aus der Staatsverwaltung, zu welcher im allgemeinen das bei Preußen Ausgeführte geltend zu machen ist, sind 18 318 600 M. eingesetzt. Insbesondere sind in diesem Betrage hier enthalten: die Ärarialrente von der Königl. Bank zu Nürnberg, die Grundgefälle, Zinsen aus Kaufgüterschillingen und Staatsaktivkapitalien, Renten aus Staats- und anderen Verträgen, sowie die Einnahmen aus dem Ludwig-Donau-Main-Kanal, dem Frankenthaler Kanal und der Kettenschleppschiffahrt auf dem Main, soweit letztere für Reinerträge in Frage kommen. Als Überschüsse und Bestände aus früheren Jahren gibt der Voranschlag 1913 unter den ordentlichen Einnahmen 32 700 M. an.

3. Ausgaben. Der Staatsbedarf zu insgesamt 696 854 200 M. setzt sich aus folgenden Einzelbeträgen zusammen: I. Ausgaben auf die Erwerbseinkünfte 331 104 600 M., darunter: Domänen 625 800 M.; Forsten 29 753 700 M.; Bergwerke, Hütten, Salinen 19 911 700 M.; Staatseisenbahnen 214 900 600 M.; Staatsdampfschiffahrt 822 000 M.; Post und Telegraph 62 445 600 M.; sonstige Betriebe 2 645 200 M. II. Bedarf für die Staatsschuld 94 640 500 M., darunter: Verzinsung 86 006 200 M.; Tilgung 8 145 900 M.; Verwaltungsaufwand 488 400 M. III. Bedarf für die Staatsverwaltung 213 935 100 M. IV. Leistungen an das Reich 55 458 400 M., darunter: Matrikularbeiträge 24 823 700 M.; Ausgleichsbeiträge für Reservatrechte 30 634 700 M. Der Bedarf für die Staatsverwaltung begreift im einzelnen folgendes in sich: Ministerium des Königl. Hauses und des Äußeren 2 021 700 M.; Ministerium der Justiz 29 950 200 M.; Ministerium des Innern 43 603 600 M.; Ministerium des Innern für Kirchen- und Schulangelegenheiten 53 209 100 M.; Finanzministerium 84 520 600 M.; Ministerium für Verkehrsangelegenheiten 629 900 M.

V. Königreich Sachsen.

1. Vermögen und Schulden. Das Königreich Sachsen hat einen verhältnismäßig geringfügigen Besitz an Domänen (Feldgütern) aufzuweisen. Er umfaßt insgesamt nur eine Fläche von 3601 ha. Die Nutzung geschieht durch Verpachtung. Es handelt sich dabei einmal um die Kammergüter (9) mit etwa 3000 ha und sodann um die Landesschulgüter zu etwa 600 ha. Daneben kommen eine Teichwirtschaft zu 195 ha und Weinberge zu 51 ha in Betracht. Ungleich wichtiger für die staatliche Finanzwirtschaft sind die Staatsforsten, welche eine Gesamtfläche von 180 540 ha umfassen mit 173 073 ha Holzboden und 7467 ha Nichtholzboden. Die

gesamte anfallende Holzmasse belief sich 1911 auf 1,05 Millionen Festmeter, wovon 0,72 Festmeter auf Bau- und Nutzholz und 0,33 Festmeter auf Brennholz entfielen. Der Durchschnittsertrag stellt sich danach auf 6,09 Festmeter für das Hektar Holzbodenfläche. Die Verwaltung sowohl der Domänen wie der Forsten führt das Finanzministerium; für die Forstverwaltung sind 9 Forstbezirke gebildet, die dem Ministerium unterstehen. Die 13 staatlichen Berg- und Hüttenwerke Sachsens (Stand 1913) setzen sich aus 1 Steinkohlenbergwerk, 1 Braunkohlenbergwerk, 7 Erzbergwerken (davon 5 rein staatlich, 2 in Gemeinschaftsbetrieb), 2 Hüttenwerken und 2 Blaufarbwerken zusammen. Die Förderung betrug 275 670 t Steinkohle, 21991 t Braunkohle, 8170 t Erze und 644 t Smalte bzw. Kobalterze zum Gesamtwerte von 33 865 000 M. Durchschnittlich wurden in den Werken 3764 Arbeiter beschäftigt. Die Verwaltung liegt dem Finanzministerium ob, welches die oberste Bergbehörde bildet und die einzelnen staatlichen Bergwerksverwaltungen sowie das Oberhüttenamt zu Freiberg unter sich hat.

Die Staatseisenbahnen Sachsens haben (1913) eine Streckenlänge von 3349 km; das Anlagekapital berechnet sich auf 1 186 798 700 M., die Eisenbahnschulden auf 728 095 300 M. Dazu kommen (1911) noch 26 km elektrische Straßenbahnen mit einem Anlagekapital von 3,88 Millionen Mark, welche verpachtet sind. In dem Staatseisenbahnbetrieb wurden von den Lokomotiven und Triebwagen im Jahr 1912 62,41 Millionen Lokomotivkilometer geleistet, von den Personen-, Gepäck- und Güterwagen insgesamt 1471,89 Millionen Achskilometer. Befördert wurden im Personenverkehr 120,16 Millionen Reisende, im Güter- und Tierverkehr 41,72 Millionen Tonnen. Die Zahl der Beamten belief sich auf 16 397. Die Verwaltung liegt unter dem Finanzministerium der Generaldirektion der Staatseisenbahnen in Dresden ob, welcher 6 Betriebsdirektionen (Chemnitz, Dresden-Altstadt, Dresden-Neustadt, Leipzig I, Leipzig II, Zwickau) untergeordnet sind.

Als Erwerbsanstalt besitzt Sachsen ferner selbständig die Sächsische Landeslotterie, welche aus der Leipziger Stadtlotterie hervorgegangen und in Leipzig den eigentlichen Sitz hat. Veranstaltet werden jährlich 2 Lotterien mit je 5 Klassen und 110 000 Losen zum Preis von 50 M. für jede Klasse. Die Verwaltung führt unter dem Finanzministerium die Lotteriedirektion in Leipzig. Um die bei der Lotteriekasse zeitweilig verfügbaren Kassenbestände nutzbar zu machen, ist die Lotteriedarlehnskasse errichtet, deren Erträgnis besonders verrechnet wird. Eine berühmte Erwerbsanstalt Sachsens ist die aus dem Anfang des 18. Jahrhunderts stammende Porzellanmanufaktur zu Meißen, welche künstlerisch erstklassig dasteht, aber auch ein finanzielles Erträgnis abwirft. Des weiteren sind noch anzuführen: die Königl. Münzstätte

Muldener Hütte zu Freiberg (unter dem Oberhüttenamt zu Freiberg), verschiedene Kalkwerke, das staatliche Fernheiz- und Elektrizitätswerk zu Dresden, die Hofapotheke daselbst, Elsterbad, das Dresdener Journal und die Leipziger Zeitung.

Ein besonderes Kapitalvermögen in Wertpapieren oder dgl., dessen Ertrag unbeschränkt für die Staatskasse zu vereinnahmen wäre, kommt für Sachsen nicht in Frage. Dagegen macht das Reinvermögen des Staats an Kassenbeständen und Außenständen 38 686 600 M. aus (1. Januar 1913), wozu noch die Betriebsfonds der Staatskasse, der einzelnen Staatsbetriebe und Staatsverwaltungen mit 24081000 M. treten; in letzterer Summe ist der Reservefonds für Eisenbahnzwecke zu 17 057 600 M. enthalten.

Die sächsische Staatsschuld ist zu weitaus vorragendem Teil für den Ausbau des staatlichen Eisenbahnnetzes aufgenommen worden, nur zu geringerem Teil für sonstige allgemeine Staatszwecke verschiedener Art. Seit 1876 sind Rentenschulden gewählt, die jetzt etwa den dritten Teil der Gesamtschuld ausmachen. Bezüglich der sonstigen fundierten Schuld besteht durchweg vertragsmäßige Tilgung, die bei den älteren Schulden bis zu 1,5% des ursprünglichen Betrages ansteigt; die Rentenschuld wird mit $^1/_2$% der jeweiligen Schuldsumme jährlich getilgt; im allgemeinen ist die Schuldentilgung Sachsens eine hohe und kommt im Durchschnitt auf etwa 1,25%. Ein Staatsschuldbuch besteht schon seit 1884; die Einrichtung desselben wurde zunächst 1906 (G. v. 12. Juni 1906) erweitert, dann aber mit der neuen Gesetzesfassung vom 18. Dezember 1911 den jetzt maßgebenden Gesichtspunkten nach umgestaltet; die Inanspruchnahme desselben ist bislang keine sehr erhebliche. Schatzanweisungen werden nicht ausgegeben. Für die Verwaltung der Staatsschulden ist durch die Verfassung bzw. G. v. 29. September 1834, welches durch die G. v. 3. November 1884 und 20. Februar 1912 ergänzt wurde, die Staatsschuldenkasse eingesetzt, welche aber nicht der Regierung, sondern den Ständen untersteht. Sie wird unter der Oberaufsicht des Finanzministeriums von dem Landtagsausschuß zur Verwaltung der Staatsschulden geleitet. Die Eisenbahnschulden beliefen sich zum 1. Januar 1913 auf 728 095 300 M., die Staatsschuld für sonstige Zwecke auf 133 014 600 M., so daß die Gesamtschuld 861 109 900 M. ausmacht; 91 204 900 M. unbegebener Rentenschuldverschreibungen sind darin nicht mit inbegriffen.

2. Einnahmen. Die Einnahmen aus den Erwerbsanstalten haben in Sachsen nicht ganz die Bedeutung wie in Bayern, obwohl sie namentlich durch die Staatseisenbahnen immerhin ansehnliche sind. Insgesamt erreichen sie den Betrag von 59628500 M. (Rohertrag 285957800 M.). Im einzelnen bringen an Reineinnahmen: die Domänen einschließlich der Intraden 496 400 M. (Rohertrag 763 900 M.), die Forsten 8 907 000 M. (Rohertrag 16 164 000 M.),

die Staatseisenbahnen einschließlich der staatlichen Straßenbahnen 44 608 200 M. (Rohertrag 192 900 500 M.), die sonstigen Betriebe 5 685 800 M. (Rohertrag 55 326 000 M.); unter den sonstigen Betrieben sind berücksichtigt die Kalkwerke, die Hofapotheke, Elsterbad, die Leipziger Zeitung, die Porzellanmanufaktur, die Blaufarbenwerke Oberschlema, das Fernheiz- und Elektrizitätswerk, die Münze, die Lotterie, die Lotteriedarlehnskasse, das Dresdener Journal. Die Bergwerke, Hütten und Salinen, in welche die Blaufarbenwerke nicht einbezogen sind, haben eine Reineinnahme nicht abgeworfen, sondern mit einer Unterbilanz von 68 900 M. gearbeitet; die Roheinnahme belief sich auf 20 803 400 M.

Als Leistungen von Staat zu Staat sind lediglich die Überweisungen aus der Reichskasse mit 13 362 100 M. und die Vergütungen aus der Reichskasse für die Zoll- und Reichssteuerverwaltung mit 4 780 400 M. anzuführen.

Unter den Gebühren stehen auch in Sachsen die Gerichtsgebühren weitaus obenan. Soweit die Reichsgesetzgebung nicht Platz greift, trifft das Gerichtskosteng. v. 21. Juni 1900, ergänzt durch G. v. 18. März 1910, die erforderliche landesgesetzliche Regelung, welche sich im besonderen auch auf die Kosten in Angelegenheiten der freiwilligen Gerichtsbarkeit und die Kosten für die Zwangsvollstreckung in das unbewegliche Vermögen bezieht, daneben aber die allgemeinen Bestimmungen über Beitreibung der Gerichtskosten, Zahlungspflicht, Fälligkeit usw. enthält. Die Kosten im Verwaltungs-Streitverfahren sind besonders geregelt. Durch G. v. 1. März 1902 sind die auf Grund landesgesetzlicher Vorschrift zu hebenden Gerichtskosten um 25% erhöht. Der Ertrag der Gerichtsgebühren einschließlich der gerichtlichen Strafen ist auf 11 321 400 M. veranschlagt; er stand schon 1906 auf etwa der gleichen Höhe, während er 1901 nur 8 329 000 M. ausmachte. Verwaltungsgebühren werden, abgesehen von den in Stempelform zu hebenden Abgaben, für verschiedene Zweige der Verwaltungstätigkeit gefordert. So gibt es Gebühren der Forstverwaltung und der Intradenverwaltung (Jagdkartengelder, Einnahmen aus dem Vertriebe der Hundesteuermarken und der Belehrungen über die Hundswut), Gebühren der Bergverwaltung, ferner die Gebühren für die Benutzung öffentlicher Einrichtungen und für Amtshandlungen der Behörden der inneren Verwaltung. Wiederum einschließlich der Strafgelder sind die Einnahmen aus diesen Gebühren auf 1 195 000 M. veranschlagt. Endlich sind unter der Spalte Hafen-, Schleusen-, Kranen-, Brücken-, Schiffahrtsgebühren, Chausseegelder u. dgl. 235 800 M. in Ansatz gebracht. Die Gesamteinnahme an Gebühren stellt sich dementsprechend auf 12 752 200 M.

Sachsen hat früher als die übrigen Bundesstaaten sein Steuersystem auf die Grundlage einer allgemeinen Einkommensteuer gestellt. Letztere wurde schon 1874 als Ergänzungssteuer eingeführt, darauf aber in dem G. v. 3. Juli 1878 als Hauptsteuer ausgebildet; die Realsteuern wurden bis auf die Grundsteuer, welche eine Ermäßigung erfuhr, beseitigt. Nach verschiedentlichen weiteren Ausgestaltungen wird die Einkommensteuer jetzt nach dem G. v. 24. Juli 1900 gehoben, welches wiederum durch die G. v. 1. Juli 1902, v. 15. Juni 1908 und v. 16. Juni 1910 abgeändert bzw. ergänzt ist. Die Steuerpflicht der physischen Personen ist gleichwie in Preußen im Einklang mit dem Doppelsteuerg. v. 22. März 1909 geordnet. Daneben sind steuerpflichtig sämtliche juristische Personen und die mit dem Rechte des Vermögenserwerbs ausgestatteten Personen, Vereine und Vermögensmassen. Die Steuerpflicht beginnt bei einem Einkommen von mehr als 400 M. Als Einkommen gilt die Summe aller in Geld oder Geldeswert bestehender Einnahmen mit Einschluß des Mietwerts der Wohnung im eigenen Hause und sonstiger freier Wohnung sowie des Wertes der zum Haushalte verbrauchten Erzeugnisse der eigenen Wirtschaft und des eigenen Gewerbebetriebes, abzüglich der auf Erlangung, Sicherung und Erhaltung dieser Einnahmen verwendeten Ausgaben, sowie etwaiger Schuldzinsen. Nach dem Steuertarif, welcher die Normalsätze für die Steuer angibt, ist der Steuerfuß gestaffelt; er beträgt $^1/_4$% bei Einkommen von 400—500 M. (1 M.) und steigt stetig bis zu 5% bei Einkommen von 100 000 M. und darüber. Durch Finanzgesetz ist jeweilig zu bestimmen, ob die Einkommensteuer nach dem Normalsatz oder nur mit einem in Zehnteilen auszudrückenden Bruchteile zur Erhebung gelangen soll. Andererseits wird ein etwaiger Fehlbetrag in dem durch direkte Steuern zu deckenden Teile des Staatsbedarfs durch Zuschläge zur Einkommensteuer aufgebracht. Der Ertrag der Einkommensteuer ist mit 67 809 000 M. angesetzt.

Eine Ergänzungssteuer wird nach dem G. v. 2. Juli 1902 — abgeändert bzw. ergänzt durch die G. v. 21. April 1906 und vom 16. Juni 1910 — von dem nicht der Grundsteuer unterworfenen Vermögen erhoben, seit 1906 einschließlich des dem Betriebe der Land- und Forstwirtschaft auf eigenen Grundstücken dienenden Anlage- und Betriebskapitals. Die physischen Personen werden wie bei der Einkommensteuer herangezogen; von den juristischen Personen sind nur die Aktiengesellschaften und die Kommanditgesellschaften auf Aktien (letztere unter gewisser Beschränkung) steuerpflichtig. Befreit sind insbesondere Personen, deren Jahreseinkommen den Betrag von 950 M. nicht übersteigt, sofern ihr ergänzungssteuerpflichtiges Vermögen nicht mehr als 20000 M. beträgt, und weibliche Personen, welche minderjährige Familienangehörige zu unterhalten haben, sowie vaterlose minderjährige Waisen und Erwerbsunfähige, sofern das steuerpflichtige Vermögen den Gesamtwert von 20 000 M.

und das Jahreseinkommen den Betrag von 1250 M. nicht übersteigt. Abgesehen von dem durch die Grundsteuer betroffenen Vermögen sind von der Steuerpflicht Möbel, Hausrat und andere bewegliche körperliche Sachen ausgeschlossen, falls sie nicht als Bestandteile eines dem Betriebe der Land- oder Forstwirtschaft oder eines Gewerbes dienenden Anlage- oder Betriebskapitals anzusehen sind. In Abzug zu bringen sind die Kapitalschulden, mit Ausnahme der zur Bestreitung der laufenden Haushaltungskosten eingegangenen Verbindlichkeiten, und der Kapitalwert der zu entrichtenden wiederkehrenden Leistungen, die in der Hand des Empfängers steuerpflichtig sind, soweit diese Verbindlichkeiten auf steuerpflichtigem Vermögen beruhen. Die Steuerpflicht beginnt bei einem Vermögenswert von über 12 000 M. Die Steuer wird nach Klassen veranlagt, die bei einem Vermögen von über 12 000 M. bis zu 100 000 M. um je 2000 M., von da bis zu 200 000 M. um je 4000 M. und weiter um je 10 000 M. ansteigen; sie beträgt ½‰ desjenigen Vermögens, mit welchem die vorausgehende Klasse endet. Die Ergänzungssteuer bringt einen Ertrag von 4 908 000 M.

Die Grundsteuer — auf den G. v. 9. September 1843 und vom 3. Juli 1878 beruhend — wird vom Grund und Boden einschließlich der Gebäude erhoben und ist eine einheitliche Steuer (ohne Scheidung von Grundsteuer und Gebäudesteuer), welche von dem nach vorausgegangener Vermessung und Abschätzung ermittelten Reinertrag ihrer Objekte zu entrichten ist. Als Reinertrag gilt ein Normalertrag, welcher unter Anwendung gewisser, für die verschiedenen Arten von Grundstücken und Gebäuden aufgestellter Grundsätze ermittelt wird und der natürlichen gewöhnlichen Ertragsfähigkeit entspricht. Auf je 1 M. des Reinertrags wird eine Steuereinheit gelegt. Die Steuer beträgt 4 Pfennig jährlich von jeder Steuereinheit. Die für ein Grundstück veranlagte Grundsteuer ist unzertrennbar mit dem Grundstück verbunden und grundsätzlich unabänderlich. Die Einnahme aus der Grundsteuer beläuft sich auf 5 013 800 M.

Von der Gewerbesteuer ist als staatliche Steuer nur die Wandergewerbesteuer übrig geblieben, welche nach den G. v. 1. Juli 1878 und vom 26. März 1904 sowie der B. v. 1. Dezember 1879 (Wanderlager) erhoben wird. Der Steuer unterliegt einerseits der Gewerbebetrieb im Umherziehen, wie er durch Lösung eines Wandergewerbescheins nach den Bestimmungen der Reichsgewerbeordnung gekennzeichnet ist, andererseits die Wanderlager. Der regelmäßige Steuersatz für den Gewerbebetrieb im Umherziehen beträgt 50 M. für das Kalenderjahr; er kann für geringere Betriebe bis auf 2 M. ermäßigt, für solche bedeutenderen Umfanges bis auf 300 M., in besonderen Fällen sogar darüber hinaus erhöht werden. Für gewisse Erwerbsarten kann ausnahmsweise Steuerfreiheit durch die

Ministerialinstanz gewährt werden. Aus der Wandergewerbesteuer werden 230 000 M. vereinnahmt.

Die Bergwerkssteuer, welche auf dem G. v. 10. Oktober 1864 beruht, ist teils eine Grubenfeldsteuer und beträgt als solche für jede Maßeinheit (bei Seifenwerken 10 000, bei allen übrigen Bergwerken 1000 Quadratlachter in horizontaler Projektion) 0,30 M. (Gold, Silber) bzw. 0,20 M. (andere Metalle) vierteljährlich, teils eine Schurfsteuer zum Satze von 0,12 M. vierteljährlich für 1000 Quadratlachter Schurffeld. Die Einnahme aus der gesamten Bergwerkssteuer stellt sich auf 23 000 M.

Als einzige Aufwandsteuer besteht in Sachsen die Schlachtsteuer, welche nach dem G. v. 25. Mai 1852 gehoben wird, das jedoch durch die G. v. 15. Mai 1867, 12. November 1875, 24. Februar 1882 und 22. April 1892, sowie durch die V. v. 30. Mai 1865 und vom 15. Mai 1867 geändert bzw. ergänzt ist. Sie wird in dreifacher Form entrichtet: 1. als Abgabe für das im Königreiche geschlachtete Vieh (Rindvieh 6—12 M., 18—21 M.; Kälber, Schweine, Schafe 2 M.); 2. als Übergangsabgabe für Fleischwerk, das aus dem Zollgebiet eingeführt wird (4 bzw. 12 M. für den Zollzentner); 3. als Verbrauchsabgabe für ausländisches Fleischwerk (5 M. für den Zentner). Die Einnahme aus der Schlachtsteuer beträgt 6252 500 M.; sie bewegt sich in einer etwas aufsteigenden Richtung; 1901 waren 5 506 400 M. angesetzt und 1906 5 889 800 M.

Die zunächst beschränkter ausgebildete Stempelsteuer Sachsens ist nach und nach unter dem steigenden Staatsbedarf immer mehr erweitert worden, so daß sie sich nach dem neuen Stempelsteuerg. v. 12. Januar 1909 kaum nennenswert von der Preußischen abhebt. Der Stempelsteuer unterliegen die in einem dem Gesetz angefügten Tarif besonders aufgeführten Urkunden. Regelmäßig ist die Steuerpflicht an die Errichtung der Urkunde angeknüpft. Allgemein werden lediglich die in Sachsen errichteten Urkunden von der Steuer betroffen, die außerhalb Sachsens errichteten Urkunden nur unter bestimmten Umständen, so Miet- und Pachtverträge über Grundstücke, welche in Sachsen liegen, Versicherungsverträge, wenn sie Personen mit Wohnsitz in Sachsen oder in Sachsen befindliche Gegenstände betreffen, Vollmachten, wenn sie zum Zweck des Gebrauchs in Sachsen eingeführt werden. Gewisse eigengeartete Urkunden sind von der Steuer befreit, ebenso Urkunden über Gegenstände, deren Wert unter 150 M. verbleibt. Unter bestimmten Umständen sind Ermäßigungen zugelassen. Die Stempel sind meist Wertstempel, zum Teil auch Fixstempel. Von mehreren Ausfertigungen derselben Urkunde ist nur ein Exemplar voll stempelpflichtig. Insbesondere unterliegen der Steuer Verträge aller Art, wie Kauf-, Tausch-, Bau-, Lieferungs-, Miet- und Pachtverträge, Vergleiche, Schuldverschreibungen ($^2/_{10}$% der Vertragssumme), Verbürgungen, Verpfändungen und andere Sicherheitsleistungen ($^1/_{10}$%), Bestellung einer Hypothek, Grund- oder Rentenschuld ($^3/_{10}$%), Schenkungen unter Lebenden an Deszendenten und Ehegatten usw. ($^2/_{10}$%), Familienstiftungen und Familienanwartschaften (3%), Verleihungen von Titeln (150—2000 M.), Standeserhöhungen (600 bis 5000 M.) usw. Der Einnahmeertrag aus der Stempelsteuer ist mit 5 250 000 M. angesetzt; er hat sich durch das neue Stempelgesetz 1909 mehr als verdoppelt.

Als Erbschafts- und Schenkungssteuer kommt für Sachsen nur der Anteil an der Reichssteuer in Betracht; nach der früheren Landessteuer würde nur derjenige Erwerb, der schon vor dem Inkrafttreten des Reichsgesetzes begründet war, zu besteuern sein. Die Einnahme aus der Erbschafts- und Schenkungssteuer ist mit 1 404 100 M. veranschlagt worden. Eine Einnahme aus der Wertzuwachssteuer ist nicht in Anschlag gebracht; für die Folge wird sie überhaupt nicht mehr eintreten können, da die Wertzuwachssteuer, welche als solche nicht beseitigt ist, nach ihrem Fortfall als Reichseinnahme durch die V. v. 7. Juli 1914 und 11. Dezember 1914 ganz den Gemeinden überlassen wurde.

In der Sammelspalte der Finanzstatistik sonstige Einnahmen aus der Staatsverwaltung sind 11 726 000 M. ausgewiesen. Es handelt sich dabei um eine größere Anzahl ganz verschiedenartiger Einzelbeträge, welche beim Gesamtministerium, bei den Departements der Justiz, des Kultus und öffentlichen Unterrichts, des Innern, der Finanzen und des Auswärtigen, sowie aus der allgemeinen Kassenverwaltung zur Vereinnahmung kommen. Überschüsse und Bestände aus früheren Jahren sind nicht veranschlagt.

3. Ausgaben. Der Staatsbedarf, der insgesamt 419 469 200 M. ausmacht, umfaßt folgende Einzelsummen: I. Ausgaben auf die Erwerbseinkünfte 226 329 300 M., darunter: Domänen (einschließlich Intraden) 267 500 M.; Forsten 7 257 000 M.; Bergwerke, Hütten, Salinen 20 872 300 M.; Staatseisenbahnen 148 292 300 M.; sonstige Betriebe 49 640 200 M. II. Bedarf für die Staatsschuld 38 959 300 M., darunter: Verzinsung 26 950 500 M.; Tilgung 11 839 000 M.; Verwaltungsaufwand 169 800 M. III. Bedarf für die Staatsverwaltung 136 846 100 M. IV. Leistungen an das Reich 17 334 500 M., worin lediglich die Matrikularbeiträge enthalten sind. Der Bedarf für die Staatsverwaltung zerlegt sich in folgende Einzelbeträge: Steuern und Abgaben 11 494 100 M.; allgemeine Staatsbedürfnisse 6 601 200 M.; Gesamtministerium 1 129 100 M.; Ministerium des Innern 37 028 100 M.; Justizministerium 20 054 400 M.; Ministerium des Kultus und öffentlichen Unterrichts 37 807 500 M.; Finanzministerium 11 509 300 M.; Ministerium des Auswärtigen 199 400 M.; Vertretung Sachsens im Bundesrat 555 000 M.; Pensionsetat 8 552 500 M.; Reservefonds 2 425 000 M.

VI. Königreich Württemberg.

1. Vermögen und Schulden. Der verhältnismäßig nicht sehr bedeutende Domanialbesitz Württembergs (Kammergut) ist im Laufe des jetzigen Jahrhunderts und insbesondere im Jahre 1912 noch zurückgegangen. Nach dem Voranschlag 1913 beläuft er sich auf 5844 ha, wogegen 1912 8925 ha und 1901 9710 ha nachgewiesen waren. Derselbe besteht teils aus geschlossenen Gütern (Meiereien), teils aus einzelnen Domänengrundstücken, wobei die letzteren überwiegend sind. Die Nutzung geschieht durch Verpachtung. Die Verringerung des Grundbesitzes ist insofern für die staatliche Finanzwirtschaft ohne einschlagende Bedeutung, als die aus einer Veräußerung erzielten Beträge dem Grundstockvermögen des Staates einverleibt werden müssen und so der Finanzwirtschaft nutzbar bleiben. Vom Kammergut ist das Hofkammergut zu scheiden, welches Privateigentum der Königlichen Familie ist und für den Staat nicht nutzbar wird.

Die Staatsforsten Württembergs nehmen eine Fläche von 196 138 ha ein, und zwar sind davon 187 226 ha Holzboden (ertragsfähiger Holzgrund) und 8912 ha Nichtholzboden (ertragsfähiger Untergrund einschließlich 6053 ha nicht ertragsfähiger Waldfläche). Nach dem Fällungsergebnis 1911 berechnet sich die gesamte Holzmasse auf 1,43 Millionen Festmeter, darunter 0,84 Millionen Bau- und Nutzholz und 0,59 Millionen Brennholz; es entspricht dieses einem Durchschnittsertrag von 7,64 Festmeter für das Hektar Holzbodenfläche. . . . .

Bergwerke, Hütten und Salinen im fiskalischen Besitz sind für 1913 nachgewiesen: 1 Eisenerzbergwerk mit 13 650 t Förderung, 1 Steinsalzbergwerk mit 216 681 t Förderung, 4 Salinen (Friedrichshall, Wilhelmshall, Hall, Sulz) mit 30 686 t Gewinnung und 1 Eisenhütte mit Gewinnung im Werte von 695 000 M. Der gesamte erzielte Wert belief sich auf 2 552 000 M., die durchschnittliche Arbeiterzahl auf 484.

Die Verwaltung der drei vorbehandelten Klassen des Staatsvermögens liegt dem Finanzministerium ob, unter dessen unmittelbarer Leitung die Oberfinanzkammer steht. Die letztere setzt sich aus drei Abteilungen zusammen, der Domänendirektion (Abteilung für Domänen und Bauten) für die Verwaltung der Feldgüter und Gebäude, der Hoheits- und nutzbaren Rechte usw., der Forstdirektion (Abteilung für Forste) für die Verwaltung der Staatsforsten und Staatsjagden und dem Bergrat (Abteilung für das Bergwesen) für die Verwaltung und den Betrieb der staatlichen Bergwerke, Hüttenwerke und Salinen.

Die Streckenlänge der Württembergischen Staatsbahnen beträgt (1913) 2099 km mit einem Anlagekapital von 806 682 700 M. Die Leistung stellt sich (1912) für die eigenen Lokomotiven und

Triebwagen auf 37,96 Millionen Lokomotivkilometer und für die Personen, Gepäck- und Güterwagen auf 735,47 Millionen Achskilometer. Im Personenverkehr wurden insgesamt 74,88 Millionen Reisende befördert, im Gepäck-, Güter- und Tierverkehr insgesamt 14,97 Millionen Tonnen. Beamte und Arbeiter wurden im Jahresdurchschnitt 22 039 beschäftigt. Angegliedert an die Staatseisenbahnen besteht als staatliche Erwerbsanstalt die Dampfschiffahrt auf dem Bodensee, welche jedoch für die staatliche Finanzwirtschaft von untergeordneter Bedeutung ist. Anders liegt es mit der Post und Telegraphie, welche in Württemberg unter eigener staatlicher Verwaltung steht und eine selbständige Erwerbsanstalt bildet. Das Württembergische Postgebiet umfaßte (Ende 1911) 1178 Postanstalten und 2223 Telegraphenanstalten mit insgesamt 10 064 Bediensteten. Die Verwaltung der vorbezeichneten Verkehrsanstalten leitet das Ministerium des Äußeren, bei dem zu dem Zweck eine besondere Abteilung „Verkehrsabteilung" gebildet ist. Unmittelbar untergeordnet sind die Generaldirektion der Staatseisenbahnen, welcher auch die Bodenseedampfschiffahrt untersteht, und die Generaldirektion der Posten und Telegraphen.

Als weitere staatliche Erwerbsanstalten untergeordneter Bedeutung sind aufzuführen die Badeanstalt Wildbad, welche von der Domänendirektion verwaltet wird, die Königl. Münze in Stuttgart, welche dem Bergrat untersteht, und der Staatsanzeiger für das Königreich Wüttemberg. Endlich ist hierher gehörig der Anteil Württembergs an der Preußisch-Süddeutschen Klassenlotterie, welcher durch Staatsvertrag vom 29. Juli 1911 begründet ist.

Als Kapitalvermögen ist zunächst das Geldvermögen des Kammerguts, das sog. Grundstockvermögen anzuführen, welches durch Veräußerung von Kammergrundbesitz und -Immobiliarrechten, namentlich durch Gefällablösungen, entstanden und in seinem Bestande dauernd zu erhalten ist. Der Betrag des Grundstockvermögens berechnete sich am 1. April 1913 auf 16 078 900 M. Daneben bilden ein weiteres Kapitalvermögen die einzelnen Betriebs- und Reservefonds, so der Eisenbahnreservefonds, das Betriebskapital der Staatshauptkasse, die Betriebsfonds einzelner Staatsanstalten und Gewerbe und der Forstreservefonds. Der Eisenbahnreservefonds wurde durch das G. v. 29 Juli 1899 bzw. G. v. 25. Juli 1910, der Forstreservefonds durch die G. v. 1. August 1905 und vom 25. Juli 1910 begründet; beide stellen sich im wesentlichen als Ausgleichsfonds dar. Insgesamt enthalten diese Fonds die Summe von 34 446 700 M.

Die Staatsschulden Württembergs zerfallen in die allgemeine Staatsschuld, welche für Staatszwecke verschiedenster Art eingegangen wurde, und in die Eisenbahnschuld, welche an finanzieller

Bedeutung in außerordentlichem Maße vorwiegt. Die Tilgungspflicht ist durch G. v. 18. Mai 1903 geregelt; es sind regelmäßig $^3/_5$% des Schuldbestandes zu Anfang des Rechnungsjahres zu tilgen; daneben bilden $^2/_5$ etwaiger bestimmter Rechnungsüberschüsse zur Tilgung verwendet werden. Ein Staatsschuldbuch, das im allgemeinen dem für das Reich und Preußen entspricht, ist durch G. v. 12. August 1911 eingeführt; dasselbe ist bislang nur in geringem Maße in Anspruch genommen. Als schwebende Schuld dürfen nach dem Finanzg. v. 24. März 1881 zur Verstärkung des Betriebskapitals der Staatshauptkasse Schatzanweisungen (Höchstbetrag jetzt 20 Millionen Mark) ausgegeben werden; Umlaufszeit und Zinssatz bestimmt innerhalb der gesetzlichen Schranken das Finanzministerium; die Ausgabe erfolgt in Stücken zu 100, 50 und 10 Tausend Mark. Die Verwaltung der Staatsschuld wird von den Ständen unter Aufsicht der Regierung geführt. Es ist dafür eine besondere Staatsschuldenkasse mit ständischen Beamten eingerichtet. Die obere Leitung hat die von beiden Kammern gemeinschaftlich gewählte Staatsschuldenverwaltungskommission. Maßgebend sind das Staatsschuldenstatut vom 22. Februar 1837 mit der Abänderung vom 4. September 1853, sowie die G. v. 20. Dezember 1896 und 18. Mai 1903. Die Gesamtschuld betrug am 1. April 1913 621 377 000 M. wovon nur 18 030 500 M. auf die allgemeine Staatsschuld und 603 346 500 M. auf die Eisenbahnschuld kommen. Schatzanweisungen waren nicht im Umlauf.

2. Einnahmen. Die Erwerbseinkünfte Württembergs erreichen insgesamt eine Höhe von 47 103 100 M. (Rohertrag 158 698 800 M.). Sie setzen sich im einzelnen aus folgenden Summen zusammen: Domänen 253 200 M. (Rohertrag 900 000 M.); Forsten 12 629 800 M. (Rohertrag 20 846 300 M.); Bergwerke, Hütten und Salinen 830 000 M. (Rohertrag 9 560 000 M.); Staatseisenbahnen 24 265 400 M. (Rohertrag 94 850 200 M.); Staatsdampfschiffahrt 1000 M. (Rohertrag 504 020 M.); Post und Telegraph 9 025 700 M. (Rohertrag 31 565 600 M.); sonstige Betriebe 98 000 M. (Rohertrag 742 500 M., an welchem die Badeanstalt Wildbad mit 391 800 M., die Münze mit 160 200 M. und der Staatsanzeiger mit 190 500 M. beteiligt ist). Der Anteil an der Preußisch-Süddeutschen Klassenlotterie, obwohl an sich hierher gehörig, erscheint unter den Einnahmen aus der Staatsverwaltung.

Die Leistungen von Staat zu Staat begreifen einerseits die Überweisungen aus der Reichskasse (Branntweinsteuer) mit 7 639 400 M. und andererseits die Vergütungen aus der Reichskasse für die Zoll- und Reichssteuerverwaltung mit 834 000 M. in sich.

Die Gerichtsgebühren, soweit landesgesetzliche Bestimmungen neben den reichsgesetzlichen erforderlich sind, regelt die Gerichtskostenordnung vom 1. Dezember 1906 — im einzelnen geändert bzw. in den Sätzen erhöht durch G. v. 28. Juli 1911 und v. 17. Juli 1913 —. Dieselbe behandelt wesentlich die Angelegenheiten der freiwilligen Gerichtsbarkeit, so die Gebühren in Grundbuchsachen, in Vormundschaftssachen, in Nachlaß- und Teilungssachen, in Handelssachen, in Vereins- und Güterrechtssachen, gewisse Beurkundungen sowie das Zwangsversteigerungs- und Zwangsverwaltungsverfahren; die Verwaltungsrechtssachen sind nicht mit aufgenommen, sie erscheinen im Sportelgesetz als Gebühren der Verwaltung. Dem Betrage nach stehen die Gerichtsgebühren unter den Gebühren obenan; sie weisen eine Einnahme von 4 900 000 M. auf. Näher als bei den übrigen Königreichen kommen die Verwaltungs-Gebühren an die Gerichtsgebühren heran, welche durch das allgemeine Sportelg. in der Fassung v. 16. August 1911 mit Änderung v. 8. Juli 1912 eine nähere und erweiterte Regelung gefunden haben. Die Sporteln, welche regelmäßig an die einzelnen Verwaltungsvorgänge in den verschiedenen Dienstkreisen angeknüpft sind, stellen sich einesteils als eigentliche Gebühren, als Entgelt für die Tätigkeit der Behörden zugunsten von Einzelinteressen, dar, so die Sporteln für Gesuche, Beglaubigungen, Zeugnisse, Staatsprüfungen, Dienstanstellungen usw. Andernteils sind sie, und zwar jetzt vorwiegend, Verkehrssteuern, die lediglich den einzelnen Verkehrsvorgang als solchen treffen. Die Sporteln in letzterer Richtung entsprechen im wesentlichen der Stempelsteuer anderer Staaten, welche in Württemberg fehlt. Im einzelnen werden die Sporteln durch einen an das Gesetz angehängten Tarif teils mit festen Sätzen, teils innerhalb eines Rahmens bestimmt. Die Finanzstatistik verrechnet mit den Gebühren zusammengezogen gewisse ähnliche Einnahmen aus Hoheits- und obrigkeitlichen Rechten sowie forstlichen Rechten (Geldstrafen, erblose Verlassenschaften, Konzessionsgelder usw.). Die bezüglichen Einnahmen — hier wie oben einschließlich der Strafgelder — sind insgesamt mit 3 108 900 M. angesetzt. Daneben kommen noch die Hafen-, Schleusen-, Kranen-, Brücken-, Schiffahrtsgebühren und dergleichen mit im ganzen 81 000 M. in Betracht.

Die 1895 einsetzenden Bestrebungen das auf Ertragssteuern und partiellen Einkommensteuern beruhende Steuersystem Württembergs auf der Grundlage einer allgemeinen Einkommensteuer umzugestalten, gelangten erst durch die neue Steuergesetzgebung von 1903 zur Durchführung. Die allgemeine Einkommensteuer bildet nunmehr die Hauptsteuer, neben welcher aber die früheren Steuern — Grundsteuer, Gebäudesteuer, Gewerbesteuer, Kapitalrentensteuer — als Ergänzungsbesteuerung unter Ermäßigung ihrer Sätze beibehalten wurden. Man suchte auf diese Weise die stärkere Heranziehung des fundierten Einkommens zu erreichen und dadurch die Neueinführung einer Vermögenssteuer unnötig zu machen.

Das Einkommensteuerg. v. 8. August 1903 erklärte als steuerpflichtig: die Württembergischen Staatsangehörigen mit Wohnsitz in Württemberg; die Angehörigen anderer Bundesstaaten, die in Württemberg wohnen; die Ausländer, die in Württemberg sich länger als ein Jahr ununterbrochen aufhalten; die juristischen Personen jeder Art sowie die Personenvereine von nicht geschlossener Mitgliederzahl. Als steuerbares Einkommen gilt das gesamte Einkommen des Steuerpflichtigen in Geld und Geldeswert aus Grundstücken, Gewerbebetrieb, Kapitalrenten, Dienst- oder Arbeitsverhältnissen, freien Berufen sowie Rechten auf wiederkehrende Bezüge und Vorteile. Abzugsfähig sind neben Schuldzinsen, Verwaltungs- und Betriebsausgaben, Abnutzungsabsetzungen, Krankenkassenbeiträgen auch die Ertragssteuern aus Grundeigentum, Gebäuden, Gewerben und Kapitalrenten, die für den Staat erhoben werden, nicht aber Versicherungsprämien. Die Steuerpflicht beginnt bei einem Einkommen von 500 M. In einem Tarif mit ansteigender Staffelung sind Einheitssätze festgelegt; auf der untersten Stufe beträgt der Steuersatz 2 M. = 0,4%; letzterer erhöht sich in zahlreichen Abstufungen bis er bei einem Einkommen von 200000 M. den bleibenden Höchstsatz von 5% erreicht. Gewisse Ermäßigungen (Kinderprivileg in besonderer Ausgestaltung; Berückichtigung besonderer Leistungsfähigkeitsbeschränkungen) sind zugelassen. Durch Finanzgesetz wird für jede Etatsperiode bestimmt, wie viele Prozente des Einheitssatzes gleichmäßig für alle Abstufungen zur Hebung kommen sollen. Die Einnahme aus der Einkommensteuer ist mit 24 885 000 M. angesetzt.

Der Grundsteuer unterliegen alle ertragsfähigen Grundstücke und Realrechte. Die Besteuerung erfolgt nach dem Reinertrage. Zur Feststellung desselben werden Wälder und andere Grundstücke geschieden. Letztere teilt man wieder nach Kulturarten (Weingärten, Gärten, Hofgärten, Äcker, Wiesen, Weiden) in Klassen ein; für jede Kulturart und Klasse werden bestimmte Reinerträge festgestellt. Die frühere Katastrierung ist bei Einführung der allgemeinen Einkommensteuer mit gewissen Abstrichen beibehalten. Der Steuersatz wird für jede Etatsperiode durch Finanzgesetz bestimmt; zur Zeit werden 2% des steuerbaren Ertrags gehoben. Die Einnahme an Grundsteuer ist mit 1 617 000 M. veranlagt.

Die Gebäudesteuer wird von allen Gebäuden einschließlich ihrer Grundflächen und Hofreiten und der für sich bestehenden Keller erhoben. Den Maßstab für die Besteuerung bildet der Ertrag der Gebäude, welcher aus deren durch Schätzung zu ermittelnden vollen Kapitalwert berechnet wird. Als voller Kapitalwert gilt im wesentlichen der Verkaufswert. Der steuerbare Jahresertrag der Gebäude ist auf 3 M. von je 100 M. des Kapitalwerts festgesetzt. Der hiernach aus dem Kapitalwerte (Steueranschlag) berechnete

Betrag stellt das Steuerkapital (Steuerkataster) des einzelnen Gebäudes dar. Der Steuersatz wird jedesmal durch das Finanzgesetz bestimmt. Der Ertrag aus der Gebäudesteuer ist zu 2 730 000 M. angenommen.

Der Gewerbesteuer unterliegen alle im Lande betriebenen stehenden Gewerbe. Gegenstand der Besteuerung ist der gewerbliche Reinertrag. Den Maßstab der Besteuerung bildet einerseits der persönliche Arbeitsverdienst des Gewerbetreibenden, andererseits der nach Prozenten zu schätzende Ertrag aus dem in dem Gewerbe verwendeten Betriebskapital. Wesentliche Merkmale für die Einschätzung sind die Zahl und Gattung der verwendeten Gehilfen und die Größe des Betriebskapitals; bei Handelsunternehmungen von außerordentlichem Umfang (Warenhäuser usw.) ist neben der Größe des Betriebskapitals der Betrag der jährlichen Roheinnahme als Merkmal heranzuziehen. Beim persönlichen Arbeitsverdienst ist bis zu dem Betrage von 3400 M. als steuerbares Gewerbeeinkommen nur ein bestimmter nach der Höhe abgestufter Prozentsatz anzusetzen und erst über jene Grenze hinaus der volle Betrag. Beim Betriebskapital ist stets der volle eingeschätzte Reinertrag in Ansatz zu bringen. Der aus Arbeitsverdienst und Reinertrag des Betriebskapitals berechnete Betrag ist der Gewerbekataster. Der Steuersatz, welcher von je einer Einheit des Gewerbekatasters zu heben ist, wird jeweilig durch Finanzgesetz festgelegt. Die Gewerbesteuer ist mit 2 940 000 M. veranschlagt. Die Umgestaltung der Grund-, Gebäude- und Gewerbesteuer ist durch ein gemeinsames G. v. 8. August 1903 geregelt.

Die Kapitalsteuer, welche nach dem G. v. 8. August 1903 gehoben wird, erfaßt, sich an die Einkommensteuer anlehnend, Zinsen oder sonstige Erträgnisse aus verzinslich angelegten Kapitalien jeder Art, Dividenden, Zinsen oder sonstige Gewinnanteile von Aktiengesellschaften, Kommanditgesellschaften auf Aktien, Gesellschaften mit beschränkter Haftpflicht, Berggewerkschaften und sonstiger Erwerbsgesellschaften, Renten jeder Art und die auf dem Königl. Kammergut haftenden hausgesetzlichen Bezüge der Mitglieder des Königlichen Hauses. Nicht betroffen wird das Erträgnis aus Kapitalien, die mit dem landwirtschaftlichen oder gewerblichen Betriebe verknüpft sind. Die subjektive Steuerpflicht ist die gleiche wie bei der Einkommensteuer, desgleichen in der Hauptsache die Steuerbefreiungen. Steuerbar ist der volle Jahresertrag der Kapitale und Renten nach dem Stande bei Beginn des Steuerjahres ohne Abzug von Schuldenzinsen oder Lasten. Der Jahressteuerbetrag, der von je 100 M. des steuerbaren Ertrages zu entrichten ist (Steuersatz), wird für jede Etatsperiode durch das Finanzgesetz bestimmt. Die Einnahme aus der Kapitalsteuer beläuft sich auf 4 180 000 M.

Mit einer Wandergewerbesteuer ist endlich nach dem G. v. 15. Dezember 1899 der Gewerbebetrieb im Umherziehen und der Wanderlagerbetrieb belastet. Steuerpflichtig sind die in § 55 der Reichsgewerbeordnung bezeichneten Personen. Der Steuersatz wird nach einem bestimmten Steuertarif — bezüglich der Hausiersteuer abgestuft von 1—300 M., bezüglich der Wanderlagersteuer nach dem Warenwert und der Warenart zwischen 2 und 20 M. die Woche für je 1000 M. Wert — bemessen und ist von sämtlichen Wandergewerbetreibenden vor Beginn des Betriebes in dem ganzen angesetzten Betrage zu entrichten. Für das Hausiergewerbe und die Detailreisenden erfolgt die Festsetzung der Steuer je für das Kalenderjahr. Die Wanderlager sind für jeden Ort des Betriebes gesondert und für die ganze Betriebsdauer im voraus zur Steuer heranzuziehen; bei Vermehrung der Warenvorräte ist die Steuer neu festzustellen. Das Erträgnis der Wandergewerbesteuer stellt sich auf 83 000 M. Die gesamte Einnahme aus den direkten Steuern ist zu 36 435 000 M. berechnet.

Unter den indirekten Steuern ist für die staatliche Finanzwirtschaft die Biersteuer die bedeutungsvollste. Dieselbe wird nach den G. v. 4. Juli 1900 und vom 16. August 1909 als Malzsteuer und als Übergangssteuer erhoben. Der Malzsteuer unterliegt das zur Bierbereitung bestimmte, in Württemberg geschrotene Malz. Die Steuer wird von dem Gewicht des zur Mühle gebrachten ungeschrotenen Malzes nach Abzug des Gewichts der Umschließung gehoben. Den Steuersatz bestimmt das Finanzgesetz. Die Steuer beträgt von der in einem Brauereibetrieb innerhalb eines Rechnungsjahres steuerpflichtig gewordenen Malzmenge für die ersten 250 dz 65% des Steuersatzes, für die folgenden 1250 dz 80%, für die folgenden 1500 dz 90%, für die folgenden 2000 dz 95% und für den Rest 100%. Die Übergangssteuer wird von dem über die Landesgrenze eingeführten Bier und geschrotenen Malz erhoben. Der Steuersatz wird durch Finanzgesetz bestimmt. Die Einnahme aus der Biersteuer beläuft sich auf 13 775 000 M.

Eine Weinsteuer, allerdings nur in beschränktem Maße, wird in Württemberg nach dem Wirtschaftsabgabeng. v. 4. Juli 1900 in dem sog. Umgeld von den zum Ausschank gelangenden oder im Kleinverkauf (in Mengen unter 20 l) abgesetzten Wein und Obstwein gehoben. Subjektiv steuerpflichtig sind die obrigkeitlich zugelassenen Wirte und Kleinverschleißer. Die Steuer beträgt für den Wein 11% und für den Obstwein 8% des Erlöses und wird durch vierteljährliche Kelleruntersuchungen und Vorratsaufnahmen unter Berücksichtigung des Ausschankpreises usw. festgelegt. Statt des letzteren umständlichen Verfahrens kann nach dem mutmaßlichen Absatz mit dem Pflichtigen für 3 Jahre eine Aversalsumme vereinbart werden, was die Regel bildet. Daneben ist von den Wirten usw. eine Art Lizenzabgabe geringfügigen Betrages nach dem Sportelgesetz zu entrichten, welche sich in der Hauptsache als Gebühr darstellt (neu geregelt durch G. v. 8. Juli 1912). Der Ertrag aus der Weinsteuer ist auf 2 000 000 M. angesetzt.

Die früher zum Teil für den Staat erhobene Hundesteuer ist durch G. v. 8. August 1903 ganz den Gemeinden zugewiesen.

Da Württemberg eine Stempelsteuer nicht erhebt — ein Teil der bezüglichen Verkehrssteuer ist, wie oben bemerkt, in den Sporteln enthalten —, so kommt der Form nach als einzige Verkehrssteuer hier die Umsatzsteuer für Grundstücke in Betracht, welche durch das G. v. 28. Dezember 1899 neu geregelt und in ihrem Steuersatz durch das G. v. 12. August 1911 noch erhöht wurde. Der Steuer unterliegen Kauf- und Tauschverträge und andere entgeltliche Rechtsgeschäfte, die den Erwerb des Eigentums an Grundstücken und solcher Berechtigungen zum Gegenstand haben, für welche die sich auf Grundstücke beziehenden Vorschriften gelten, sowie der Erwerb durch Zwangsversteigerung oder Zwangsenteignung. Steuerpflichtig ist der Erwerber. Die Steuer ist zu entrichten bei Kaufverträgen von dem vereinbarten Kaufpreis (einschließlich des Wertes übernommener Leistungen), bei anderen Verträgen von dem Gesamtwert der Gegenleistung, bei einer Zwangsversteigerung vom Betrage des Meistgebots, bei Zwangsenteignung vom Betrage der Entschädigungssumme. Ihre Höhe beträgt jetzt 1,5% des steuerpflichtigen Wertes. Die Einnahme aus der Besteuerung des Umsatzes von Grundstücken ist auf 3 400 000 M. veranschlagt.

Neben der reichsgesetzlichen Erbschafts- und Schenkungssteuer ist die landesrechtliche Erbschaftssteuer noch begründet für Aszendenten, uneheliche vom Vater anerkannte Kinder und deren Abkömmlinge sowie an Kindesstatt angenommenen Personen, sofern der Wert des Erwerbes den Betrag von 10 000 M. nicht übersteigt. Des weiteren wird für die württembergische Staatskasse nach dem G. v. 17. August 1911, ergänzt durch G. v. 18. März 1914, ein Zuschlag zu der reichsgesetzlichen Steuer erhoben, der 30% nicht übersteigen darf, im übrigen aber für jede Etatsperiode durch das Finanzgesetz bestimmt wird. Bisher wurde der Zuschlag in dem Höchstbetrage von 30% erhoben. Der Anteil an der Reichssteuer ist für die staatliche Finanzwirtschaft mithin nicht mehr das allein Ausschlaggebende. Der Ertrag aus Erbschafts- und Schenkungssteuer ist mit 1 176 500 M. eingestellt. Eine Einnahme aus der Wertzuwachssteuer ist für 1913 nicht veranschlagt. Vorläufig werden 50% der Steuer nach dem Reichszuwachssteuergesetze weiter gehoben, von denen 10% in die Staatskasse fließen. Eine anderweite landesgesetzliche Regelung ist nicht in Aussicht.

Die sonstigen Einnahmen aus der Staatsverwaltung setzen sich zusammen aus Einnahmen im Bereich des Departements der Justiz, des Departements des Innern (auf diese beiden entfallen die Hauptsummen), des Departements des Kirchen- und Schulwesens und des Departements der Finanzen, aus außerordentlichen Einnahmen der Staatsschuldenkasse, aus verschiedenen Einnahmen bei der Staatsschuldenkasse unmittelbar und aus dem Ertrag der Staatslotterie (785 000 M.). Insgesamt sind die bezüglichen Einnahmen mit 7 343 300 M. angesetzt. An Überschüssen und Beständen aus früheren Jahren sind in den Voranschlag 1913 3 607 900 M. eingestellt.

3. Ausgaben. Der Staatsbedarf zu insgesamt 242 257 400 M. gliedert sich in folgende Einzelbeträge: I. Ausgaben auf die Erwerbseinkünfte 111 595 700 M., darunter: Domänen 646 800 M.; Forsten 8 216 500 M.; Bergwerke, Hütten und Salinen 8 730 000 M.; Staatseisenbahnen 70 314 800 M.; Staatsdampfschiffahrt 503 200 M.; Post und Telegraph 22 539 900 M.; sonstige Betriebe 644 500 M. (Badeanstalt Wildbad 361 800 M., Münze 110 200 M., Staatsanzeiger 172 500 M.). II. Bedarf für die Staatsschuld 28 065 400 M., darunter: Verzinsung 23 507 300 M., Tilgung 4 310 500 M., Verwaltungsaufwand 247 600 M. III. Bedarf für die Staatsverwaltung 82 619 200 M. IV. Leistungen an das Reich 19 977 100 M., darunter: Matrikularbeiträge 9 077 100 M., Ausgleichsbeiträge für Reservatrechte 10 900 000 M. Der Bedarf für die Staatsverwaltung begreift im einzelnen in sich: Königliches Haus 247 800 M.; Renten, Entschädigungen 646 900 M.; Landstände 378 500 M.; Pensionen, Unterstützungen 12 914 500 M.; Staatsministerium, Beschickung des Bundesrats 96 100 M.; Verwaltungsgerichtshof 40 900 M.; Departement der Justiz 9 912 500 M.; Departement der auswärtigen Angelegenheiten 224 000 M.; Departement des Innern 18 110 500 M.; Departement des Kirchen- und Schulwesens 23 513 800 M.; Departement der Finanzen 7 957 100 M.; allgemeiner Hochbaufonds 5 056 400 M.; Aufwand an Postporto 1 240 000 M.; allgemeiner Dispositionsfonds 50 000 M.

VII. Großherzogtum Baden.

1. Vermögen und Schulden. Unter dem Staatsvermögen Badens hat man zunächst den Domänengrundstock aufzuführen, da die Einnahme aus demselben und die Verwaltung verfassungsmäßig dem Staate zusteht, wenngleich die Eigentumsfrage, ob landesherrliche Familie, ob Staat, nicht zweifelsfrei geklärt ist. Der Domanialgrundstock umfaßt im wesentlichen Liegenschaften, welche teils landwirtschaftlich oder gewerblich genutzt werden, sog. Kameraldomänen, teils zur Holznutzung bestimmt sind, sog. Forstdomänen. Von diesen scheiden sich die Hofdomänen, die

gesetzlich dem Landesherrn zu alleiniger Nutzung überlassen sind und für die staatliche Finanzwirtschaft nicht in Betracht kommen. Die Kameraldomänen umfassen eine Grundfläche von 17 592 ha (ca. 80 ha Rebgelände). Die Gesamtfläche der Forstdomänen betrug 1911 95 679 ha, davon 93 879 ha Holzboden, 1800 ha Nichtholzboden; die Fällung ergab eine gesamte Holzmasse von 704 Tausend Festmeter, wovon 314 Tausend auf Bau- und Nutzholz und 390 Tausend auf Brennholz entfielen; der Durchschnittsertrag stellt sich auf 7,50 Festmeter für das Hektar der Holzbodenfläche. Die Verwaltung des Domänengrundstocks liegt unter dem Finanzministerium der Domänendirektion ob, der wiederum die Domänenämter und die Forstämter unterstehen.

Zum Staatsvermögen gehört ferner der Staatsgrundstock, der allerdings in der Hauptsache das hier nicht weiter in Betracht kommende Verwaltungsvermögen in sich greift, daneben aber die vom Staat aus Gründen des öffentlichen Interesses in Leitung und Betrieb genommenen staatlichen Anstalten. Von letzteren interessieren uns wiederum nur die auf Erwerb gerichteten. Unter ihnen nehmen die Staatseisenbahnen die erste Stelle ein. Sie haben eine Streckenlänge von 1784 km mit einem Anlagekapital von 868 569 700 M. und einer Eisenbahnschuld von 585 891 500 M. Von den Lokomotiven wurden 1912 insgesamt 42,06 Millionen Lokomotivkilometer, von den Personen-, Gepäck- und Güterwagen 1109,05 Millionen Achskilometer geleistet. Im Personenverkehr wurden 58,63 Millionen Reisende befördert, im Güter- und Tierverkehr 22,91 Millionen Tonnen. Die Zahl der Beamten und Arbeiter belief sich im ganzen auf 27 939. Die Verwaltung führt die dem Ministerium des Großherzoglichen Hauses und der auswärtigen Angelegenheiten unterstellte Generaldirektion der Staatseisenbahnen. Daneben ist als zugehöriger weiterer Gegenstand des Staatsvermögens der Anteil Badens an der früheren Main-Neckarbahn zu nennen, welche jetzt der Preußisch-Hessischen Eisenbahngemeinschaft zugehört. Ebenmäßig ist die staatliche Bodenseedampfschifffahrt anzuführen, welche der Generaldirektion der Staatseisenbahnen unterstellt ist.

Einen abgesonderten Vermögensteil bilden die Staatssalinen (Dürrheim, Rappenau), welche auf Grund der dem Staate vorbehaltenen Ausbeutung von Salzablagerungen und Solquellen begründet wurden. Dieselben förderten 1912 32891 Tonnen Kochsalz mit einer Arbeiterzahl von 203. Die Oberleitung ist in der Hand der Domänendirektion, der zwei Salinenämter unterstehen. Die früheren staatlichen Hüttenwerke sind in den sechziger Jahren vorigen Jahrhunderts veräußert worden. Vermögensgegenstände geringerer finanzwirtschaftlicher Bedeutung sind die Bäder, die Brauerei Rothaus und die Münze, letztere beide dem Finanzministerium, erstere dem Ministerium des Innern unterstehend. Schließlich zählt hierher der Anteil an der Preußisch-Süddeutschen Klassenlotterie, welcher auf dem Staatsvertrag vom 29. Juli 1911 beruht.

Als Kapitalvermögen des Staats sind zunächst die Geldbestände, Wertpapiere und Geldforderungen der einzelnen Verwaltungszweige anzusehen, welche mit 39 829 500 M. eingestellt sind. An zweiter Stelle handelt es sich um die Betriebsfonds, welche insgesamt zu 15 510 000 M. angegeben sind, davon 11 643 500 M. Betriebsfonds der allgemeinen Staatsverwaltung und 3 866 500 M. Betriebsfonds der Eisenbahnverwaltung. Drittens ist ein dem bestimmten Zweck dienender staatlicher Pensionsfonds von 19 666 700 M. vorhanden, der aus früheren Ansammlungen für Zwecke der Hinterbliebenenversorgung der Beamten und Lehrer sowie aus dem Vermögen der Militärwitwenkasse sich zusammensetzt.

Die Badische Staatsschuld besteht jetzt lediglich aus der Eisenbahnschuld, nachdem aus der französischen Kriegskostenentschädigung 1870/71 die allgemeine Staatsschuld vollständig abgetragen wurde. Man ließ jedoch die für Tilgung der letzteren nach dem G. v. 22. Juni 1837 geordnete Amortisationskasse bestehen, die nunmehr ein staatliches Bankinstitut bildet und nennenswerte Kapitalreserven ansammelt. Für die Tilgung der Eisenbahnschuld ist nach G. v. 10. September 1842 eine besondere Eisenbahnschuldentilgungskasse begründet, welcher bestimmte Erträgnisse zugewiesen sind. Die Eisenbahnschuld ist durchweg als Tilgungsschuld ausgegeben. Durch G. v. 8. Juni 1912 ist nach den üblichen neueren Grundsätzen ein Staatsschuldbuch eingerichtet. Schatzanweisungen können bei vorübergehendem Bedürfnis bis zum Betrage von 5 Millionen Mark ausgegeben werden. Die Verwaltung der Staatsschuld führt eine besondere unter dem Finanzministerium stehende Behörde, die Landesschuldenverwaltung. Der Betrag der Staatsschuld bzw. Eisenbahnschuld belief sich 1913 auf 585 891 500 M. Schatzanweisungen waren zum Betrage von 464 000 M. ausgegeben.

2. Einnahmen. An Einnahmen bringen die Erwerbsanstalten Badens insgesamt 35 349 400 M. (Rohertrag 130 756 200 M.). Die einzelnen Anstaltsarten sind dabei mit folgenden Beträgen beteiligt: Domänen und Forsten (dieselben erscheinen nur vereint in der Finanzstatistik) 4 361 100 M. (Rohertrag 11 277 400 M.); Bergwerke, Hütten und Salinen 488 200 M. (Rohertrag 1 270 600 M.); Staatseisenbahnen (einschließlich des Anteils an der Preußisch-Hessischen Eisenbahngemeinschaft) 29 869 900 M. (Rohertrag 116 010 100 M., darunter der vorbezeichnete Anteil 2 780 000 M.); sonstige Betriebe 639 500 M. (Rohertrag 1 723 500 M.; darunter Bäder 486 100 M.; Brauerei Rothaus 617 100 M.; Münze 102 800 M.; Lotterie 517 500 M.). Die Staatsdampfschiffahrt hat keinen Rein-

ertrag abgeworfen, zeigt vielmehr einen Fehlbetrag von 9 300 M. bei einem Rohertrag von 474 600 M.

Als Leistungen von Staat zu Staat erscheinen die Überweisungen aus der Reichskasse (Branntweinsteuer) mit 6 438 000 M. und die Vergütungen aus der Reichskasse für die Zoll- und Reichssteuerverwaltung mit 2 367 600 M.

Die erforderliche landesgesetzliche Regelung bezüglich der Gerichtsgebühren trifft das Kosteng. v. 24. September 1908, welches in der Hauptsache die Kosten in Angelegenheiten der freiwilligen Gerichtsbarkeit behandelt und bezüglich der Einzelheiten der zu ordnenden Gegenstände im allgemeinen mit der Gesetzgebung der vorerörterten Königreiche übereinstimmt. Als Einnahme an Gerichtsgebühren einschließlich der gerichtlichen Strafen sind 3 063 000 M. angesetzt. Für die staatliche Finanzwirtschaft von erheblich größerer Bedeutung sind in Baden die als Polizeigefälle bezeichneten Verwaltungsgebühren, wesentlich wohl nur deshalb, weil sie gleicherzeit den Ersatz für die mangelnde Stempelsteuer bilden. Die Grundlage gibt das G. v. 4. Juni 1888, welches jedoch verschiedentliche Änderungen und Ergänzungen erfahren hat, so durch G. v. 14. Juni 1894, vom 20. August 1898, vom 16. August 1900, vom 24. September 1908 und vom 22. Juli 1910. Ähnlich wie in dem Sportelgesetz für Württemberg werden neben eigentlichen als ein gewisses Entgelt für behördliche Tätigkeit sich darstellenden Gebühren, die Verwaltungssachen der verschiedensten Art, ebenso auch verwaltungsgerichtliche Angelegenheiten treffen, darüber hinausgehende Abgaben angeordnet, die sich nach ihrer inneren Eigenart als Verkehrssteuern darstellen. Gerade die letzteren sind die vorragendsten. Der Ertrag an Verwaltungsgebühren einschließlich der Strafgelder beläuft sich auf 6 563 900 M., erreicht also mehr als das doppelte der Gerichtsgebühren. Einnahmen aus Hafen-, Schleusen-, Schiffahrtsgebühren und dgl. kommen nicht vor.

Eine allgemeine Einkommensteuer wurde in Baden schon 1884 eingeführt. Zunächst ließ man die früheren Ertragssteuern unter entsprechender Umgestaltung als Ergänzungssteuern auf das fundierte Einkommen daneben bestehen, bis 1906 an Stelle der letzteren eine Vermögenssteuer gesetzt wurde. Nach verschiedenen Ergänzungen wurde sowohl dem Einkommensteuerg. wie dem Vermögenssteuerg. unter den 27. Mai 1910 eine neue Fassung gegeben.

Der Einkommensteuer unterliegt das gesamte, in Geld oder Geldeswert bestehende Einkommen. Die objektive Steuerpflicht ist etwa in der gleichen Weise geordnet wie in Preußen, auch was die von dem Einkommen zu machenden Abzüge betrifft. Mit der subjektiven Steuerpflicht steht es ähnlich, nur in der Besteuerung der juristischen Personen zeigt sich eine Abweichung; es sind hier steuerpflichtig Aktiengesellschaften, Kommanditgesellschaften auf Aktien, Gewerkschaften, Gesellschaften mit beschränkter Haftung sowie Konsumvereine mit Ausnahme derjenigen, die vorwiegend den gemeinschaftlichen Einkauf von Wirtschaftsbedürfnissen des landwirtschaftlichen Betriebes für die Vereinsmitglieder bezwecken. Die Steuerpflicht beginnt bei einem Einkommen von 900 M. Der Steuerfuß ist gestaffelt; er beträgt nach dem gesetzlichen Steuertarife 0,58% bei Einkommen von 900—1000 M. und steigt bis zu 5%, die von dem Betrag, mit welchem die Stufe beginnt, berechnet werden, bei Einkommen von 100 000 M. und darüber. Bis zu einem Einkommen von 10 000 M. erhöhen sich die Stufen um 100, 200, 300 und 400 M., bei Einkommen von 10—20 Tausend Mark um je 500 M., von da an um je 1000 M. Durch Finanzg. wird jeweils bestimmt, wie viele Hundertteile der im Tarif ausgeworfenen Steuersätze zu erheben sind. Bislang sind stets die Sätze des Tarifs erhoben worden. Die Einnahme aus der Einkommensteuer ist mit 24 174 900 M. angesetzt.

Die Vermögenssteuer hat von den durch die neuere Gesetzgebung beseitigten Ertragssteuern den Grundsatz der Spezialisierung der Kataster nach den einzelnen Vermögensgattungen (Grund und Boden, Gebäude usw.) übernommen, wodurch das Veranlagungsverfahren ein verwickelteres wird. Gegenstand der Steuer ist die Summe der im Veranlagungsverfahren ermittelten Vermögenssteuerwerte einer Person nach Abzug der für abzugsfähig erklärten Schulden. Auf Ansuchen kommen die nachgewiesenen Kapitalschulden bis zur Hälfte der Summe der veranlagten Vermögenssteuerwerte in Abzug. Als steuerbare Vermögensteile gelten: 1. Grundstücke, Gebäude und Bergwerkseigentum; 2. die Betriebskapitalien der Gewerbe, der Land- und Forstwirtschaft; 3. das sonstige bewegliche Kapitalvermögen. Die subjektive Steuerpflicht ist die gleiche wie bei der Einkommensteuer. Die Veranlagungsgrundsätze sind für jeden der drei Vermögensteile besonders geregelt. Der Steuersatz, der durch den für 100 M. Vermögenssteueranschlag zu entrichtenden Betrag gebildet wird, ist für jede Etatsperiode durch das Finanzg. zu bestimmen; er beträgt bisher 11 Pfennig. Für die Vermögenssteuer ist ein Ertrag von 11 212 000 M. veranschlagt.

Als eine weitere direkte Steuer wird die Wandergewerbesteuer nach dem G. v. 8. Mai 1899 mit Ergänzung durch G. v. 8. Juni 1912 gehoben. Dieselbe haben alle Personen, welche ein Gewerbe im Umherziehen betreiben, zu entrichten. Die nach dem Gesetz über die Wandergewerbesteuer Steuerpflichtigen sind von der Veranlagung zur Einkommen- und Vermögenssteuer befreit. Die Wanderlager sind gleichfalls, und zwar für jede Verkaufsstelle gesondert, zur Versteuerung heranzuziehen. Der Steuersatz, der durch einen eingehenderen Tarif im einzelnen geregelt ist, bewegt sich bei der Besteuerung der Hausierer zwischen 3 und 600 M.; bei der Besteuerung der Wanderlager ist er durch den Gesamtwert der zum Verkauf gestellten Waren bestimmt und dementsprechend ohne eine feste Begrenzung nach oben abgestuft. Die Wandergewerbesteuer erbringt einen Ertrag von 177 900 M.

Die Aufwandssteuern sind in Baden verhältnismäßig stärker vertreten. Unter ihnen ist nach dem finanziellen Ertrag die bedeutendste die Biersteuer, welche nach dem G. v. 30. Juli 1896, abgeändert durch G. v. 2. Juli 1904 und 25. Januar 1910, erhoben wird und zwar von dem im Großherzogtum gebrauten Bier als Braumalzsteuer, von dem eingeführten Bier, soweit solches nicht der Verzollung unterworfen ist, als Übergangssteuer. Der Braumalzsteuer unterliegt das zur Bierbereitung innerhalb des Großherzogtums bestimmte Malz. Dasselbe wird steuerbar, sobald es in ungebrochenem Zustand in Baden in Mühlenräume gebracht wird oder in gebrochenem Zustande in das badische Gebiet eingeführt wird. Die Steuer beträgt für je 100 kg ungebrochenen oder gebrochenen Malzes, die bei einem Brauereigeschäft in einem Kalenderjahr steuerbar werden, für die ersten 250 dz 15 M., für die folgenden 1250 dz 17,50 M., für die folgenden 1500 dz 20 M., für die folgenden 2000 dz 21 M. und für den Rest 22 M. Gewisse Ermäßigungen sind für besondere Fälle zugelassen. Die Höhe der Übergangssteuer wird durch landesherrliche Verordnung bestimmt. Sie beträgt zur Zeit 5,50 M. für das Hektoliter. Die Einnahme aus der Biersteuer beläuft sich auf 12 627 900 M.

Die Weinsteuer ist eine Verbrauchsabgabe vom Wein (Traubenwein, Traubenmost, Obstmost), welche nach dem G. v. 19. Mai 1882, abgeändert durch die G. v. 27. Juli 1888, 7. Juni 1892 und 28. September 1906, bei jeder stattfindenden Einlage von Wein (Verbringung in ein Gebäude oder umschlossenen Raum, Verbringung an die Verbrauchsstätte, Übergang in den Gewahrsam des Erwerbes, in einem Gebäude erfolgende Herstellung von Wein) zu entrichten ist. Die Steuer besteht in der den allgemeinen Verbrauch treffenden Weinakzise und in dem Ohmgeld als Zusatzabgabe für den Kleinverschleiß. Die Steuer beträgt beim Traubenwein als Akzise 3 Pfennig, als Ohmgeld 2 Pfennig, beim Obstwein 0,9 bzw. 0,6 Pfennig für das Liter. Die Einnahme aus der Weinsteuer berechnet sich auf 1 927 200 M.

Der Verbrauch des Fleisches von Rindvieh mit Ausnahme von Milchkälbern unterliegt nach dem G. v. 29. April 1886 der Fleischsteuer. Dieselbe wird bei der Schlachtung nach der Stückzahl des Schlachtviehs (abgestuft nach dem Schlachtgewicht zwischen 4 und 11 M.), bei der Einfuhr von Fleisch in das Großherzogtum nach dem Gewichte des Fleisches (8 Pfennig für das Kilogramm) erhoben. Die Einnahme aus der Fleischsteuer ist mit 802 600 M. veranschlagt.

Als letzte Aufwandsteuer Badens ist die Hundesteuer anzuführen, welche nach dem G. v. 5. Mai 1896 gehoben wird. Für jeden über 6 Wochen alten Hund ist jährlich eine Taxe zu entrichten, die in Gemeinden unter 4000 Einwohnern 8 M., in den übrigen 16 M. beträgt. Die Taxe fällt zur Hälfte in die Staats-, zur Hälfte in die Gemeindekasse. Der Staat vereinnahmt aus der Hundesteuer 754 800 M.

Die einzige, äußerlich in dieser Eigenart hervortretende Verkehrssteuer ist eine Grundstücksverkehrssteuer nach den G. v. 6. Mai 1899 und 11. September 1908. Derselben unterliegt der Erwerb des Eigentums an im Großherzogtum belegenen Grundstücken durch entgeltliches Rechtsgeschäft oder durch Zuschlag in einer Zwangsversteigerung. Als Erwerb von Grundstücken im Sinne des Gesetzes gilt auch der Erwerb von Bergwerkseigentum, von Erbbaurechten und Grunddienstbarkeiten. Die Steuerpflicht tritt ein beim Erwerb durch Zwangsversteigerung mit dem Zuschlage, beim Erwerb durch entgeltliches Rechtsgeschäft mit der Eintragung in das Grundbuch oder sobald der Anspruch begründet ist und 3 Monate abgelaufen sind. Die Verkehrssteuer beträgt $2^1/_2$% vom gemeinen Werte (Verkaufswert) des Gegenstandes des Erwerbes. Die Einnahmen aus der Besteuerung des Grundstücksverkehrs belaufen sich auf 4 467 000 M.

Als Erbschafts- und Schenkungssteuer kommt für Baden einmal der Anteil an der Reichssteuer und sodann nach dem G. v. 23. Dezember 1911 ein Zuschlag von 25% zu der veranlagten Reichserbschaftssteuer in Frage. Insgesamt ist der Ertrag aus der Erbschafts- und Schenkungssteuer zu 876 400 M. veranschlagt. Eine Einnahme aus der Wertzuwachssteuer ist in den Voranschlag 1913 nicht eingestellt. Nach Wegfall des Reichsanteils wird die Zuwachssteuer mit den Änderungen, wie sie das RG. v. 3. Juli 1913 mit sich gebracht hat, nach wie vor nach dem RG. v. 14. Februar 1911 erhoben und zwar zu $^4/_5$ für Rechnung der Gemeinden und zu $^1/_5$ für Rechnung der Staatskasse. Es ist in Aussicht genommen, das RG. über die Zuwachssteuer später durch ein Landesg. zu ersetzen.

Die sonstigen Einnahmen aus der Staatsverwaltung sind mit 19 979 100 M. ausgewiesen. Darunter ist eine Reihe verschiedenartiger Vereinnahmungen aus der Justiz, aus der Verwaltung des Innern, von Heil- und Pflege-, Erziehungs- und Besserungsanstalten, aus Gewerbe und Landwirtschaft, aus der Finanzverwaltung usw. begriffen. Überschüsse und Bestände aus früheren Jahren sind nicht veranschlagt.

3. Ausgaben. Der Staatsbedarf Badens, der insgesamt 223 776 900 M. ausmacht, stellt sich folgendermaßen: I. Ausgaben auf die Erwerbseinkünfte 95 406 800 M., darunter: Domänen und Forsten 6 916 300 M.; Bergwerke, Hütten, Salinen 782 400 M.; Staatseisenbahnen 86 140 200 M.; Staatsdampfschiffahrt 483 900 M. sonstige Betriebe 1 084 000 M. (Bäder 540 900 M.; Brauerei Rothaus 493 100 M.; Münze 50 000 M.). II. Bedarf für die Staatsschuld 35 527 600 M., darunter: Verzinsung 23 424 900 M.; Tilgung 11 989 900 M.; Verwaltungskosten 112 800 M. III. Bedarf für die Staatsverwaltung 79 393 200 M. IV. Leistungen an das Reich 13 449 300 M., darunter: Matrikularbeiträge 8 216 900 M.; Zoll- und Steuerabfindungen für Zollausschlußgebiete 72 100 M.; Ausgleichsbeträge für Reservatrechte 5 160 300 M. Der Staatsbedarf umfaßt im einzelnen: Staatsministerium 2 701 100 M.; Ministerium des Großherzogl. Hauses, der Justiz und des Auswärtigen 11 437 400 M.; Ministerium des Kultus und des Unterrichts 18 352 800 M.; Ministerium des Innern 26 148 200 M.; Finanzministerium 20 622 600 M.; Oberrechnungskammer 131 100 M.

VIII. Großherzogtum Hessen.

1. Vermögen und Schulden. In Hessen hat bei der Verfassungsregelung im 19. Jahrhundert eine körperliche Aufteilung des altüberkommenen Domanialguts (Staatsgüter und Forsten) in Staatsdomänen oder Landeseigentum und in Domänen des Großherzoglichen Hauses stattgefunden. Die letzteren stehen zwar im Eigentum der Großherzoglichen Familie, werden aber vom Staat in gleicher Weise wie die Staatsdomänen verwaltet und genutzt; die zu den Bedürfnissen des Großherzoglichen Hauses erforderlichen Summen (Zivilliste, Apanagen) hat der Staat aufzubringen, sie sind jedoch vorzugsweise auf dieses Familiengut gegründet. Für die staatliche Finanzwirtschaft haben demgemäß beide Domänenarten äußerlich eine gleiche Bedeutung; sie erscheinen auch in der Finanzstatistik vereinigt.

Die eigentlichen Domänen (Feldgüter) umfassen 15 828 ha, wovon 14 039 ha auf die Domänen des Großherzoglichen Hauses und 1789 ha auf die Staatsdomänen entfallen. Die Forsten begreifen nach dem Stand von 1911 eine Gesamtfläche von 75 369 ha (3016 ha Staatsforsten, 72 353 ha Familiengut) worunter 74 551 ha Holzboden und 818 ha Nichtholzboden; die anfallende Holzmenge berechnet sich auf 173 Tausend Festmeter Bau- und Nutzholz und auf 305 Tausend Festmeter Brennholz, insgesamt also auf 478 Tausend Festmeter; es ergibt sich ein Durchschnittsertrag von 5,82 Festmeter für das Hektar der Holzbodenfläche. An Bergwerken, Hütten und Salinen besitzt Hessen das Braunkohlenbergwerk Ludwigshoffnung und die Saline Nauheim; in ersterem wurden

1913 durchschnittlich 50 Arbeiter beschäftigt, die Förderung betrug 60 778 Tonnen; bei letzterer belief sich die durchschnittliche Arbeiterschaft auf 31, die Förderung auf 1650 Tonnen.

Die Staatseisenbahnen, welche nunmehr sämtlich der Preußisch-Hessischen Eisenbahngemeinschaft angehören, haben eine Streckenlänge von 1262 km; das Anlagekapital stellt sich auf 364 867 700 M., die Eisenbahnschuld auf 359 237 700 M.; die Betriebsergebnisse erscheinen in den obigen Angaben für die Eisenbahngemeinschaft. Weitere Betriebe des Staates, die als Vermögensstücke seiner Finanzwirtschaft in Frage kommen, sind die Bäder Nauheim und Salzhausen, welche 1913 insgesamt 238 Arbeiter im Durchschnitt beschäftigten, das Holzmagazin zu Darmstadt und die Samenklenganstalt zu Gammelsbach i. O.

Die Verwaltung der vorberührten Staatsgüter erfolgt, abgesehen von der der Staatseisenbahnen, unter Oberleitung des Finanzministeriums Abteilung für Forst- und Kameralverwaltung durch die Großherzoglichen Oberförstereien, die Holzmagazinverwaltung in Darmstadt, die Badedirektionen Bad Nauheim und Bad Salzhausen, die Bergwerksdirektion Grube Ludwigshoffnung und die Weinbaudomänenverwaltung in Mainz. Die Eisenbahnangelegenheiten unterstehen der besonderen Ministerialabteilung für Finanzwirtschaft und Eisenbahnwesen — untergeordnet dem Ministerium der Finanzen —; die unmittelbare Verwaltung der Staatseisenbahnen wird durch die Eisenbahndirektionen in Mainz und Frankfurt a. M. geführt, deren erstere als Königlich-Preußische und Großherzoglich-Hessische Eisenbahndirektion bezeichnet ist.

Als ein weiterer Vermögensgegenstand der staatlichen Finanzwirtschaft ist der Anteil an der Preußisch-Süddeutschen (Königlich-Preußischen) Klassenlotterie anzuführen, welcher auf dem Staatsvertrage mit Preußen vom 17. Juni 1905, in Kraft getreten 1. Juni 1906, beruht. Im Anschluß ist sodann einmal die Landeskreditkasse und ferner die Landeshypothekenbank zu erwähnen. Erstere — geregelt durch G. v. 6. August 1902 bzw. G. v. 31. März 1913 — stellt sich als eine reine Staatsanstalt dar, deren Vermögen jedoch abgesondert von dem übrigen Staatsvermögen von dem Ministerium des Innern unter Mitwirkung des Finanzministeriums verwaltet wird; die Kassengeschäfte besorgt die Staatsschuldenkasse. Die Anstalt soll dem Kreditbedürfnis dienen einmal allgemein zum Zwecke landwirtschaftlicher Meliorationen sodann im besonderen dem der Gemeinden zur Anlage von Nebenbahnen, Kreisstraßen, Wasserleitungen, Schulhäusern und sonstigen gemeinnützigen Anlagen bzw. zur Förderung des Wohnungsbaues für Minderbemittelte. Als Erwerbsanstalt kommt die Landeskreditkasse nicht in Betracht. Die Hessische Landeshypothekenbank ist zwar an sich eine Aktiengesellschaft, welche vom hessischen Staat in Gemeinschaft mit hessischen Gemeinden, Kommunalverbänden usw. errichtet ist, aber, ohne den Charakter eines Staatsinstituts zu besitzen, mit dem Staat, der die Leitung besitzt, in mannigfacher unmittelbarer Verbindung, so namentlich durch die im G. v. 19. Dezember 1903 ausgesprochene Zinsgarantie, steht. Durch G. v. 10. Januar 1914 ist die finanzielle Beteiligung des Staates letzthin erweitert. Der eigentliche Zweck der Landeshypothekenbank ist nicht der einer Erwerbsanstalt; sie soll vielmehr der Förderung des ländlichen und städtischen Realkredits und der Entschuldung des ländlichen und städtischen Grundbesitzes in Hessen sowie der Förderung des Kommunalkredits im Großherzogtum dienen.

Endlich sind als *Kapitalvermögen* des Staates verschiedene Summen in Rechnung zu ziehen, so die wirklichen Bestände der Hauptstaatskasse mit 9 250 100 M., der Staatsschuldenkasse mit 1 025 300 M., der Landeskreditkasse mit 12 699 200 M. und die Beteiligung des Staates an der Landeshypothekenbank mit 8 311 000 M., ferner eine Reihe von Fonds, deren Erträgnisse zu Staatszwecken verwendet werden, zum Gesamtbetrage von 30 422 600 M. — darunter Stiftungs- und Stipendienkapitalien der Landesuniversität und einer Reihe höherer Schulen, die Kapitalvermögen der Landesweisenanstalt, des Landeshospitals Hofheim, des Invaliden-Staatsverlagsfonds, des Fonds für öffentliche und gemeinnützige Zwecke, des Bankbesoldungsfonds, der landwirtschaftlichen Versuchsstation und des Dampfkesselprüfungsfonds, der Anteil an der Offiziers- und Unteroffizierswitwen- und Waisenkasse, sowie endlich der Ausgleichsfonds, welcher nach den G. v. 26. März 1904 und 28. März 1907 gebildet wurde, um den Staatshaushalt von den Schwankungen der Überschüsse aus der Eisenbahn- und Lotterieverwaltung sowie der Leistungen an das Reich möglichst unabhängig zu machen — und schließlich das Vermögen der staatlichen Pensionsfonds, nämlich der Zivildienerwitwenkasse mit 3 220 500 M. und der Schullehrerwitwenkasse mit 1 097 600 M.

Die *fundierte Staatsschuld* des Großherzogtums beläuft sich insgesamt auf 434 632 400 M.; sie ist einerseits zum Betrage von 75 394 700 M. für allgemeine Staatszwecke der verschiedensten Art andererseits zum Betrage von 359 237 700 M. für die Staatseisenbahnen aufgenommen und zwar insgesamt durch Ausgabe von Inhaberschuldverschreibungen, die aber durch Eintragung in das *Staatsschuldbuch* — geregelt durch G. v. 27. März 1898 und vom 31. März 1909 — in Namenforderungen umgewandelt werden können. Die *Tilgung* ist durch G. v. 17. Juli 1912 neu geregelt; zu derselben sind unter Hinzurechnung der ersparten Zinsen jährlich $^1/_8$ % des Nennbetrages der Eisenbahnschuld und $^4/_5$ % des Nennbetrages der sonstigen Schuld nach dem jeweiligen Stand zu Beginn des Etatsjahres zu verwenden. Für das Staatsschuldenwesen besteht unter dem Finanzministerium die besonders zusammengesetzte Staatsschuldenverwaltung (G. v. 31. März 1897); die Kassengeschäfte werden durch eine Staatsschuldenkasse geführt. Unabhängig von der eigentlichen Staatsschuld besteht als eine Schuld, die der Staat nur in Kreditvermittlung aufgenommen hat, die Schuld der Landeskreditkasse zum Betrage von 12 699 200 M., die sich nach dem Gesetz über die Landeskreditkasse regelt. Eine schwebende Schuld durch Ausgabe von Schatzanweisungen kommt nicht vor.

2. Einnahmen. Die Einnahmen aus dem Erwerbsvermögen belaufen sich insgesamt auf 20 838 100 M. (Roheinkommen 62 960 300 M.) und verteilen sich im einzelnen folgendermaßen: Domänen (Staatsgüter) 734 900 M. (Roheinkommen 1 748 000 M., davon 1 539 800 M. vom Großherzoglichen Familieneigentum); Forsten 2 099 600 M. (Roheinkommen 5 257 400 M., davon 5 085 100 M. vom Familieneigentum); Bergwerke, Hütten und Salinen (allein Braunkohlenbergwerk Ludwigshoffnung, da die Saline Nauheim unter sonstigen Betrieben verrechnet ist) 31 400 M. (Roheinkommen 368 700 M.); Staatseisenbahnen 16 963 000 M. (Roheinkommen gleich berechnete Anteile an der Preußisch-Hessischen Gemeinschaftsverwaltung 52 983 200 M.; von der angeführten Reineinnahme kommt die Verzinsung und Tilgung für die Eisenbahnanleihen in Abzug); sonstige Betriebe 1 009 200 M. (Roheinkommen 2 603 000 M., an welchem die Badeanstalt Salzhausen mit 22 900 M., Bad Nauheim mit Saline und Tiefbauamt mit 1 740 000 M., die Lotterie mit 804 400 M., das Holzmagazin zu Darmstadt mit 7700 M. und die Samenklenganstalt Gammelsbach mit 28 000 M. beteiligt sind).

Als Leistungen von Staat zu Staat sind anzuführen die Überweisungen aus der Reichskasse (Branntweinsteuer) mit 4 018 000 M. und die Vergütungen aus der Reichskasse für die Zoll- und Steuerverwaltung mit 676 000 M.

Unter den Gebühren stehen nach finanzieller Bedeutung die Gerichtsgebühren an erster Stelle. Einschließlich der gerichtlichen Strafen erreichen sie die Höhe von 1 699 000 M. Die neben der reichsgesetzlichen erforderliche landesgesetzliche Regelung geben die G. v. 30. Dezember 1904 und vom 19. März 1910 in üblicher Weise; es werden vornehmlich die Gebühren in Angelegenheiten der freiwilligen Gerichtsbarkeit, für die Zwangsverwaltung, die Zwangsversteigerung usw. bestimmt. Nicht sehr weit dahinter zurück bleiben die Gebühren und Strafgelder der Verwaltungsbehörden mit 1 211 500 M. Es handelt sich dabei um eine buntere Reihe von Einzelheiten, so polizeiliche Gebühren verschiedener Art, Eichgebühren, Gebühren für Dampfkesselprüfungen, für gewerbliche Prüfungen, für ärztliche Prüfungen, Steuerstrafen usw. Endlich kommen als Hafen-, Schiffahrtsgebühren und dgl. abgesondert die Überfahrgebühren und Brückengelder (besonders für Rheinbrücke bei Mainz) mit 168 500 M. in Betracht.

Bei der ersten Einführung einer allgemeinen Einkommensteuer im Jahre 1869 ließ man die alten Ertragssteuern fortbestehen. Letztere wurden jedoch durch die Neuregelung von 1899 in der Hauptsache beseitigt bzw. den Gemeinden überwiesen und durch eine Vermögenssteuer ersetzt, so daß nunmehr die direkte Besteuerung Hessens nur auf Einkommensteuer, Vermögenssteuer und Wandergewerbesteuer beruht.

Die Einkommensteuer wird nach dem G. v. 12. August 1899, geringfügig abgeändert durch G. v. 22. Dezember 1909, gehoben. Die subjektive Steuerpflicht ist bezüglich der physischen Personen in ähnlicher Weise wie sonst geregelt. Daneben sind der Steuer unterstellt Aktiengesellschaften, Kommanditgesellschaften auf Aktien, Gesellschaften mit beschränkter Haftung und Berggewerkschaften, eingetragene Genossenschaften, deren Geschäftsbetrieb über ihren Mitgliederkreis hinausgeht und unter der gleichen Voraussetzung Konsumvereine mit Rechtsfähigkeit, wenn sie im Großherzogtum ihren Sitz haben. Die objektive Steuerpflicht entspricht gleicherweise im wesentlichen der üblichen Regelung. Die Veranlagung erfolgt in zwei Abteilungen, deren erste die Steuerpflichtigen mit wenigstens 2600 M., deren zweite diejenigen mit einem geringeren jährlichen Einkommen umfaßt. Die Normalsteuersätze der ersten Abteilung sind für die Einkommen von 2600 M. bis zu 12 000 M. in 18 Klassen von 50 M. bis zu 350 M. besonders abgestuft; von da an wächst der Steuersatz für je 1000 M. mehr Einkommen: bis zu 34000 M. um je 35 M., von da bis 41000 M. um je 40 M., von da bis 80000 M. um je 45 M. und von da fortgesetzt um je 50 M. Für die zweite Abteilung, die bei einem Einkommen von 500 M. beginnt, sind die Normalsteuersätze für die Einkommen von 500—2600 M. in 10 Klassen zwischen 3 und 39 M. gestaffelt. Die Normalsätze können alljährlich durch Finanzgesetz erhöht oder ermäßigt werden; seit 1910 sind sie um 15% erhöht. Die Steuerpflichtigen der ersten Abteilung haben ohne weiteres eine Steuererklärung abzugeben, die der zweiten Abteilung nur auf Aufforderung der Veranlagungskommission. Die Einnahme aus der Einkommensteuer ist zu 14 927 600 M. angesetzt.

Die Vermögenssteuer gründet sich auf das G. v. 12. August 1899. Für die subjektive Steuerpflicht, welche sich lediglich auf die physischen Personen erstreckt, ist im wesentlichen die Staatsangehörigkeit maßgebend; Angehörige anderer deutscher Staaten und Reichsausländer sind, auch wenn sie nicht im Großherzogtum wohnen, für ihr dort im Grundbesitz und Gewerbebetrieb angelegtes

Vermögen steuerpflichtig. Als steuerbares Vermögen gelten Grundstücke und Gebäude nebst Zubehör, das dem Betriebe der Land- und Forstwirtschaft dienende Anlage- und Betriebskapital und alles sonstige Vermögen wie Kapitalforderungen aus Wertpapieren, Effekten und Schuldverschreibungen jeder Art, Geld, Urheber- und sonstige selbständige Rechte und Gerechtigkeiten usw. Vom Vermögen dürfen in Abzug gebracht werden Kapitalschulden jeder Art mit Ausnahme der Haushaltungsschulden, sowie ferner der Kapitalwert für gewisse rechtsverbindliche Lasten. Nicht zur Besteuerung herangezogen werden Personen, deren steuerbares Vermögen 3000 M. nicht erreicht, sowie elternlose Minderjährige und erwerbsfähige Personen, deren Vermögen bei einem Gesamteinkommen von weniger als 750 M. nicht auf den Betrag von 10000 M. kommt. Normal soll die Vermögenssteuer 0,55 M. vom Tausend der Untergrenze der einzelnen Stufen betragen, die bei einem Vermögen bis 30 000 M. um je 1000 M., von da bis 60 000 M. um je 2000 M., bis 90 000 M. um je 3000 M., bis 150 000 M. um je 4000 M., bis 300 000 M. um je 6000 M. und von da fortgesetzt um je 10 000 M. wachsen. Seit 1910 beträgt der tatsächliche, durch Finanzg. geregelte Steuersatz 0,95 M. vom Tausend. Die Vermögenssteuer ist zum Betrage von 4 562 400 M. eingestellt.

Die Wandergewerbesteuer beruht auf dem G. v. 22. Dezember 1900, das durch G. v. 21. März 1909 umfassender geändert ist. Steuerpflichtig ist der Gewerbebetrieb im Umherziehen einschließlich des Wanderlagerbetriebs. Die Steuer ist vor Eröffnung des Betriebs für das Kalenderjahr zu entrichten. Die Steuer wird nach einem bestimmten Tarif nach der Art, dem Umfang und der mutmaßlichen Einträglichkeit des Gewerbebetriebes erhoben. Der Steuersatz beträgt bei Gewerben geringerer Art 2—8 M., kann aber bis zu 400 M. in die Höhe gehen. Für Wanderlager wird eine besondere Abgabe (für je 7 Tage und weniger) erhoben, abgestuft nach der Bedeutung des Gewerbes und der Größe des Orts (bis 150 M.); die Hälfte der Wanderlagersteuer erhält die Betriebsgemeinde. Die Einnahme aus der Wandergewerbesteuer ist zu 86 000 M. veranschlagt.

Als Aufwandsteuern kommen die Hundeabgabe und die Nachtigallensteuer in Betracht. Erstere wird nach dem G. v. 12. August 1899 mit Abänderung durch G. v. 27. Juni 1908 gehoben und zwar für jeden Hund — außer solchen zum Hüten von Schafherden — zum Betrage von 10 M. jährlich. Letztere beruht auf dem Finanzg. v. 29. Dezember 1852 und beträgt 8,60 M. für das Stück. Die Einnahme aus beiden Steuern ist zu insgesamt 450 000 M. eingestellt.

Ein Urkundenstempel wird in Hessen nach dem G. v. 12. August 1899 — abgeändert und ergänzt durch die G. v. 28. März

1907, v. 23. März 1910 und v. 17. Juli 1912 — von den Urkunden über sämtliche Rechtsgeschäfte erhoben, welche von einer für die öffentliche Beurkundung zuständigen Behörde aufgenommen oder ausgefertigt sind. Es handelt sich dabei teils um eine reine Verkehrssteuer, die keinerlei Gegenleistung des Staates voraussetzt, teils um eine Gebühr für Inanspruchnahme staatlicher Behörden. Ein umfassender Tarif legt die Stempel im einzelnen teils als Fixstempel teils als Wertstempel und Prozentualstempel fest und trifft im wesentlichen die auch in anderen Staaten der Stempelpflicht unterliegenden Vorgänge. Die Stempelsteuer ist mit einem Betrage von 4 250 000 M. veranschlagt.

Der Anteil Hessens an der Einnahme des Reichs aus der Wertzuwachssteuer ist mit 20000 M. eingestellt; nach Wegfall des Reichsanteils an der Steuer wird dieselbe für den hessischen Staat nicht weiter gehoben. Die Erbschafts- und Schenkungssteuer anlangend, so kommt für Hessen nicht nur der Anteil an der Reichssteuer in Betracht, sondern es wird daneben, früher in geringerer Höhe nach dem G. v. 30. März 1907, jetzt nach dem G. v. 17. Juli 1912, zu der nach den Vorschriften des Reichserbschaftsteuergesetzes veranlagten Erbschafts- und Schenkungssteuer ein Zuschlag von 30% für die Staatskasse erhoben. Der Einnahmeansatz für die fragliche Steuer stellt sich auf 536 000 M.

Die sonstigen Einnahmen aus der Staatsverwaltung, welche zu 9 425 800 M. veranschlagt sind, setzen sich aus einer großen Anzahl von Einzelbeträgen, wie sie bei den verschiedenen Behörden vereinnahmt werden, zusammen; so erscheinen hierin die Vereinnahmungen aus der Landesuniversität, der Technischen Hochschule, der Gymnasien, der Seminare, der Landeswaisenanstalt, der Taubstummenanstalten, der Landesirrenanstalt, der Geologischen Landesanstalt, der Landeskreditkasse usw. Als Überschüsse und Bestände aus früheren Jahren sind 6 616 900 M. in Anschlag gebracht, wovon 5 551 200 M. aus dem Jahre 1911 stammen.

3. Ausgaben. Der Staatsbedarf zu insgesamt 105 888 600 M. setzt sich in folgender Weise zusammen: I. Ausgaben auf die Erwerbseinkünfte 42 122 700 M., darunter: Domänen 1 013 100 M. (Großherzogliches Familieneigentum 933 500 M.); Forsten 3 157 800 M. (Großherzogliches Familieneigentum 3 071 400 M.); Bergwerke, Hütten, Salinen 337 300 M.; Staatseisenbahnen 36 020 200 M. (berechnete Anteile aus der Preußisch-Hessischen Gemeinschaftsverwaltung nebst den auf Hessen allein entfallenden Ausgaben zu 480 000 M.); sonstige Betriebe 1 594 300 M. (Badeanstalt Salzhausen 60 000 M.; Bad Nauheim mit Saline und Tiefbauamt 1 502 900 M.; Holzmagazin Darmstadt 4900 M.; Samenklenganstalt Gammelsbach 26 500 M.). II. Bedarf für die Staatsschuld 16 857 500 M., darunter: Verzinsung 14 965 300 M.; Tilgung

1 774 500 M.; Verwaltungsaufwand 104 100 M.; sonstige Leistungen 13 600 M. (Erhebungskosten 600 M., Tilgungsrenten 4700 M., Herstellungskosten neuer Schuldscheine 8300 M.). III. Bedarf für die Staatsverwaltung 41 850 900 M. IV. Leistungen an das Reich 5 057 500 M. (lediglich Matrikularbeiträge). Der Staatsbedarf gliedert sich im einzelnen: Staatsministerium: Landstände 142 200 M.; Staatsministerium 489 800 M. Ministerium des Innern: Zentralverwaltung 847 800 M.; Lokal- und Polizeiverwaltung 1 709 000 M.; Kirchen- und Religionsgemeinschaften 483 200 M.; Bildung und Erziehung, Kunst und Wissenschaft 9 691 800 M.; öffentliche Gesundheitspflege und Veterinärwesen 2 681 000 M.; Fürsorge für Hinterbliebene von Beamten, Unterstützungs- und Versicherungswesen 301 300 M.; Landeskultur und Landwirtschaft 1 563 600 M.; Bergbau, Verkehr, Handel und Gewerbe 1 954 100 M. Ministerium der Justiz 5 637 900 M. Ministerium der Finanzen: Ausgaben für das Staatsoberhaupt 1 376 000 M.; Finanzverwaltung einschließlich Pensionen 14 973 200 M.

IX. Großherzogtum Mecklenburg-Schwerin.

Der Umstand, daß die Mecklenburgischen Großherzogtümer trotz der seit langer Zeit fortgesetzten Verhandlungen nicht zu einer zeitgemäßen Regelung ihrer Verfassung gelangen konnten und demgemäß die alte Dreiteilung in Domanium, Ritterschaft und Landschaft noch jetzt die Grundlage der gesamten Verwaltung bildet, hat naturgemäß auch auf die staatliche Finanzwirtschaft eine Rückwirkung geübt. Die Dreiteilung setzt sich ebenmäßig für letztere durch. So besteht in Mecklenburg-Schwerin erstens die Renterei als eine landesherrliche Zentralstelle zur Verwaltung der Einnahmen und Ausgaben der für das Landesregiment zu verwendenden Gelder, zweitens der Landkasten als ständische Zentralkasse für die ohne jede landesherrliche Kontrolle unter ständischer Verwaltung stehenden Einnahmen und Ausgaben der Stände, und drittens die Landessteuerkasse als landesherrlich-ständische Kasse unter gemeinsamer Verwaltung des Landesherrn und der Stände, der hauptsächlich die Steuern in ihren verschiedenen Formen zufließen. Im Rahmen des vorliegenden Werkes würde sich eine Berücksichtigung dieser Dreiteilung in den vielfach verwickelten Einzelheiten nicht durchführen lassen; wir werden deshalb in der Hauptsache den entsprechenden Zusammenziehungen der Reichsfinanzstatistik folgen, welche zur Erzielung einer Übereinstimmung mit den übrigen Bundesstaaten vorgenommen sind. Unerörtert lassen wir auch, wie sich unter den besonderen Verhältnissen die rechtliche Natur der Vermögensobjekte, welche wir als Staatseigentum aufführen, eigengeartet abhebt.

1. Vermögen und Schulden. Zum Staatsvermögen gehören zunächst die Domänen (Domanial-Pachthöfe), welche die ansehnliche Fläche von 52 409 ha umfassen; dazu treten noch 17 000 ha verpachtete Seen. Die Staatsforsten erreichen nahezu das Doppelte mit insgesamt 109 348 ha, von welchen 99 289 ha Holzboden und 10 059 ha Nichtholzboden sind; die anfallende Holzmasse berechnet sich (1911) insgesamt auf 420 711 Festmeter, darunter 148 806 fm Bau- und Nutzholz und 271 905 fm Brennholz; der Durchschnittsertrag ist 4,31 Festmeter für das Hektar der Holzbodenfläche. Der Besitz an Bergwerken, Hütten und Salinen ist ganz untergeordnet und von unsicherem Ertrage; er beschränkt sich auf eine Saline, Sulza, deren eigentlicher Betrieb aber 1907 eingestellt wurde. Die Verwaltung vorberührter Vermögensgegenstände führt das Finanzministerium in einer besonderen Abteilung für die Verwaltung der Domänen und Forsten.

Die Staatseisenbahnen haben insgesamt (einschließlich Neben- und Kleinbahnen) eine Streckenlänge von 1177 km (1913) mit einem Anlagekapital von 146 903 400 M. und einer Eisenbahnschuld von 98 147 200 M.; die Gesamtzahl der beförderten Züge belief sich auf 131 291, die der beförderten Reisenden auf 8 182 612 Personen, die Güterbeförderung auf 3 932 117 Tonnen; beschäftigt wurden 2880 Beamte und 3561 Arbeiter. Zur Staatsbahn gehört der Dampffährenbetrieb Warnemünde-Gjedser (42 km) mit einer Personenbeförderung von 133 542 und einer Güterbeförderung von 227 666 Tonnen. Die Verwaltung untersteht der Großherzoglichen General-Eisenbahndirektion in Schwerin.

An sonstigen untergeordneten Betrieben kommt ein Solbad, Sülze, in Betracht, daneben der Anteil an der Preußisch-Süddeutschen Klassenlotterie nach dem Staatsvertrage vom 28. November 1904, sowie Kanäle in der Länge von 49,8 km.

Als Kapitalvermögen sind einmal die Geldbestände, Wertpapiere und Geldforderungen der einzelnen Verwaltungen mit 12 901 700 M. anzuführen, sodann die Betriebsfonds der Renterei mit 2 589 400 M. und der Eisenbahn mit 1 540 000 M. und endlich der Domanial-Kapitalfonds mit 75 141 000 M., der Elbzoll-Ablösungsfonds (RG. v. 11. Juni 1870) mit 3 000 000 M. und besondere Fonds der Renterei mit 4 723 900 M.

Die gesamten fundierten Staatsschulden belaufen sich auf 139 454 500 M.; davon sind 41 307 300 M. zu allgemeinen Staatszwecken und 98 147 200 M. für die Staatsbahnen aufgenommen. Eine besondere gesetzliche Regelung für die Tilgung ist nicht getroffen; letztere beruht im wesentlichen auf Einzelabmachungen. Außer der fundierten Schuld besteht eine schwebende Schuld zum Betrage von 5 119 900 M.

2. Einnahmen. Aus dem Erwerbsvermögen werden ins-

gesamt 8 834 700 M. (Roheinnahme 31 591 300 M.) vereinnahmt, die sich aus folgenden Einzelsummen zusammensetzen: Domänen 2 625 300 M. (Roheinnahme 4 912 300 M.); Forsten 1 469 000 M. Roheinnahme 3 955 300 M.); Staatseisenbahnen 4 265 400 M. (Roheinnahme 21 735 400 M.); Staatsdampfschiffahrt 83 900 M. (Roheinnahme 575 800 M.); sonstige Betriebe 391 800 M. (Roheinnahme 408 000 M., und zwar Lotterie 400 000 M., Soolbad 8000 M.). Die Saline hat mit einem Fehlbetrage von 700 M. abgeschlossen; die Roheinnahme stellte sich auf 4500 M.

Die Leistungen von Staat zu Staat umfassen die Überweisungen aus der Reichskasse (Branntweinsteuer) mit 2 005 600 M. und die Vergütungen aus der Reichskasse für die Zoll- und Reichssteuerverwaltung mit 842 000 M.

Unter den Gebühren nehmen wie regelmäßig die Gerichtsgebühren, die in landesherrlicher Regelung nach der Gerichtskostenordnung vom 18. Dezember 1899 bzw. 19. Mai 1905 gehoben werden, die erste Stelle ein; sie kommen einschließlich der gerichtlichen Strafen auf 840 400 M. Weiter dahinter zurück stehen die Verwaltungsgebühren mit 555 200 M. (einschließlich Strafen), welche in verschiedenster Art bei den einzelnen Verwaltungsbehörden zur Hebung gelangen, gleichzeitig jedoch eine Umsatzsteuer für Grundstücke in sich begreifen; für die eigentlichen Verwaltungsgebühren kommen namentlich die Ministerial-Taxordnung, die Kammerkanzlei-Gebührentaxe vom 20. Juli 1874, die Grundsätze für die Allodifizierung von Lehngütern und die Gebührenordnung für die Großherzoglichen Ämter in Betracht. Die Hafen-, Schifffahrtsgebühren usw. sind wesentlich geringer mit 33 400 M.; es handelt sich dabei in der Hauptsache um die Kanalgebühren.

Die direkten Steuern sind insofern abweichend von denen in den übrigen Bundesstaaten geartet, als sie ihrem Hauptbetrage nach in die landesherrliche Kasse fließen und nach freiem Ermessen des Landesherrn verausgabt werden können, der allerdings die gesamten Ausgaben der Landesregierung zu tragen hat. Sie bilden einen Beitrag zu letzteren Ausgaben und werden dementsprechend als Kontribution bezeichnet. Sie beruhten bislang auf einer Ertragsbesteuerung, die unter verschiedentlichen Umgestaltungen durch die Kontributionsedikte, insbesondere das Kontributionsedikt vom 12. Mai 1903 nebst Abänderungsv. v. 15. Februar 1905 und 5. Februar 1907, grundsätzlich festgelegt war und acht nebeneinander zu hebende Steuern umfaßte, nämlich eine landwirtschaftliche Steuer, eine Mietsteuer von vermieteten Wohnhäusern, eine Gewerbesteuer, eine Besoldungssteuer von Gehältern, Pensionen und Pfründen, eine Erwerbssteuer von dem Erwerb aus der Ausübung einer Kunst oder Wissenschaft sowie aus höheren Privatdienstverhältnissen, eine Lohnsteuer von dem Verdienst aus geringerer Lohnarbeit, eine Zinsensteuer von der Einnahme aus Zinsen, Renten, Dividenden und Apanagen und eine Hundesteuer.

An Stelle dieser Steuern des Kontributionsedikts 1903 sind mit dem 1. Juli 1914 nach dem Einkommensteuerg. v. 6. Mai 1913 eine in der Hauptsache nach preußischem Muster durchgebildete allgemeine Einkommensteuer und nach dem Ergänzungssteuerg. vom gleichen Datum eine ebenmäßig nach preußischem Vorbild ausgestaltete Ergänzungssteuer getreten. Neben den Steuern des Kontributionsedikts 1903 bestanden auf Grund des Erbvergleichs von 1755 und sind auch neben der allgemeinen Einkommen- und Ergänzungssteuer bestehen geblieben, abgesehen von einer außerordentlichen Prinzessinnensteuer, eine ordentliche Domanial- und ritterschaftliche Hufensteuer und eine erbvergleichsmäßige landständische Steuer von Häusern und Ländereien, sowie außerdem, neu geregelt durch V. v. 30. September 1896, eine Wandergewerbesteuer.

Die Reichsfinanzstatistik hat die verschiedenen Steuerarten mit ihren Beträgen entsprechend in die übliche Steuereinteilung eingestellt, wie folgt: Grundsteuer 433 900 M. (darunter Domanialhufensteuer 109 500 M., ritterschaftliche Hufensteuer 288 000 M., Ländereisteuer 10 900 M., vom Großherzoglichen Haushalt Hufensteuer und Nezessariengeld 25 600 M.); Gebäudesteuer 42 700 M. (Haussteuer); Wohn- (Miet-) Steuer 129 100 M. (Mietsteuer); Gewerbesteuer 1 337 200 M. (Gewerbesteuer); Kapitalrentensteuer 1 086 000 M. (Zinsensteuer); spezielle Einkommensteuer 1 428 800 M. (Besoldungs- und Hebungssteuer 586 400 M., Erwerbssteuer 371 900 M., Lohnsteuer 420 500 M., Rückstände 50 000 M.); landwirtschaftliche Steuer 940 000 M. (landwirtschaftliche Steuer); Wandergewerbesteuer 88 000 M. (Wanderscheinsteuer).

Unter den Aufwandsteuern erscheint lediglich die Hundeabgabe mit 56 000 M. Als Verkehrssteuer besteht eine Stempelsteuer, die auf der V. v. 22. Dezember 1899 nebst den Abänderungsv. v. 7. Dezember 1900, 15. Juli 1902, 26. Januar 1907, 31. Juli 1912 und 29. September 1913 beruht. Nach einem besonderen Tarif mit Fix- und Wertsätzen wird ein Urkundenstempel in ähnlicher Weise gehoben, wie er für andere Bundesstaaten geregelt ist. Der Ertrag ist auf 360 000 M. veranschlagt. Neben der Stempelsteuer besteht nach der Fideikommißsteuerv. v. 22. Dezember 1899 eine Fideikommißsteuer zu 1% des Wertes von jedem neu errichteten Familienfideikommiß und von jedem einem bestehenden Familienfideikommiß neu hinzuzufügenden Gegenstand. Eine Einnahme aus der Wertzuwachssteuer ist nicht eingestellt. Der in Wegfall gekommene Reichsanteil der fraglichen

Steuer wird für das Großherzogtum nicht gehoben. Als Erbschafts- und Schenkungssteuer kommt nur der Anteil an der bezüglichen Reichssteuer in Frage, welcher zu 180 000 M. angesetzt ist.

Die sonstigen Einnahmen aus der Staatsverwaltung, welche sowohl aus der Renterei (Vereinnahmungen in den Departements der einzelnen Ministerien und im Militärdepartement), wie aus der Landessteuerkasse (Vereinnahmungen aus der landesherrlich-ständischen Verwaltung), wie auch aus dem Landkasten (Vereinnahmungen aus der ständischen Verwaltung) fließen, belaufen sich auf 5435600 M. Als Überschüsse und Bestände aus früheren Jahren ist ein Betrag von 1 267 100 M. veranschlagt.

3. Ausgaben. Der Staatsbedarf von Mecklenburg-Schwerin, der insgesamt 47471500 M. ausmacht, verteilt sich auf die einzelnen Abteilungen folgendermaßen: I. Ausgaben auf die Erwerbseinkünfte 22 756 600 M., darunter: Domänen 2 287 000 M.; Forsten 2 486 300 M.; Bergwerke, Hütten, Salinen 5200 M.; Staatseisenbahnen 17 470 000 M.; Staatsdampfschiffahrt 491 900 M.; sonstige Betriebe 16200 M. II. Bedarf für die Staatsschuld 7 217 400 M., darunter: Verzinsung 5 358 300 M.; Tilgung 1 775 200 M.; Verwaltungsaufwand 2300 M.; sonstige Leistungen 81 600 M. (Rente an Mecklenburg-Strelitz aus den Revenuen des aufgehobenen Elbzolls 41 400 M.; Kautionszinsen 36 400 M., sonstige Verpflichtungen, Renten usw. 3800 M.). III. Bedarf für die Staatsverwaltung 15046800 M. IV. Leistungen an das Reich 2 450 700 M. (lediglich Matrikularbeiträge). Der Staatsbedarf verteilt sich: bezüglich der Renterei: Finanzministerium 3 463 300 M.; Ministerium des Innern 1 234000 M.; Justizministerium 2 854 300 M.; Ministerium für geistliche Angelegenheiten 723 100 M.; Ministerium für Unterrichtsangelegenheiten 2 458 300 M.; Ministerium für Medizinalangelegenheiten 893 300 M.; Staatsministerium und Ministerium für auswärtige Angelegenheiten 173 300 M.; Militärdepartement 74400 M.; bezüglich der Landessteuerkasse: landesherrlich-ständische Verwaltung 3 095 300 M.; bezüglich des Landkastens: ständische Verwaltung 77 500 M.

X. Großherzogtum Sachsen-Weimar-Eisenach.

1. Vermögen und Schulden. Nach dem Domänenabkommen von 1854 ist das Kammergut zwar als Großherzogliches Kammervermögen anerkannt; es wird jedoch vom Staat verwaltet, ebenso fließen die Einkünfte nach Abzug der in erster Linie darauf haftenden Zivilliste in die Staatskasse. Das Kammergut wird deshalb hier zu berücksichtigen sein, wie es auch von der Reichsfinanzstatistik geschieht. Die Domänen (Feldgüter) umfassen 9167 ha,

welche teils in geschlossenem Haushalt, teils vereinzelt verpachtet werden. Die Staatsforsten haben nach dem Stand von 1911 eine Gesamtfläche von 47 043 ha, wovon 45 633 ha auf Holzboden und 1410 ha auf Nichtholzboden entfallen. Die gesamte anfallende Holzmasse ist auf 261 845 Festmeter berechnet, darunter 132 642 Festmeter Bau- und Nutzholz und 129 202 Festmeter Brennholz; der Durchschnittsertrag stellt sich auf 5,73 Festmeter für das Hektar der Holzbodenfläche. Bergwerke, Hütten und Salinen besitzt das Großherzogtum ebensowenig wie Staatseisenbahnen, nachdem letztere, überhaupt nur die unbedeutende Streckenlänge von 38 km (Weimar—Berka—Blankenhain) ausmachend, im Jahr 1904 verkauft wurden. Die Verwaltung der Domänen und Forsten liegt dem Ministerialdepartement der Finanzen ob.

Zu dem Staatsvermögen ist sodann die Großherzogliche Landeskreditkasse zu zählen, welche wesentlich zur Förderung des Realkredits durch G. v. 17. November 1869 errichtet und durch G. v. 16. September 1897 (nebst mehrfachen Nachträgen, letzter vom 19. März 1913) neu geregelt wurde. Sie ist reine Staatsanstalt, deren Erträgnis der Staatskasse zufließt. Die Verwaltung untersteht dem Ministerialdepartement des Innern. Außerdem kommt nach dem Staatsvertrage vom 17. Juni 1905 der Anteil an der jetzigen Preußisch-Süddeutschen (Königlich-Preußischen) Klassenlotterie in Betracht

Als Kapitalvermögen ist einerseits das verfügbare an Geldbeständen, Wertpapieren, Geldforderungen zu 17 203 000 M. zu nennen, welches sich aus einer Ablösungskapitalschuld der Gemeinden für die an sie abgetretenen fiskalischen Gefälle zu 6200 M., aus Wertpapieren zu 15 742 400 M. und aus sonstigen Forderungen zu 1 454 400 M. zusammensetzt, und andererseits das festgelegte in den Betriebsfonds der Staatskasse und der einzelnen Staatsverwaltungen zu 2 620 400 M.

Die lediglich zu allgemeinen Staatszwecken aufgenommene fundierte Staatsschuld beziffert sich auf 1 722 600 M. Für die Verwaltung besteht unter dem Ministerialdepartement der Finanzen eine besondere Staatsschuldentilgungskasse. Die Tilgung ist durch Einzelabmachungen geregelt; ein neueres Schuldentilgungsg. ist nicht erlassen. Durch G. v. 20. Januar 1900, ergänzt durch G. v. 20. März 1914, ist ein Staatsschuldbuch eingerichtet worden, das jedoch nur die Schuldverschreibungen der Landeskreditkasse betrifft. Neben der fundierten Schuld läuft eine schwebende Schuld von 500 000 M.

2. Einnahmen. Die Einnahmen aus dem Erwerbsvermögen weisen insgesamt den Betrag von 3 234 500 M. (Roheinkommen 3 952 800 M.) auf, wovon auf die Domänen 659 000 M. (nur nach Reineinkommen veranschlagt), auf die Forsten 2 420 500 M.

(Roheinkommen 3138800 M.) und auf sonstige Betriebe 155 000 M. (lediglich Reineinkommen) entfallen; die letztere Summe enthält lediglich den Anteil an der Preußischen Klassenlotterie, da der Überschußaus der Landeskreditkasse bei den sonstigen Einnahmen aus der Staatsverwaltung eingestellt ist.

Die Leistungen von Staat zu Staat begreifen die Überweisungen aus der Reichskasse (Branntweinsteuer) mit 1160000 M. und die Vergütungen aus der Reichskasse für die Zoll- und Reichssteuerverwaltung mit 107500 M.

Die Gerichtsgebühren, welche die erforderliche landesgesetzliche Regelung durch das Gerichtskosteng. v. 9. Dezember 1899 bzw. vom 11. April 1894 nebst den Nachtrags- und Abänderungsg. v. 28. Februar 1900, v. 25. August 1909 und v. 2. März 1910 erfahren haben, erreichen einschließlich der gerichtlichen Strafen eine Höhe von 1 299 500 M. Daneben gelangen an Gebühren und Strafen der verschiedenen Verwaltungsbehörden 181 600 M. zur Vereinnahmung. Dieselben beruhen hauptsächlich auf dem unter dem 28. Februar 1900 neu gefaßten Gesetz über das Kostenwesen in Gerichts- und Verwaltungssachen und kommen namentlich bei Verhandlungen über besondere landesherrliche oder obrigkeitliche Erlaubnis, Vergünstigung oder Bescheinigung, bei Wasserbauangelegenheiten, bei streitigen Gesindesachen, bei Verhandlungen wegen Entziehung der Rechtsfähigkeit eines Vereins oder wegen Auflösung einer Aktiengesellschaft usw. zum Ansatz, insbesondere aber auch in Bergbausachen (Erteilung eines Schurfscheins, Verleihung des Bergwerkeigentums usw.). Zum Teil entsprechen sie dem sonst üblichen Stempel. Hafen-, Schiffahrtsgebühren u. dgl. kommen nicht vor.

Die direkte staatlich Besteuerung beruht auf einer allgemeinen Einkommensteuer, einer Ergänzungssteuer, einer Hausiersteuer und einer Eisenbahnabgabe. Bei Einführung der allgemeinen Einkommensteuer (1901) wurde die Grundsteuer als Staatssteuer durch G. v. 13. April 1901 aufgehoben und in der staatlichen Regelung den Gemeinden zugewiesen. Die Veranlagung und Erhebung erfolgte jedoch in der bisherigen Weise durch die staatlichen Organe. Als Entschädigung für den dadurch entstehenden Aufwand erhielt der Staat gesetzlich 10% des jeweiligen Grundsteueraufkommens, so daß derselbe in beschränkter Weise auch noch an der Grundsteuer beteiligt war. Durch G. v. 18. September 1912 ist die Grundsteuer vom 1. Januar 1913 ab überhaupt aufgehoben.

Die Einkommensteuer, welche nach dem G. v. 11. März 1908 mit Nachtrag vom 30 .März 1909 gehoben wird, regelt die subjektive und die objektive Steuerpflicht im großen und ganzen in gleicher Weise wie die sonstige bezügliche Bundesstaatgesetzgebung. Juristische Personen sind weitgehend zur Steuerpflicht herangezogen, Gesellschaften und Genossenschaften auf Gegenseitigkeit mit auf die Mitglieder beschränktem Geschäftsbetrieb nur hinsichtlich ihres Einkommens aus Grundbesitz im Großherzogtum. Einkommen, die den Betrag von 500 M. nicht übersteigen unterliegen der Einkommensteuer nicht. Die Höhe der Steuer wird jedesmal bei Festlegung des dreijährigen Staatshaushalts durch besonderes Steuerg. bestimmt. Sie setzt jetzt bei einem Einkommen von 500—600 M. mit dem Satze von 3,60 M. ein, um in verschiedenartiger nach den höheren Einkommen zu sich erweiternder Abstufung nach und nach progressiv anzusteigen, bis bei dem Einkommen von 90 000 M. der bleibende Satz von 5% erreicht wird. Die Einnahme aus der allgemeinen Einkommensteuer ist zu 4 244 000 M. veranschlagt.

Auch die Ergänzungssteuer, welche nach dem G. v. 30. März 1910 (ergänzt durch G. v. 11. November 1914) vom 1. Januar 1911 ab zur Hebung gelangt, schließt sich im allgemeinen den gleichen Regelungen anderer Bundesstaaten an. Nicht zur Steuer herangezogen werden Personen, deren Vermögen den Gesamtwert von 6000 M. nicht übersteigt und Personen mit einem Einkommen bis 900 M., falls der Gesamtwert ihres steuerbaren Vermögens nicht mehr als 10 000 M. beträgt. Der Besteuerung unterliegt das gesamte bewegliche und unbewegliche Vermögen nach Abzug der Schulden, insbesondere der im Großherzogtum belegene Grund- und Gebäudebesitz, Bergbaurechte, das dem Betrieb der Land- oder Forstwirtschaft oder einem Gewerbe dienende Anlage- und Betriebskapital sowie das sonstige Kapitalvermögen. Die Steuer beginnt mit einem Satz von 3 M. bei Vermögen von 6000—8000 M. und erhebt sich in 18. Stufen auf 30 M. bei einem Vermögen von 60—70 000 M.; von da an steigt sie bis zum Vermögen von 200 000 M. für jede angefangenen 10 000 M. um je 5 M.; bei einem Vermögen von 200000 bis 220 000 M. beträgt sie 100 M. und erhöht sich weiter für jede angefangenen 20 000 M. um je 10 M. An Einnahme aus der Ergänzungssteuer sind 432 700 M. angesetzt.

Der Anteil des Staates an der Grundsteuer, welche als grundsätzlich den Gemeinden zustehend durch G. v. 13. April 1901 unter gleichzeitiger Herabsetzung neu geregelt wurde und alle Grundstücke und Gebäude traf, ist für 1913 noch mit 137 600 M. eingestellt. Der Hausiersteuer sind nach den G. v. 12. April 1877 und 7. April 1897 die im § 55 der Reichsgewerbeordnung bezeichneten Personen unterworfen. Der Steuersatz beträgt in der Regel 48 M. für das Kalenderjahr, kann aber durch das Staatsministerium einerseits für Gewerbe geringerer Art bzw. in geringerem Umfang betriebene, bzw. durch besondere Umstände beeinträchtigte, bis auf 2 M. ermäßigt, andererseits für Gewerbebetriebe von bedeutendem

Umfang bis auf 144 M. erhöht werden. Die Einnahme aus der Hausiersteuer beläuft sich auf 24 000 M. Die Eisenbahnabgabe ist nach dem G. v. 25. Februar 1903 von dem Einkommen aus dem Betrieb der für den öffentlichen Verkehr benutzten Eisenbahnen, die sich nicht im Besitze des Staates befinden, zu entrichten. Sie wird nach dem in jedem Betriebsjahre aufkommenden Reinertrage berechnet und beträgt bei einem solchen bis zu 4% des Anlagekapitals $^1/_{40}$ dieses Ertrages, bei höherem Reinertrage außerdem von dem Mehrertrag über 4% bis 5% $^1/_{20}$, über 5% bis 6% $^1/_{10}$ und über 6% $^2/_{10}$ des betreffenden Ertragsteils. Die Einnahme aus der Eisenbahnabgabe stellt sich auf 37 200 M.

Als Aufwandsteuer kommt hauptsächlich die Hundesteuer in Betracht. Sie beträgt nach den G. v. 3. April 1895 und vom 22. März 1905 für jeden Hund, der aus Anlaß eines Wirtschafts-, Gewerbe- oder Berufsbedürfnisses gehalten wird 3 M., für jeden anderen 10 M. Die Einnahme aus der Hundesteuer ist mit 110 000 M. angesetzt. Daneben haben wir örtlich beschränkt eine Biersteuer. Das Vordergericht Ostheim gehört als Enklave in Franken nicht zur deutschen Brausteuergemeinschaft, sondern unterliegt hinsichtlich der Bierbesteuerung unter dem Staatsvertrage vom 24. Mai 1843 nach der bayerischen Gesetzgebung dem Malzaufschlag. Durch V. v. 26. März 1910 ist die neue bayerische Regelung des Malzaufschlags (G. v. 18. März 1910) eingeführt. Als Einnahme für das Großherzogtum ergibt sich daraus ein Betrag von 19 000 M. Endlich sind als sonstige Verbrauchsabgabe 1100 M. eingestellt. Es handelt sich dabei um eine Salzabgabe, die reichsgesetzlich zugelassene Kontrollgebühr für das zu landwirtschaftlichen und gewerblichen Zwecken bestimmte abgabefreie Salz, die unter sämtlichen Bundesstaaten allein Sachsen-Weimar eingeführt hat. Für je 100 kg des zu landwirtschaftlichen und gewerblichen Zwecken bestimmten abgabefreien Salzes werden 7 Pfennig als Kontrollgebühr erhoben.

Verkehrssteuern, insonderheit eine Stempelsteuer, werden nicht gehoben. Eine Einnahme aus der Wertzuwachssteuer ist nicht angesetzt. Die vom Reich aufgegebene Steuer kommt für das Großherzogtum nicht in Frage; es ist vielmehr durch G. v. 20. März 1914 die Zuwachssteuer ausschließlich als Gemeindesteuer neu geregelt; der Staat erhält lediglich eine jährliche zu bestimmende Entschädigung für seine Mitwirkung bei Veranlagung usw. Als letzte indirekte Steuer erscheint die Erbschafts- und Schenkungssteuer, die allein in dem Anteil an der Reichssteuer besteht. Letzterer ist mit 61 000 M. eingestellt.

Die sonstigen Einnahmen aus der Staatsverwaltung sind mit 1 016 400 M. angesetzt. Sie betreffen den Reingewinn aus der Landeskreditkasse, Zinsen von den Kapitalien des Stammvermögens und den Kassenvorräten, Einnahmen aus dem Bergregal, Geleitsentschädigungsgelder, Vergütung für die Verwaltung der Landesbrandversicherungsanstalt sowie Einnahmen zufälliger und vermischter Art. An Überschüssen und Beständen aus früheren Jahren sind 2 981 100 M. in Anschlag gebracht.

3. Ausgaben. Der Staatsbedarf des Großherzogtums Sachsen begreift folgende Einzelbeträge: I. Ausgaben auf die Erwerbseinkünfte 718 300 M., welche insgesamt auf die Forsten entfallen, da die übrigen Erwerbseinkünfte im Voranschlag nur nach dem Reineinkommen erscheinen. II. Bedarf für die Staatsschuld 145 300 M., darunter: Verzinsung 103 200 M.; Tilgung 40 100 M.; sonstige Leistungen 2000 M. III. Bedarf für die Staatsverwaltung 10 614 100 M. IV. Leistungen an das Reich 1 496 000 M. (lediglich Matrikularbeiträge). Der Bedarf für die Staatsverwaltung enthält folgende Einzelsummen: Ausgaben für die Verfassung 1 071 100 M. (darunter Domänenrente des Großherzoglichen Hauses mit 1 020 000 M.); Ausgaben in Beziehung auf den fiskalischen Grundbesitz 436 200 M.; sodann die eigentliche Staatsverwaltung betreffend: Allgemeines Ministerialdepartement 177 100 M.; Ministerialdepartement des Äußeren und Inneren 359 800 M.; Ministerialdepartement der Justiz 1 243 800 M.; Ministerialdepartement des Kultus 102 600 M.; Ministerialdepartement der Finanzen 1 074 100 M.; Landesvermessung 167 000 M.; Verwaltung der Kosten 35 600 M.; Verwaltung der Steuern 296 100 M.; Einnahmeabfälle und Prozeßkosten 95 300 M.; Wartegelder und Pensionen 985 800 M.; Gendarmerie 192 700 M.; Strafanstalten 134 300 M.; Staatschausseen 350 000 M.; Zuschüsse an Gemeinden 82 000 M.; Gesundheitspflege 142 700 M.; Heimatslasten 307 100 M.; Arbeiterversicherung, Unterstützungen, wohlfahrtspolizeiliche Zwecke 257 200 M.; Zuschüsse für Kirchen und Schulen 2 545 700 M.; Anstalten für Wissenschaft und Kunst 91 400 M.; Universität Jena 289 800 M.; Forstakademie Eisenach 11 200 M.; insgemein und allgemeiner Reservefonds 164 500 M.

XI. Großherzogtum Mecklenburg-Strelitz.

Die verfassungsrechtlichen Verhältnisse im Großherzogtum Mecklenburg-Strelitz sind die gleichen wie im Großherzogtum Mecklenburg-Schwerin. Die zu letzteren vorweg gegebenen Ausführungen greifen daher auch hier Platz; etwas verwickelt sich die Sache sogar noch durch die Sonderstellung des Fürstentums Ratzeburg innerhalb des Großherzogtums. Äußerlich ist nur die Abweichung geltend zu machen, daß in Mecklenburg-Strelitz die landesherrliche Zentralkasse als „Rentei" und die landesherrlich-ständische Kasse als „Zentralsteuerkasse" bezeichnet wird.

1. Vermögen und Schulden. Das Staatsvermögen umfaßt an Domänen (Zeitpachthöfe und Zeitpachtbauerhufen) einen

Besitz von 58 700 ha und an Forsten (1911) einen solchen von 45 396 ha. Von letzteren sind 42 764 ha Holzboden und 2632 ha Nichtholzboden; die gesamte anfallende Holzmasse betrug 151 348 Festmeter, darunter 75 637 Festmeter Bau- und Nutzholz und 75 710 Festmeter Brennholz; der Durchschnittsertrag stellt sich für das Hektar Holzbodenfläche auf 3,54 Festmeter. Besondere auf Erwerb gerichtete Betriebe besitzt das Großherzogtum nicht. Es sind nur Kanäle in der Länge von 75,1 km zu nennen. Anzureihen wäre ferner der Anteil aus der Königlich Preußischen Klassenlotterie, welcher in dem Staatsvertrage vom 3. Dezember 1904 geregelt ist, und die feste Jahresrente aus den Revenuen des aufgehobenen Elbzolls, welche von Mecklenburg-Schwerin auf Grund des Hamburger Vergleichs zu zahlen ist.

Als Kapitalvermögen an Geldbeständen, Wertpapieren und Geldforderungen ist ein Betrag von 1 588 600 M. in Ansatz gebracht, welcher sich aus dem Französischen Kriegskostenfonds, dem Landesfonds des Fürstentums Ratzeburg und den Prioritäts-Stammaktien der Mecklenburger Friedrich-Wilhelm-Eisenbahn zusammensetzt. Dazu treten die Betriebsfonds der Staatskasse und der einzelnen Staatsverwaltungen mit 1 518 500 M., in denen auch periodisch zur Zentralsteuerkasse zurückzahlbare Bewilligungen zu Eisenbahnzwecken und Schuldverschreibungen und Stammaktien der vorgenannten Eisenbahn enthalten sind.

Die fundierten Staatsschulden betragen 2 680 200 M. und sind lediglich für allgemeine Staatszwecke aufgenommen. Die Tilgung beruht auf Einzelabmachungen. Eine schwebende Schuld besteht nicht.

2. Einnahmen. Als Erwerbseinkünfte führt die Reichsfinanzstatistik nur die Einnahmen aus den Domänen mit 775 000 M. (Roheinnahme 1 793 900 M.) und aus den Forsten mit 868 400 M. (Roheinnahme 1 092 500 M.) an und kommt so auf einen Gesamterwerbsbetrag von 1 643 400 M. (Roheinnahme 2 886 400 M.). Der Anteil an der Königlich Preußischen Klassenlotterie mit 67 000 M. und die Rente aus den Revenüen des aufgehobenen Elbzolls mit 41 400 M. erscheinen hier nicht.

Die Leistungen von Staat zu Staat bestehen in den Überweisungen aus der Reichskasse (Branntweinsteuer) mit 333 600 M. und in den Vergütungen aus der Reichskasse für die Zoll- und Reichssteuerverwaltung mit 70 200 M.

Den ersten Platz unter den Gebühren nehmen die Gebühren der Verwaltungsbehörden ein, welche einschließlich der Strafen 118 300 M. ausmachen. Bezüglich derselben kommt einmal ein nicht veröffentlichter Sporteltarif in Anwendung, welcher u. a. Gebühren für Standeserhöhungen, Privilegienverleihungen,

Bestellungen, Dispensationen, Bestätigungen u. dgl. regelt, sodann das Sportelnregulativ für die Landesregierung vom 24. Dezember 1863. Daneben werden namentlich Gebühren bei dem Kammer- und Forstkollegium nach dem besonderen Sportelnregulativ vom 14. Januar 1847 (Zeitpachtkontrakte, Veräußerungen, Titelverleihungen usw.) und bei den Domänenämtern nach dem eigenen Sportelnregulativ vom 29. November 1858 (Verzeitpachtungen von Domanialgrundstücken, Einsetzung von Bauern, Voll- und Freischulzen) erhoben. Die Gebühren ersetzen die fehlende Stempelsteuer; sie greifen jedoch nur für das Herzogtum Strelitz Platz. Die Gerichtsgebühren einschließlich der gerichtlichen Strafen sind mit 107100 M. angesetzt, die Hafen-Schleusen-, Schiffahrtsgebühren mit 17300 M., worin wesentlich Kanalgebühren enthalten sind.

Die direkten Steuern tragen die gleiche, von der allgemeinen abweichende Eigenart wie im Großherzogtum Mecklenburg-Schwerin. Sie sind, abgesehen von der Wandergewerbesteuer, gesondert für das Herzogtum Strelitz und das Fürstentum Ratzeburg geordnet. Für Strelitz kommen zunächst nach dem Kontributionsedikt vom 19. Mai 1903 und den Abänderungsv. v. 15. Februar 1905, v. 5. Februar 1907 und v. 21. Mai 1910 die gleichen acht kontributionsmäßigen Ertragssteuern (landwirtschaftliche Steuer; Mietsteuer von vermieteten Wohnhäusern; Gewerbesteuer; Besoldungssteuer von Gehalt und Pensionen; Erwerbssteuer von dem Erwerb aus der Ausübung von Kunst oder Wissenschaft sowie aus höheren privaten Dienstverhältnissen; Lohnsteuer aus geringerer Lohnarbeit; Zinsensteuer von den Einnahmen aus Zinsen, Renten oder Apanagen; Hundesteuer) wie für Mecklenburg-Schwerin in Betracht, welche zum 1. Juli 1914 durch eine allgemeine Einkommensteuer und eine Ergänzungssteuer nach preußischem Muster ersetzt sind; nur die landwirtschaftliche Steuer ist etwas abweichend ausgestaltet. Daneben bestehen weiter als Domanialabgabe nach dem Erbvergleich von 1755 bzw. der V. v. 1. August 1870 eine Hufensteuer von den Bauern, Schulzen usw. und eine Pachtsteuer von den Meiereipächtern, ferner ebenmäßig nach dem Erbvergleich eine ritterschaftliche Hufensteuer nach dem Hufenkataster und endlich auch nach dem Erbvergleich und den V. v. 17. Oktober 1870 und vom 28. Januar 1888 die erbvergleichsmäßige Steuer von Häusern und Ländereien. Für das Fürstentum Ratzeburg besteht nach der V. v. 3. Oktober 1859 eine ordentliche Kontribution, die sich aus einer Acker- und Viehsteuer, einer Gewerbesteuer und einer Personensteuer zusammensetzt und nach dem außerordentlichen Steueredikt vom 5. Oktober 1853 eine außerordentliche Kontribution, die sich als eine nach den verschiedenen Erwerbszweigen in ihrer Höhe verschieden bemessene Personalsteuer darstellt.

Eine Wandergewerbesteuer wird nach den gleichen V. v. 30. September 1896 für Herzogtum und Fürstentum übereinstimmend mit Mecklenburg-Schwerin gehoben; für Strelitz sind darin durch V. v. 8. Mai 1911 geringfügige Änderungen getroffen. Von der Reichsfinanzstatistik sind die einzelnen Steuerarten zusammengezogen und für das Großherzogtum in einer Summe entsprechend auf die übliche Steuereinteilung gebracht. Es erscheinen danach folgende Beträge: Grundsteuer und Gebäudesteuer 108 600 M.; Wohn- (Miet-) Steuer 17 500 M.; Gewerbesteuer 154 200 M.; Kapitalrentensteuer 138 700 M. (Zinsensteuer); spezielle Einkommensteuer 211 500 M. (Besoldungs-, Hebungs-, Erwerbs- und Lohnsteuer); landwirtschaftliche Steuer 83 000 M.; Wandergewerbesteuer 20 800 M.

Als Aufwandsteuer kommt lediglich die Hundesteuer mit 6500 M. zur Erscheinung. Verkehrssteuern fehlen gänzlich, da Stempelsteuer nicht gehoben wird. Eine Einnahme aus der Wertzuwachssteuer ist nicht veranschlagt; der weggefallene Reichsanteil an der Steuer ist nicht auf die Landeskasse übernommen.

Lediglich in dem Anteil an der Reichssteuer findet sich endlich die Erbschafts- und Schenkungssteuer mit 6000 M.

Die sonstigen Einnahmen aus der Staatsverwaltung, welche ähnlich wie in Mecklenburg-Schwerin aus verschiedenen Quellen fließen, daneben aber auch die Renten aus den Revenuen des aufgehobenen Elbzolls und aus dem Lotterievertrag mit Preußen enthalten, sind zu 845600 M. angesetzt. Als Überschüsse und Bestände aus früheren Jahren sind 1319300 M. eingestellt.

3. Ausgaben. Der Staatsbedarf für das Großherzogtum Mecklenburg-Strelitz umfaßt insgesamt 5 024 600 M. und stellt sich nach den einzelnen Abteilungen in folgender Weise: I. Ausgaben auf die Erwerbseinkünfte 1 243 000 M., darunter für Domänen 1018 900 M. für Forsten 224 100 M. II. Bedarf für die Staatsschuld 107 800 M., darunter: Verzinsung 99 700 M.; Tilgung 7200 M.; Verwaltungsaufwand 900 M. III. Bedarf für die Staatsverwaltung 3 264 800 M. IV. Leistungen an das Deutsche Reich 409 000 M. (lediglich Matrikularbeiträge). Der Bedarf der Staatsverwaltung setzt sich aus folgenden Einzelsummen zusammen: Hof- und Staatsverwaltung (einschließlich Staatsoberhaupt und Hofhaltung 1 022 100 M.; Unterstützungen usw. 71 300 M.; Finanzverwaltung 148 900 M.; Justizverwaltung 621 900 M.; Kirchen- und Schulwesen 672 100 M.; Polizeiverwaltung 129 900 M.; Militärwesen 36 000 M.; Medizinalwesen 107 600 M.; Wegeverwaltung, Chausseen und Wasserstraßen 326 400 M.; zur Hebung der Landwirtschaft 57 900 M.; zur Hebung des Gewerbes 7700 M.; Armenwesen 63 000 M.

XII. Großherzogtum Oldenburg.

Dadurch, daß sich das Großherzogtum Oldenburg aus dem Herzogtum Oldenburg, dem Fürstentum Lübeck und dem Fürstentum Birkenfeld mit vielfach gesonderten staatlichen Einrichtungen, und namentlich mit je einem eigenen Budget, zusammensetzt, muß die staatliche Finanzwirtschaft desselben naturgemäß eine verwickeltere werden. So bestehen 9 verschiedene Kassen mit eigenen Voranschlägen und wechselseitigen Zahlungen und Zuschüssen, nämlich eine Zentralkasse für das Großherzogtum, je eine Landeskasse und eine Staatsgut-Kapitalienkasse für das Herzogtum Oldenburg, das Fürstentum Lübeck und das Fürstentum Birkenfeld, endlich eine Eisenbahnbetriebskasse mit dem Eisenbahnbaufonds für das Herzogtum Oldenburg und ein Landeskulturfonds des Herzogtums Oldenburg. Nach den drei Einzelgebieten gliedern sich im wesentlichen Staatsvermögen und Staatsschulden. Die Steuergesetze sind für dieselben formell verschieden, wenn auch materiell in der Hauptsache übereinstimmend erlassen; einzelne treffen überhaupt nicht sämtliche Gebiete. Es würde zu weit führen, diese Verschiedenheit überall bis ins einzelne zu verfolgen, wir werden uns deshalb der allgemeinen Zusammenfassung der Reichsfinanzstatistik anschließen und die Abweichungen nur wo solche von besonderer Bedeutung kurz berühren; wie die einzelnen Budgetbeträge sich auf die drei Gebiete verteilen, kommt dabei allerdings nicht zum Ausdruck, dürfte aber auch kein allgemeineres Interesse haben.

1. Vermögen und Schulden. Unter dem Staatsvermögen erscheinen zunächst die Domänen mit einer Fläche von 41 270 ha. Darin begriffen ist das eigentliche Staatsgut (gegen 9000 ha), die Kommende Bokelesch (gegen 700 ha), das ausgeschiedene Krongut (etwa 6000 ha) und die Grundstücke des Landeskulturfonds. Die Kommende Bokelesch, welche Staatsgut bildet, steht unter besonderer Verwaltung, ihre Erträgnisse dienen zur Unterstützung der katholischen Kirche. Das ausgeschiedene Krongut bildet nur Staatsgut im weiteren Sinne, da das Großherzogliche Haus Besitz und Nutzung desselben hat, dem Staat jedoch bestimmte Rechte an demselben, wie Zustimmung zu Veräußerung und Belastung, zustehen. Die Grundstücke des Landeskulturfonds — ausschließlich dem Herzogtum Oldenburg angehörig — bestehen im wesentlichen aus Moor- und Ödländereien, die zu allmählicher Veräußerung bestimmt sind; die Einnahmen sind zur Förderung der Landeskultur zu verwenden.

Die Staatsforsten, welche auf sämtliche Gebietsabschnitte verteilt sind und wiederum in eigentliche Staatsforsten, solche der Kommende Bokelesch und solche des ausgeschiedenen Kronguts zerfallen, umfassen (1911) eine Gesamtfläche von 26 924 ha, davon

25 972 ha Holzboden und 952 ha Nichtholzboden; die anfallende Holzmasse belief sich auf 38 000 Festmeter Bau- und Nutzholz und auf 42 617 Festmeter Brennholz, insgesamt also auf 80 617 Festmeter; der Durchschnittsertrag berechnet sich für die einzelnen Gebiete stärker abweichend, nämlich beim Herzogtum Oldenburg auf 2,00 Festmeter, beim Fürstentum Lübeck auf 5,70 Festmeter und beim Fürstentum Birkenfeld auf 4,13 Festmeter für das Hektar Holzbodenfläche. Die Verwaltung der Domänen wie der Forsten wird unter dem Finanzministerium für die drei Gebietsteile getrennt geführt. An Bergwerken, Hütten und Salinen besitzt nur das Fürstentum Lübeck einen Anteil an der Saline zu Lüneburg.

Die Staatsbahnen, die dem Herzogtum Oldenburg zustehen, haben eine Länge von 599 km mit einem Anlagekapital von 101 149 400 M. und einer Eisenbahnschuld von 64 789 000 M.; im Jahre 1912 wurden von den Lokomotiven 8,14 Millionen Lokomotivkilometer und von den Personen-, Gepäck- und Güterwagen 187,66 Millionen Achskilometer geleistet; befördert wurden 11,25 Millionen Reisende und 4,75 Millionen Tonnen Güter aller Art; die Zahl der Beamten und Arbeiter belief sich auf insgesamt 5319. Die Verwaltung wird unter dem Staatsministerium von der Großherzoglichen Eisenbahndirektion in Oldenburg geführt. Durch Staatsvertrag vom 30. Dezember 1913 ist die bislang im preußischen Besitz stehende Eisenbahn Oldenburg—Wilhelmshaven in das Eigentum des Oldenburgischen Staats, welcher schon früher den Betrieb leitete, übergegangen. Kanäle besitzt das Herzogtum Oldenburg in einer Länge von etwa 73 km (Anlagekapital gegen 3 Millionen Mark). Im übrigen kommt die staatliche Kreditanstalt des Herzogtums Oldenburg in Betracht, welche durch das G. v. 14. Februar 1883 begründet und durch das G. v. 10. Februar 1906 — weiter ergänzt durch G. v. 15. März 1912, vom 25. März 1913 (Einrichtung eines Schuldbuches) und vom 6. Januar 1914 — neu geordnet wurde, als staatliche Erwerbsanstalt aber nur unter bestimmten Voraussetzungen wirksam werden kann, und endlich der Anteil an der Königlich Preußischen Klassenlotterie nach dem Staatsvertrage vom 9. Dezember 1905. Die Landessparkasse, welche nach dem G. v. 24. Dezember 1912 aus der schon im Jahr 1786 gegründeten Ersparungskasse zu einer Anstalt des Herzogtums Oldenburg gemacht ist, ist keine eigentliche Erwerbsanstalt des Staats. Sie soll den Spartrieb wecken und beleben und namentlich Minderbemittelten Gelegenheit geben, Ersparnisse sicher verzinslich anzulegen. Der Staat hat Verwaltung und Haftung. Soweit die Überschüsse nicht der Rücklage zufließen, ist eine Verwendung derselben zu wohltätigen oder gemeinnützigen Zwecken nach Verfügung des Staatsministeriums zugelassen.

Als Staatskapitalvermögen sind anzuführen einmal die verzinslich belegten Kapitalien der Zentralkasse, des Herzogtums Oldenburg, der Fürstentümer Lübeck und Birkenfeld, der staatlichen Anstalten des Alexanderfonds und der Kommende Bokelesch zum Betrage von insgesamt 6 285 900 M., sowie ferner der Betriebsfonds der Zentralkasse, des Herzogtums Oldenburg, und der Fürstentümer Lübeck und Birkenfeld zu insgesamt 1 300 000 M.

Die fundierte Staatsschuld, welche ausschließlich das Herzogtum Oldenburg belastet, da die beiden Fürstentümer ebenso wie das Großherzogtum als Gesamtheit schuldenfrei sind, beläuft sich auf 82 689 800 M. Davon sind 17 900 800 M. für allgemeine Staatszwecke, 64 789 000 M. als Eisenbahnschuld aufgenommen. Die Gesamtschuld setzt sich aus einer Anzahl von Einzelanleihen zusammen, von denen einzelne aus älterer Zeit unkündbar sind, während für die neueren regelmäßig je ein besonderer Tilgungsplan festgelegt ist. Ein allgemeines Tilgungsgesetz besteht nicht, doch ist nach dem G. v. 6. Oktober 1914 eine eigene Staatsschuldentilgungskasse errichtet, welcher namentlich ein Teil der Überschüsse des Eisenbahnbetriebes zuzufließen hat. Ein Staatsschuldbuch ist, nachdem bei der staatlichen Kreditanstalt ein Schuldbuch schon früher eingerichtet war, durch G. v. 20. März 1914 eingeführt; die eingehende Regelung überträgt die obere Leitung dem Ministerium der Finanzen. Eine schwebende Schuld so namentlich eine Ausgabe von Schatzanweisungen kommt nicht vor.

2. Einnahmen. Die Einnahmen aus dem Erwerbsvermögen betragen insgesamt 4 525 500 M. (Roheinkommen 24 708 500 M.) und setzen sich folgendermaßen zusammen: Domänen 501 500 M. (Roheinkommen 886 200 M.); Forsten 352 100 M. (Roheinkommen 837 300 M.); Bergwerke, Hütten und Salinen 9000 M. (als Anteil am Gewinn der Lüneburger Saline lediglich Reineinkommen); Staatseisenbahn 3 586 900 M. (Roheinkommen 22 900 000 M.); sonstige Betriebe 76 000 M., lediglich den Anteil an der Preußischen Klassenlotterie darstellend, da die staatliche Kreditanstalt für den Staat keine regelmäßige Einnahmequelle bietet.

Als Leistungen von Staat zu Staat sind die Überweisungen aus der Reichskasse (Branntweinsteuer) mit 1 451 300 M. und die Vergütungen aus der Reichskasse für die Zoll- und Reichssteuerverwaltung mit 716 600 M. aufzuführen.

Unter den Gebühren stehen die Gerichtsgebühren, deren landesmäßige Regelung teils auf den G. v. 30. Dezember 1899 und 24. April 1906 (Herzogtum Oldenburg und Fürstentum Birkenfeld) bzw. vom 13. März 1903 (Fürstentum Lübeck) teils auch noch auf der Anweisung vom 25. Juli 1883 beruht, mit 1 208 300 M. weitaus obenan; in der Summe sind jedoch neben den gerichtlichen Strafen die Strafgelder der Verwaltungsbehörden, die sich nicht besonders ausscheiden ließen, inbegriffen. Die Gebühren der Verwaltungsbehörden sind mit 367500 M. angesetzt; sie kommen nach dem G. v. 15. März 1870 (Herzogtum Oldenburg), bzw. vom 28. Dezember 1872 (Fürstentum Lübeck), bzw. vom 2. Januar 1873 (Fürstentum Birkenfeld) als allgemeine für alle Verhandlungen bei dem Staatsministerium, den Oberschulkollegien, der Polizeidirektion, den Verwaltungsämtern und den Vorständen der staatlich geregelten Wasserbaugenossenschaften vor. Hafen-, Schleusen-, Kranen-, Brücken-, Schiffahrtsgebühren u. dgl. gibt es nach den einzelnen Hafen- und Kanalordnungen sowie Brücken- und Fährgeldregelungen in verschiedenster Art; sie erreichen einen Betrag von 175400 M.

Die direkte Besteuerung beruht auf einer allgemeinen Einkommensteuer, einer Vermögenssteuer, einer Grund- und Gebäudesteuer, einer beschränkten Gewerbesteuer und einer Wandergewerbesteuer.

Die allgemeine Einkommensteuer — für das Herzogtum Oldenburg durch G. v. 12. Mai 1906 mit Ergänzungen vom 20. März 1908 und 6. Januar 1909, für das Fürstentum Lübeck durch G. v. 24. März 1908 und für das Fürstentum Birkenfeld durch G. v. 29. April 1908 sachlich übereinstimmend geregelt — schließt sich eng an die bezügliche preußische Gesetzgebung an. Von den juristischen Personen sind steuerpflichtig Aktiengesellschaften, Kommanditgesellschaften, Gesellschaften mit beschränkter Haftung und eingetragene Genossenschaften, die ihren Sitz im Staat haben. Die untere Besteuerungsgrenze ist auf 400 M. festgelegt. Der Steuerfuß ist progressiv gestaffelt; er beträgt $1/4\%$ für Einkommen von 400—450 M. (1 M.) und steigt in Stufen bis zu 5% bei Einkommen von 37000 M. an aufwärts. Für jedes Finanzjahr wird durch Finanzg. bestimmt, in welchem Betrage die Einkommensteuer zu heben ist. Das Erträgnis aus der Einkommensteuer ist auf 4050000 M. angesetzt.

Auch die Vermögensteuer, welche für die einzelnen Gebiete auf Gesetzen vom gleichen Datum wie die Einkommensteuer beruht, ist in der Hauptsache der preußischen nachgebildet, namentlich was subjektive und objektive Steuerpflicht anlangt. Die Steuer ist mit ihren Sätzen enger an die Einkommensteuer angeschlossen; bei einem Einkommen unter 600 M. tritt Befreiung ein; der Steuersatz beträgt für die mit 600—900 M. Einkommen Veranlagten $1/2$ ‰ des Vermögens jedoch nicht mehr als $6/10$ der Jahreseinkommensteuer, und steigt stufenweise bis zu 1 ‰ bei 2400—2800 M. Einkommen, wobei jedoch die Höhe der Einkommensteuer nicht überschritten werden darf; letzteres fällt bei Einkommen über 3600 M. weg. In der Abstufung weichen die einzelnen Gebiete etwas voneinander ab. Als Vermögenssteuer ist ein Betrag von 1155000 M. eingestellt.

Die Grund- und Gebäudesteuer, der alle Grundstücke und alle Gebäude — beide getrennt — nach einem gleichen festen Prozentsatz vom Steuerkapital unterworfen sind, ist für die einzelnen Gebiete nicht ganz übereinstimmend geregelt; Herzogtum Oldenburg G. v. 18. Mai 1855; Fürstentum Lübeck G. v. 21. Dezember 1854, 20. Dezember 1875 und 15. März 1882; Fürstentum Birkenfeld G. v. 12. November 1845, 18. April 1864 und 7. Januar 1873. Seit Einführung der Vermögenssteuer hat in allen Gebieten, wenn auch in etwas verschiedener Weise, eine erheblichere Ermäßigung der Grund- und Gebäudesteuer stattgefunden. Neben der Grundsteuer kommen im Herzogtum Oldenburg die sogenannten grundherrlichen Gefälle (ablösbarer Kanon, Erbpacht) in Betracht, welche nicht auf Gesetz, sondern auf altem Herkommen beruhen; sie sind in der Reichsfinanzstatistik von je mit der Grundsteuer zusammengezogen. Wenngleich sie nach ihrer äußeren Bedeutung infolge langüberkommener Gewohnheit der Grundsteuer in gewisser Weise ähnlich stehen mögen, so sind sie doch richtiger als mehr privatrechtliche Belastungen anzusehen und danach den Einnahmen aus den Domänen zuzurechnen, wie in ähnlichen Fällen bei anderen Bundesstaaten verfahren ist. Die Grundsteuer ist mit 817 700 M. (davon eigentliche Grundsteuer 353 000 M., Gefälle 464 800 M.), die Gebäudesteuer mit 228 700 M. angesetzt.

Die Wandergewerbesteuer beruht für alle drei Gebiete auf G. v. 22. Februar 1898 nebst Abänderungsg. vom 22. Januar 1906. Ihr unterliegen die Gewerbe, deren Betrieb nach § 55 der Reichsgewerbeordnung eines Wandergewerbescheins bedarf. Als Regel gilt ein Satz von 48 M. für das Kalenderjahr, der aber bei Gewerben geringerer Art bis 6 M. ermäßigt, andererseits bei bedeutendem Umfang des Betriebes bis auf 144 M. erhöht werden kann. Die daneben durch die gleichen Gesetze geregelte Wanderlagersteuer fließt nicht in die Staatskasse, sondern steht den Gemeinden zu. Die Wandergewerbesteuer berechnet sich auf 30 000 M. Als eine beschränkte Gewerbesteuer muß die sogenannte Gewerbsrekognition gelten, welche nach den Gewerbeg. für das Herzogtum Oldenburg v. 11. Juli 1861 und für das Fürstentum Lübeck v. 13. Mai 1864 —Birkenfeld kennt diese Abgabe nicht — für den behördlich zugelassenen Wirtschaftsbetrieb und den Kleinhandel mit Branntwein (3% des jährlichen Ertrages, mindestens jedoch 3 M.), zu entrichten ist. Auf die gleichen Gesetze gründet sich eine Musikabgabe, welche allgemein für jede, auch private Tanzmusik (50 Pf. für jeden mitwirkenden Musiker) gehoben wird. Die letztere Abgabe ist mit der vorbehandelten von der Reichsfinanzstatistik als Gewerbesteuer zusammengezogen worden, obwohl sie sich mehr als eine Lustbarkeitssteuer darstellen und zu den Aufwandsteuern zu rechnen sein dürfte. Der Gesamtbetrag für beide Abgaben beläuft sich auf 170 000 M.

Eine Stempelsteuer besteht im großen und ganzen übereinstimmend für das Herzogtum Oldenburg nach dem G. v. 12. Mai 1906 mit Ergänzungsg. vom 4. Februar 1910, für das Fürstentum Lübeck nach dem G. v. 11. Januar 1910 und für das Fürstentum Birkenfeld nach dem G. v. 14. Mai 1908. Sie bezieht sich einerseits auf Urkunden über Verträge, welche von Gerichten aufgenommen oder beglaubigt sind, und andererseits allgemein auf die tarifmäßig besonders herausgehobenen Urkunden und bestimmt sich im allgemeinen nach dem Wert des beurkundeten Geschäfts (in der Regel $^1/_3$% dieses Wertes, für einzelne Verträge besonders tarifiert). Der Gesamtbetrag ist zu 886 000 M. veranschlagt.

Als Wertzuwachssteuer für Grundstücke — lediglich Anteil an der bezüglichen Reichssteuer — erscheint der Betrag von 35 000 M. Nachdem der Reichsanteil an der Wertzuwachssteuer beseitigt war, hatte man den Erlaß eines Landes-Zuwachssteuergesetzes in Aussicht genommen, der durch Ausbruch des großen Krieges 1914 vorläufig gehindert wurde. In der Erbschafts- und Schenkungssteuer mit 112 000 M. ist lediglich die Summe enthalten, die aus der Reichssteuer den Bundesstaaten zufließt.

Die sonstigen Einnahmen aus der Staatsverwaltung — in Anschlag gebracht mit 2 067 600 M. — setzen sich auch hier aus einer größeren Anzahl von Einzelsummen zusammen, so Zinsen vom Kapitalbestande und Kontokorrentzinsen, Beiträge der Provinzen, Baggereibetrieb, von dem Oldenburgischen Anzeiger, von der Oldenburgischen Landesbank, Verpflegungsgelder der Heil- und Pflegeanstalt und des Hebammeninstituts, Strafanstalten, Schulgelder, Forstbesoldungsbeiträge, Beiträge der Kommunen usw. Als Überschüsse und Bestände aus früheren Jahren erscheinen 1 060 000 M.; sie rühren aus sämtlichen neun Landeskassen her.

3. Ausgaben. Der Staatsbedarf des Großherzogtums Oldenburg — Gesamtergebnis für die drei Gebiete — setzt sich bei einem Gesamtbetrage von 38 087 700 M. in folgender Weise zusammen: I. Ausgaben auf die Erwerbseinkünfte 20 183 000 M., darunter: Domänen 384 700 M.; Forsten 485 200 M.; Staatseisenbahnen 19 313 100 M. II. Bedarf für die Staatsschuld 3 502 400 M., darunter: Verzinsung 3 059 600 M.; Tilgung 437 900 M.; Verwaltungsaufwand 4900 M. III. Bedarf für die Staatsverwaltung 12 488 000 M. IV. Leistungen an das Reich 1 914 300 M. (lediglich Matrikularbeiträge). Der Staatsbedarf gliedert sich im einzelnen: allgemeine Verwaltung 2 976 600 M.; Verwaltung des Innern 3 783 100 M.; Verwaltung der Justiz 1 786 200 M.; Verwaltung der Kirchen und Schulen 2 570 500 M.; Verwaltung der Finanzen 1 291 200 M.; vermischte Ausgaben 80 400 M.

XIII. Herzogtum Braunschweig.

1. Vermögen und Schulden. Das Domanial- (Domänen und Forsten) und Kapitalvermögen des Braunschweigischen Staats ist äußerlich in sogenanntes Kammergut (tatsächlich Staatsvermögen) und in Vermögen des Kloster- und Studienfonds geschieden. Letzterer stammt aus der Aufhebung der Klöster und ist bestimmten, jetzt rein staatlichen Zwecken vorbehalten. Sachlich hat die Scheidung, welche sich auf Einnahme und Staatsbedarf ausdehnt, für die staatliche Finanzwirtschaft keine besondere Bedeutung, weshalb sie im folgenden nicht weiter berücksichtigt wird.

Die Domänen (Feldgüter) umfassen insgesamt eine Fläche von 27 489 ha; weitaus überwiegend werden sie durch Verpachtung im geschlossenen Haushalt, mehr vereinzelt durch Einzelpacht genutzt. Die Gesamtfläche der Staatsforsten beläuft sich (1911) auf 85 735 ha, davon 82 323 ha Holzboden und 3412 ha Nichtholzboden; die anfallende Holzmenge berechnet sich auf 479 401 Festmeter mit 241 253 Festmeter Bau- und Nutzholz und 256 148 Festmeter Brennholz; für das Hektar Holzbodenfläche ergibt sich ein Durchschnittsertrag von 6,04 Festmeter. An Bergwerken, Hütten und Salinen besitzt Braunschweig zunächst anteilig mit Preußen (Kommunion Harz, $^4/_7$ Preußen, $^3/_7$ Braunschweig) ein Erzbergwerk (Rammelsberg bei Goslar) und zwei Metallhütten (Oker und Juliushütte mit Frau Sophienhütte) und sodann im Alleineigentum eine Saline (Schöningen); die Gewinnung stellte sich 1913 auf 61 334 Tonnen, bzw. 46 905 Tonnen, bzw. 22 702 Tonnen, die durchschnittliche Arbeiterzahl auf 329, bzw. 951, bzw. 67. Verwaltet wird das vorbezeichnete Staatsvermögen unter der Oberleitung der Finanzabteilung des Herzoglichen Staatsministeriums durch die Herzogliche Kammer, die sich in eine Direktion der Domänen, eine Direktion der Forsten und eine Direktion der Bergwerke gliedert.

Die Staatseisenbahnen des Herzogtums wurden im Jahr 1870 verkauft. Die neben anderem dafür bis zum Jahre 1933 zu zahlende Annuität von 2 625 000 M. jährlich ist von der Reichsfinanzstatistik unter die Einnahmen aus Staatseisenbahnen eingestellt. In dieser Annuität steckt teils eine Kapitalzahlung, welche durch Rücklage und Verzinsung derselben bei Wegfall der Annuität den Betrag von 59 Millionen Mark ausmachen sollte, teils eine Verzinsung des letzteren Kapitalbetrages. Da die Annuität bisher stets voll und ohne Rücklage in den Staatshaushalt eingestellt wurde, so ist die Kapitalansammlung im wesentlichen jetzt unmöglich gemacht.

Unter den sonstigen Betrieben steht obenan das Landeskreditinstitut, die Herzogliche Leihhausanstalt, die in ihren Anfängen aus dem Jahre 1765 herrührend nach den G. v. 20. August 1867, 8. Mai 1876 und 10. Juli 1881 in erster Linie für den Hypothekarkredit, daneben aber auch zu weiterem finanziellen Geschäftsbetrieb bestimmt ist und ihren Überschuß an die Staatskasse abführt; derselben ist nach dem G. v. 10. Juni 1892 allgemein der Sparkassenbetrieb für das Herzogtum angegliedert. Des weiteren ist die feste Beteiligung des Staats an den Kalisalzbergwerken Asse und Braunschweig-Lüneburg nach den Verträgen vom 9. Juli 1898 und vom 23. August 1910 (ergänzt unterm 23. Mai 1912) — der Staat betreibt den Bergbau nicht, sondern ist nur Eigentümer einer größeren Anzahl von Kuxen der betreibenden Gewerkschaften — zu nennen, sowie der Anteil an der Königlich Preußischen Klassenlotterie nach dem Staatsvertrage vom 18. Mai 1906 und endlich Betrieb des Regierungsblattes, der Braunschweigischen Anzeigen.

Als Kapitalvermögen besitzt das Herzogtum einesteils den Kammerkapitalfonds zu 1475400 M., den Klosterkapitalfonds zu 19 849 700 M. und das in Wertpapieren angelegte Vermögen der Staatskasse (zum großen Teil aus dem Staatsbahnverkauf herrührend) zu 21 243 300 M., andernteils die Betriebsfonds des Staatshaushalts zu 900 000 M. und der Kammerverwaltung zu 300 000 M.; dazu tritt das Vermögen der Witwen- und Waisenversorgungsanstalt mit 2 732 300 M. hinzu.

Die Schulden Braunschweigs belaufen sich insgesamt auf 43763800 M. Sie zerteilen sich in die alte, zum Teil unkündbare Kammerschuld zu 677 600 M., die neuere vor 1870 meist für Eisenbahnzwecke aufgenommene Schuld zu 32 137 200 M., welche durch die Annuitäten aus dem Eisenbahnverkauf ihre festgeregelte Tilgung findet, und endlich in die neueste Schuld zu 10949000 M., bezüglich derer zwar kein allgemeines Tilgungsg. erlassen ist, aber doch bestimmte Abmachungen über eine Tilgung zwischen Regierung und Landesversammlung, teils allgemein, teils je für die besondere Anleihe, getroffen sind. Die letzten beiden Klassen der Staatsschuld sind durch Inhaberpapiere verbrieft. Ein Staatsschuldbuch besteht nicht, ebenso keine schwebende Schuld.

2. Einnahmen. Die Einnahmen aus dem Erwerbsvermögen belaufen sich insgesamt auf 8 158 400 M. (Roheinkommen 19 824 100 M.) und gliedern sich in folgende Einzelbeträge: Domänen 1 101 900 M. (Roheinkommen 2 414 000 M.); Forsten 2 528 000 M. (Roheinkommen 5 240 800 M.); Bergwerke, Hütten und Salinen 618 500 M. (Roheinkommen 4 759 500 M.); Staatseisenbahnen (Annuität aus dem Eisenbahnverkauf) 2 625 000 M.; sonstige Betriebe 1 285 000 M. (Roheinkommen 4 784 800 M.; darunter Leihhaus 4 027 800 M.; Kalibergwerk 200 000 M.; Lotterie 475 000 M.; Braunschweigische Anzeigen 32 000 M.).

Die Leistungen von Staat zu Staat begreifen die Überweisungen aus der Reichskasse (Branntweinsteuer) mit 1 549 300 M.

und die Vergütungen aus der Reichskasse für die Zoll- und Reichssteuerverwaltung mit 536 100 M.

Die Einnahme aus Gebühren beziffert sich insgesamt auf 1 479 400 M. Sie wird mit 1 440 500 M. fast ganz durch die Gerichtsgebühren (einschließlich der gerichtlichen Strafen) ausgefüllt, welche die landesgesetzliche Regelung in dem Kosteng. für Gerichte und Notare vom 8. Juni 1908, ergänzt durch G. v. 20. April 1914, gefunden haben. Hafen-, Schiffahrtsgebühren u. dgl. kommen nicht in Betracht. Für die sonstigen Gebühren der Verwaltungsbehörden und Strafgelder verbleibt mithin ein Betrag von 39 400 M.; es sind darin namentlich enthalten Gebühren für steuerliche Abfertigungen (Bier, Zucker, Branntwein, Salz), Wagegeld, Niederlagegeld, Meßstellengeldentschädigung, Gebühren und Verwaltungskostenbeiträge für Zollabfertigungen, Salzvergällungsgebühren, Gebühren für Überwachung der Salzwerke und Sonstiges.

Die Grundlage der direkten Besteuerung bilden eine allgemeine Einkommensteuer und eine Ergänzungssteuer, neben welchen von den früheren Ertragssteuern die Grundsteuer und die Gewerbesteuer in eingeschränktem Maße (25% des früheren Einheitssatzes) als Staatssteuer beibehalten sind; in der Hauptsache (75%) wurden letztere den Gemeinden zugewiesen. Außerdem wird eine Steuer vom Gewerbebetrieb im Umherziehen, eine Wanderlagersteuer und eine Bergwerksabgabe erhoben.

Die Einkommensteuer beruht auf dem G. v. 16. April 1896 nebst Abänderungsg. v. 11. März 1899, 14. Dezember 1908, 30. April 1909 und 21. Dezember 1910 und entspricht im wesentlichen dem preußischen Muster. Von den juristischen Personen sind steuerpflichtig Aktiengesellschaften, Kommanditgesellschaften auf Aktien, Gesellschaften mit beschränkter Haftung, die eingetragenen Genossenschaften mit Geschäftsbetrieb über ihren Mitgliederkreis und die die Rechte juristischer Personen besitzenden Konsumvereine mit offenem Laden. Die Steuerpflicht beginnt bei einem Einkommen von 900 M. und ist bis zu einem solchen von 7200 M. in 40 Stufen von 6 M. bis zu 190 M. besonders festgelegt; bei höherem Einkommen steigt sie bis zu einem solchen von 100 000 M. in Stufen von 300 M., 500 M. und 1000 M. um 10, 16, 20, 40 und 50 M. für die Stufe; bei einem Einkommen von mehr als 100 000 M. erhöht sich der Satz in Stufen von je 2000 M. um 80 M. Zur Einkommensteuer werden Zuschläge erhoben, die für jede Finanzperiode besonders festgesetzt wurden, und zwar in zwiefacher Weise einerseits für die Aktiengesellschaften, Kommanditgesellschaften auf Aktien, Gesellschaften mit beschränkter Haftung und Berggewerkschaften, andererseits für die physischen Personen und die sonstigen juristischen Personen. Die Einnahme aus der Einkommensteuer ist mit 4 642 300 M. veranschlagt.

Auch die Ergänzungssteuer, für welche das G. v. 11. März 1899 nebst den Abänderungsg. v. 14. Dezember 1908 und 21. Dezember 1910 maßgebend ist, schließt sich in seinen Grundsätzen eng an das bezügliche preußische Gesetz an. Die Steuerpflicht beginnt bei einem Vermögen von 6000 M. und ist wiederum bis zu einem Vermögen von 70 000 M. in 19 Stufen besonders von 3 M. bis zu 30 M. ausgeworfen, um sich bei höherem Vermögen bis zu 200 000 M. für jede angefangenen 10 000 M. um je 5 M. zu erhöhen; zwischen 200 000 und 220 000 M. beträgt die Steuer 100 M. und steigt dann weiter für jede angefangenen 20 000 M. um je 10 M. Zur Ergänzungssteuer werden ebenfalls Zuschläge wie zur Einkommensteuer erhoben, die jedoch erst bei einem Vermögen von über 20 000 M. einsetzen. Als Betrag der Ergänzungssteuer sind 935 700 M. eingestellt.

Die Grundsteuer fußt auf dem G. v. 24. August 1849 nebst Abänderungsg. v. 23. März 1854, 20. April 1855, 11. Mai 1870, 20. März 1873 und 29. März 1906 und besteuert nach dem in genau vorgeschriebener Weise festgelegten Reinertrag Ackerland, Wiesen, Gärten, Anger, ablaßbare Teiche, Forsten und Gebäude. Ihr Ertrag ist mit 509 300 M. eingestellt.

Die Gewerbesteuer ist für das stehende Gewerbe durch G. v. 4. Januar 1909 anschließend an den früheren Stand neu geregelt. Sie wird nach einem eigenen Tarif in 24 Klassen wesentlich nach dem Umfang, welcher für die einzelnen Gewerbearten in verschiedenartiger, fest bestimmter und sich der Betriebsart anpassender Weise zu ermitteln ist, gehoben. Der Ertrag der Gewerbesteuer ist mit 219 100 M. ausgeworfen. In diese Summe ist der Ertrag aus der Steuer für den Gewerbebetrieb im Umherziehen einbezogen, der voll in die Staatskasse fließt. Die Steuer gründet sich auf das G. v. 5. April 1906 und trifft alle diejenigen, welche nach der Reichsgewerbeordnung eines Wandergewerbescheines bedürfen oder zu den im § 59 der Reichsgewerbeordnung aufgeführten Gewerbetreibenden gehören, nach dem Umfang ihres Betriebes in einer Abstufung zwischen 9 und 600 M. Die Wanderlagersteuer ist durch G. v. 7. Juni 1890 — ergänzt durch G. v. 28. März 1904 — eingeführt und wird neben der Gewerbesteuer erhoben. Die Abgabe ist für jede Woche der Dauer des Wanderlagerbetriebes nach der Einwohnerzahl der Ortschaften abgestuft mit 30—50 M. zu erlegen. Ihr Betrag ist mit 46 000 M. angesetzt.

Die Bergwerksabgabe, welche sich zunächst mehr als Domanialabgabe und Entgelt für die aufgegebene Regalität darstellen mochte, inzwischen aber lediglich Steuernatur erlangt hat, ist der preußischen (G. v. 20. Oktober 1862) nachgebildet, die aber dort durch G. v. 14. Juli 1893 außer Hebung gesetzt bzw. den Gemeinden überwiesen wurde. Grundlage der in Braunschweig bestehen gebliebenen Steuer ist das G. v. 15. April 1867, abgeändert durch G.

v. 20. Juni 1899. Die Steuer fordert $1^{1}/_{2}\%$ vom Wert der abgesetzten Bergprodukte und ist auf 100 000 M. veranschlagt.

Die indirekte Besteuerung beschränkt sich auf eine Stempelsteuer und die Erbschafts- und Schenkungssteuer, nachdem durch G. v. 9. Oktober 1913 auf die Wertzuwachssteuer ausdrücklich verzichtet ist.

Die Stempelsteuer hat jüngst nach mannigfaltigen Umgestaltungen im einzelnen in dem G. v. 20. Mai 1911 eine neue Grundlage gefunden, die zunächst durch V. v. 24. September 1913, dann durch G. v. 30. März 1914 anläßlich des RG. v. 3. Juli 1913 bezüglich der Gesellschaftsverträge eine Abänderung erfahren hat. Die Stempelsteuer, in der Hauptsache Urkundensteuer, ist meist nach preußischem Muster weitgehend ausgestaltet und wird nach einem vielseitig gegliederten Tarif mit 80 Einzelnummern erhoben. Als Ertrag sind 602000 M. eingestellt. Als Erbschafts- und Schenkungssteuer kommt der Anteil an der Reichssteuer in Betracht, der zu 107 500 M. angesetzt ist.

Unter den sonstigen Einnahmen aus der Staatsverwaltung, welche insgesamt 1 516 300 M. betragen, sind hauptsächlich die Zinseneinnahmen vom Kapitalvermögen mit 1 478 100 M. verrechnet, der Rest mit 38 200 M. ist für außerordentliche Einnahmen angesetzt. Die Überschüsse und Bestände aus früheren Jahren sind zu 140 000 M. veranschlagt.

3. Ausgaben. Der Staatsbedarf Braunschweigs zu insgesamt 31 341 900 M. stellt sich im einzelnen folgendermaßen: I. Ausgaben auf die Erwerbseinkünfte 11 665 700 M., darunter: Domänen 1 312 100 M.; Forsten 2 712 800 M.; Bergwerke, Hütten, Salinen 4 141 000 M.; sonstige Betriebe 3 499 800 M. (Leihhaus 3 417 800 M.; Braunschweigische Anzeigen 82 000 M.). II. Bedarf für die Staatsschuld 3 312 900 M., und zwar Verzinsung 1 074 100 M., Tilgung 2 238 800 M. III. Bedarf für die Staatsverwaltung 14 483 300 M. IV. Leistungen an das Reich 1 880 000 M. (lediglich Matrikularbeiträge). Der Bedarf für die Staatsverwaltung gliedert sich in folgender Weise: An die Hofstaatskasse (Zivilliste) 1 125 300 M.; Verwaltungsausgaben beim Staatsministerium, Verwaltungsgerichtshof, Oberversicherungsamt und Landeshauptarchiv 257 700 M.; Vertretung im Bundesrat 26 500 M.; Landtagskosten und ständische Gehälter 37 000 M.; Justizverwaltung 2 134 800 M.; Finanzverwaltung 1 099 200 M.; Gendarmerie 340 400 M.; Polizeiverwaltung 1 184 700 M.; Baukosten 1 059 200 M.; Ruhegehalte bei der Zivilverwaltung 1 459 200 M.; zu außerordentlicher Verwendung für Staatszwecke und außerordentliche Ausgaben 353 100 M.; Verwaltungsausgaben der indirekten Steuern 698 000 M.; Erhebungsgebühren der direkten Steuern 204 400 M.; Kultus, Wissenschaft und Schulen 4 503 800 M.

XIV. Herzogtum Sachsen-Meiningen.

1. Vermögen und Schulden. Wenngleich das die Verhältnisse des Domänenvermögens regelnde G. v. 20. Juli 1871 die Eigentumsfrage am Domanium offen gelassen hat, so sind doch bezüglich der Verwaltung und Verfügung Bestimmungen, wie sie denen über Staatsvermögen entsprechen, getroffen. Folgeweise führt die Reichsfinanzstatistik das Domänenvermögen geschlossen unter dem Staatsvermögen auf, dem wir uns anschließen. Der Domanialbesitz umfaßt zunächst 5408 ha Domänen (Feldgüter) und 44 899 ha Forsten (1911). Von letzterer Fläche sind 44 588 ha Holzboden, 311 ha Nichtholzboden; die anfallende Holzmasse beläuft sich auf 151 642 Festmeter Bau- und Nutzholz und auf 116 181 Festmeter Brennholz, ingesamt also auf 280 132 Festmeter; durchschnittlich berechnet sich ein Ertrag von 6,28 Festmeter für das Hektar der Holzbodenfläche. Die Verwaltung des Domänenvermögens liegt dem Staatsministerium, Abteilung der Finanzen, ob.

Im gemeinsamen Eigentum des Landes- und des Domänenfiskus steht die 8 km lange Staatseisenbahn (Lokalbahn Ludwigsstadt—Lehesten; Anlagekapital 515 000 M.; Eisenbahnschuld 1 377 500 M.), welche vom Königreich Bayern pachtweise betrieben wird. Außerdem besaß Meiningen die Bahnstrecken Meiningen—Bayerische Landesgrenze und Rentwertshausen—Römhild, welche nach dem Staatsvertrag vom 30. März 1895 an Bayern gegen eine bis 1930 zahlbare Rente von 234 720 M. verkauft ist; diese Rente erscheint in der Reichsfinanzstatistik unter den Eisenbahneinnahmen.

Eine Staatsanstalt, die zwar in erster Linie nicht als Erwerbsanstalt in Betracht kommt, aber ihre Überschüsse in bestimmter Begrenzung an die Staatskasse abführt, ist die durch G. v. 25. August 1849 errichtete, durch eine Reihe weiterer Gesetze umgestaltete Landeskreditanstalt zu Meiningen, welcher durch G. v. 11. März 1896 eine Sparkasse angegliedert wurde. Als Erwerbsanstalten besitzt das Herzogtum ferner das Eisenwerk in Steinach, die Schieferbrüche in Lehesten und die Griffelbrüche in Steinach. Endlich ist der Anteil an der Königlich Preußischen Klassenlotterie nach dem Staatsvertrage vom 17. Juni 1905 anzuführen.

Kapitalvermögen bilden einmal der Domänenkaufgelderfonds, der Kapitalfonds der Landeskasse usw. zum Betrage von 1 706 200 M. und daneben die Betriebsfonds der Staatskassen und Staatsverwaltungen einschließlich der Reservefonds mit 2 352 900 M. (Domänenkasse 475 400 M.; Landeskasse 1 800 000 M.; Eisenwerk Steinach 7200 M.; Schieferbrüche Lehesten 300 M.; Griffelbrüche Steinach 70 000 M.).

Die fundierten Staatsschulden belaufen sich insgesamt auf 7 287 800 M. und sind teils Landesschuld, teils Domänenschuld; an Eisenbahnschulden sind darunter 1 377 500 M. Verfassungsmäßig ist die Tilgung bei Aufnahme jeder Schuld so zu regeln, daß sie längstens in 50 Jahren wieder abgetragen ist. Ein Staatsschuldbuch ist nicht vorhanden. Nach den G. v. 30. April 1831 und 15. März 1897 besteht eine besondere Schuldentilgungskommission; der Tilgung dient die selbständig bestehende Staatsschuldentilgungskasse. Eine schwebende Schuld gibt es nicht.

2. Einnahmen. Aus dem Erwerbsvermögen wurden insgesamt Einnahmen zu 2 915 900 M. (Roheinkommen 5 639 400 M.) erzielt, die sich auf folgende Einzelquellen verteilen: Domänen 123 700 M. (Roheinkommen 292 000 M.); Forsten 2 405 400 M. (Roheinkommen 3 747 800 M.); Staatseisenbahnen 234 700 M. (lediglich Rente aus dem Eisenbahnverkauf, da die eigene Bahnstrecke mit Unterbilanz wirtschaftet und daher keine Pacht einbringt); sonstige Betriebe 152 100 M. (Roheinkommen 1 364 900 M., darunter Eisenwerk Steinach 75 000 M.; Schieferbrüche 683 300 M.; Griffelbrüche 499 200 M.; Lotterie 107 400 M. Die Überschüsse der Landeskreditanstalt erscheinen unter den sonstigen Einnahmen aus der Staatsverwaltung).

Als Leistungen von Staat zu Staat ergeben sich die Überweisungen aus der Reichskasse (Branntweinsteuer) mit 725 000 M. und die Vergütungen aus der Reichskasse für die Zoll- und Steuerverwaltung mit 235 300 M.

Die Gebühreneinnahme stellt sich insgesamt auf 696 500 M. Der weitaus vorragende Teil entfällt mit 550 500 M. auf die Gerichtsgebühren (einschließlich gerichtliche Strafen), welche die erforderliche Landesregelung in dem G. v. 16. Februar 1905, ergänzt durch G. v. 16. März 1911, gefunden haben. Die Gebühren der Verwaltungsbehörden, die nach dem G. v. 25. Januar 1900 (gleichfalls ergänzt durch G. v. 16. März 1911) gehoben werden, weisen einschließlich der Verwaltungsstrafgelder den Betrag von 146 000 M. auf. In der Hauptsache ersetzen dieselben die fehlende Stempelsteuer; teilweise handelt es sich um Gebühren für eine wesentlich im persönlichen Interesse einsetzenden Verwaltungstätigkeit, sodann um Eichgebühren und Gebühren in dem Verfahren vor dem Oberversicherungsamt. Hafen-, Schiffahrtsgebühren u. dgl. kommen nicht zur Hebung.

Die direkte Besteuerung umfaßt allgemeine Einkommensteuer, Vermögenssteuer, Grundsteuer, Gebäudesteuer, Wandergewerbesteuer, Eisenbahnsteuer und Bergwerkssteuer.

Die allgemeine Einkommensteuer bildet die hauptsächlichste Steuerquelle und beruht jetzt auf dem G. v. 14. März 1910, das im großen und ganzen den allgemein üblichen Grundsätzen entspricht. Die juristischen Personen werden in weitgehender Weise herangezogen. Die Steuer setzt bei einem Einkommen von 900 M. ein und beträgt für die unterste Stufe bis 1000 M. Einkommen 1,3% des Jahreseinkommens; von da an steigt sie in 37 Stufen bis auf den Satz von 5% an, der bei einem Einkommen von 63000 M. erreicht wird. Die Gesamteinnahme ist zu 1950000 M. veranschlagt.

Die Vermögenssteuer gründet sich auf das G. v. 16. März 1910, welches durch G. v. 11. Juli 1913 eine Ergänzung erhielt. Sie trifft nur die natürlichen Personen, und zwar die einkommensteuerpflichtigen nach dem Gesamtwert ihres steuerbaren Vermögens und alle sonstigen Personen ohne Rücksicht auf Staatsangehörigkeit, Wohnsitz oder Aufenthalt nach dem Wert des im Herzogtum belegenen Grundbesitzes bzw. des landwirtschaftlichen und gewerblichen Anlage- und Betriebskapitals. Die Steuerpflicht beginnt bei einem Vermögen von mehr als 6000 M. Der für die Erhebung maßgebende Steuersatz wird durch das Abgabeg. bestimmt; er beträgt zur Zeit $^1/_2$ vom Tausend des steuerbaren Vermögens. Die Einnahme aus der Vermögenssteuer stellt sich auf 275 000 M.

Die Grundsteuer, auf dem G. v. 13. Februar 1869 beruhend, wird nach einem gleichen Prozentsatz von dem in näher vorgeschriebener Weise festzustellenden Reinertrage der ertragsfähigen Liegenschaften erhoben. Der Prozentsatz wird durch das Finanzg. festgestellt; er ist für 1912/14 auf $^3/_5$ des gesetzlichen Normalbetrages festgelegt. Die Einnahme aus der Grundsteuer beträgt 136 600 M. Der Gebäudesteuer unterliegen nach dem G. v. 17. Juli 1867 die Gebäude und die dazugehörigen Hofräume und Hausgärten, deren Flächeninhalt 1 Morgen (0,2553 ha) nicht übersteigt, nach dem im genau vorgeschriebenen Verfahren einzuschätzenden, jährlichen Nutzungswerte. Die Steuer beträgt bei Wohngebäuden 4%, bei anderen Gebäuden 2% des letzteren Wertes. Die Einnahme aus der Gebäudesteuer beziffert sich auf 262 200 M. Der Steuer vom Gewerbebetriebe im Umherziehen unterwirft das G. v. 25. Juni 1885 alle Betriebe, die nach dem § 55 der Reichsgewerbeordnung eines Wandergewerbescheines bedürfen. Die Steuer stuft sich im Monatsbetrag bei den Hausierern zwischen 1 und 8 M., beim Aufsuchen von Warenbestellungen und Darbieten gewerblicher Leistungen zwischen 1 und 6 M. und bei Musikaufführungen und Schaustellungen zwischen 2 und 8 M. für jede mitwirkende Person ab. Unter besonderen Umständen kann sie bis auf das Doppelte erhöht oder bis auf ein Viertel des Grundsatzes ermäßigt werden. Eine Wanderlagersteuer erheben nur die Gemeinden. Der staatliche Steuerertrag ist zu 18600 M. veranschlagt.

Die Eisenbahnabgabe ist nach dem G. v. 30. April 1873 von dem Reinertrage der für den öffentlichen Verkehr benutzten Eisenbahnen, welcher für jedes Kalenderjahr berechnet wird, zu entrichten in Abstufung nach der Höhe desselben. Von dem Reinertrage bis zu 4% des Grundkapitals wird $^1/_{40}$ erhoben, von dem Mehrertrage über 4% bis 5% $^1/_{20}$, von dem Mehrertrage über 5% bis 6% $^1/_{10}$ und vom Mehrertrage über 6% $^2/_{10}$. Die Einnahme aus der Eisenbahnabgabe beläuft sich auf 18000 M. Die Abgabe von den Bergwerksbetrieben wird nach dem G. v. 18. April 1868 von dem Rohertrage der Bergwerke in der Höhe von 2% desselben neben der Einkommensteuer von dem Einkommen aus Bergbau erhoben; nur Eisensteingruben sind befreit. Die Einnahme aus der Bergwerkssteuer ist mit 100 000 M. berechnet. Als indirekte Steuer kommt für Sachsen-Meiningen die Wertzuwachssteuer und die Erbschafts- und Schenkungssteuer in Betracht. Erstere ist nach dem Wegfall der Reichssteuer durch Landesg. v. 12. Dezember 1913 neu, aber anschließend an die Grundsätze der Reichssteuer, geregelt; die Steuer hebt der Staat zu 25% für die eigene Kasse und zu 75% zum Besten der Gemeinden. Letztere umfaßt lediglich den Anteil an der Reichssteuer; derselbe ist mit 35 000 M. in Anschlag gebracht.

Die sonstigen Einnahmen aus der Staatsverwaltung, welche sich aus einer Reihe verschiedener Summen aus sämtlichen Ministerien, darunter auch der Überschuß aus der Landeskreditanstalt, zusammensetzen, erreichen die Höhe von 518900 M. An Überschüssen und Beständen aus früheren Jahren sind 282 000 M. eingestellt.

3. Ausgaben. Der Staatsbedarf zu insgesamt 10 892 500 M. gliedert sich in folgender Weise: I. Ausgaben auf die Erwerbseinkünfte 2 723 500 M., darunter: Domänen 168 300 M.; Forsten 1 342 400 M.; sonstige Betriebe 1 212 800 M. (Eisenwerk Steinach 71 200 M.; Griffelbrüche 458 300 M.; Schieferbrüche 683 300 M.). II. Bedarf für die Staatsschuld 508 600 M., darunter: Verzinsung 186 700 M.; Tilgung 314 500 M.; Verwaltungsaufwand 7400 M. III. Bedarf für die Staatsverwaltung 6 710 100 M. IV. Leistungen an das Reich 950 300 M. (lediglich Matrikularbeiträge). Der Bedarf für die Staatsverwaltung setzt sich folgendermaßen zusammen: Herzogliche Haus- und Hofverwaltung 1 233 200 M.; Staatsministerium 315 800 M.; Landtag 21 800 M.; Ministerium des Innern 1 018 800 M.; Ministerium der Justiz 967 100 M.; Ministerium für Kirchen- und Schulsachen 1 778 200M.; Ministerium der Finanzen: Finanzverwaltung 763 200 M., Katasterverwaltung 150 500 M., Wartegelder und Ruhegehalte 440 900 M.; Reservefonds 20 600 M.

XV. Herzogtum Sachsen-Altenburg.

1. Vermögen und Schulden. Da bei der durch G. v. 29. April 1874 verlautbarten Auseinandersetzung über das Domanialver-

mögen eine volle sachliche Teilung desselben erfolgte, durch welche dem Herzoglichen Hause der Hauptteil des Grundbesitzes zugesprochen wurde, wogegen auf jeden Anspruch auf eine Zivilliste oder Apanagierung Verzicht geleistet ist, so tritt das Grundvermögen des Staats verhältnismäßig stärker zurück. Es umfaßt, abgesehen von einigen ganz unbedeutenden Einzelflächen nur die Staatsforsten zu insgesamt (1911) 6605 ha mit 6388 ha Holzboden und 217 ha Nichtholzboden; die ganze anfallende Holzmasse belief sich auf 45 429 Festmeter, darunter 27 381 Festmeter Bau- und Nutzholz und 18 048 Festmeter Brennholz; für das Hektar der Holzbodenfläche ergibt sich ein Durchschnittsertrag von 7,11 Festmeter. Daneben kommt die Landesbank, eine lediglich staatliche Anstalt, die durch Statut vom 29. Mai 1883 geregelt ist, in Betracht; sie ist zwar grundsätzlich den Geld- und Kreditverkehr, namentlich den Realkredit, im Herzogtum zu fördern bestimmt, hat ihre Überschüsse jedoch, abgesehen von Auffüllung eines Reservefonds in die Staatskasse abzuführen und stellt sich so als Erwerbsanstalt für den Staat dar. Weiter gehört zum Staatsvermögen der Anteil an der Preußischen Klassenlotterie, welcher auf dem Staatsvertrage vom 17. Juni 1905 beruht. Als mehr untergeordnete Betriebe sind endlich das Bad Ronneburg und die Herausgabe des Amts- und Nachrichtenblattes anzuführen.

Als Kapitalvermögen erscheinen einmal die dem Staatsfiskus gehörigen Aktivkapitalien, welche, in Wertpapieren usw. belegt, einen festen Fonds zu 5 988 000 M. bilden, und sodann die Betriebsfonds der Staatskasse und der einzelnen Staatsverwaltungen mit 1 250 000 M.

Die Staatsschuld Sachsen-Altenburgs beläuft sich auf 882 700 M. Für die weit überwiegende Hauptmasse derselben sind die Staatsdiener-Witwensozietät und das Waiseninstitut die Darleiher, für den Rest Stiftungen für kirchliche, Schulzwecke u. dgl. Eine Tilgung findet zur Zeit wesentlich im Interesse der Gläubiger überhaupt nicht statt. Einer Staatsschuld gleich zu achten sind die sogenannten Ergänzungsrenten, das sind Renten, die den Kirchen, Vereinen, Schulen und milden Stiftungen als Entschädigung für die denselben bei Ablösung der Zehnten usw. erlittenen Verluste aus Staatsmitteln zu gewähren sind. In der Reichsfinanzstatistik erscheinen die Renten bei dem Bedarf für die Staatsschuld als sonstige Leistungen; mit 3% kapitalisiert ergeben sie einen Kapitalbetrag von 1 251 300 M.

2. Einnahmen. Die Einnahmen aus dem Erwerbsvermögen betragen insgesamt 425 800 M. (Roheinkommen 632 500 M.). Sie beruhen ausschließlich auf den Forsten (einschließlich Jagd), welche die Summe von 428 800 M. (Roheinkommen 615 500 M.)

einbringen. Die sonstigen Betriebe schließen mit einem Fehlbetrag von 3000 M. ab (Roheinkommen 17 000 M., davon Bad Ronneburg 1400 M., Amtsblatt 15 600 M.).

Die Leistungen von Staat zu Staat bestehen in den Überweisungen aus der Reichskasse (Branntweinsteuer) zu 613 000 M. und in den Vergütungen aus der Reichskasse für die Zoll- und Reichssteuerverwaltung zu 200 000 M.

Die Gebühreneinnahme wird wesentlich durch die Gerichtsgebühren beherrscht, deren notwendige landesgesetzliche Regelung durch die Kostenordnung vom 24. Dezember 1899, in neuer Fassung vom 9. Januar 1911, erfolgt ist. Die Vereinnahmung aus den Gerichtsgebühren einschließlich der gerichtlichen Strafen ist mit 399 700 M. angesetzt. Die Verwaltungsgebühren, welche nur für bestimmte amtliche Tätigkeiten bei verschiedenen Behörden, so der Finanzverwaltung, den Landratsämtern vorzugsweise nach der Gesamtministerialv. v. 25. September 1876 zur Hebung gelangen, kommen auf den Betrag von 38 900 M. Hafen-, Schiffahrtsgebühren u. dgl. gibt es nicht.

Die direkte Besteuerung im Herzogtum setzt sich aus allgemeiner Einkommensteuer, Vermögenssteuer (Ergänzungssteuer), Grund- und Gebäudesteuer, Wandergewerbesteuer und Eisenbahnsteuer zusammen.

Die allgemeine Einkommensteuer, auf dem G. v. 24. April 1896 nebst Änderungen vom 18. Dezember 1909 (neue Redaktion vom 4. Januar 1910) und 12. Dezember 1910 beruhend, entspricht namentlich in Regelung der subjektiven und objektiven Steuerpflicht dem preußischen Muster; von den juristischen Personen sind jedoch auch Gemeinden und rechtsfähige Stiftungen hinsichtlich des Einkommens aus Grundbesitz, Gewerbebetrieb oder werbend angelegten Vermögens der Steuer unterworfen. Die unterste Steuerstufe beginnt bei einem Einkommen von über 60—300 M. mit einer Steuer von 1,80 M. und steigt zunächst in 41 Stufen bis zu einem Einkommen von 18000—19000 M. auf 720 M., sodann bis 63000 M. in Stufen zu 1000 M. um je 54 M., von 63 000—64 200 M. gleichfalls um 54 M. und endlich von da an in Stufen zu 1200 M. um je 60 M. Die Einnahme aus der Einkommensteuer ist mit 1 620 000 M. eingestellt.

Die Ergänzungssteuer besteht nach dem G. v. 20. Juni 1902 mit Änderung vom 18. Dezember 1909 tatsächlich in einer Gewerbesteuer von dem Ertrage der in Gewerben angelegten Betriebskapitale und einer Kapitalrentensteuer von dem Ertrage alles sonstigen Kapitalvermögens, sowie von Erträgnissen aus Renten, Apanagen und ähnlichen. Die Hebung geschieht auf Grund eines nach dem Jahresertrage gestaffelten Tarifs, der aber für die Einkommensteuerpflichtigen nach dem Jahreseinkommen bis zu

6000 M., von 6000—18 000 M. und über 18 000 M. drei verschiedene Klassen bildet. Die Einnahme aus der Ergänzungssteuer ist zu 160 600 M. angeschlagen.

Die Grund- und Gebäudesteuer wird nach dem Grundsteuerg. v. 21. Februar 1855 vom Grund und Boden nebst Teichen und anderen Gewässern sowie von den Gebäuden unter eingehend geregeltem Einschätzungsverfahren nach dem Ertrage gehoben, und zwar, so lange die Ergänzungssteuer besteht, in der Höhe von $2^1/_2$ Terminen. Die Einnahme stellt sich auf 286 800 M. Der Wandergewerbesteuer sind nach den G. v. 13. März 1878, v. 1. Januar 1902 und v. 18. Dezember 1909 die Personen unterworfen, welche nach Maßgabe des § 55 der Reichsgewerbeordnung ein Gewerbe im Umherziehen betreiben. Die Sätze sind ähnlich wie in Sachsen-Meiningen abgestuft. Personen, welche Wanderlager halten, haben für jede Woche und für jeden Ort des Betriebes eine Steuer von 30 bis 50 M. (je nach der Einwohnerzahl des Orts) zu entrichten. Der Steuerertrag der Wandergewerbesteuer ist mit 10 400 M. ausgeworfen.

Die Eisenbahnsteuer trifft nach dem G. v. 29. April 1872 die im Herzogtum belegenen Eisenbahnunternehmungen an Stelle der direkten Staatssteuer, aber neben der Grundsteuer. Sie ist von dem Reinertrage zu entrichten, und zwar bei einem solchen bis zu 4% des Aktien- bzw. Anlagekapitals mit $^1/_{40}$, von dem Mehrbetrage über 4% bis 5% und über 5% bis 6% je $^1/_{20}$ und von einem Mehrbetrage über 6% $^2/_{20}$ des Ertrages. Die Einnahme ist zu 37 500 M. angesetzt. Die Abgabe vom Kohlenbergbau ist durch das G. v. 21. Dezember 1913, in Kraft getreten 1. Januar 1914, neu hinzugekommen und konnte im Voranschlag 1913 noch nicht erscheinen. Von jedem Bergwerke, welches der Gewinnung von Braunkohle oder Torf dient, ist außer den allgemeinen Steuern an den Staat eine Förderabgabe in der Höhe von $2^1/_2$ Pfennig von jeder geförderten Tonne Kohlen oder Torf zu entrichten.

Als Aufwandsteuern erscheinen eine Fleischsteuer und die Abgabe von Jagdscheinen, welche die Reichsfinanzstatistik gesondert aufführt. Die Fleischsteuer ist nach dem G. v. 17. Juli 1852 mit Abänderungsg. v. 9. März 1912 für jedes Stück Vieh, das innerhalb des Herzogtums geschlachtet wird, sowie für Fett- und Fleischwaren im Gewicht von mindestens 5 Pfund, die aus anderen Staaten eingeführt werden, zu entrichten; sie stuft sich zwischen 0,80 und 11,00 M. ab. Die Jagdscheinabgabe beruht auf dem G. v. 24. Februar 1854. Die erstere Steuer ist zu 143 000 M., die letztere zu 12 200 M. eingestellt.

Als Verkehrssteuer besteht eine Stempelsteuer, die sich auf das G. v. 9. Januar 1911, abgeändert durch G. v. 31. Dezember 1912, gründet. Derselben sind bestimmte, tarifmäßig festgelegte und entsprechend in verschiedener Höhe belastete Urkunden derart unterworfen, daß die Stempelpflichtigkeit bei Versicherungsverträgen und Versteigerungsprotokollen eine unbedingte ist, bei den übrigen Urkunden nur dann eintritt, wenn solche von einer öffentlichen Behörde oder einem Notar aufgenommen oder ausgefertigt werden. Der Ertrag der Stempelsteuer berechnet sich auf 150 000 M. Neu schließt sich daran nach dem G. v. 23. Dezember 1913 die Wertzuwachssteuer, da der nach dem § 58 des Reichszuwachssteuerg. v. 14. Februar 1911 dem Reich zugewiesene Anteil am Ertrage der Zuwachssteuer in Zukunft für das Herzogtum gehoben werden soll; in den Voranschlag 1913 war ein entsprechender Betrag noch nicht in Einnahme zu stellen. Endlich tritt die Erbschafts- und Schenkungssteuer hinzu, die lediglich mit dem Anteil an der Reichssteuer in Frage kommt. Sie ist mit 34 700 M. ausgeworfen.

Die sonstigen Einnahmen aus der Staatsverwaltung, die sich auf 1 463 100 M. belaufen, sind bei dem Kultusministerium, dem Justizministerium, dem Ministerium des Innern und dem Finanzministerium entstanden und begreifen auch die Überschüsse aus der Landesbank in sich. An Überschüssen und Beständen aus früheren Jahren sind 367 400 M. ausgewiesen.

3. Ausgaben. Der Staatsbedarf von Sachsen-Altenburg, der die Gesamthöhe von 6 205 500 M. erreicht, setzt sich folgendermaßen zusammen: I. Ausgaben auf die Erwerbseinkünfte 206 700 M. darunter: Forsten 186 700 M.; sonstige Betriebe 20 000 M. (Bad Ronneburg 5100 M.; Amtsblatt 14900 M.). II. Bedarf für die Staatsschuld 73 900 M., darunter: Verzinsung 36 500 M.; sonstige Leistungen 37400 M. (Ergänzungsrenten). III. Bedarf für die Staatsverwaltung 5 126 400 M. IV. Leistungen an das Reich 798 500 M. (lediglich Matrikularbeiträge). Der Bedarf für die Staatsverwaltung gliedert sich in folgender Weise: Ministerialabteilung I 372 500 M.; Kultusabteilung 1 405 900 M.; Justizabteilung 632 400 M.; Abteilung des Innern 1 380 500 M.; Finanzabteilung 1 334 300 M.

XVI. Herzogtum Sachsen-Coburg-Gotha.

Dadurch, daß die Herzogtümer Coburg und Gotha nicht vollständig in dem Gesamtstaate aufgegangen sind, sondern sich im wesentlichen eine Selbständigkeit ihrer inneren Angelegenheiten gewahrt haben, wird für das Gesamtherzogtum die staatliche Finanzwirtschaft in ähnlicher Weise wie bei Oldenburg beeinflußt. Wir haben fünf Etats, einen gemeinschaftlichen und daneben je einen für die coburgische und für die gothaische Staatskasse und für die coburgische und gothaische Domänenkasse. Die Reichsfinanzstatistik hat die einzelnen Posten dieser 5 Etats in entsprechender Weise zusammengezogen und gibt so Daten für das Gesamtherzogtum. Wir werdem dem im großen und ganzen folgen, müssen aber bei der Verschiedenheit der Unterlagen vielfach auch die Sonderverhältnisse von Coburg und Gotha berühren.

1. Vermögen und Schulden. Letzteres greift sogleich bezüglich des Domanialvermögens Platz. In Coburg ist dasselbe nach den G. v. 19. Dezember 1846 bzw. 21. Februar 1855 insgesamt als Eigentum des Herzoglichen Hauses anerkannt, der Staat hat nur einen bestimmten Anteil an dem Erträgnis, nicht aber die Verwaltung. Für Gotha ist nach den G. v. 1. März 1855 bzw. 19. Juli 1905 eine sachliche Teilung des Domaniums zwischen dem Herzoglichen Hause und dem Staate unter entsprechender Regelung der Erträgnisse und Abscheidung der Verwaltung vorgenommen. Der staatliche Grundbesitz (lediglich Gotha) umfaßt an Domänen (Feldgütern) 1460 ha (einschließlich eines Besitzes von 24 ha auf der Flur Rudisleben in Schwarzburg-Sondershausen) und an Forsten (1911) 13 149 ha mit 12 616 ha Holzboden und 533 ha Nichtholzboden. Die anfallende Holzmasse berechnet sich insgesamt auf 85 806 Festmeter, darunter 44 283 Festmeter Bau- und Nutzholz und 41 523 Festmeter Brennholz; der Durchschnittsertrag ist 6,80 Festmeter für das Hektar der Holzbodenfläche. Die Verwaltung liegt dem Ministerium, Departement der Finanzen und Domänen, ob.

Besondere Erwerbsanstalten besitzen die Herzogtümer nur in der Landeskreditanstalt für das Herzogtum Gotha, einer zur Förderung des allgemeinen Kredits bestimmten Staatsanstalt, welche durch G. v. 25. Dezember 1853 begründet und durch G. v. 29. März 1901 — ergänzt durch G. v. 18. März 1909 und 19. Mai 1913 — neu geregelt wurde; die nach Ansammlung eines Reservefonds verbleibenden Überschüsse sind an die Staatskasse abzuführen und erscheinen in der Reichsfinanzstatistik unter sonstigen Einnahmen aus der Staatsverwaltung. Anzuführen ist außerdem der Anteil an der Preußischen Klassenlotterie, nach dem Staatsvertrage vom 18. Juni 1906 und die Herausgabe des Regierungsblattes.

Das staatliche Kapitalvermögen an Wertpapieren, Geldbeständen usw. beläuft sich auf 6 680 500 M.; es sind daran die coburgische Domänenkasse mit 1 271 500 M., die coburgische Staatskasse mit 1 368 800 M. und die gothaische Staatskasse mit 4 040 200 M. beteiligt. Außerdem enthalten die Betriebsfonds der einzelnen Staatskassen und Staatsverwaltungen 762 900 M.

Die fundierten Staatsschulden — zu weit überwiegendem Teile Coburg belastend — belaufen sich auf insgesamt 5 895 800 M. Die Tilgung ist regelmäßig durch besondere Abmachungen bzw. durch das Gesetz über Genehmigung der Anleihe festgelegt. Neben der fundierten besteht eine schwebende Schuld zu 108 800 M. Ein Staatsschuldbuch wurde für Gotha durch G. v. 30. September 1903 eingeführt und durch G. v. 7. März 1913 zu freierer Ausgestaltung gebracht. Dasselbe dient nicht nur der eigentlichen Staatsschuld, sondern im wesentlichen auch den vom Staate gewährleisteten Schuldverschreibungen der Landeskreditanstalt.

2. Einnahmen. Unter den Einnahmen aus dem Erwerbsvermögen sind in der Reichsfinanzstatistik die Domänen und Forsten in eins zusammengezogen; es wird ein Betrag von 1 238 000 M. erreicht (Roheinkommen 1 945 000 M.). Die Einnahmen aus sonstigen Betrieben umfassen den Lotterieanteil mit 99 000 M. und den Ertrag des Regierungsblattes mit 400 M. Die Überschüsse der Landeskreditanstalt gibt die Reichsfinanzstatistik unter den sonstigen Einnahmen aus der Staatsverwaltung. Insgesamt belaufen sich die Erwerbseinkünfte auf 1 337 400 M. (Roheinkommen 2 044 400 M.).

Als Leistungen von Staat zu Staat erscheinen lediglich die Überweisungen aus der Reichskasse mit 12 000 M. und die Vergütungen aus der Reichskasse für die Zoll- und Reichssteuerverwaltung mit 77 400 M.

Die Gerichtsgebühren haben die erforderliche landesgesetzliche Regelung in dem gemeinsamen G. v. 13. Dezember 1899 mit Ergänzung v. 14. März 1911 gefunden. Unter den Gerichtsgebühren ist die Wertabgabe von den beim Grundbuch anzubringenden Anträgen, die nach den G. v. 1. März 1877 und 14. März 1911 (Gotha) gehoben wird, verrechnet. Dazu gehören ferner die 10% der Gebühreneinnahme der Notare, welche letztere an die Staatskasse in beiden Herzogtümern abzuführen haben. Die bezüglichen Einnahmen sind insgesamt mit 912 000 M. angesetzt. Dahinter bleiben die Verwaltungsgebühren, die gemeinsam durch das Ministerialkosteng. v. 24. März 1903 sowie gesondert für Gotha durch die G. v. 4. März 1902 und 18. Mai 1911 in ziemlich umfassender Weise geordnet sind, mit 132 700 M. erheblich zurück. Auch die Jagdscheingebühr ist darin enthalten. Endlich sind als Hafen-, Schifffahrtsgebühren u. dgl. 72 800 M. eingestellt. Es handelt sich dabei wesentlich um die Einnahme aus dem Chausseegeld, das noch für Gotha zur Hebung gelangt; für Gotha ist daneben durch G. v. 22. April 1912 eine besondere Abgabe von Kraftwagen zur Unterhaltung der Chausseen eingeführt.

Eine allgemeine Einkommensteuer wird in beiden Herzogtümern, wenngleich nach gesonderter Gesetzgebung — Gotha: G. v. 31. Dezember 1908, Coburg: G. v. 2. Dezember 1908 mit Nachträgen vom 4. Juli 1910 und 21. Januar 1913 —, grundsätzlich im großen und ganzen übereinstimmend und der preußischen Gesetzgebung nachgebildet erhoben. Bezüglich der Besteuerung der juristischen Personen bestehen geringfügige Abweichungen. Die Steuerstaffel beginnt mit 0,60 M. bei einem Einkommen von 300 bis

400 M. und hebt sich in 66 Stufen bis auf 444 M. bei einem Einkommen von 11 700—12 000 M.; bei höherem Einkommen steigt sie in Gotha bis 44 000 M. in Stufen von 300 M. um je 12 M., von da bis 70 200 M. in gleichen Stufen um je 13 M., von da bis 90 000 M. wiederum in gleichen Stufen um je 14 M. und von da in Stufen von 500 M. um je 25 M.; Coburg dagegen läßt bei einem Einkommen über 12 000 M. die Steuer durchgehend nur in Stufen von je 300 M. um je 12 M. steigen. Der Gesamtertrag der allgemeinen Einkommensteuer ist zu 2 522 000 M. veranschlagt worden.

Eine Ergänzungssteuer besteht allein in Gotha nach dem G. v. 31. Dezember 1908. Derselben unterliegen subjektiv die sämtlichen einkommensteuerpflichtigen physischen und juristischen Personen, objektiv das gesamte bewegliche und unbewegliche Vermögen nach Abzug der Schulden. Die Steuer beträgt $^1/_2$‰ vom Vermögen, berechnet nach dem unteren Satz der gesetzlich näher festgelegten Vermögensabstufungen. Die Einnahme aus der Ergänzungssteuer ist mit 234 000 M. eingestellt.

An Stelle der Ergänzungssteuer wird in Coburg nach dem G. v. 26. November 1860 eine Grund- und Gebäudesteuer von sämtlichem ertragsfähigen Grundeigentum nach Verhältnis seiner Ertragsfähigkeit erhoben. Als Einnahme aus dieser Steuer sind 125 800 M. eingesetzt.

Eine Wanderlagersteuer gelangt in Gotha nach den G. v. 22. Juni 1895 und vom 27. März 1907 und in Coburg nach der V. v. 12. Februar 1878 zur Hebung. Sie wird nach der Dauer des Betriebes und der Größe des Betriebsortes (in Gotha zwischen 30 und 150 M. für die Woche, in Coburg zwischen 10 und 30 M.) bemessen. Der Ertrag ist insgesamt mit 7100 M. ausgewiesen.

Als eine besondere Gewerbesteuer ist die Abgabe der Feuerversicherungsgesellschaften anzusehen, welche dieselben sämtlich — in Gotha nach den G. v. 16. Juli 1887 und 31. Juli 1897, in Coburg nach den G. v. 25. März 1878 und 1. Juli 1879 übereinstimmend — in der Höhe von 5% ihrer Einnahmen alljährlich zu entrichten haben. Der Ertrag ist für gemeinnützige Zwecke im Interesse der Feuersicherheit zu verwenden. In der Reichsstatistik erscheint die bezügliche Einnahme, vermutlich weil dieselbe mehr als ein Ersatz für die geübte Staatsaufsicht angesehen ist, unter den sonstigen Einnahmen aus der Staatsverwaltung.

Eine für beide Herzogtümer gleiche Steuer haben wir in den Bergwerksabgaben, welche auf dem gemeinsamen G. v. 23. Oktober 1899 beruhen. Dieselben bestehen einerseits in einer Grubenfeldabgabe und andererseits in einer Ertragssteuer. Die Grubenfeldabgabe beträgt vierteljährlich für je 4000 qm bei Gold und Silber 0,50 M., bei anderen Mineralien 0,30 M., die Ertragssteuer bei Braunsteingruben 5% bzw. 3% (je nachdem die Erträgnisse ungereinigt oder gereinigt verkauft werden), bei allen anderen Gruben 4% vom Verkaufspreise. Die Einnahme aus der Bergwerksabgabe beläuft sich auf 112800 M. Bei den direkten Steuern ist endlich von der Reichsfinanzstatistik als Eisenbahnsteuer die Abgabe, welche von der preußischen Staatsbahn entrichtet wird, mit 4900 M. ausgewiesen.

Unter den indirekten Steuern macht sich zunächst als Aufwandsteuer gleichmäßig für beide Herzogtümer — Gotha: G. v. 23. Januar 1902, Coburg: G. v. 24. Juni 1893 — die Hundesteuer geltend, welche in Gotha allgemein mit 6 M. für jeden Hund, in Coburg nach Ortsgröße zwischen 4—10 M. zur Staatskasse zu entrichten ist; in Coburg wird $^3/_4$ des Ertrages den Gemeinden überwiesen. Die staatliche Einnahme berechnet sich insgesamt auf 63500 M. Für Coburg kommt daneben eine Biersteuer in Frage, welche im Anschluß an die bayerische Malzsteuer in dem vom bayerischen Unterfranken umschlossenen Amtsgerichtsbezirk Königsberg nach dem G. v. 14. Februar 1890 gehoben wird. Der Ertrag stellt sich auf 11 500 M.

Als Verkehrssteuer bestand ausschließlich für Gotha nach dem G. v. 27. Juni 1889 eine Stempelsteuer, die jedoch nicht sehr umfassend (20 Tarifnummern) war. Ihr Ertrag ist für 1910 mit 25000 M. ausgeworfen. Durch G. v. 25. März 1914 ist die Stempelsteuer aufgehoben. An sich gliedert sich hier die Abgabe an, welche nach dem G. v. 10. April 1909 von jeder Zerschlagung inländischer land- oder forstwirtschaftlich genutzter Grundstücke in der Höhe von 20 M. bis 10 000 M. je nach dem Wert der zerschlagenen Grundstücke und dem durch die Zerschlagung erzielten Gewinn gehoben wird; ein gesonderter Einnahmebetrag ist in die Reichsfinanzstatistik nicht eingestellt. Ebenso ist eine Einnahme aus der Wertzuwachssteuer von der Reichsfinanzstatistik für 1913 nicht eingestellt. In der Folge kann eine solche nicht erscheinen, weil durch G. v. 30. April 1914 die Wertzuwachssteuer als staatliche Steuer beseitigt ist. Hinsichtlich der Erbschafts- und Schenkungssteuer beschränkt sich Sachsen-Coburg-Gotha auf den Anteil an der Reichssteuer, der zu 49 000 M. angesetzt ist.

Die sonstigen Einnahmen aus der Staatsverwaltung beziffern sich auf 1 224 000 M. Es sind Einnahmen verschiedenster Art aus allen Verwaltungen zusammengefaßt, so die Überschüsse der Gefängnisverwaltung, der Ablösungskasse, die Zinsen aus dem Kapitalbesitz, die Leistungen der Banken für Staatsaufsicht, der Beitrag der Landesbrandkasse für die Verwaltungsführung usw., sowie auch, wie oben schon bemerkt, der Überschuß der Landeskreditanstalt und der Ertrag aus der Abgabe der Feuerversicherungsanstalten. Als Überschüsse und Bestände aus früheren Jahren sind 119 800 M. angeführt.

3. Ausgaben. Der Staatsbedarf für das Herzogtum insgesamt beträgt 7745700 M. und setzt sich aus folgenden Einzelsummen zusammen: I. Ausgaben auf die Erwerbseinkünfte 707000 M. lediglich für Domänen und Forsten, die nicht geschieden sind. II. Bedarf für die Staatsschuld 341 400 M., darunter: Verzinsung 245 800 M.; Tilgung 95 500 M.; Verwaltungsaufwand 100 M. III. Bedarf für die Staatsverwaltung 6485200 M. IV. Leistungen an das Reich 212 100 M. (lediglich Matrikularbeiträge). Eine weitere Gliederung des Bedarfs für die Staatsverwaltung gibt die Reichsfinanzstatistik nicht, weil sie bei der besonderen Verwaltungsgestaltung des Herzogtums in entsprechender Weise nicht durchzuführen ist.

XVII. Herzogtum Anhalt.

1. Vermögen und Schulden. Im Herzogtum Anhalt sind bezüglich des umfangreichen Domaniums durch eine 1869/72 erfolgte Auseinandersetzung zwischen dem Herzoglichen Hause und dem Lande klare und feste Verhältnisse erzielt worden, und zwar durch eine volle Sachteilung. Ein Teil des Domaniums ist dem Herzoglichen Hause als freier Privatbesitz zu Nutzung und Verwaltung überwiesen, das dagegen jeden Anspruch auf Zivilliste oder Apanage gegen den Staat hat fallen lassen; ein anderer Teil ist dem Staat als ausschließliches Staatsgut vorbehalten. Der letztere umfaßt an Domänen (Feldgütern) 18 592 ha, welche durch Verpachtung teils in größeren geschlossenen Haushalten, teils in Einzelflächen genutzt werden, und an Forsten 29 726 ha, die in eigener Verwaltung stehen. Der Forstbesitz (1911) enthält 26 111 ha Holzboden und 3615 ha Nichtholzboden; die gesamte anfallende Holzmasse beläuft sich auf 112 849 Festmeter, darunter 69 467 Festmeter Bau- und Nutzholz und 43 382 Festmeter Brennholz; der Durchschnittsertrag stellt sich auf 4,32 Festmeter für das Hektar der Holzbodenfläche. Die Verwaltung der Domänen und Forsten liegt der Finanzdirektion ob.

Der Staat besitzt sodann die Salzbergwerke Leopoldshall, Friedrichshall und Güsten, welche 1913 insgesamt 407 575 Tonnen mit einer durchschnittlichen Arbeiterzahl von 1270 förderten; die Verwaltung untersteht der Salzwerksdirektion zu Leopoldshall. Als untergeordneter Besitz sind die Mühlen zu Dessau, Bernburg und Ilberstedt sowie einige Gasthäuser (z. B. Stubenberg-Gernrode) anzuführen, welche sämtlich durch Verpachtung genutzt werden. Dazu tritt nach dem Staatsvertrage vom 17. Juni 1905 der Anteil an der Preußischen Klassenlotterie.

Der Kapitalbesitz des Herzogtums besteht einmal in dem aus Geldbeständen, Wertpapieren usw. sich zusammensetzenden eigentlichen Kapitalvermögen von 29 105 600 M., sodann aus den Betriebsfonds der Staatskasse und der einzelnen Staatsverwaltungen zu insgesamt 2 500 000 M. und endlich aus Beständen staatlicher Pensionsfonds zu 1 142 900 M. (darunter Witwenkasse 892 100 M.; Herzog Friedrich-Stiftung 250000 M.). In dem erstgenannten Kapitalvermögen stecken namentlich die Bestände des Reservefonds der Salzbergwerke, des Reservefonds der Forstverwaltung und des allgemeinen Reservefonds, welche nach dem G. v. 1. April 1904 durch bestimmte Abführungen aus den Einnahmen wesentlich als Ausgleichsfonds bei einem zeitweiligen außerordentlichen Rückgang der Einnahmen, erstere auch als Ersatz der durch Ausbeutung der Salzlager bewirkten Verminderung des Landesvermögens, gebildet sind.

Eine fundierte Staatsschuld gibt es für Anhalt nicht, wohl aber eine schwebende Schuld von 5 329 300 M., die sich aus verzinslichen und amortisierbaren Darlehen bei öffentlichen Kassen zusammensetzt. Die Verwaltung sowohl des Staatsschuldenwesens wie auch des staatlichen Kapitalvermögens, namentlich der vorgenannten Reservefonds, ruht in den Händen einer besonders zusammengesetzten, nur dem Herzog und dem Landtag verantwortlichen Behörde, der Staatsschuldenverwaltung, und ist durch G. v. 1. April 1904, ergänzt und teilweise geändert durch G. v. 16. März 1913, im einzelnen näher geregelt.

2. Einnahmen. Die Erwerbseinkünfte sind insgesamt zu 4993000 M. (Roheinkommen 8683300 M.) veranschlagt und setzen sich aus folgenden Einzelbeträgen zusammen: Domänen 2113000 M. (Roheinkommen 2176400 M.); Forsten 926100 M. (Roheinkommen 1602000 M.); Bergwerke, Hütten, Salinen 1748400 M. (Roheinkommen 4699400 M.); sonstige Betriebe 205500 M. (Lotterie 131100 M.; Mühlen- und Gasthauspacht 74 400 M.).

Die Leistungen von Staat zu Staat bestehen in den Überweisungen aus der Reichskasse (Branntweinsteuer) zu 1037800 M. und den Vergütungen aus der Reichskasse für die Zoll- und Reichssteuerverwaltung zu 633400 M.

Unter den Gebühren stehen dem Betrage nach die Gerichtsgebühren mit 995 800 M. (einschließlich der gerichtlichen Strafen) zwar obenan, heben sich jedoch nicht so stark wie in anderen Staaten heraus, denn auch die Verwaltungsgebühren kommen einschließlich der Strafgelder auf den beachtenswerten Betrag von 863 700 M. Die landesgesetzliche Regelung ersterer gibt das Gerichtskosteng. in der neuen Fassung v. 22. März 1911; für letztere ist das G. v. 15. April 1880 maßgebend. Unter den Verwaltungsgebühren füllen diejenigen für Benutzung staatlicher Unterrichtsanstalten einen Hauptplatz aus, daneben machen sich mit nennenswerten Summen vorzüglich die Gebühren für das Eichwesen, beim Hauptsteueramt, bei der Finanzdirektion, den Kreisdirektionen, der

Katasterverwaltung usw. geltend. Außerdem sind Hafen-, Schleusen-, Schiffahrtsgebühren mit 24 000 M. in Ansatz gebracht; es handelt sich dabei um Schleusengelder, Ufer- und Niederlagsgelder, sowie um Hafengelder.

Die allgemeine Einkommensteuer ist durch das G. v. 20. Juni 1904 (neue Fassung; authentische Interpretation vom 13. Mai 1909) geregelt. Steuerpflichtig sind alle Personen, welche im Lande ihren Wohnsitz oder Aufenthalt haben, andere Personen bezüglich des Einkommens aus inländischem Grundbesitz und Gewerbebetrieb und der aus Staatskassen gezahlten Gehälter und Pensionen; ferner sind steuerpflichtig die juristischen Personen, insbesondere Aktiengesellschaften, Kommanditgesellschaften auf Aktiven, Gesellschaften mit beschränkter Haftung, Gewerkschaften, eingetragene Genossenschaften, sowie liegende Erbschaften mit dem Sitz in Anhalt. Die objektive Steuerpflicht bewegt sich in der üblichen Umgrenzung. Die untere Besteuerungsgrenze ist auf 600 M. festgelegt. Der Steuertarif enthält Einheitssätze; die Zahl der zu erhebenden Einheiten wird durch Etatsg. (1913 24 Einheiten) bestimmt. Der Steuerfuß ist gestaffelt; die Steuereinheit beträgt $^1/_4$‰ bei Einkommen von 600 M. und steigt stufenweise bis zu 2‰ bei Einkommen von 100 000 M. und darüber. Der Ertrag der Einkommensteuer bemißt sich auf 3 264 000 M.

Die sogenannte „feste Grundsteuer" (Ertragssteuer) wird nach dem alten Ergänzungssteuerg. v. 2. Mai 1866 und den dazu ergangenen Abänderungsg. gehoben, und zwar vom Reinertrag der landwirtschaftlichen Grundstücke, Gärten und Forsten ($^1/_4$—$^1/_2$% vom Reinertrag), nicht aber von Gebäuden. Die Einnahme aus der Grundsteuer stellt sich auf 41 000 M.

Nach dem G. v. 1. Mai 1905 unterliegen der Gewerbesteuer alle diejenigen in Anhalt betriebenen stehenden Gewerbe, deren jährlicher Ertrag 10 000 M. oder mehr beträgt. Der Ertrag wird dem Einkommensteuerg. entsprechend berechnet. Der Steuersatz ist bis zu einem Ertrage von 110 000 M. ausschließlich 1% und steigt von da ab für je 10 000 M. um $^1/_{10}$% bis zur Erreichung des Satzes von 2% bei einem Ertrage von 200 000 M. Daneben stellt sich als eine besondere Gewerbesteuer die Wirtschaftsabgabe dar, welche nach dem G. v. 27. Dezember 1869 von dem Betrieb der Gast- und Schankwirtschaft und des Kleinhandels mit Branntwein und Spiritus in der Höhe von 6—54 M. jährlich — abgestuft nach Größe des Orts und Umfang des Gewerbebetriebes — zur Hebung gelangt. Der Gesamtertrag aus der Gewerbesteuer berechnet sich auf 491 200 M.; es sind darin zugleich die Konzessionsabgaben, die nach dem G. v. 16. Dezember 1868 aus früherer Zeit beibehalten sind, enthalten, welche von der Landesbank (3700 M.) und von den Apotheken (3500 M.) zu entrichten sind.

Der Kapitalrentensteuer unterliegt nach dem G. v. 1. Mai 1905 das Reineinkommen aus Zinsen und geldwerten Kapitalforderungen jeder Art, soweit solche Bezüge nicht als Teil des Geschäftsertrags zu gelten haben. Die untere Besteuerungsgrenze ist auf ein Jahreseinkommen von 2000 M. festgelegt. Der Steuerfuß ist progressiv; er beträgt 1/2% für Einkommen von 2000—2200 M. und steigt stufenweise bis zu 1 1/2% bei Einkommen von 10 000 M. und darüber. Die Einnahme ist mit 162 000 M. eingestellt.

Eine Wandergewerbesteuer hat nach dem G. v. 27. Dezember 1869 zu entrichten, wer den Gewerbebetrieb im Umherziehen im Sinne des § 55 der Reichsgewerbeordnung betreibt. Die Steuer beträgt in der Regel 30 M., kann jedoch unter besonderen Umständen bis auf 6 M. ermäßigt werden. Die Einnahme aus der Wandergewerbesteuer beläuft sich auf 32 600 M.

Die Eisenbahnsteuer besteht zur Zeit nur in einer vom preußischen Eisenbahnfiskus auf Grund des Staatsvertrages vom 7. Dezember 1881 zu entrichtenden Abgabe im festen Betrage von 28 355 M. für die von Privatgesellschaften übernommenen Eisenbahnen; der Betrag entspricht der durchschnittlichen Summe der in den letzten drei Jahren vor Übergang der Bahnen an Preußen gezahlten Eisenbahnabgabe. Außerdem kann eine Eisenbahnabgabe bei entsprechend günstigem Betrieb für die Eisenbahn Güntersberge—Hasselfelde nach dem Staatsvertrage vom 14./20. Mai 1891 und für die Nauendorf—Gerlebogker Eisenbahn nach dem Staatsvertrage vom 23. April 1898 in Frage kommen. Die Eisenbahnsteuer ist mit 28 800 M. eingestellt.

Die Bergwerksabgaben werden nach den G. v. 20. März 1896 und 20. April 1906 teils als Rohertragssteuer von allen dem Verfügungsrecht des Grundeigentümers entzogenen Mineralien (bei Eisenbergwerken 1%, bei allen übrigen Bergwerken 2% vom Erlös oder Wert) teils als Grubenfeldabgabe von jedem verliehenen Grubenfelde (für je 1000 qm Oberflächengröße bei Braunkohlen 0,30 M., bei anderen Mineralien 0,60 M.) erhoben. Die Einnahme ist zu 241 500 M. veranschlagt.

Die einzige indirekte Steuer auf Grund eigener Regelung ist die Stempelsteuer. Sie ist durch ein neues G. v. 21. Mai 1909 in ziemlich umfassender Weise (Tarif mit 72 Einzelnummern) ähnlich den sonstigen Stempelgesetzen geordnet. Die Einnahme beläuft sich auf 242 000 M. Die Erbschafts- und Schenkungssteuer umfaßt lediglich den Anteil an der Reichssteuer, welcher zu 93 000 M. angesetzt ist. Der frühere Anteil des Staats an der reichsgesetzlichen Wertzuwachssteuer, bezüglich dessen in der Reichsfinanzstatistik für 1913 ein Einnahmebetrag nicht eingestellt wurde, ist mit dem 1. Juli 1913 nach dem G. v. 13. April 1914 in Wegfall gekommen.

Die sonstigen Einnahmen aus der Staatsverwaltung, welche bei den meisten einzelnen Verwaltungszweigen in verschiedener Höhe und Form sich zeigen, weisen einen Betrag von 630 800 M. auf. Überschüsse und Bestände aus früheren Jahren sind nicht eingestellt.

3. Ausgaben. Der Staatsbedarf Anhalts zu insgesamt 16 198 600 M. setzt sich in folgender Weise zusammen: I. Ausgaben auf die Erwerbseinkünfte 3 690 300 M., darunter: Domänen 63 400 M.; Forsten 675 900 M.; Bergwerke, Hütten und Salinen 2 951 000 M. II. Bedarf für die Staatsschuld 436 700 M., darunter: Verzinsung 193 700 M.; Tilgung 243 000 M. III. Bedarf für die Staatsverwaltung 10 799 600 M. IV. Leistungen an das Reich 1 251 500 M. (lediglich Matrikularbeiträge). Der Bedarf für die Staatsverwaltung setzt sich aus nachstehenden Einzelbeträgen zusammen: Allgemeine Staatsverwaltung 356 500 M.; Justizverwaltung 1 076 300 M.; Regierung, Abteilung des Innern und des Schulwesens 5 749 300 M.; Finanzdirektion 979 900 M.; zurückgezahlte Bergwerksabgaben 6800 M.; Kultus 555 100 M.; Pensionen 898 500 M.; Bauwesen (Bauunterhaltung) 491 500 M.; Zur Durchführung der Besoldungsvorlagen 700 000 M.; insgemein 6700 M.

XVIII. Fürstentum Schwarzburg-Sondershausen.

1. Vermögen und Schulden. Das Domanium, Kammergut genannt, ist zwar nach dem G. v. 14. Juni 1881 — wesentlich ergänzt und geändert durch die G. v. 14. August 1896, 15. Juli 1897, 29. März 1904 und 22. Juli 1905 — als fideikommissarisches Privateigentum des Fürstlichen Hauses anerkannt, die Verwaltung und Nutzung desselben ist aber der Landesverwaltung unter besonderen Bestimmungen bezüglich der Erträgnisse (feste Domänenrente für den Fürsten, Dotation des Kammerschuldentilgungsfonds, Teilung des Überschusses über einen gewissen Höchsbetrag hinaus zwischen Fürst und Staat zu $^3/_5$ bzw. $^2/_5$) überlassen worden. Wenngleich das Domanium danach nicht als Staatsvermögen anzusehen ist, so wollen wir es doch mit Rücksicht auf die bestehende Nutzung berücksichtigen. Dasselbe umfaßt an Domänen (Feldgütern) 7492 ha, welche der Hauptsache nach 23 geschlossene Haushalte bilden, und an Forsten 17 284 ha, von denen 16 854 ha Holzboden, 430 ha Nichtholzboden mit einer anfallenden Gesamtholzmasse von 77 764 Festmeter (47 207 Festmeter Bau- und Nutzholz, 30 557 Festmeter Brennholz; Durchschnittsertrag 4,61 Festmeter für das Hektar der Holzbodenfläche). Die Verwaltung des Domaniums führt die Finanzabteilung des Ministeriums, unter der das Oberforstamt in Sondershausen steht. Eigentliche Erwerbsanstalten besitzt der Staat nicht. Es wäre nur die Landeskreditkasse anzu-

führen, die als solche wesentlich dem Gemeinde- und Hypothekarkredit zu dienen bestimmt ist. Sie ist durch G. v. 9. Juni 1883, abgeändert durch G. v. 19. März 1904, eingerichtet, wird von einem besonderen Vorstande geleitet und untersteht der Finanzabteilung des Ministeriums. Ebenfalls gehört hierher die Beteiligung des Staats an der Kaligewerkschaft Glückauf in Sondershausen, die auf besonderem Vertrage beruht. Endlich ist der Anteil an der Preußisch-Süddeutschen Klassenlotterie nach dem Staatsvertrage vom 17. Juni 1905 hervorzuheben.

An Wertpapieren, Geldforderungen usw. ist ein staatliches Kapitalvermögen von 1 853 800 M. nachgewiesen, wozu die Betriebsfonds der Staatskasse und Staatsverwaltungen mit 1 100 000 M. treten. Dabei ist die finanzielle Inanspruchname des Staates für den Eisenbahnbau Greußen-Ebeleben-Keula nach dem G. v. 26. Februar 1900 außer Betracht gelassen; bezüglich dieser Bahn hat sich der Staat mit einer Anleihe von 2 300 000 M. festgelegt, der jedoch Forderungen an den Eisenbahnunternehmer zum Betrage von 2 240 000 M. gegenüberstehen.

Die für verschiedene allgemeine Staatszwecke aufgenommene fundierte Staatsschuld beläuft sich, abgesehen von der vorerwähnten Eisenbahnanleihe, auf 1 240 200 M. Die auf dem Kammergut haftende Kammerschuld zu 2 186 800 M. kommt für den Staat nicht in Betracht. Als schwebende Schuld ist der Betrag von 432 000 M. eingestellt, der fast ausschließlich aus den unverzinslichen Kautionen der Domänenpächter herrührt.

2. Einnahmen. Die Erwerbseinkünfte des Fürstentums belaufen sich insgesamt auf 858 800 M. (Roheinkommen 1 716 500 M.); davon entfällt der weitaus überwiegende Teil mit 824 800 M. (Roheinkommen 1 682 500 M.) auf die Domänen und Forsten, die die Reichsfinanzstatistik nicht scheidet. Der Rest mit 34 000 M. ist der Anteil an der Preußischen Klassenlotterie.

Als Leistungen von Staat zu Staat erscheinen wie regelmäßig nur die Überweisungen aus der Reichskasse (Branntweinsteuer) mit 278 600 M. und die Vergütungen aus der Reichskasse für die Zoll- und Reichssteuerverwaltung mit 37700 M.

Unter den Gebühren treten die Gerichtsgebühren — einschließlich der gerichtlichen Strafen 244 300 M. ausmachend — stark hervor; soweit erforderlich sind sie landesrechtlich durch G. v. 12. Januar 1900 geregelt. Die Verwaltungsgebühren sind demgegenüber mit 31 000 M. einschließlich der Strafgelder von geringerer Bedeutung; sie werden nach dem G. v. 24. Januar 1888 von sämtlichen Verwaltungsbehörden erhoben und tarifmäßig nach der behördlichen Mühewaltung, nach der Bedeutung des Gegenstandes und der Finanzlage des Pflichtigen veranlagt. Hafen-, Schifffahrtsgebühren usw. kommen nach Aufhebung des Chausseegeldes zum 1. April 1912 nicht mehr vor.

Die hauptsächlichste direkte Steuer ist die allgemeine Einkommensteuer, welche in dem G. v. 5. Februar 1912 eine neue Fassung gefunden hat. Die subjektive und die objektive Steuerpflicht ist ähnlich wie im preußischen Gesetz geregelt. Die Steuersätze sind gestaffelt; die Besteuerung beginnt bei einem Einkommen von mehr als 500 M. mit 2 M.; die Sätze heben sich dann derart in einer Reihe von Stufen, daß bei einem Einkommen von 70 000 M. die Höhe von 5% erreicht wird; von da ab steigen sie in Stufen von je 1000 M. um je 0,5 M. Die Einnahme aus der Einkommensteuer beläuft sich auf 675 800 M.

Als Ertragssteuern bestehen daneben Grundsteuer, Gebäudesteuer und beschränkt eine Gewerbesteuer. Die Grundsteuer wird nach dem G. v. 8. Juli 1868 von den Liegenschaften, den ertragsfähigen Grundstücken, den Gebäudeflächen und den zu den Gebäuden gehörigen Hofräumen mit einem Satz von 6% des Reinertrags erhoben. Die Einnahme aus derselben ist zu 121 000 M. veranschlagt. Die Gebäudesteuer ist nach dem G. v. 8. Juli 1868 von den Gebäuden nach dem besonders zu veranlagenden und alle 15 Jahr nachzuprüfenden Nutzungswert, und zwar in der Höhe von 2½% dieses Wertes, zu entrichten. Der Ertrag derselben beziffert sich auf 78 000 M.

Auf Grund des G. v. 23. Juni 1897 wird eine Gewerbesteuer nur von den Versicherungsanstalten, welche nicht im Fürstentum ihren Sitz haben, gefordert. Sie beträgt 3% der Prämieneinnahme aus dem Fürstentum oder das 2½fache einer 3proz. Steuer von demjenigen Reinertrag, wie er nach dem Einkommensteuerg. sich berechnen würde. Der Ertrag erscheint in der Reichsfinanzstatistik nicht, da er der Einkommensteuer zugeschlagen ist. Die Wandergewerbesteuer bewegt sich in zwiefacher Richtung: sie belastet einmal nach den G. v. 22. Februar 1879 und 29. Dezember 1895 den Wanderlagerbetrieb (30 bzw. 60 M. wöchentlich nach dem Ort, ev. erhöht nach der Gehilfenzahl) und ferner nach dem G. v. 3. Juli 1897 den unter § 55 der Reichsgewerbeordnung fallenden Gewerbebetrieb im Umherziehen (1—60 M. nach Zeit und Umfang des Betriebes). Die Gesamteinnahme aus beiden Steuern ist zu 5800 M. angesetzt.

Eine Bergwerksabgabe besteht nach dem G. v. 6. März 1894 als Grubenfeldabgabe (vierteljährlich für je 4000 qm bei Verleihung auf Gold oder Silber 0,50 M., sonst 0,30 M.) und als Rohertragssteuer (5% des Verkaufswertes des Rohertrages). Als Einnahme wird der Betrag von 3400 M. erzielt. Endlich sind als direkte Steuer die Eisenbahnabgaben angeführt, welche auf verschiedentlichen Staatsverträgen beruhen; ihr Betrag beziffert sich auf 4400 M.

Die einzige indirekte Steuer des Fürstentums ist jetzt, nachdem die Wertzuwachssteuer nach Beseitigung des Reichsanteils an derselben als Staatssteuer in Wegfall gekommen ist, die Erbschafts- und Schenkungssteuer. Neben dem Anteil an der Reichssteuer ist die frühere Besteuerung für die Ehegatten bei unbeerbter Ehe (3%) nach dem Landesg. v. 9. Februar 1892 bestehen geblieben. Die Einnahme aus der Steuer ist insgesamt mit 15 600 M. eingestellt.

Die sonstigen Einnahmen aus der Staatsverwaltung, unter denen auch die Einnahme vom Kaliwerk „Glückauf" erscheint, belaufen sich auf 484300 M. Überschüsse und Bestände aus früheren Jahren waren nicht in Ansatz zu bringen.

3. Ausgaben. Der Staatsbedarf, der insgesamt 3770 100 M. ausmacht, setzt sich in folgender Weise zusammen: I. Ausgaben auf die Erwerbseinkünfte 857 700 M., lediglich Domänen und Forsten, die in eins zusammengezogen sind. II. Bedarf für die Staatsschuld 60 800 M., darunter: Verzinsung 47 400 M., Tilgung 13 200 M., Verwaltungsaufwand 200 M. III. Bedarf für die Staatsverwaltung 2 498 000 M. IV. Leistungen an das Reich 353 600 M. (lediglich Matrikularbeiträge). Der Bedarf für die Staatsverwaltung gliedert sich folgendermaßen nach Ministerialabteilungen: Äußeres 810 400 M.; Inneres 499 800 M.; Finanzen 174 700 M.; Kultus 693 700 M.; Justiz 319 400 M.

XIX. Fürstentum Schwarzburg-Rudolstadt.

1. Vermögen und Schulden. Auch in Schwarzburg-Rudolstadt ist das Domanium, Kammergut, anerkanntermaßen fideikommissarisches Eigentum des Fürstlichen Hauses; die Verwaltung und die Nutzung der Überschüsse nach Deckung der Fürstlichen Hof- und Familienausgaben (Kameralrente) steht nach dem Grundg. v. 21. März 1854 dem Staate zu. Die Höhe der Kameralrente ist bislang nicht bleibend festgelegt sondern wird je durch Etatsgesetz bestimmt. Das Domanium besteht aus 7512 ha Domänen (Feldgütern) und aus 21 374 ha Forsten. Letztere begreifen 20585 ha Holzbodenfläche und 789 ha Nichtholzbodenfläche; die gesamte anfallende Holzmasse berechnet sich (1911) auf 101 181 Festmeter, darunter 67596 Festmeter Bau- und Nutzholz und 33585 Festmeter Brennholz mit einem Durchschnittsertrag von 4,91 Festmeter für das Hektar der Holzbodenfläche. Die Verwaltung liegt der Finanzabteilung des Ministeriums ob, der für die Staatsforsten das Oberforstamt zu Rudolstadt untersteht.

Obwohl in erster Linie anderen Zwecken (Förderung des Kreditverkehrs) bestimmt, ist in gewisser Weise doch als Erwerbsanstalt für den Staat die durch G. v. 11. Dezember 1888 geregelte Landeskreditkasse zu Rudolstadt anzusehen, da sie ihre Überschüsse nach entsprechender Auffüllung des Reservefonds an den Staat abzuführen hat. In der Reichsfinanzstatistik erscheinen die Einnahmen nicht als Erwerbseinkünfte, sondern unter den sonstigen Einnahmen aus Staatsverwaltung. Unter dem Erwerbsvermögen wird noch der Anteil an der Königlich Preußischen Klassenlotterie nach dem Staatsvertrage vom 17. Juni 1905 zu nennen sein. Das staatliche Kapitalvermögen an Wertpapieren usw. ist in der Reichsfinanzstatistik mit den Betriebsfonds der Staatskasse und Staatsverwaltungen in eins zusammengezogen und auf 2 673 400 M. berechnet.

Die fundierten Staatsschulden, für verschiedene allgemeine Staatszwecke aufgenommen, belaufen sich auf 4 560 200 M. Die Tilgung ist in besonderen Abmachungen geregelt. Eine schwebende Schuld besteht nicht.

2. Einnahmen. Die Erwerbseinkünfte bringen insgesamt den Betrag von 1 256 000 M. (Roheinkommen 1 798 600 M.) ein, darunter Domänen 205 100 M. (Roheinkommen 234 600 M.), Forsten 1 012 100 M. (Roheinkommen 1 525 200 M.) und sonstige Betriebe (lediglich Lotterieanteil) 38 800 M.

Die Leistungen von Staat zu Staat bestehen in den Überweisungen aus der Reichskasse (Branntweinsteuer) mit 303 500 M. und den Vergütungen aus der Reichskasse für die Zoll- und Reichssteuerverwaltung mit 47 300 M.

Die Gerichtsgebühren, welche landesgesetzlich durch das Gerichtskosteng. v. 14. September 1906 mit Nachtrag v. 19. März 1914 geordnet sind, bringen einschließlich der gerichtlichen Strafen eine Einnahme von 243000 M. Dagegen bleiben die Verwaltungsgebühren mit 60100 M. (einschließlich der Strafgelder) wesentlich zurück, obwohl diese Gebühren nach den G. v. 9. Januar 1891 und 21. Dezember 1899 vielfach bei den einzelnen Behörden zu heben sind und zum Teil die fehlende Stempelsteuer ersetzen. An Hafen-, Schiffahrtsgebühren und dergleichen sind 42 000 M. eingestellt; es handelt sich mehr oder weniger ausschließlich um Chausseegelder, die durchweg für die Benutzung der Staatsstraßen eingefordert werden.

Unter den direkten Steuern bildet die allgemeine Einkommensteuer, neben welcher jedoch die früheren Ertragssteuern bestehen geblieben sind, die Hauptsteuer. Sie beruht auf dem G. v. 31. Mai 1902. Die subjektive und objektive Steuerpflicht entspricht der allgemein üblichen Regelung nach preußischem Muster. Die Steuersätze steigen progressiv. Bei einem Einkommen bis zu 350 M. ist eine Steuer von 0,60 M. zu entrichten; in 39facher Abstufung heben sich die Sätze bis auf den Steuerbetrag von 648 M., welcher bei einem Einkommen von 18 000—20 000 M. erreicht wird; von da an setzt sich die Steigung in Klassen von je 2000 M. um Beträge von je 72 M. fort. Die Einnahme aus der Einkommensteuer ist mit 668000 M. eingestellt.

Eine Grundsteuer wird nach den G. v. 13. August 1868 und 1. Juni 1906 von Liegenschaften — ertragsfähigen Grundstücken, Gebäudeflächen und den zu den Gebäuden gehörigen Hofräumen — nach einem gleichen Prozentsatz des in bestimmter Weise zu ermittelnden Reinertrages (zur Zeit 8%, wobei jedoch 25% der Steuer außer Hebung bleiben) erhoben. Die Einnahme aus der Grundsteuer stellt sich auf 88000 M. Die Gebäudesteuer trifft nach dem G. v. 23. März 1913 die sämtlichen Gebäude, abgesehen von einzelnen Befreiungen, nach ihrem Nutzungswert, dessen Ermittlung in einem näher bestimmten Verfahren zu geschehen hat, und zwar mit 4% dieses Nutzungswertes (25% der Steuer kommen zurzeit nicht zur Hebung). Die Einnahme aus der Gebäudesteuer beträgt 75 000 M.

Nach dem G. v. 7. März 1893 unterliegen zunächst die im Fürstentum betriebenen stehenden Gewerbe einer Besteuerung, die in drei Klassen erfolgt, für deren Abgrenzung der jährliche Ertrag mit 20 000 M., 4000 M. und 1000 M. oder der Wert des Anlage- und Betriebskapitals mit 150 000 M., 30 000 M. und 2000 M. maßgebend ist. Betriebe, welche jährlich unter 1000 M. einbringen oder bei denen das Anlage- und Betriebskapital 2000 M. nicht erreicht, bleiben frei. Die Steuersätze sind für die einzelnen Klassen in besonderer Weise geregelt. Außerdem wird eine Betriebssteuer (10—50 M. jährlich) für den Betrieb von Gastwirtschaften, Schankwirtschaften, sowie vom Kleinhandel mit Spiritus und Branntwein erhoben und schließlich werden die Gewerbebetriebe im Umherziehen für jede Person mit 2—100 M. besteuert. Die Einnahmen aus der Besteuerung der stehenden Gewerbe ist mit 94 500 M., die aus der Wandergewerbebesteuerung mit 5500 M. angesetzt.

Als Einnahme aus der Eisenbahnsteuer erscheinen 7000 M., die aber in einer staatsvertraglichen Abmachung ihre Grundlage haben. Als Produktionsabgabe ist nach dem G. v. 20. März 1894 von jedem Bergwerk eine Bergwerkssteuer in der Höhe von 2% des Verkaufswertes des Rohertrages zu entrichten, jedoch nur, wenn der Erlös des Bergwerks einen Überschuß über die laufenden Betriebskosten gewährt. Die Einnahme aus der Bergwerkssteuer erreicht eine Höhe von 112700 M. Letzteres ist wesentlich dadurch verursacht, daß in die Steuer die 15% des Reinertrags aus dem Kalisalzbergwerk Günthershall zu Göllingen am Kyffhäuser eingerechnet sind, welche dem Staate nach vertragsmäßiger Abmachung mit der Gewerkschaft an Stelle der Bergwerksabgabe zustehen.

Von indirekten Steuern kommen eine Hundeabgabe, die Wertzuwachssteuer und die Erbschafts- und Schenkungssteuer vor. Die Hundeabgabe beruht auf dem G. v. 20. Dezember 1896 und beträgt für jeden Hund 6 M.; Schäferhunde sind überhaupt nicht, Kettenhunde nur mit halber Abgabe besteuert. Von der Einnahme fließt nur ein Drittel in die Staatskasse, das mit 8700 M. angesetzt ist. Eine Einnahme aus der Wertzuwachssteuer erscheint in dem Voranschlag für 1913 nicht. Nach Beseitigung des Reichsanteils an der fraglichen Steuer ist jedoch im Anschluß an die bisherige reichsgesetzliche Regelung durch Landesg. v. 26. März 1914 die Wertzuwachssteuer als staatliche Steuer des Fürstentums eingeführt. An Erbschafts- und Schenkungssteuer wird ausschließlich der Anteil an der Reichssteuer zu 12 000 M. vereinnahmt.

Die sonstigen Einnahmen aus der Staatsverwaltung, welche sich aus Zinsen ausgeliehener Bestände, Jagd- und Fischereierträgen, Nebenerträgen der Staatsstraßen, dem Überschuß der Landeskreditkasse und verschiedenen Einnahmen zusammensetzen, erreichen den Betrag von 102 900 M. Als Überschüsse und Bestände aus früheren Jahren sind 396 200 M. eingestellt.

3. Ausgaben. Der Staatsbedarf beträgt insgesamt 3 794 400 M. und gliedert sich folgendermaßen: I. Ausgaben auf die Erwerbseinkünfte 542 600 M., darunter: Domänen (Feldgüter) 29 500 M.; Forsten 513 100 M. II. Bedarf für die Staatsschuld 204 500 M., und zwar Verzinsung 164 000 M., Tilgung 40 500 M. III. Bedarf für die Staatsverwaltung 2 548 100 M. IV. Leistungen an das Reich 386 000 M. (lediglich Matrikularbeiträge). Der Bedarf für die Staatsverwaltung umfaßt im einzelnen: allgemeine Staatsverwaltung 710 600 M.; Justizabteilung 368 000 M.; Abteilung des Innern 507 200 M.; Abteilung der Finanzen 284 000 M.; Abteilung für Kirchen- und Schulsachen 678 300 M.

XX. Fürstentum Waldeck-Pyrmont.

Zufolge des sog. Akzessionsvertrages vom 18. Juli 1867, der zunächst auf je 10 Jahr geschlossen, dann aber durch weiteren Vertrag vom 2. März 1887 auf unbestimmte Zeit verlängert wurde, ist die innere Verwaltung der durch Staatsgrundg. v. 23. Mai 1849 zu einem untrennbaren Staatsgebiet vereinigten Fürstentümer Waldeck und Pyrmont auf Preußen übergegangen. Auf die staatliche Finanzwirtschaft hat dieses den allgemeinen Einfluß, daß Preußen die gesamten Landeseinnahmen bezieht und die gesamten Landesausgaben — mit Ausschluß derer für das Konsistorium in seiner Eigenschaft als Oberkirchenbehörde — bestreitet, tatsächlich dazu jedoch einen erheblichen Zuschuß aus eigenen Mitteln (seit 1899 jährlich 530 000 M.) leisten muß. Auch auf das Domanium wirkte der Akzessionsvertrag ein, indem nunmehr bestimmt wurde, daß eine Inanspruchnahme der Domanialeinkünfte für die Landesausgaben ausgeschlossen, ebenso aber der Staat von der Verpflichtung, gegebenenfalls für den Unterhalt des Fürstenhauses einzutreten, entlastet sein solle.

1. Vermögen und Schulden. Folgeweise kommt ein Erwerbsvermögen für Waldeck-Pyrmont nur in einem ganz untergeordneten Grade in Betracht. Es werden 82 ha Domänen und 50 ha Forsten aufgeführt. Ebenso fehlen irgendwelche Erwerbsanstalten. Das einzige ist nach dem Staatsvertrage vom 22. April 1907 der Anteil an der Preußischen Klassenlotterie, der in der Reichsfinanzstatistik nicht gesondert erscheint. Das vorhandene Kapitalvermögen an Wertpapieren, Geldforderungen usw. beläuft sich auf 774 700 M.; dazu tritt als Betriebsfonds der Staatskasse und Staatsverwaltung der Betrag von 38 200 M.

Die fundierten Staatsschulden erreichen die Summe von 1 464 000 M. Außerdem ist eine schwebende Schuld zu 67 000 M. (von der Landesschulkasse entliehen) vorhanden. Die Regelung der Staatsschuld beruht auf den G. v. 14. Oktober 1854, v. 21. August 1860 und v. 20. April 1883.

2. Einnahmen. Die Erwerbseinkünfte sind nach Maßgabe des oben Gesagten sehr gering und machen insgesamt nur 12 100 M. (Roheinkommen 13 300 M.). Eine Einnahme bringen nur die Domänen mit 12 500 M. (Roheinkommen 13 100 M.); die Forsten schließen mit einer Mindereinnahme von 100 M. (Roheinkommen 200 M.) und die Bergwerke, Hütten und Salinen mit einer solchen von 300 M. (Roheinkommen 0) ab. Hierzu würde an sich der Anteil an der preußischen Klassenlotterie mit 15 000 M. zu treten haben, den die Reichsstatistik den sonstigen Einnahmen aus der Staatsverwaltung zurechnet.

Als Leistungen von Staat zu Staat haben wir nur die Überweisungen aus der Reichskasse (Branntweinsteuer) mit 175 500 M. Die Vergütungen aus der Reichskasse für die Zoll- und Reichssteuerverwaltung bezieht Preußen, welches die Verwaltung leistet. Nach seiner inneren Natur fügt sich dem der Zuschuß an, den Preußen mit 530 000 M. zu den Landesausgaben leistet, der in der Reichsstatistik unter den sonstigen Einnahmen aus der Staatsverwaltung erscheint.

Die Gerichtsgebühren, für welche neben dem RG. das preußische Gerichtskosteng. in der jetzigen Fassung v. 6. August 1910 gilt, bringen einschließlich der gerichtlichen Strafen eine Einnahme von 155 500 M. Verwaltungsgebühren werden nach dem G. v. 20. Februar 1851 bei einer Reihe einzelner Behörden gehoben; sie entsprechen zum Teil der Stempelsteuer anderer Staaten; die Einnahme daraus beläuft sich einschließlich der Strafgelder auf 13 800 M., Hafen-, Schiffahrtsgebühren usw. fallen aus.

Die Einkommensteuer wird in der Form einer Klassensteuer nach dem G. v. 7. Januar 1865 in der Fassung der B. v.

1. Juli 1908 von allen Einwohnern des Fürstentums erhoben, sowie von sonstigen Personen bezüglich der aus der Waldeckschen Staatskasse fließenden Besoldungen und Pensionen, und — insoweit auch von juristischen Personen — bezüglich des Einkommens aus inländischem Grundbesitz und inländischen gewerblichen Betrieben. Die Einschätzung geschieht in 4 Hauptklassen; die erste reicht bis zu einem Einkommen von 900 M., die zweite bis zu einem solchen von 1800 M., die dritte bis zu einem Einkommen zu 3000 M., die vierte umfaßt die darüber hinausgehenden Einkommen. Das freigelassene Mindesteinkommen ist 300 M. Die Steuersätze steigen progressiv. Die Einnahme aus der Klassensteuer beträgt 348 600 M.

Der Grundsteuer unterliegt nach dem G. v. 24. Januar 1851 aller im Fürstentum befindlicher Grund und Boden, der nach 6 Kulturarten unterschieden und des weiteren nach der Ertragsfähigkeit in Klassen geteilt ist. Die Grundlage bildet der Reinertrag, der nach genau festgelegtem Verfahren ermittelt wird. Die Einnahme aus der Grundsteuer ist mit 122 500 M. angesetzt.

Die Gewerbesteuer ist nach dem G. v. 6. März 1893 ähnlich wie im Fürstentum Schwarzburg-Rudolstadt dreifach gegliedert. Einmal unterliegt das Einkommen aus den im Fürstentum betriebenen stehenden Gewerben der Besteuerung, welche mit einem Jahreseinkommen von 1500 M. beginnt und in 3 Klassen — Gewerbeeinkommen von mehr als 10 000 M. 1%, 4000—10 000 M. $^3/_4$%, unter 4000 M. $^1/_2$% — erhoben wird. Sodann ist für den Betrieb der Gastwirtschaft sowie des Kleinhandels mit Branntwein, Likör oder Spiritus eine Betriebssteuer — nach dem Gewerbseinkommen zwischen 5 M. und 50 M. abgestuft — zu entrichten. Endlich werden Personen, die ein Gewerbe im Umherziehen nach § 55 der Reichsgewerbeordnung betreiben, durch eine Hausiergewerbesteuer von 2—50 M. getroffen. Die Einnahme aus den ersteren beiden Steuern stellt sich auf 19 600 M., die aus der Wandergewerbesteuer auf 4800 M. Eine Abgabe vom Bergbau ist nach G. v. 30. Oktober 1814 mit Ausschluß der Eisensteinbergwerke auf den Erlös der Rohprodukte im Falle der Veräußerung und auf den Wert im Falle eigener Verwendung in der Höhe von 2% gelegt. Bezügliche Einnahmen sind nicht angesetzt.

Als alleinige selbständige indirekte Steuer kommt bislang die Hundeabgabe vor, welche nach den G. v. 21. August 1857, 6. Juni 1860 und 16. Februar 1864 mit 4 M. von jedem Hund, Schäferhunde 2 M., zu zahlen ist. Die Einnahme beträgt 11 700 M. Eine Einnahme aus der Wertzuwachssteuer führt der Voranschlag 1913 nicht auf. Der nach dem RG. v. 3. Juli 1913 fortgefallene Anteil des Reichs an dieser Steuer soll jedoch nunmehr unter voller Aufrechterhaltung der reichsgesetzlichen Regelung für den Staat erhoben werden. Ein im Entwurf vorliegendes bezügliches LG.

war bis Anfang des Jahres 1915 noch nicht zur Verabschiedung gelangt. Endlich erscheint die Erbschafts- und Schenkungssteuer ausschließlich als Anteil an der Reichssteuer mit 15 600 M.

Die sonstigen Einnahmen aus der Staatsverwaltung belaufen sich auf 632 500 M. Neben Zinseneinnahmen, Vereinnahmungen der Bauverwaltung, der Justizverwaltung, der Verwaltung des Innern und der landwirtschaftlichen Verwaltung ist darin der Zuschuß aus der preußischen Staatskasse mit 530 000 M. und der Anteil an der Preußischen Klassenlotterie mit 15 000 M. enthalten. Überschüsse und Bestände aus früheren Jahren sind nicht vorhanden.

3. Ausgaben. Der Staatsbedarf zu insgesamt 1 500 700 M. setzt sich aus folgenden Einzelbeträgen zusammen: I. Ausgaben auf die Erwerbseinkünfte 1200 M., darunter: Domänen 600 M.; Forsten 300 M.; Bergwerke, Hütten und Salinen 300 M. II. Bedarf für die Staatsschuld 142 700 M., darunter: Verzinsung 53 800 M.; Tilgung 45 600 M.; Verwaltungsaufwand 1800 M.; sonstige Leistungen (ständig zu zahlende Renten und Entschädigungen) 41 500 M. III. Bedarf für die Staatsverwaltung 1 131 900 M. IV. Leistungen an das Reich 224 900 M. (lediglich Matrikularbeiträge). Der Bedarf für die Staatsverwaltung verteilt sich in folgender Weise: Finanzverwaltung 347 800 M.; Verwaltung für Handel, Gewerbe und öffentliche Arbeiten 97 300 M.; Justizverwaltung 183 900 M.; Verwaltung des Innern 173 400 M.; landwirtschaftliche Verwaltung 47 000 M.; Verwaltung der geistlichen, Unterrichts- und Medizinalangelegenheiten 282 500 M.

XXI. Fürstentum Reuß älterer Linie.

1. Vermögen und Schulden. Das Domanium, als Kammervermögen bezeichnet, ist durch die Verfassung vom 28. März 1867 zu Haus-, Domanial- und Familiengut (Familienfideikommiß) des Fürstlichen Hauses erklärt. Der Staat hat keinerlei Anspruch an dasselbe, weder bezüglich der Nutzung, noch bezüglich der Verwaltung. Andererseits ist für den Staat jede Verpflichtung auf Gewährleistung einer Zivilliste, Apanage usw. in Wegfall gekommen. Irgendein staatlicher nutzbringender Grundbesitz kommt folgeweise für das Fürstentum nicht in Frage; ebenso gehen ihm Erwerbsanstalten, abgesehen von der nur wenig bedeutungsvollen Herausgabe eines Amtsblattes, gänzlich ab. Als einzig nennenswertes Erwerbseinkommen ist der Anteil an der Königlich Preußischen Klassenlotterie nach dem Staatsvertrage vom 17. Juni 1905 anzuführen.

Das hauptsächlichste staatliche Ertragsvermögen besteht in dem in Wertpapieren usw. angelegten Kapitalbesitz zu

2 374 300 M., an welchen sich die Betriebsfonds der Staatskasse und Staatsverwaltungen mit 682 000 M. anschließen. Demgegenüber besitzt Reuß älterer Linie auch keinerlei Staatsschulden.

2. Einnahmen. Die Erwerbseinkünfte können sich nach dem Vorausgeführten nur in geringen Grenzen bewegen. Sie weisen den Gesamtbetrag von 30 500 M. auf, von dem 28 000 M. auf den Lotterieanteil und 2500 M. auf das Amtsblatt entfallen.

Die Leistungen von Staat zu Staat umfassen die Überweisungen aus der Reichskasse (Branntweinsteuer) mit 228 100 M. und die Vergütungen aus der Reichskasse für die Zoll- und Reichssteuerverwaltung mit 14 100 M.

Beträchtlicher als das Erwerbseinkommen ist die Gebühreneinnahme mit insgesamt 242 000 M. Auf die Gerichtsgebühren, deren landesgesetzliche Regelung durch ein Gerichtskosteng. v. 17. November 1899 erfolgt ist, entfallen davon einschließlich der gerichtlichen Strafen 190 200 M. Die Gebühren der Verwaltungsbehörden mit den Strafgeldern bringen es auf 33 500 M.; sie sind durch eine umfassendere Gebührentaxe vom 22. März 1853 nebst Nachträgen geregelt und ersetzen zum Teil die fehlende Stempelsteuer. An Hafen-, Schiffahrtsgebühren und dergleichen sind 18 300 M. eingestellt; es handelt sich dabei wesentlich um Chausseegelder und Brückengelder.

Die Einkommensteuer, welche vom 1. April 1913 ab nach dem an Stelle des früheren G. v. 4. Januar 1893 getretenen G.v. 21. Dezember 1911 nebst Ergänzung durch G. v. 5. August 1912 gehoben wird, ist eng an die bezügliche preußische Gesetzgebung angelehnt; namentlich die subjektive und die objektive Steuerpflicht ist in der Hauptsache übereinstimmend mit letzterer geordnet. Der progressiv gestaffelte Tarif beginnt bei einem Einkommen von 50—200 M. mit einem Steuersatz von 1 M.; letzterer erreicht in weiteren 38 Stufen bei einem Einkommen von 10 000—11 000 Mark den Betrag von 375 M. und steigt bis zu einem Einkommen von 70 000 Mark weiter in fünf Absätzen um je 40, 45, 50, 55 und 60 M. für je 1000 M.; bei Einkommen über 70 000 Mark beträgt die Steuer 50 M. für je volle 1000 M. des Einkommens. Eine möglicherweise auch als Eisenbahnsteuer anzusehende Abgabe wird von dem Reinertrag der Königlich Sächsischen Staatseisenbahnen in Gemäßheit des Einkommensteuerg. auf Grund eines mit dem Königreich Sachsen geschlossenen Staatsvertrages erhoben, welche mit unter der Einkommensteuer verrechnet ist. Die Einnahme aus der Einkommensteuer beläuft sich auf 832 300 M.

Die Vermögenssteuer beruht auf dem G. v. 21. Dezember 1911, ergänzt durch G. v. 5. August 1912, und entspricht ebenfalls der preußischen Ergänzungssteuer. Die subjektive Steuerpflicht umfaßt jedoch auch die nach reußischem Gesetz einkommensteuerpflichtigen juristischen Personen. Die Steuer beginnt bei einem steuerpflichtigen Vermögen von über 6000 M. und wird nach Klassen, die je mit 2000 M. ansteigen, zu $^1/_2$‰ von dem Vermögensbetrage, mit dem die vorausgehende Klasse endet, erhoben. Als Einnahme wird ein Betrag von 96 900 M. erzielt.

Als letzte direkte Steuer besteht nach dem G. v. 17. Juni 1878 eine Wandergewerbesteuer. Derselben unterliegen einmal die im § 55 der Reichsgewerbeordnung bezeichneten Personen und ferner Personen, welche Wanderlager halten oder Warenversteigerungen vornehmen. Im ersteren Fall beträgt die Steuer regelmäßig ohne Rücksicht auf Zeitdauer 50 M. für das Jahr, kann aber bei besonderen Umständen bis auf 3 M. ermäßigt oder bis auf 300 M. erhöht werden; in letzterem Fall ist für die Woche des Betriebes eine Steuer von 20—40 M. je nach der Einwohnerzahl des Betriebsorts zu zahlen. Die Einnahme aus der Wandergewerbesteuer beträgt insgesamt 3800 M.

Die indirekte Besteuerung ist verhältnismäßig geringfügig. An Aufwandsteuern sind die Hundeabgabe, die Abgabe vom Tanzhalten und die Abgabe von den Jagdkarten anzuführen. Die erstere trifft nach dem G. v. 6. Juli 1910 jeden zur Bewachung oder zum Gewerbe unentbehrlichen Hund mit 1 M. jährlich, die Ziehhunde mit 6 M., alle anderen mit 9 M.; sie ergibt insgesamt eine Einnahme von 11 000 M. Die Tanzgelder beruhen auf einer V. v. 26. März 1852, die Jagdkartengelder auf einer solchen vom 3. November 1851; zusammen erbringen beide eine Einnahme von 14 300 M.

Die Erbschafts- und Schenkungssteuer kommt nicht nur in dem Anteil an der Reichssteuer in Betracht, sondern es ist daneben die frühere landesrechtliche Besteuerung der Ehegatten bei unbeerbter Ehe (3%) nach dem LG. v. 3. März 1875 bestehen geblieben. Der Ertrag der Erbschafts- und Schenkungssteuer beläuft sich im ganzen auf 7700 M. Aus der Wertzuwachssteuer ist eine Einnahme für 1913 nicht veranschlagt; sie wird nach Wegfall des Reichsanteils an derselben als Staatssteuer nicht mehr in Frage kommen.

Die sonstigen Einnahmen aus der Staatsverwaltung, die sich aus Nebenerträgen der Landstraßenverwaltung, Zinsen von Außenständen, verschiedenen Einnahmen bei den einzelnen staatlichen Behörden, aus Staatsaufsichtsgebühren u. dgl. zusammensetzen, erreichen die Summe von 102 300 M. Überschüsse und Bestände aus früheren Jahren erscheinen nicht.

3. Ausgaben. Bei dem Staatsbedarf, der sich insgesamt auf 1 583 000 M. berechnet, fallen I. die Ausgaben auf die Erwerbseinkünfte ganz aus. Unter II. Bedarf für die Staatsschuld sind als sonstige Leistungen 300 M. aufgeführt, Kosten, die aus der Ver-

zinsung hinterlegter Gelder erwachsen sind. III. Bedarf für die Staatsverwaltung 1293600 M. IV. Leistungen an das Deutsche Reich 289 100 M. (lediglich Matrikularbeiträge). Der Bedarf für die Staatsverwaltung zerlegt sich in folgende Einzelsummen: Obere Landesbehörden 77 600 M.; Katasterwesen 45 500 M.; Finanzverwaltung und Erhebung der direkten Steuern 55 700 M.; Erhebung der indirekten Steuern 39 400 M.; innere Verwaltung 108 600 M.; Gendarmerie 54 000 M.; Straßen- und Wegebau 106 300 M.; Medizinal- und Veterinärwesen 46 900 M.; Justiz 266 000 M.; Kirche und Schule 256 800 M.; Unterstützungen 26 000 M.; Pensionen und Wartegelder 140 600 M.; fiskalische und zum Staatsdienst gemietete Gebäude 25 800 M.; verschiedenes 44 400 M.

XXII. Fürstentum Reuß jüngerer Linie.

1. Vermögen und Schulden. Im Fürstentum Reuß jüngerer Linie sind die Rechtsverhältnises am Domanium durch G. v. 23. November 1880 endgültig geordnet. Dasselbe ist in seiner Gesamtheit als landesherrliches Fideikommißvermögen und reines Privateigentum des Fürstlichen Hauses anerkannt und wird folgeweise von einer rein fürstlichen, nicht staatlichen Behörde (Fürstliche Kammer) verwaltet. Dem Fürstlichen Hause stehen keinerlei Ansprüche auf Zivilliste, Apanagierung usw. gegen den Staat zu. Letzterem ist für die Aufgabe seiner früheren Ansprüche an das Domanium zu Staatsausgaben eine Geldabfindung von 1 Million Mark, Landesdomanialfonds, gewährt. Die Abfindung ist hypothekarisch auf das Kammervermögen eingetragen und wird aus der Fürstlichen Kammerkasse mit 4% verzinst. Ein staatlicher Grundbesitz ist dementsprechend nicht vorhanden.

Als staatliche Erwerbsanstalten in weiterem Sinne sind die in erster Linie allerdings anderen Zwecken dienenden Landessparkassen (Gera, Schleiz mit Filiale Hohenleuben, Lobenstein mit Filiale Hirschberg; revidiertes Statut vom 22. Dezember 1883) und die damit verbundene Landrentenbank (G. v. 19. Dezember 1876) anzusehen, da sie in bestimmt geregelter Weise Überschüsse an die Staatskasse, und zwar solche nicht unerheblichen Betrages, abzuführen haben. Außerdem ist der Anteil an der Königlich Preußischen Klassenlotterie zu nennen, welcher auf dem Staatsvertrage vom 30. Mai 1905 beruht.

Ein staatliches Kapitalvermögen bildet der schon genannte Landesdomanialfonds, ein in Wertpapieren angelegter Bestand (ca. 300 000 M.) und der Anteil des Staats an der Landrentenbank (ca. 1/2 Million Mark); dazu treten die Betriebsfonds der Staatskasse und der Staatsverwaltungen.

Die fundierte Landesschuld beträgt 1040000 M. Der Bestand ist seit einer Reihe von Jahren unverändert, da eine Tilgung nicht stattgefunden hat, Zugang nicht gewesen ist. Die Verwaltung liegt verfassungsmäßig einem landesherrlichen Kommissar und der landständischen Kommission für die Verwaltung der Staatsschulden ob. Eine schwebende Schuld besteht nicht.

2. Einnahmen. Die Erwerbseinkünfte des Fürstentums setzen sich lediglich aus den Überschüssen der Landessparkassen mit 500 000 M. und dem Anteil aus der Preußischen Klassenlotterie mit 65 000 M. zusammen und belaufen sich insgesamt auf 565 000 M.

Die Leistungen von Staat zu Staat erbringen an Überweisungen aus der Reichskasse (Branntweinsteuer) 478 700 M. und an Vergütungen aus der Reichskasse für die Zoll- und Reichssteuerverwaltung 68 600 M.

Die Gebühreneinnahme bleibt mit 359 700 M. etwas zurück; in der Summe sind die Gerichtsgebühren, zu welchen neben den gerichtlichen Strafen die Verwaltungsstrafen treten, mit 305 800 M., die Verwaltungsgebühren, welche zum Teil die fehlende Stempelsteuer ersetzen, mit 28 900 M. und die Hafen-, Schiffahrtsgebühren, Chausseegelder u. dgl. mit 25 000 M. enthalten.

Die direkte Besteuerung des Fürstentums setzt sich aus einer allgemeinen Einkommensteuer, einer Grundsteuer, einer Wandergewerbesteuer und den Bergwerksabgaben zusammen.

Die allgemeine Einkommensteuer gründet sich auf das G. v. 15. Juli 1909. Die subjektive und die objektive Steuerpflicht sind nach preußischem Muster in der gleichen Weise wie im Fürstentum Reuß älterer Linie geregelt. Erhoben wird die Steuer in 2 Abteilungen, von denen die erste Abteilung die Einkommen von mehr als 100—3000 M., die zweite die höheren Einkommen erfaßt. In der ersten Abteilung steigt der Steuersatz in 14 Stufen nach und nach von 0,60 M. auf 63,00 M. in die Höhe. In der zweiten Abteilung hebt er sich zunächst bis zum Einkommen von 10 000 M. in Stufen von 500 M. um je 16—24 M., dann bis zum Einkommen von 40 000 M. in Stufen von 1000 M. um je 40—50 M., darauf bis zum Einkommen von 70 000 M. in Stufen von 2000 M. um je 100 bzw. 120 M.; die weiteren Stufen steigen ebenfalls um 2000 M.; bei allen diesen Stufen beträgt die Steuer 5% desjenigen Einkommens, mit welchem die vorausgehende Stufe endet. Die Einnahme aus der Einkommensteuer ist mit 1 330 000 M. eingestellt.

Nach dem G. v. 20. März 1850 sind Gegenstände der Grundsteuer der Grund und Boden, die zur Fischerei benutzten Teiche und die Gebäude. Die Steuer wird nach Steuereinheiten (10 Taler) ausgeschlagen und erhoben. Die Veranlagung der einzelnen Flächen usw. erfolgt in bestimmt vorgeschriebenem Verfahren nach der

Leistungsfähigkeit. Die Einnahme aus der Grundsteuer beziffert sich auf 151 000 M.

Die Wandergewerbesteuer trifft nach dem G. v. 18. September 1879 die im § 55 der Reichsgewerbeordnung bezeichneten Personen. Der regelmäßige Steuersatz ist 25 M. für das Kalenderjahr; derselbe kann bei Gewerben geringerer Art und bei besonderen die Gewerbetätigkeit beeinträchtigenden Umständen auf 1 M. ermäßigt, bei Gewerben von bedeutendem Umfang auf 300 M. erhöht werden. Die Einnahme aus der Wandergewerbesteuer beträgt 7200 M.

Die Bergwerkssteuer besteht nach dem G. v. 20. Juni 1877 in einer Grubenfeldabgabe, welche bei Gold- und Silbergruben 50 Pfennig, bei Schiefer-, Braun- oder Steinkohlen-, Steinsalz- oder Solquellen-Bergwerken 25 Pf. und bei anderen Bergwerken 10 Pf. für je 4000 qm des verliehenen Feldes beträgt. Die Einnahme aus der Grubenfeldabgabe ist mit 7400 M. eingestellt.

Die indirekte Besteuerung beschränkt sich auf die Hundesteuer und auf die Erbschafts- und Schenkungssteuer. Die Hundesteuer wird nach dem G. v. 29. März 1895 von dem Besitzer eines zu seinem Bedarf gehaltenen Hundes im Betrage von jährlich 2 M. (Schäferhunde und Hunde zur Ausübung eines Gewerbebetriebes frei), sowie vom Besitzer eines zum Vergnügen gehaltenen Hundes zu jährlich 6 M. erhoben. Die Steuer fließt zur Hälfte in die Staatskasse, zur anderen Hälfte in die Gemeindekasse. Der Staat vereinnahmt aus der Hundesteuer 13 500 M. Als Erbschafts- und Schenkungssteuer kommt der Anteil an der Reichssteuer in Betracht, der eine Einnahme von 15 100 M. gewährt. Aus der reichsgesetzlichen Wertzuwachssteuer ist eine Einnahme für 1913 nicht eingestellt; nach Beseitigung des Reichsanteils durch RG. v. 3. Juli 1913 ist die Steuer als eine staatliche für Reuß jüngerer Linie gleicherweise in Wegfall gekommen.

Die sonstigen Einnahmen aus der Staatsverwaltung, in denen vornehmlich die Zinsen von den staatlichen Aktivkapitalien (Landesdomanialfonds usw.), besondere Zahlungen aus einzelnen Verwaltungskassen und vermischte Einnahmen enthalten sind, betragen 142 200 M. Überschüsse und Bestände aus früheren Jahren sind mit 119 600 M. angesetzt.

3. Ausgaben. Bei dem Staatsbedarf, der sich insgesamt auf 3 258 200 M. berechnet, kommen ebenso wenig wie für Reuß älterer Linie I. Ausgaben auf die Erwerbseinkünfte vor. II. Bedarf für die Staatsschuld 41 600 M., welche Summe ausschließlich für Verzinsung zu verausgaben ist. III. Bedarf für die Staatsverwaltung 2 615 500 M. IV. Leistungen an das Deutsche Reich 601 100 M. (lediglich Matrikularbeiträge). Der Bedarf für die Staatsverwaltung setzt sich aus folgenden Einzelbeträgen zusammen: Landesvertre-

tung 10 500 M.; Ministerium 119 500 M.; innere Landesverwaltung 521 800 M.; Justiz 513 600 M.; Kirche und Schule 925 900 M.; Finanzen 524 200 M.

XXIII. Fürstentum Schaumburg-Lippe.

1. Vermögen und Schulden. Durch die Verfassung des Fürstentums vom 17. November 1868 wurde das Domanium in seinem vollen Umfange und einschließlich des Anteils an den Schaumburger Gesamt-Kohlenwerken als unteilbares und in seinem wesentlichen Bestande unveräußerliches Fideikommißgut dem regierenden Fürstenhause zugesprochen, wogegen alle Ansprüche gegen den Staat an Zivilliste, Apanage usw. wegfielen. Gleichzeitig wurden jedoch bestimmte, nicht unerhebliche Vereinnahmungen aus dem Domanium herausgehoben, welche für die Folge an die Staatskasse abgeführt werden sollten, so daß ein gewisser Anspruch des Staats gegenüber dem Domanium fortbesteht. Die Reichsfinanzstatistik verrechnet diese Beiträge aus dem Domanium unter den sonstigen Einnahmen aus der Staatsverwaltung. Ein staatlicher werbender Grundbesitz kommt für Schaumburg-Lippe nicht in Frage.

In der Reichsfinanzstatistik erscheint ein Betrag als Einnahme aus Bergwerken, Hütten und Salinen; es handelt sich dabei aber nicht um eine Einnahme aus eigenem Betrieb bzw. eigenem Besitz, sondern um einen vertragsmäßigen Anteil des Staats an einem Kalibergwerke. Letzterer würde zum staatlichen Erwerbsvermögen zu rechnen sein. Außerdem gehört zu dem Erwerbsvermögen der Anteil an der Preußischen Klassenlotterie nach dem Staatsvertrag vom 17. Juni 1905.

Als Kapitalvermögen an Wertpapieren, Geldforderungen usw. findet sich ein Betrag von 511 600 M. Dazu treten die Betriebsfonds der Staatskasse und der Staatsverwaltungen mit 88 300 M. Die fundierte Staatsschuld beläuft sich auf 387 100 M.; eine schwebende Schuld besteht nicht.

2. Einnahmen. Die Erwerbseinkünfte von Schaumburg-Lippe umfassen lediglich die schon erwähnte Bergwerkseinnahme von 30 000 M. und den Anteil an der Preußischen Klassenlotterie zu 18 000 M., erreichen mithin insgesamt die Höhe von 48 000 M.

Als Leistungen von Staat zu Staat kommen allein die Überweisungen aus der Reichskasse (Branntweinsteuer) mit 146 200 M. in Betracht. Die Vergütungen aus der Reichskasse für die Zoll- und Reichssteuerverwaltung fallen weg, weil die fragliche Verwaltung von Preußen geleitet wird.

An Gebühren werden insgesamt 115 000 M. vereinnahmt. Davon entfallen 63 500 M. auf die Gerichtsgebühren mit Einschluß der gerichtlichen Strafen, 51 500 M. auf die Verwaltungsgebühren mit Strafgeldern. Erstere sind landesrechtlich durch G. v. 15. Dezember 1899 mit Abänderung v. 5. März 1912 geregelt. Letztere werden nach dem G. v. 28. März 1898 nach besonderem Tarif bei den einzelnen Behörden wie Ministerium, Konsistorium, Landratsämtern gehoben; dabei kommen einzelne Gebühren vor, die ihrer Natur nach als Stempel erscheinen, wie die für Apothekenkonzessionen, Eisenbahnkonzessionen, Fideikommißstiftungen usw. In den Betrag der Verwaltungsgebühren sind auch die Schulgelder eingerechnet. Hafen-, Schiffahrtsgebühren, Chausseegelder u. dgl. werden seit 1913 nicht mehr eingestellt.

Die direkte Besteuerung des Fürstentums schließt sich eng an das preußische Steuersystem an. Es besteht eine allgemeine Einkommensteuer und eine Vermögenssteuer; die alten Ertragssteuern, Grund-, Gebäude- und Gewerbesteuer, sind den Gemeinden zur Vereinnahmung überwiesen; als Staatssteuer ist allein die Wandergewerbesteuer erhalten geblieben.

Die Einkommensteuer beruht auf dem G. v. 3. Mai 1901 mit den Abänderungen vom 14. März 1904, 6. März 1905, 21. Mai 1909, 14. März 1910 und 17. März 1911. Die subjektive und die objektive Steuerpflicht ist in ähnlicher Weise wie in Preußen geregelt. Als untere Besteuerungsgrenze ist ein Einkommen von 450 M. angenommen. Die Steuersätze steigen nach bestimmtem Tarif in Einkommensstufen zu 150 M., 300 M., 500 M., 1000 M., 1500 M. und 2000 M. so an, daß der Satz der unteren Steuergrenze mit 0,7% vom Einkommen schließlich bei einem Einkommen von 100 000 M. und darüber die bleibende Höhe von 4% erreicht. Die Einnahme aus der allgemeinen Einkommensteuer beziffert sich auf 312 000 M.

Die Vermögenssteuer wird nach dem G. v. 9. Mai 1906 und den Abänderungsg. v. 26. März 1907 und v. 6. März 1912 erhoben. Die subjektive Steuerpflicht regelt sich wie die des Einkommensteuerg.; die objektive Steuerpflicht folgt dem preußischen Muster. Die Steuer beginnt bei einem Vermögen von mehr als 6000 M. und setzt in der untersten Steuerstufe (6000—8000 M. Vermögen) mit dem Satze von 3,60 M. jährlich ein, um in weiteren 21 besonders bestimmten Stufen bis auf 56,40 M. bei Vermögen von 90 000—100 000 M. anzuwachsen; bei Vermögen von 100 000 bis 200 000 M. erhöht sie sich für jede angefangenen 10 000 M. um je 6,60 M.; bei Vermögen von 200 000—220 000 M. beträgt die Steuer 125,40 M. jährlich und steigt bei höheren Vermögen für jede angefangenen 20 000 M. um je 12,60 M. Die Einnahme aus der Vermögenssteuer ist zu 82 000 M. veranschlagt.

Von der durch G. v. 9. Mai 1906 erfolgten Aufhebung der Ertragssteuern als Staatssteuer ist nach dem G. v. 4. März 1907 die Grund- und Gebäudesteuer ausgenommen, welche von dem

Königlich Preußischen Eisenbahnfiskus für seine zur Zeit grund- oder gebäudesteuerpflichtigen Grundstücke und Gebäude entrichtet wird, so lange als diese Grundstücke usw. im Eigentum des Preußischen Staates sind. Die Wandergewerbesteuer, welche auf den G. v. 4. März 1872 und v. 24. Juni 1879 beruht, belastet einerseits den Gewerbebetrieb im Umherziehen, und zwar diejenigen Personen, welche zum Gewerbebetrieb nach §§ 44, 55 und 59 der Reichsgewerbeordnung der Lösung eines Wandergewerbescheins bedürfen (Steuersatz in der Regel 24 M. für das Kalenderjahr, für Gewerbe geringerer Art Ermäßigung bis auf 3 M., für Gewerbe von bedeutendem Umfang Erhöhung bis auf 144 M. zulässig), andererseits den Wanderlagerbetrieb (48 M. wöchentlich für jeden Ort und jedes Verkaufslokal, 72 M. bei Betrieb mit mehr als einem Gehilfen). Die Einnahme aus der Wandergewerbesteuer ist auf 3500 M. berechnet.

Die indirekten Steuern finden wir durch eine Stempelsteuer und eine Erbschafts- und Schenkungssteuer vertreten. Der Stempelsteuer unterliegen nach dem G. v. 21. Dezember 1899 die in einem besonderen Tarif aufgeführten Urkunden, wenn sie vom Aussteller unterschrieben sind. Befreit sind Urkunden über Gegenstände, deren Wert 150 M. nicht übersteigt. Der Tarif gleicht in seinen Einzelheiten meist den bezüglichen Regelungen anderer Bundesstaaten. Die Einnahme aus der Stempelsteuer beläuft sich auf 25 000 M. Die Erbschafts- und Schenkungssteuer umfaßt lediglich den Anteil an der Reichssteuer mit 6000 M. Aus der Wertzuwachssteuer war 1913 eine Einnahme nicht eingestellt; sie ist nach Beseitigung des Reichsanteils als Staatssteuer weggefallen.

Die sonstigen Einnahmen aus der Staatsverwaltung, welche neben einer Reihe verschiedener Einnahmen bei einzelnen Behörden die Beiträge aus dem Domanium (gegen 200 000 M.) enthalten, zeigen die Summe von 296 000 M. Überschüsse und Bestände aus früheren Jahren sind nicht veranlagt.

3. Ausgaben. Bei dem Staatsbedarf, der sich insgesamt auf 1 088 200 M. beläuft, fehlen gänzlich: I. Ausgaben auf die Erwerbseinkünfte. Im weiteren kommen in Betracht: II. Bedarf für die Staatsschuld 27 000 M., darunter: Verzinsung 13 300 M.; Tilgung 13 700 M. III. Bedarf für die Staatsverwaltung 877 700 M. IV. Leistungen an das Deutsche Reich 183 500 M. (lediglich Matrikularbeiträge). Der Bedarf für die Staatsverwaltung gliedert sich in folgende Einzelsummen: Vertretung im Bundesrat 2500 M.; Ministerium 70 600 M.; Konsistorium 4700 M.; Gemeinschaftliches Oberlandesgericht in Oldenburg, Landgericht und Amtsgerichte 140 400 M.; Landratsämter 45 500 M.; Besoldung von Assessoren 8000 M.; Gendarmerie 24 600 M.; Gefängnisanstalten 19 400 M.; Medizinalwesen und Sanitätspolizei 19 000 M.; Geistliche und Unterrichtsanstalten 227 600 M.; Bausachen 125 600 M.; Kassen-

verwaltung 33 900 M.; Katasterverwaltung 20 600 M.; Pensionen 97 000 M.; Landarmenverband 3500 M.; Dispositionsfonds 9000 M.; sonstige Ausgaben 25 800 M.

XXIV. Fürstentum Lippe.

1. Vermögen und Schulden. Durch G. v. 24. Juni 1868 wurde in Lippe das Domanium vollständig vom Staatshaushalt getrennt und als ein unteilbares und in seinen wesentlichen Bestandteilen unveräußerliches Fideikommißgut des Fürstlichen Hauses anerkannt; das letztere entsagte dagegen jedem Recht auf Zivilliste, Apanage usw.; dem Staat blieben jedoch gewisse finanzielle Ansprüche vorbehalten. Nach der weiteren Regelung des G. v. 12. Juli 1912 werden aus den Domanialeinkünften der Landkasse (Staatskasse) jährlich 140 000 M. überwiesen, der Fürst bezieht für Hofhaltung usw. 500 000 M.; der Mehrertrag fällt dem Fürsten und dem Lande zu gleichen Teilen zu. Die Verwaltung liegt ausschließlich in der Hand des Fürsten. Das Domanium kommt also als Staatsgut nicht in Betracht.

Nach Aufhebung des Jesuitenklosters Falkenhagen ist die Meierei und die Oberförsterei Falkenhagen zum Staatsvermögen gezogen, das auf diese Weise, obwohl nur beschränkt, mit gewinnbringendem Grundbesitz ausgestattet ist. Derselbe umfaßt 250 ha Domänen (Feldgüter), welche durch Verpachtung in geschlossenem Haushalt genutzt werden, und 1361 ha Forsten. Letztere enthalten (1911) 1253 ha Holzboden und 108 ha Nichtholzboden; die gesamte anfallende Holzmasse betrug 5419 Festmeter, darunter 1608 Festmeter Bau- und Nutzholz und 3731 Festmeter Brennholz; der Durchschnittsertrag stellt sich auf 4,32 Festmeter für das Hektar der Holzbodenfläche; die Verwaltung führt mit der der Kronforsten die Forstabteilung der Rentkammer (rein fürstlich).

Zwei schon seit älterer Zeit bestehende Kreditanstalten, die Landessparkasse und die Leihekasse, wurden durch G. v. 2. Oktober 1908 unter Erweiterung des Geschäftskreises auf bankmäßigen Betrieb zu einer Landeskreditanstalt vereinigt. Die Anstalt sollte zwar in erster Linie der Förderung des Kredits im Lande dienen, stellte sich daneben jedoch schon als staatliche Erwerbsanstalt dar, deren Überschüsse der Staatskasse zuflossen; durch neue gesetzliche Regelung ist sie Ausgang 1915 ausdrücklich in eine Landesbank des Fürstentums Lippe (staatliche Kreditanstalt) umgewandelt worden. Die Reichsfinanzstatistik bringt die bezüglichen Einnahmen unter den sonstigen Einnahmen aus der Staatsverwaltung, ebenso wie auch die Vereinnahmungen aus dem Domanium. Zum Erwerbsvermögen ist außerdem der Anteil an der Königlich Preußischen Klassenlotterie nach dem Staatsvertrage vom 17. Juni 1905 zu zählen.

Das Staats- und Kapitalvermögen umfaßt als festes Staatskassenvermögen 2 500 400 M., daneben als Barbestände der einzelnen Staatskassen 904 100 M. Die Reichsfinanzstatistik gibt außerdem das Vermögen der Pensionskasse für die Witwen und Waisen der Staatsbeamten mit 495 500 M. an, das jedoch Eigentum der Gesamtheit der Mitglieder ist. Die fundierte Staatsschuld beträgt 970 600 M.; eine schwebende Schuld besteht nicht.

2. Einnahmen. Als Erwerbseinkünfte sind eingestellt aus den Domänen (Feldgütern) 10 100 M. (Roheinkommen 11 300 M.), aus den Forsten 28 600 M. (Roheinkommen 49 600 M.) und aus der Preußischen Klassenlotterie 58 000 M., insgesamt mithin 96 700 M. An sich würden hierzu die Überweisungen aus den Domanialeinkünften und die Überschüsse der Landeskreditanstalt treten.

Als Leistung von Staat zu Staat erscheinen nur die Überweisungen aus der Reichskasse (Branntweinsteuer) mit 473 100 M. Vergütungen aus der Reichskasse für die Zoll- und Reichssteuerverwaltung kommen nicht in Betracht, da letztere Verwaltung von Preußen besorgt wird. Hinzuzurechnen wäre die jährliche Geldrente von 27 360 M., welche Preußen für die Abtretung der mitlandesherrlichen Rechte an Lippstadt zahlte.

Die Einnahme an Gebühren macht insgesamt 641 800 M. aus. Auf die Gerichtsgebühren einschließlich der gerichtlichen Strafen kommt davon der weitaus größte Teil mit 552 900 M.; die erforderliche landesgesetzliche Regelung gibt die Gebührenordnung vom 16. Mai 1908. Die Verwaltungsgebühren bringen, ausschließlich der Strafgelder, die in die Kommunalkassen fließen, eine Einnahme von 86 800 M.; sie sind durch das G. v. 6. Januar 1903 geordnet und werden bei den verschiedenen Verwaltungsbehörden teils als Gebühren teils als Auslagen nach einem besonderen eingehenderen Tarif erhoben, dessen Einzelvorschriften zum guten Teil den Stempelvorschriften in anderen Staaten gleichen. Die dritte Abteilung der Gebühren, in welcher hier lediglich Chausseegeld und Abgabe für Benutzung einer Tabakniederlage fällt, weist eine Einnahme von 2100 M. auf.

Die direkte Besteuerung des Fürstentums hat neben der allgemeinen Einkommensteuer die früheren Ertragssteuern, Grundsteuer, Gebäudesteuer und Gewerbesteuer, bestehen lassen. Mit dem 1. April 1913 ist eine Ergänzungssteuer eingeführt; gleichzeitig ist die Hebung der Ertragssteuern allgemein bzw. soweit sie neben der Ergänzungssteuer in Frage kommt, auf ein Viertel des ursprünglichen Betrages beschränkt.

Die allgemeine Einkommensteuer ist durch G. v. 12. Juni 1912 neu geregelt. Die subjektive und die objektive Steuerpflicht ist die gleiche wie in Preußen, nur sind von den juristischen Personen auch die Spar- und Darlehnskassen der Gemeinden sowie die

Stiftungen für steuerpflichtig erklärt. Die untere Besteuerungsgrenze ist auf 500 M. festgelegt. Die Steuer beträgt in einfacher Hebung von 500—600 M. Einkommen 0,25 M., von 600—700 M. Einkommen 0,50 M. und steigt bei höherem Einkommen von 700 bis 3100 M. in Stufen von 100 M. um je 0,25 M., von 3100—6900 M. in Stufen von 200 M. um je 0,50 M. und über 6900 M. in Stufen von 300 M. um je 1 M. Der durch die Einkommensteuer aufzubringende Betrag wird bei Beratung des Voranschlags im Landtag vereinbart. Aus der Einkommensteuer werden 975 000 M. vereinnahmt.

Die Ergänzungssteuer wird nach dem G. v. 12. Juni 1912 erhoben vom gesamten beweglichen und unbeweglichen Vermögen natürlicher Personen nach Abzug der Schulden. Art und Umfang des steuerbaren Vermögens sind durch nähere, den Bestimmungen des preußischen Ergänzungssteuerg. entsprechende Vorschriften geregelt. Die untere Steuergrenze ist auf 3000 M., in einigen Fällen mit Rücksicht auf das Einkommen und andere Verhältnisse der Steuerpflichtigen auf 5000 M. festgelegt. Der Steuersatz beträgt 0,6 vom Tausend der unteren Grenze der Steuerklassen, die von 3—10 000 Mark um je 1000 M., von 10—80 000 Mark um je 2000 M. und von 80 000 Mark ab um je 5000 M. steigen. Der Ertrag der Ergänzungssteuer ist auf 300 000 M. veranschlagt.

Der Grundsteuer unterliegen nach dem G. v. 12. September 1877 alle Grundstücke mit Ausnahme der Gebäude und der dazu gehörigen Hofräume. Die Erhebung erfolgt von dem auf Grund einer Abmessung, Bonitierung und Katastrierung ermittelten Reinertrage nach einem gleichen, in 12 Einheiten zu veranlagenden Prozentsatze dieses Reinertrages. Der Betrag des Prozentsatzes wird von der Regierung im Verordnungswege festgestellt. Die Grundsteuer bringt eine Einnahme von 117 000 M.

Die Gebäudesteuer gründet sich auf das G. v. 28. Februar 1878 und trifft alle Gebäude und die dazu gehörigen Hofräume nach Maßgabe ihres jährlichen Nutzungswertes, der in bestimmt vorgeschriebener Weise zu ermitteln ist. Die Steuer beträgt für Gebäude, welche vorzugsweise zum Bewohnen dienen, sowie für Schauspiel-, Gesellschaftshäuser und ähnliche Gebäude 4%, für Gebäude, welche ausschließlich oder vorzugsweise zum Gewerbebetriebe dienen, 2%. Der Ertrag aus der Gebäudesteuer bemißt sich auf 92 600 M.

Nach dem G. v. 19. Februar 1878 sind gewerbesteuerpflichtig: 1. der Handel; 2. das Verfertigen von Waren für den Verkauf, wozu auch der Betrieb des Bäcker-, Schlächter- und Brauereigewerbes gehört; 3. der Betrieb von Mühlenwerken; 4. die Gast-, Speise- und Schankwirtschaften; 5. der Betrieb von Handwerken; 6. das Gewerbe der Schiffer, der Fracht- und Lohnfuhrleute und der Pferdeverleiher; 7. diejenigen Gewerbe, welche im Umherziehen betrieben werden. Befreit sind die Brennereien sowie der Betrieb von

Bergwerken, sofern nicht eine Verarbeitung der Bergwerksprodukte stattfindet. Für jede der genannten Gewerbearten sind die Besteuerungs- und Veranlagungsgrundsätze besonders festgelegt. Die Gewerbesteuer von den stehenden Gewerben (1—6) ist mit 45 000 M., die von den im Umherziehen betriebenen Gewerben (7) mit 20 000 M. veranschlagt.

Eine Bergwerkssteuer wird nach dem Bergg. v. 30. September 1857 für jedes Bergwerkseigentum von der Ertragsmenge des verliehenen Fossils in der Höhe von 5% des entsprechend festgestellten Durchschnittpreises gehoben; sie kann bei erheblicher Förderung verhältnismäßig erhöht werden. Außerdem ist von den im Betrieb befindlichen Gruben eine Aufsichtssteuer zu 1% des Bruttoertrages jährlich zu entrichten. Die Bergwerkssteuer ist insgesamt mit 6300 M. eingestellt.

Endlich gibt die Reichsfinanzstatistik unter der Spalte andere persönliche Steuern den Betrag von 114 000 M. an. Es handelt sich teils um das Schulgeld für die Volksschulen, welches nach dem G. v. 20. Juni 1900 unter Zugrundelegung der Einschätzung zur Einkommensteuer jährlich veranlagt wird und so die Eigenart einer Schulsteuer erhält, teils um eine Synodalsteuer auf Grund der in den G. v. 12. September 1877 und 19. Oktober 1882 gegebenen Synodalverfassung.

Eigene indirekte Steuern kannte das Fürstentum bislang nicht; es wurden nur die Anteile an den Reichssteuern vereinnahmt, so der an der Wertzuwachssteuer für Grundstücke mit 22 000 M. und der an der Erbschafts- und Schenkungssteuer mit 15000 M. Nachdem die Wertzuwachssteuer als Reichssteuer in Wegfall gekommen war, ist für das Fürstentum ein staatliches Zuwachssteuerg. unter dem 14. Dezember 1914 erlassen. Die Regelung schließt sich im großen und ganzen, vielfach voll dem Wortlaut nach, an das RG. v. 14. Februar 1911 an. Die Steuersätze sind jedoch abweichend bestimmt. Sie beginnen mit 5% des Zuwachses, wenn dieser sich bis zu 10% beläuft und steigen stets um 1% für näher bestimmte Stufen bis sie die Höhe von 25% des Zuwachses erreichen, wenn dieser sich auf 260% und darüber beläuft. Von dem Ertrage erhält der Staat 50% und als Entschädigung für die ihm obliegende Verwaltung und Erhebung weitere 10%; 40% fließen den Gemeinden zu. Das Gesetz findet auf alle nach dem 31. März 1914 eingetretenen Fälle Anwendung; für die Vorzeit ist Übergangsvorschrift getroffen.

Die sonstigen Einnahmen aus der Staatsverwaltung, unter denen insbesondere, wie schon bemerkt, die Überweisungen aus den Domanialeinkünften und die Überschüsse der Landeskreditanstalt erscheinen, beziffern sich auf 1 668 900 M., die Überschüsse und Bestände aus früheren Jahren auf 827 600 M.

3. Ausgaben. Der Staatsbedarf, zu insgesamt 4 335 300 M. setzt sich in folgender Weise zusammen: I. Ausgaben auf die Erwerbseinkünfte 27 200 M., darunter: Domänen 1200 M.; Forsten 21 000 M.; sonstige Betriebe 5000 M. II. Bedarf für die Staatsschuld 55 000 M., darunter: Verzinsung 37 900 M.; Tilgung 17 100 M. III. Bedarf für die Staatsverwaltung 3 668 800 M. IV. Leistungen an das Reich 584 300 M. (lediglich Matrikularbeiträge). Der Bedarf für die Staatsverwaltung umfaßt im einzelnen: Finanzverwaltung 232 800 M.; Verwaltung für Landwirtschaft, Handel, Gewerbe und öffentliche Arbeiten 296 000 M.; Landesverwaltung 411 700 M.; Justizverwaltung 502 100 M.; Verwaltung des Innern 655 000 M.; Verwaltung der geistlichen, Unterrichts- und Medizinalangelegenheiten 1 569 200 M.; Militärverwaltung 2000 M.

XXV. Hansestädte insgesamt.

Die Eigenart, durch welche sich die Hansestädte von den bisher behandelten Bundesstaaten nicht etwa nur in der Verfassungsausgestaltung, sondern ebenso in ihrem ganzen Gebiets- und Staatsaufbau — dem ausgesprochensten Vortreten einer einzigen großen Stadt mit nur ganz untergeordnetem ländlichen Anhang gegenüber der mehr oder weniger voll ausgeglichenen Zusammenfassung von Stadt und Land in einem geschlossenen Staatsgebilde — abscheiden, hat für die Finanzwirtschaft der Hansestädte besondere Verhältnisse gezeitigt, welche eine uneingeschränkte Vergleichbarkeit mit den übrigen Bundesstaaten ohne weiteres ausschließen. Einerseits auf Grund der historischen Entwicklung, andererseits und namentlich schon nach der Natur der Sache, dem fast vollständigen Aufgehen des Gesamtstaates in der einen Stadt, hat sich die staatliche und die städtische Finanzwirtschaft in vielen und gerade wesentlichen Beziehungen äußerlich wie innerlich zu einer Wirtschaftsführung zusammengezogen, aus welcher sich der staatliche Anteil keineswegs rein abscheiden läßt. Dabei ist die Durchbildung dieses Sonderverhältnisses innerhalb der einzelnen Hansestädte durchaus keine gleichmäßige, so daß auch zwischen diesen selbst die Vergleichbarkeit eingeengt und nicht unmittelbar gegeben ist.

Der Reichsfinanzstatistik war es bei dieser Sachlage unmöglich, in ihren Daten lediglich die staatliche Finanzgebarung zu berücksichtigen. Sie hat solches daher von vornherein aufgegeben. Man hat vielmehr in der Hauptsache die Finanzwirtschaft von Staat und Stadt zusammengefaßt und aus dem Gesamtstoff nur einiges gänzlich ausgeschieden, was sich ohne weiteres, namentlich auch äußerlich, als rein städtisch abhob. Im übrigen ist die gegebene finanzielle Zusammenfassung von Staat und Stadt unverkürzt bestehen geblieben, wie sich solches zum Teil in den Daten unmittelbar erkenntlich macht. Dem müssen wir uns anschließen, schon um die allein vorhandenen gleichmäßigen Zahlenunterlagen der Reichsfinanzstatistik entsprechend benutzen zu können.

Diese Eigenheit der darzulegenden Finanzwirtschaft in ihrer Vermischung von staatlichen und städtischen Interessen darf nicht aus dem Auge gelassen werden, insbesondere wenn man bei den Einzelheiten Vergleiche mit anderen Bundesstaaten ziehen will. Verschärft wird der bestehende Gegensatz, der sich auf jene Eigenheit gründet, noch dadurch, daß die Hansestädte in ausgesprochenster Weise Handels- und Hafenplätze sind, die als solche umfassendere Sonderanlagen von hoher finanzieller Bedeutung notwendig machen, bei denen aber Staats- und Stadtinteresse wesentlich zusammenfällt und sich nicht trennen läßt.

Eine sofort ins Auge fallende Wirkung äußert solches bei dem Erwerbsvermögen (im weiteren Sinne) und den Erwerbseinkünften, besonders in der Abteilung der sonstigen Betriebe, sowie bei den Schulden. Wenn letztere zu einer sehr beträchtlichen Höhe angewachsen sind, so steht ihnen der Wert aller der allein durch sie ermöglichten Anlagen gegenüber, jener Handels-, Hafen- und Schiffahrtseinrichtungen, die für das Emporkommen und Gedeihen von Staat wie Stadt die unabweisbare Vorbedingung waren, die sich andererseits aber auch wieder ausgiebig bezahlt machen, teils durch die unbedingt aus ihnen entspringende wesentliche Kräftigung und Verstärkung der Steuerkraft, teils durch nicht unerhebliche Einkünfte, welche durch die Benutzung jener Anlagen dem Staate bzw. der Stadt zufließen. Vorzugsweise in diesen Beziehungen wird man bei einem zahlenmäßigen Vergleich mit anderen Bundesstaaten Vorsicht üben müssen, insbesondere wenn es sich um Zusammenstellungen von Verhältniszahlen, Berechnungen auf den Kopf der Bevölkerung u. dgl. handelt.

XXVI. Freie und Hansestadt Lübeck.

1. Vermögen und Schulden. Ähnlich dem Domanium in den monarchischen Bundesstaaten hat Lübeck einen verhältnismäßig nicht unbedeutenden land- und forstwirtschaftlich nutzbaren Grundbesitz, so Feldgüter zu 5476 ha, die in der Hauptsache durch Verpachtung in geschlossenem Haushalt genutzt werden, und Forsten zu 3739 ha (1911). Letztere umfassen 3490 ha Holzboden und 249 ha Nichtholzboden mit einer gesamten anfallenden Holzmasse von 15 242 Festmeter — 5868 Festmeter Bau- und Nutzholz, 9374 Festmeter Brennholz — und einem Durchschnittsertrag von 4,37 Festmeter für das Hektar der Holzbodenfläche. Dazu treten in größerem Umfange gutsherrliche Rechte an dem ländlichen Grundbesitz hinzu, der ausgedehnt nicht im freien Eigentum steht, sondern auf Erbpacht oder Meierrecht beruht; die bezüglichen Einnahmen erscheinen in der Reichsfinanzstatistik unter den sonstigen Einnahmen aus der Staatsverwaltung.

Wesentlich auf der Verbindung von Staat und Stadt beruht der Besitz zahlreicher städtischer Grundstücke, die durchweg je einem besonderen Zweck bestimmt sind oder bestimmt waren und durch entsprechende Vermietung genutzt werden. Daran reihen sich die ausgedehnten Bodenflächen, welche den Hafen- und Schiffahrtsanlagen einschließlich der Fähren dienen, die durch die Gebühreneinnahmen sich nutzbringend erweisen. Im weiteren gehören dazu die allgemeinen und besonderen Lagerplätze, wie der Teerhof und andere, auch das Wollmagazin und ähnliche Stätten. Einen eigenartigen Besitz bildet das Seebad Travemünde.

Mehr oder weniger ausschließlich das städtische Interesse berührt eine Anzahl von Anstalten und Betrieben, welche die Reichsfinanzstatistik in der Hauptsache mit den vorerwähnten als sonstige Betriebe in eins zusammenfaßt, so Wasserwerke, Gaswerke, Elektrizitätswerke, Theater, Stadtbadeanstalten, Schlachthof, Viehmarkthalle, Quarantäneanstalt, Schweinemastanstalt, Magerviehhof, Markthalle, Straßenbahn (1914 Betriebslänge 37,30 km, geleistete Wagenkilometer 2 631 295). Es sind dieses in ihrer Mehrheit weitgreifende und großartige Anlagen, die nach Lage der Sache, insbesondere durch ihr Zusammentreffen in größerer Zahl, einen finanziellen Aufwand von außerordentlicher Höhe verursachen und dadurch die Schuldenlast — denn ohne wesentliche Inanspruchnahme des Staatskredits war jener Aufwand nicht zu bestreiten — in entsprechendem Maße zu bedeutendem Hochstand emporbringen mußten. Andererseits stellen diese Anlagen aber wiederum Werte dar, die den Schuldenaufschwung voll ausgleichen dürften, und haben in ihrer Gesamtheit neben ideellem nicht zu unterschätzenden praktischen Nutzen. Hauptsächlich auf der Zahl und der Bedeutung dieser Anlagen beruht die Abweichung von der staatlichen Finanzwirtschaft der anderen Bundesstaaten. Schließlich ist als lediglich im Staat begründeter Besitz der Anteil an der Königlich Preußischen Klassenlotterie zu nennen, der durch Staatsvertrag vom 7. Dezember 1904 gesichert ist.

Das in Wertpapieren, Geldforderungen usw. bestehende Kapitalvermögen von Lübeck beläuft sich auf 24 774 100 M., die Betriebsfonds der Staatskasse und der einzelnen staatlichen bzw. städtischen Betriebe und Verwaltungen auf 1 468 900 M. Außerdem ist ein Pensionsfonds von 120 000 M. vorhanden.

Die fundierte Staatsschuld, welche einerseits für die größeren Handels- und Verkehrsanlagen, Strom- und Hafenbauten insonderheit den Bau des Elbe-Trave-Kanals (Staatsvertrag mit Preußen vom 4. Juli 1893), andererseits zur Herstellung und Erweiterung der Erwerbs-Betriebsanstalten aufgenommen wurden, beträgt insgesamt 72 020 200 M. Die Tilgungssummen werden regelmäßig durch den Etat ausgewiesen. Durch G. v. 24. November 1909 ist ein Staatsschuldbuch eingeführt, das der allgemeinen neueren Regelung entspricht. Neben der fundierten Schuld läuft eine schwebende Schuld von 2 886 100 M. Sowohl die Vermögensverwaltung wie die Schuldenverwaltung leitet das Finanzdepartement, welches aus vier Senatoren und zehn bürgerlichen Deputierten zusammengesetzt ist.

2. Einnahmen. Die Erwerbseinkünfte der Hansestadt-Lübeck ergeben eine Gesamteinnahme von 2 757 000 M. (Roheinkommen 6 481 200 M.), darunter: Domänen (Feldgüter) 313 900 M. (Roheinkommen 360 600 M.); Forsten 59 600 M. (Roheinkommen 183 400 M.); sonstige Betriebe 2 383 500 M. (Roheinkommen

5 937 200 M., und zwar vermietete und verpachtete Grundstücke 259 800 M.; Teerhof und sonstige Lagerplätze 232 700 M.; Badewesen 104 900 M.; Arbeitsbetriebe in Anstalten 93 900 M.; Bauverwaltung aus verschiedenen Nutzungen 46 600 M.; Theater 12 000 M.; Gaswerke 186 400 M.; Elektrizitätswerke 855 700 M.; Wasserwerke 541 800 M.; Schlachthof, Viehmarkthalle, Quarantäneanstalt, Schweinemastanstalt, Magerviehhof 496 800 M.; Markthalle 37 700 M.; Straßenbahn 1 148 000 M.; Lotterie 200 000 M.).

Die Leistungen von Staat zu Staat bestehen in den Überweisungen aus der Reichskasse (Branntweinsteuer) mit 365 400 M. und den Vergütungen aus der Reichskasse für die Zoll- und Reichssteuerverwaltung mit 729 400 M.

Unter den Gebühren schieben sich den obwaltenden besonderen Umständen entsprechend Hafen-, Schiffahrtsgebühren und dergleichen mit 701 900 M. weitaus an die erste Stelle. Die Schiffahrtsabgaben, welche sich aus Hafengeld, Lotsengeld, Krangeld und Brückengeld — die ersten beiden sind finanziell ausschlaggebend — zusammensetzen, werden nach dem G. v. 21. Juli 1906 gehoben, die Schiffahrts- und Flößereiabgaben im Elbe-Trave-Kanal nach dem Tarif vom 18. Juni 1903. Dazu treten noch Gleisgebühren für die Benutzung der Seehafen- und Kanalhafengleise, sowie die Abgaben für Winterlager der Seeschiffe im Hafen von Lübeck (Hafen- und Revierordnung vom 17. August 1904 mit vier Nachträgen). Die Gerichtsgebühren, welche landesrechtlich soweit erforderlich durch G. v. 12. November 1900 geordnet sind, erbringen die Summe von 351 100 M. einschließlich der gerichtlichen Strafen. Die Verwaltungsgebühren stehen mit 311 200 M. einschließlich der Strafgelder nicht weit dahinter zurück. Sie sind namentlich bei der Senatskanzlei (Bescheide in Privatsachen, Dispense, Verleihung von Privilegien), bei dem Katasteramt, bei dem Polizeiamt (Paßkonzessionen für Lotterie-Kollekteure, für Schauspielunternehmungen, für Gast- und Schankwirte) und bei der Steuerbehörde zu entrichten.

Die direkten Steuern Lübecks scheiden sich, allerdings in der Hauptsache mehr äußerlich, dadurch, daß ein Teil, nämlich die allgemeine Einkommensteuer, die Gewerbesteuer und die Eisenbahnsteuer zu der Staatskasse, ein Teil, die Grund- und Gebäudesteuer für die Stadt Lübeck und deren Vorstädte, zu der Kasse der Verwaltungsbehörde für die städtischen Gemeindeanstalten, also an und für sich teils staatlich teils städtisch, erhoben wird. Nach Maßgabe unserer obigen Ausführungen sind beide Teile zu berücksichtigen.

Die allgemeine Einkommensteuer beruht auf dem G. v. 27. Mai 1889, das aber in 6 Nachträgen in seinen Einzelbestimmungen weiter ausgestaltet und namentlich in den Steuersätzen verschärft ist. Subjektive und objektive Steuerpflicht sind in der Hauptsache übereinstimmend mit der sonstigen deutschen Gesetzgebung geregelt; die juristischen Personen sind allgemein steuerpflichtig, desgleichen ungeteilte Erbschaftsmassen. Die Steuer beginnt bei einem Einkommen von über 600 M., und zwar mit einem Steuersatz von $^2/_3$%, der dann in zahlreichen Stufen gestaffelt bei einem Einkommen von 40 000 M. und darüber bleibend die Höhe von 8% erreicht. Bei Einkommen von über 1200 M. werden 18% als Zuschlag erhoben. Die Einnahme aus der Einkommensteuer beziffert sich auf 4 017 600 M.

Die *Grund- und Gebäudesteuer*, welche nur für die Stadt Lübeck und deren Vorstädte gilt, wird nach dem G. v. 24. November 1890 mit Nachträgen vom 17. Juni 1895 und 19. März 1900 von den Gebäuden nebst den dazu gehörigen Höfen und Hausgärten und den sonstigen ertragsfähigen Liegenschaften auf Grund des nach dem G. v. 8. November 1886 zu ermittelnden Nutzungswertes nach Einheitssätzen erhoben, welche für die Stadt Lübeck und die engeren und äußeren Vorstadtkreise derselben verschiedene Höhe zeigen. Die Einnahme aus der Grund- und Gebäudesteuer erzielt 995 900 M.

Von den *stehenden Gewerben* wird nach dem G. v. 3. Oktober 1906 der *Betrieb der Gast- und Schankwirtschaft sowie des Kleinhandels mit Branntwein oder Spiritus* in 4 Klassen mit Steuersätzen zu 30, 60, 100 und 300 M. besteuert. Daneben wird eine *Gewerbesteuer für die Lotteriekollekteure* (100 M. jährlich) und eine *Rekognitionsabgabe für Apotheken* (1250 M. jährlich und daneben je nach den Umständen verschieden zu bemessende Rente) erhoben. Die Einnahme aus der Gewerbesteuer ist mit 407 300 M. eingestellt. Die *Wandergewerbesteuer* regelt das G. v. 20. Januar 1873 mit Nachtrag vom 11. April 1906, bzw. das G. v. 17. Dezember 1877 (Wanderlager). Sie bezieht sich einerseits auf die Gewerbetreibenden, welche nach den §§ 44, 55 und 59 der Reichsgewerbeordnung eines Wandergewerbescheines bedürfen, und beträgt für das Kalenderjahr 3—10 M., bemessen nach Art und Umfang des Gewerbebetriebes. Andererseits wird der Wanderlagerbetrieb mit einer je nach dem Ort des Betriebes mit 20, 30 oder 40 M. für die Woche zu bemessenden Steuer betroffen. Die Wandergewerbesteuer bringt eine Einnahme von 7600 M.

Eine *Eisenbahnsteuer* haben nach dem G. v. 2. November 1885 alle innerhalb des Lübeckschen Staatsgebiets für den öffentlichen Verkehr benutzten Eisenbahnen von dem in jedem einzelnen Betriebsjahr aufkommenden Reinertrage zu entrichten, und zwar von dem Reinertrage bis 4% des Anlagekapitals $^1/_{40}$, von dem Mehrertrage von 4% bis 5% $^1/_{20}$, von dem Mehrertrage von 5% bis 6%

$^1/_{10}$ und von dem Mehrertrage über 6% $^2/_{10}$ des bezüglichen Ertragsanteils. Die Einnahme aus der Eisenbahnsteuer beläuft sich auf 60 000 M.

Die indirekte Besteuerung begreift zunächst Aufwandsteuern, die sich jedoch durchweg als städtische, zumal nach obiger Scheidung, darstellen. Es ist die Biersteuer nach V. v. 8. August 1868 und B. v. 5. Dezember 1875 in dem Zuschlag zur Reichsbraumalzsteuer (1 M. für den Zentner Malz) und der Abgabe von zollvereinsländischem Bier (1 M. für das Hektoliter); sie erzielt einen Ertrag von 54 000 M. Eine zweite Aufwandsteuer ist die Hundesteuer, welche auf das G. v. 17. Dezember 1883 mit Ergänzungen vom 19. Februar 1896, vom 25. Mai 1903 und vom 23. Mai 1906 sich gründet und die Hunde in Lübeck und den Vorstädten mit 15 M., im übrigen Gebiet mit 6 M. für das Jahr trifft. Die Einnahme aus der Hundesteuer ist mit 35 400 M. eingestellt. Zuletzt kommt nach dem G. v. 19. Februar 1896 mit Nachtrag vom 25. Juli 1900 die Abgabe von Lustbarkeiten hinzu, die sich vierfach in Abgabe von Tanzbelustigungen (3—100 M.), von Theatervorstellungen usw., von Ausspielen u. dgl. (3—30 M.) und von Kunstreitervorstellungen usw. (1—150 M.) gliedert und eine Einnahme von 89 000 M. aufbringt.

Eine vortretendere Bedeutung haben die Verkehrssteuern, die rein staatlich sind. Nach dem G. v. 5. Juni 1901 mit Nachtrag vom 26. Mai 1902 wird für jede Veräußerung von Grundstücken oder Gebäuden unter Lebenden eine Veräußerungsabgabe erhoben, die 2% vom Wert des veräußerten Gegenstandes — beim Grundstückstausch vom Wert beider Grundstücke — beträgt. Die bezügliche Einnahme beläuft sich auf 320 000 M. Eine Wertzuwachssteuer bestand schon vor Erlaß des bezüglichen RG. in Lübeck nach dem G. v. 24. Februar 1909, das sich enger an die örtlichen Verhältnisse anschloß und in den Einzelheiten von der Reichsgesetzgebung mehrfach abwich. Nach Fortfall der Wertzuwachssteuer als Reichssteuer soll nunmehr die Geltung des LG. v. 24. Februar 1909 über den 31. März 1915 hinaus erstreckt und die Zuwachssteuer lediglich danach weiter gehoben werden. Die Steuer soll bei einem Wertzuwachs bis zu 10000 M. 3%, von 10—20 Tausend Mark $3^1/_2$%, von 20—30 Tausend Mark 4%, von 30—40 Tausend Mark $4^1/_2$% und von mehr als 40 Tausend Mark 5% betragen. Bis Ende 1914 war jedoch ein bezüglicher Gesetzesnachtrag nicht zum Abschluß gelangt. Nach dem Voranschlag 1913 beziffert sich die Einnahme aus der Wertzuwachssteuer auf 120000 M. Die Stempelsteuer regelt die Stempelordnung vom 22. Dezember 1900 mit 7 Nachträgen, deren letzter vom 8. Oktober 1913 die durch das Reichsstempelg. v. 3. Juli 1913 unwirksam gewordenen landesgesetzlichen Bestimmungen formell aufhebt. Es handelt sich dabei um einen Urkundenstempel in dem meist üblichen Umfang. Die Einnahme aus der Stempelsteuer ist auf 199 500 M. angegeben.

Die Besteuerung der Erbschaften und Schenkungen endlich beschränkt sich in Lübeck nicht nur auf den Anteil an der betreffenden Reichssteuer, sondern ist durch das G. v. 14. November 1906 mit Nachtrag vom 22. Januar 1908 in doppelter Beziehung erweitert. Einmal wird die frühere Steuer vom Erwerb der Abkömmlinge und der Ehegatten in unbeerbter Ehe (2%, Enkel 4% mit gestaffelten Zuschlägen bis auf das Doppelte), beibehalten und außerdem ein Zuschlag zur Reichssteuer, der sich von 25 bis zu 100% der letzteren abstuft, erhoben. Die Gesamteinnahme aus Erbschafts- und Schenkungssteuer stellt sich auf 260 000 M.

Die sonstigen Einnahmen aus der Staatsverwaltung sind mit 2 831 600 M. eingestellt. Unter ihnen ragen die Zinsen, Dividenden, Grundsteuern und Renten, sowie die Einnahmen aus dem Schul- und Bauwesen besonders hervor; daneben erscheinen Beträge aus dem Feuerlöschwesen, dem Friedhofs- und Begräbniswesen, dem Krankenhaus, der Irrenanstalt, dem Armenwesen und verschiedene Einnahmen. Überschüsse und Bestände aus früheren Jahren sind zur Höhe von 100 000 M. veranschlagt.

3. Ausgaben. Der Staatsbedarf von Lübeck zu insgesamt 18 438 100 M. gliedert sich in folgender Weise: I. Ausgaben auf die Erwerbseinkünfte 3 724 200 M., darunter: Domänen (Feldgüter) 46 700 M.; Forsten 123 800 M.; sonstige Betriebe 3 553 700 M. (vermietete und verpachtete Grundstücke 33 600 M.; Teerhof und sonstige Lagerplätze 39 600 M.; Badewesen 153 300 M.; Arbeitsbetriebe in Anstalten 49 000 M.; Theater 99 900 M.; Gaswerke 1 242 300 M.; Elektrizitätswerke 574 800 M.; Wasserwerke 233 600 M.; Schlachthof usw. 225 600 M.; Markthalle 17 200 M.; Straßenbahn 884 800 M.). II. Bedarf für die Staatsschuld 3 438 600 M., darunter: Verzinsung 2 748 800 M.; Tilgung 685 300 M.; Verwaltungsaufwand 4500 M. III. Bedarf für die Staatsverwaltung 10 801 200 M. IV. Leistungen an das Reich 474 100 M. (lediglich Matrikularbeiträge). Der Bedarf für die Staatsverwaltung enthält folgende Einzelbeträge: Senat und Bürgerschaft 392 500 M.; Reichs- und auswärtige Angelegenheiten 17 600 M.; Gerichte 531 300 M.; Polizei- und Gefängniswesen 1 091 100 M.; Verwaltung 523 300 M.; Feuerlöschwesen 202 600 M.; Friedhofs- und Begräbniswesen 149 100 M.; öffentliche Bauten, Lotsenwesen, Kanalverwaltung 2 384 600 M.; Kirchen 16 900 M.; Schulen 2 634 400 M.; Krankenhaus 442 900 M.; Heilanstalt Strecknitz 313 500 M.; Armenwesen 469 500 M.; Ruhegehalte, Witwen- und Waisengelder 354 900 M.; verschiedene Zahlungen 128 600 M.; nachträgliche Bewilligungen 250 000 M.; Volksschulbauten 168 200 M.; Zollverwaltung 747 000 M.

XXVII. Freie Hansestadt Bremen.

1. Vermögen und Schulden. Im Gegensatz zu Lübeck hat Bremen keinerlei land- oder forstwirtschaftlich zu nutzenden Grundbesitz (Feldgüter, Forsten). Dahingegen besitzt es ebenso wie Lübeck eine Reihe städtischer Grundstücke und Gebäude, die bestimmten Zwecken dienen und danach durch Verpachtung oder in anderer Weise genutzt werden, wozu dann gewisse althergebrachte Berechtigungen verschiedener Art treten, die gleicherweise für Staat bzw. Stadt Einnahmen erbringen. Den vorbezeichneten Besitz wird man an und für sich dem Erwerbsvermögen zurechnen können, in der Reichsfinanzstatistik erscheinen die Einnahmen aus demselben jedoch unter den sonstigen Einnahmen aus der Staatsverwaltung.

Den wichtigsten Besitz Bremens bilden die umfassenden See- und Weserschiffahrtsanlagen und die ausgedehnten Hafenbauten mit allem, was damit in engerem oder weiterem Zusammenhange steht, wie namentlich die langen Hafenbahnstrecken. Diese großartigen und höchst kostspieligen Anlagen haben hauptsächlich die Schuldenlast Bremens zu ihrer derzeitigen beträchtlichen Höhe anwachsen lassen; sie bilden andererseits für Staat und Stadt ein unumgängliches Lebensbedürfnis, das die Anleihebelastung voll rechtfertigt; außerdem werfen sie absolut recht erhebliche Erträge ab, die die Reichsfinanzstatistik unter Gebühren verrechnet, nur die Eisenbahnfracht im Zollausschlußgebiet, Industriehafen, Weser- und Neustadtbahnhof erscheint als Roheinnahme unter den Erwerbseinkünften aus den Staatseisenbahnen. Bremen ist ferner Eigentümer einer Durchgangseisenbahnstrecke in der Bahnlinie Bremen—Oldenburg, soweit letztere im Stadtgebiet Bremen liegt, aber einschließlich der Weserbrücke. Die Streckenlänge beträgt jedoch nur 0,9 km bei einem Anlagekapital von 2 074 600 M.; den Betrieb leitet Oldenburg gegen eine Pacht (ca. 75 000 M.), die von der Reichsfinanzstatistik den Gebühren zugezählt wird. Abgesehen von der Beteiligung an dem Rhein-Weser-Kanal nach dem mit Preußen abgeschlossenen Staatsvertrage vom 29. März 1906 besitzt Bremen Kanäle in der Länge von 8,05 km mit einem Anlagekapital von 775 000 M.

Als Erwerbsanstalten wesentlich städtischer Eigenheit kommen der Schlachthof, der Ratskeller, das Gaswerk und das Elektrizitätswerk in Betracht, die die Reichsfinanzstatistik allein für die Erwerbseinkünfte berücksichtigt. Hinzutreten würde noch das Wasserwerk, dessen Erträgnisse unter den sonstigen Einnahmen aus der Staatsverwaltung eingestellt sind. Endlich ist hierher der Anteil an der Königlich Preußischen Klassenlotterie zu zählen, der auf dem Staatsvertrage vom 18. Mai 1906 beruht; die Einnahme aus der Lotterie wird hier abweichend unter den Gebühren verrechnet.

Kapitalvermögen bilden für Bremen lediglich gewisse Bestände aus Überschüssen früherer Jahre zu insgesamt 12057100 M., die gleicherzeit als Betriebsfonds für die Staatskasse und die einzelnen Verwaltungen dienen müssen.

Die fundierte Staatsschuld, neben welcher eine schwebende Schuld nicht besteht, beläuft sich insgesamt auf 299 766 400 M. Die Anleihen, aus denen sie nach und nach entstanden ist, sind zum weitaus überwiegenden Teil zur Kostenbestreitung von Anlagen verwendet worden, für deren Benutzung eine zur Deckung der Kosten bestimmte Gebühr erhoben wird (Gas-, Wasser-, Elektrizitätswerke, Schlachthof, Fluß- und Hafenbauten usw.). Eine Tilgung fand früher nicht statt; es wurden vielmehr statt dessen bestimmte Beträge der regelmäßigen Einnahmen zu außerordentlichen, sonst durch Anleihe zu deckenden Verwendungen zur Verfügung gestellt; seit 1905 ist eine feste Tilgung der Schulden für nicht werbende Anlagen (5% der Anlagekosten jährlich) festgelegt, die sich durch Ankauf von Schuldverschreibungen vollzieht. Die Anleihen werden durch Ausgabe von Inhaberpapieren aufgenommen. Durch G. v. 2. November 1898 mit Änderung vom 7. November 1899 ist zur Ermöglichung einer Umwandlung der Schuldverschreibungen in Buchschulden ein Staatsschuldbuch eingeführt, dessen Benutzung durch eine neue Fassung im G. v. 14. Februar 1911 erhebliche Erleichterungen erfuhr. Bezüglich der Schulden besteht keinerlei Scheidung zwischen Staat und Stadt Bremen.

Die Verwaltung der Finanzen, insbesondere auch des Schuldenwesens, liegt der Finanzdeputation ob, die sich aus 3 Senatoren und 14 Bürgerschaftsmitgliedern zusammensetzt. Daneben bzw. darunter sind für die Leitung einzelner Anlagen besondere Deputationen eingesetzt; soweit solche nicht in Frage kommen, besteht allgemein für das Staatsvermögen die Deputation zur Verwaltung der öffentlichen Grundstücke.

2. Einnahmen. Die Erwerbseinkünfte, welche ausschließlich den sonstigen Betrieben entstammen, gibt die Reichsfinanzstatistik auf 5449000 M. an. In der Roheinnahme zu insgesamt 12442200 M. ist, wie schon hervorgehoben, die Hafenbahnfracht im Zollausschlußgebiet, Industriehafen, Weser- und Neustadtbahnhof zu 998 000 M. mit enthalten; im übrigen verteilen sich die Roheinnahmen auf den Schlachthof mit 641100 M., den Ratskeller mit 440000 M., das Gaswerk mit 6 547 000 M. und das Elektrizitätswerk mit 3 816 000 M.

Die Leistungen von Staat zu Staat bilden die Überweisungen aus der Reichskasse (Branntweinsteuer) mit 938 700 M. und die Vergütungen aus der Reichskasse für die Zoll- und Reichssteuerverwaltung mit 2 277 700 M.

Unter den Gebühren heben sich nach Lage der Sache auch hier die Hafen-, Schleusen-, Kranen-, Baken-, Schiffahrtsgebühren und dergleichen weit heraus; sie erbringen eine Gesamteinnahme von 6 188 100 M. Es handelt sich dabei um eine Reihe verschiedener Gebühren, in der großen Hauptsache um solche, die den Zweck haben, eine entsprechende Deckung für die bedeutenden Kosten der See- und Weserschiffahrtsanlagen, der Häfen, Hafenbahnen u. dgl. zu schaffen. So werden für die Benutzung der Häfen (Bremen G. v. 16. Juli 1912 und Hafenordnung vom 13. Januar 1912; Bremerhaven G. z. 30. März 1884 und Hafenordnung vom 20. Dezember 1890, beide mit zahlreichen Nachträgen) im einzelnen näher bestimmte Gebühren erhoben. Von besonderer Bedeutung sind die schon als solche bezeichneten Schiffahrtsabgaben, welche nach dem G. v. 5. Dezember 1910 zur Deckung der Kosten der Weserkorrektion auf die Ladungen der aus See nach Bremischen Häfen oder von diesen nach See gehenden Schiffe mit einem Raumgehalt von mindestens 300 cbm nach eigenem Tarif mit 7 Klassen (0,40—1,80 M. für 1000 kg) gelegt sind. Zur Deckung der Kosten der Vertiefung und Unterhaltung der Außenweser dienen nach G. v. 29. März 1895 besondere Tonnen- und Bakengelder, ebenso zur Deckung der Unterhaltungskosten der Schiffahrtszeichen ein Feuer- und Bakengeld, welches von den in die Weser einlaufenden Schiffen zu entrichten ist. Für Benutzung der Hafenbahnen sind entsprechende tarifmäßige Gebühren zu zahlen. Eine besondere Deklarationsgebühr (statistische Gebühr) ist nach dem Gesetze über die Güteranmeldung für die Bremische Handelsstatistik vom 21. September 1906 zu erlegen.

Einen verhältnismäßig hohen Einnahmeertrag mit 3 292 800 M. weisen ebenmäßig die Gebühren der Verwaltungsbehörden einschließlich der Strafgelder auf. Es sind hierunter zugleich die Einnahmen einzelner Anstalten, wie der Krankenanstalt und der Friedhöfe, verrechnet, des weiteren die Schulgelder und der Anteil an der Preußischen Klassenlotterie, außerdem Gebühren der Polizeidirektion und des Generalsteueramts. Die Gerichtsgebühren einschließlich der gerichtlichen Strafen betragen 1 029 900 M.; sie umfassen die Vereinnahmungen der Gerichtskanzleien, der Staatsanwaltschaft, der Strafanstalt, des Gefangenenhauses und des Untersuchungsgefängnisses; die erforderliche landesgesetzliche Regelung gibt das G. v. 30. Dezember 1910 und die V. v. 23. Juli 1913.

Auch auf dem Gebiet der Besteuerung findet sich in dem Budget die scheidungslose Vermischung des Staatlichen und des Städtischen in weitgehender Weise. Die hauptsächlichsten direkten Steuern des Staats bilden zunächst die allgemeine Einkommensteuer und die Grund- und Gebäudesteuer.

Die Einkommensteuer gründet sich auf das G. v. 23. Februar 1910 in der Fassung vom 24. März 1912 und 16. Juli 1912. Die subjektive Steuerpflicht ist namentlich bezüglich der juristischen Personen eine weit ausgedehnte; steuerpflichtig sind auch Personen, die zu der Besatzung eines Schiffes gehören, dessen Heimatshafen im Staate Bremen liegt. Bezüglich der objektiven Steuerpflicht ist eigenartig die Unterscheidung zwischen dem sogenannten Gesamteinkommen, welches etwa in der gleichen Weise wie sonst das Einkommen nach den Einkommensteuergesetzen festgelegt wird, nur daß es zugleich den Ertrag einzelner gewinnbringender Geschäfte ohne Rücksicht auf Gewerbsmäßigkeit oder Spekulationszweck mit umfaßt, namentlich den Kapitalgewinn aus verkauften Grundstücken, Wertpapieren usw. und aus Lotterien, und dem sogenannten steuerfreien Einkommen, zu dem wiederum fest bestimmte Einnahmen besonderer Art (aus Grundbesitz oder Gewerbebetrieb in anderen deutschen Staaten, Gewinnanteile gewisser, besonders charakterisierter Erwerbsgesellschaften, Genossenschaften usw.) gehören; das steuerfreie Einkommen wird vom Gesamteinkommen abgesetzt. Die Einkommensteuer wird nach Einheitssätzen erhoben, deren Zahl jährlich durch Gesetz festgestellt wird. Der Steuerfuß ist gestaffelt; er steigt von 1 M. bei Einkommen von 900 M. (Mindestgrenze) bis 1000 M. bis auf 1,2% bei Einkommen von 200 000 M. und darüber. Der Steuersatz richtet sich nach dem Gesamteinkommen, d. h. das sogenannte steuerfreie Einkommen wird bei Berechnung des Steuersatzes nicht abgezogen. Die Einnahme aus der Einkommensteuer beläuft sich auf 15 323 000 M.

Die Grund- und Gebäudesteuer regelt das Grundsteuerg. v. 11. Oktober 1878 mit Abänderungsg. v. 2. Oktober 1906 und das Gesetz über Grund-, Gebäude- und Erleuchtungssteuer vom 18. Juli 1899 mit Abänderungsg. v. 15. Mai 1901. Der Grundsteuer unterliegen alle nicht unmittelbar zu den Gebäuden gehörigen Grundstücke, insbesondere Gärten (mit Ausnahme der Lustgärten), Äcker, Wiesen, Weiden und Holzungen, sowie das ertragbringende Ödland. Sie wird nach dem Reinertrage, welcher nach näher vorgeschriebenen Grundsätzen zu ermitteln ist, erhoben und beträgt in der Stadt Bremen 6,5%, im übrigen Staatsgebiet $5^1/_4$% dieses Reinertrags. Die Einnahme aus der Grundsteuer stellt sich auf 62 000 M. Der Gebäudesteuer sind die Gebäude und Baulichkeiten aller Art, die dazu gehörigen Hofräume und Lustgärten sowie die zu gewerblichen und industriellen Zwecken benutzten Arbeits- und Lagerplätze unterworfen. Maßgebend ist der Kapitalwert (Verkaufswert), der durch eine besonders geregelte Schätzung zu ermitteln ist. Gehoben wird die Steuer in der Stadt Bremen zu 2,6‰ im übrigen Staatsgebiet zu $2^1/_{10}$‰ des Kapitalwertes. Vereinnahmt wird an Gebäudesteuer die Summe von 2 550 000 M.

An die vorstehenden Staatssteuern gliedern sich sodann als stadtbremische direkte Steuern an die Erleuchtungssteuer nach dem G. v. 18. Juli 1899 mit Abänderungsg. v. 15. Mai 1901, welche von den Eigentümern gebäudesteuerpflichtiger Grundstücke mit $1^1/_5$‰ des Gebäudesteuerwertes, von den Eigentümern grundsteuerpflichtiger Grundstücke mit 3% des Reinertrags und von den Mietern mit $5^1/_5$% des Mietzinses erhoben wird, die Wassersteuer nach dem G. v. 18. Juli 1911, für welche im allgemeinen die Grundsätze der Erleuchtungssteuer maßgebend sind, und die Kanalsteuer nach dem G. v. 8. Juni 1912, welche gleichfalls im Anschluß an den Gebäudesteuerwert, den Grundsteuerreinertrag und den Mietzins, jedoch in anderweiter Regelung, veranlagt wird. In der Reichsfinanzstatistik sind diese drei Steuern als Wohn-(Miet-) Steuer zusammengefaßt und insgesamt zu 2 541 000 M. veranschlagt.

Wiederum staatlich ist die Gewerbesteuer, welche aus einer Wirtschaftsabgabe und einer Wandergewerbesteuer besteht, die die Reichsfinanzstatistik gleichfalls in eins zusammenzieht. Die Wirtschaftsabgabe, auf den G. v. 31. Januar 1871 und v. 26. Juli 1872 fußend, besteuert den Betrieb der Gast- und Schankwirtschaft sowie den Kleinhandel mit Branntwein oder Spiritus mit 50 M. für das Jahr (Ermäßigung auf $^3/_4$ zulässig). Die Wandergewerbesteuer trifft nach dem G. v. 10. Oktober 1877 einmal die durch §§ 44, 55, 59 der Reichsgewerbeordnung herausgehobenen Personen (Steuer nach Umfang des Gewerbebetriebs, nicht unter 1 M. und nicht über 30 M. für den Monat) und ferner die Wanderlager und Wanderauktionen (30 M. für den Monat; Ermäßigung zulässig). Die Gesamteinnahme aus der Gewerbesteuer ist mit 95 000 M. angesetzt.

Die Firmensteuer, welche sich auf das G. v. 23. Juli 1899 in neuer Fassung vom 28. November 1913 gründet und ihrer inneren Art nach ebenfalls als eine Gewerbesteuer anzusehen ist, bildet gleicherweise eine staatliche Steuer, kann jedoch nach dem G. v. 31. März 1914 auch in eine städtische Steuer übergehen. Sie wird von den in das Handelsregister eingetragenen Kaufleuten, Handelsgesellschaften usw., den eingetragenen Genossenschaften, den Versicherungsunternehmungen usw., die nach dem Geschäftsumfang in Abteilungen geschieden sind, getragen. Die Einnahme aus derselben stellt sich auf 800 000 M.

Von den indirekten Steuern haben wir zunächst Aufwandsteuern, nämlich die rein städtische Verbrauchsabgabe vom Bier, welche nach den G. v. 25. Juli 1888 und v. 15. Mai 1901 bzw. vom 1. April 1910 als Einfuhrabgabe und als Zuschlag zur Reichsbrausteuer erhoben wird, ferner als gemischte Steuer bestimmte Gebrauchs- und Luxusabgaben, welche nach dem

G. v. 22. März 1896 auf Maskenbälle, Nachtigallen, Pferde, Lustfuhrwerke, Hunde, Billards und Kegelbahnen gelegt sind. Die Einnahme aus der Biersteuer beträgt 125 000 M., die aus den Luxusabgaben 132 000 M., davon Hundeabgabe 50 000 M., für Billards und Kegelbahnen 9000 M., Luxusfuhrwerke 8000 M., Pferde 65 000 M.

Finanziell weit bedeutender sind die Verkehrssteuern. Es gehört dahin als staatliche Steuer die Abgabe von Veräußerungen von Grundstücken und von Versteigerungen, die sich auf das G. v. 7. Juni 1904 gründet. Sie ist bei Veräußerungen von im Bremischen Staatsgebiet belegenen Grundstücken sowie für die Bestellung oder Veräußerung von Erbbaurechten an solchen Grundstücken (auch bei Zwangsversteigerung und Enteignung) in der Höhe von 2% vom Wert des Grundstücks (ausnahmsweise 4%) zur Hälfte vom Erwerber, zur Hälfte vom Veräußerer (bei Enteignungen ganz vom Erwerber) zu entrichten. Die freiwilligen Versteigerungen, mit Ausnahme derjenigen von Grundstücken, unterliegen einer Abgabe von 1/2%. Die Gesamteinnahme aus der Umsatzsteuer ist mit 1 100 000 M. eingestellt. Als Wertzuwachssteuer für Grundstücke kommt für 1913 der Anteil an der Reichssteuer mit 100 000 M. in Betracht, der in gleicher Höhe wie bisher nach dem Fortfall des Reichsanteils an der Steuer beibehalten wurde, ohne daß eine bezügliche gesetzliche Regelung erfolgt ist.

Eine Stempelsteuer besteht als staatliche Steuer durch das G. v. 25. Dezember 1896, und zwar als Urkundenstempel, Versicherungsstempel und als Abgabe von Wechselprotesten. Der Urkundenstempel wird regelmäßig nach dem Umfang des für die Urkunden verwendeten Papiers (0,30—0,80 M. für den Bogen) erhoben; bei bestimmten Urkunden, so namentlich Notariatsurkunden, Zusatzstempel nach dem Wert des beurkundeten Rechtsgeschäfts (0,30‰), Lagerscheine und Warrants sowie Lombardscheine im kaufmännischen Verkehr lediglich Fixstempel (0,50 M. bzw. 1,50 M.). Der Versicherungsstempel ist wieder verschieden geregelt für Versicherungen gegen die Gefahren der Seeschiffahrt (nach Prämiensatz), für Versicherungen gegen Feuersgefahr, Hagelschäden, Viehverluste usw. (nach Dauer und Versicherungssumme) und für Lebens-, Renten-, Aussteuer- und Militärdienstversicherungen (nach Dauer und Versicherungssumme bzw. nach Kaufpreis). Als Einnahme aus der Stempelsteuer insgesamt sind 765 000 M. angesetzt.

Endlich haben wir als staatliche Steuer die Erbschafts- und Schenkungssteuer. Neben dem Reichsanteil wird die frühere Landessteuer nach dem G. v. 7. Juni 1904 vom Erwerb der Abkömmlinge und der Ehegatten in unbeerbter Höhe (2% mit gestaffelten Zuschlägen bis auf das 1 1/2 fache) gehoben; dazu trat allgemein nach

G. v. 3. Juli 1907 ein Zuschlag von 2% des Erwerbes für alle Erbanfälle hinzu. Durch G. v. 26. März 1912 wurde die Sonderbesteuerung erhöht, und zwar die Steuersätze für eheliche Kinder und Ehegatten auf 2% bis 4%, für Enkel und entferntere Abkömmlinge auf 3% bis 6% und die allgemeinen Zuschläge zu der Reichssteuer auf 3% für leibliche Eltern und Geschwister und auf 4% in allen übrigen Fällen. Die Einnahme aus der Erbschafts- und Schenkungssteuer beträgt 1 200 000 M.

Die sonstigen Einnahmen aus der Staatsverwaltung, unter denen sich namentlich verschiedentliche Zinseneinnahmen, Einnahmen aus Rechten, Grundzins, Weinkaufgelder, Mieten, Einnahmen aus der Verwaltung der öffentlichen Grundstücke und aus der Bauverwaltung, Straßenbaubeiträge, Straßenbahnabgaben, Einnahmen der Zollverwaltung, Einnahme aus dem Wasserwerk usw. befinden, erbringen einen Betrag von 4 531 900 M. Überschüsse und Bestände aus früheren Jahren sind in der Höhe von 2 942 000 M. eingestellt.

3. Ausgaben. Der ordentliche Staatsbedarf Bremens zu insgesamt 50 672 300 M., zu welchem nach der besonderen Etatisierung noch ein außerordentlicher Bedarf von nicht viel geringerer Höhe — 44 039 300 M. — tritt, verteilt sich in folgender Weise: I. Ausgaben auf die Erwerbseinkünfte 5 995 200 M., darunter: Schlachthof 408 600 M.; Ratskeller 367 000 M.; Gaswerk 3 804 500 M.; Elektrizitätswerk 1 415 100 M. II. Bedarf für die Staatsschuld 11 167 000 M., darunter: Verzinsung 10 648 000 M.; Tilgung 519 000 M. III. Bedarf für die Staatsverwaltung 32 264 800 M. IV. Leistungen an das Deutsche Reich 1 245 300 M. (lediglich Matrikularbeiträge). Der Bedarf für die Staatsverwaltung setzt sich aus folgenden Einzelbeträgen zusammen: Senat und Bürgerschaft 729 400 M.; Rechtspflege 2 224 200 M.; Polizei 8 088 500 M.; Finanzen 3 220 500 M.; Unterricht 6 058 100 M.; Bauwesen 3 486 800 M.; Häfen und Eisenbahnen 3 056 500 M.; vermischte Ausgaben 4 499 000 M.; Reich und Auswärtiges 45 500 M.; Wasserwerk 856 300 M.

XXVIII. Freie und Hansestadt Hamburg.

1. Vermögen und Schulden. Hinsichtlich des land- und forstwirtschaftlich zu nutzenden Grundbesitzes schließt sich Hamburg nicht Bremen sondern Lübeck an. Hamburg besitzt 9324 ha Domänen (Feldgüter) und 903 ha Forsten. Die letzteren enthalten (1911) 880 ha Holzboden und 23 ha Nichtholzboden; die anfallende gesamte Holzmasse belief sich auf 1913 Festmeter, davon 501 Festmeter Bau- und Nutzholz und 1412 Festmeter Brennholz; der Durchschnitt stellt sich auf 2,17 Festmeter für das Hek-

tar der Holzbodenfläche und ist als ein verhältnismäßig recht geringer anzusehen, obwohl das Jahr 1911 keineswegs etwa als ein Ausnahmejahr erscheint; er läßt darauf schließen, daß der Nutzwert der staatlichen Forsten zum mindesten in der jetzigen Kulturperiode nur ein geringfügiger ist, wofür auch schon Lage und Art der Forsten sprechen dürfte.

Der Eisenbahnbesitz Hamburgs ist ein verhältnismäßig beträchtlicher, aber eigenartig gestalteter. Er enthält einmal den mehr oder weniger abgeschlossenen älteren Staatsbahnbesitz, welcher eine Streckenlänge von 244,7 km mit einem Anlagekapital von 36 869 900 M. umfaßt; von der Streckenlänge entfielen 230,1 km auf die Kaibahnen in Hamburg und Kuxhaven und 14,6 km auf die an die Preußische Staatseisenbahn verzinslich verpachtete Stadtbahn von der Landesgrenze am Schulterblatt bis Ohlsdorf. Dazu kommen dann zwei noch in der Anlage begriffene und daher im Voranschlag 1913 mit Einnahmen nicht erscheinende Staatsbahnen hinzu, die sogenannte Hochbahn, von welcher 18,76 km bereits im Betriebe, 9,98 km im Bau (Anlagekosten 36,8 Millionen Mark) sind und die Bahn nach den Hamburgischen Walddörfern im Holsteinischen, die eine Gleislänge von 63 km (bewilligte Anlagekosten 20,5 Millionen Mark) erhalten soll, von welcher 29 km im Bau sind.

Den bedeutungsvollsten, nach Geldwert jedoch nicht abzuschätzenden Besitz Hamburgs bilden die Hafen- und Kaianlagen. Die Fläche der im Betrieb befindlichen See- und Flußschiffhäfen in Hamburg und Kuxhaven beträgt (1913) 569,7 ha, die Kailänge 38280 m; die Kaianlagen bedecken mit Schuppen, Straßen und Gleisen eine Fläche von rund 160,3 ha; die Einnahmen aus diesen Anlagen erscheinen in der Reichsfinanzstatistik unter den Gebühren. Anschließend ist als ein ähnliches Vermögensobjekt der Elbtunnel bei Hamburg zu erwähnen; die bezüglichen Vereinnahmungen werden bei den Gebühren verrechnet.

Als rein staatlicher Erwerbsbetrieb ist die Hamburgische Klassenlotterie anzusehen, welche selbständig fortbesteht und durch Verpachtung genutzt wird. Ebenso steht auch die Münze und das Hüttenlaboratorium. Mehr gemischt staatlich und städtisch ist der Eigentumsbesitz einer Anzahl städtischer, verschiedenartigen Zwecken dienender Grundstücke, deren Miet- und sonstige Erträgnisse von der Reichsfinanzstatistik unter den sonstigen Einnahmen aus der Staatsverwaltung verrechnet sind. Dagegen stellen sich als rein städtische Erwerbsbetriebe die Werke für Beleuchtungswesen, der Schlachthof und die Wasserwerke dar; die Einnahmen aus den Wasserwerken stehen wieder unter den sonstigen Einnahmen aus der Staatsverwaltung.

Ein Kapitalvermögen an Wertpapieren usw. ist nicht vorhanden; es ist lediglich die Bilanz der Hauptstaatskasse mit

13 497 900 M. unter den Überschüssen des abgeschlossenen und früherer Jahre eingestellt.

Die fundierte Staatsschuld, welche teils durch Inhaberschuldverschreibungen, teils in Rentenform für die verschiedentlichsten Staatszwecke insbesondere die großen Anlagen, wie Hafen- und Schiffahrtsanlagen und alles, was damit in Zusammenhang steht, ohne besondere Ausscheidung einer Eisenbahnschuld aufgenommen ist, beläuft sich auf 735 780 000 M. Für die Tilgung der älteren Schuldverschreibungsanleihen wurde ein fester Plan durch G. v. 29. Mai 1865 vorgeschrieben; für einzelne Anleihen ist ein Spezialtilgungsfonds gebildet; die Renten werden durch Ankauf getilgt. Tatsächlich beläuft sich die Tilgung jetzt auf etwa 0,85% der Schuld. Ein Staatsschuldbuch wurde durch G. v. 14. April 1902 eingeführt und durch G. v. 17. Februar 1911 nach neueren Grundsätzen erweitert. Neben der fundierten Schuld besteht eine schwebende von 44 801 000 M.

Die Finanzverwaltung, einschließlich der Verwaltung des Staatsvermögens und der Staatsschulden, liegt der Finanzdeputation ob, welche sich aus vom Senat ernannten Senatoren und von der Bürgerschaft aus ihrer Mitte gewählten Deputierten zusammensetzt. Für die Leitung einzelner Zweige und Anstalten bestehen besondere Deputationen.

2. Einnahmen. Die Erwerbseinkünfte belaufen sich insgesamt auf 12 960 100 M. (Roheinkommen 20 173 700 M.). Davon entfallen auf die Domänen (Feldgüter) 155 000 M. (Roheinkommen 179 900 M.). Die Forsten schließen mit einer Mindereinnahme von 19 700 M. ab, der ein Roheinkommen von 24 900 M. gegenübersteht; dieses schon seit längerer Zeit hervortretende Defizit beruht darauf, daß dem an sich schon geringen Nutzungswert besonders hohe Verwaltungs-, Kultur- und Wegebaukosten gegenüberstehen. Ebenso ist eine Mindereinnahme von Bergwerken, Hütten und Salinen zu 2000 M. eingestellt, der keinerlei Roheinkommen entspricht. Die Einnahme aus den Staatseisenbahnen beziffert sich auf 1 054 400 M.; Rein- und Roheinnahme zeigen keinen Unterschied, da als Einnahmen eingesetzt sind: die Pacht für die der Preußischen Staatsbahn zum Betrieb überlassenen Bahnstrecken sowie die Zinsen der Kapitalien, welche auf die baulichen Anlagen in den Bahnhöfen usw. in Hamburg und in Kuxhaven verwandt sind. Endlich kommen auf die sonstigen Betriebe 11 772 400 M. (Roheinkommen 18 914 500 M.), darunter Beleuchtungswesen 7 421 900 M. (Roheinkommen 13 429 000 M.); Lotterie 3 500 000 M.; Münze und Hüttenlaboratorium 400 M. (Roheinkommen 146 500 M.); Schlachthof 850 100 M. (Roheinkommen 1 839 000 M.).

Die Leistungen von Staat zu Staat sind in den Überweisungen aus der Reichskasse (Branntweinsteuer) mit 3 048 500 M.

und in den Vergütungen aus der Reichskasse für die Zoll- und Reichssteuerverwaltung mit 7 881 800 M. vertreten. In letzterer Summe spielt die Zollverwaltung eine Hauptrolle.

Dem Betrage nach stehen unter den Gebühren die Gebühren der Verwaltungsbehörden einschließlich der Strafgelder mit 14 864 100 M. an erster Stelle. In Betracht kommen dabei fast ausschließlich städtische Gebühren, so Kostgelder und Beerdigungsgebühren bei den Krankenhäusern (5 131 200 M.), Schulgelder der höheren Schulen, Gewerbe- und Volksschulen (3 500 200 M.), Löschabgabe (Staatsanteil der Prämieneinnahme der Hamburger Feuerkasse, 1 973 000 M.), Gebühren der Polizei- und Baupolizeibehörde (2 943 900 M.), Gebühren der Friedhofsverwaltung (857 000 M.). Die in geringem Abstande mit 13 557 400 M. folgenden Hafen-, Schleusen-, Schiffahrtsgebühren und dergleichen sind dagegen wesentlich staatlicher Natur. Sie umfassen die Einnahmen aus den Kaianlagen (6 223 400 M.), das Tonnengeld, welches nach dem G. v. 12. Februar 1902 in Hamburg und Kuxhaven von den ankommenden Seeschiffen nach dem Nettorauminhalt (0,10 bzw. 0,12 M. für das Kubikmeter) gehoben wird (3 882 000 M.), die Gebühreneinnahme der Marineverwaltung (Staatsanteil am Lotsgeld, Hafenmeister-, Schiffsvermessungs-, Kran- usw. Gebühren; 1 173 700 M.), Anmeldungsgebühr von den ein- und ausgeführten Waren des Freihafengebiets nach dem G. v. 16. Februar 1906 (641 700 M.), Schleusengebühren (113 600 M.), Abgaben der Straßenbahnen (1 443 000 M.) und Gebühren für Benutzung des Elbtunnels (80 000 M.). An letzter Stelle stehen die Gerichtsgebühren einschließlich gerichtliche Strafen mit 5 855 000 M.; für dieselben ist eine neue landesgesetzliche Regelung in dem Gerichtskosteng. v. 30. Juni 1911 gegeben.

Wie in der ganzen Finanzwirtschaft, so ist namentlich in der Besteuerung Staat und Stadt Hamburg noch in stärkerem Maße, wie solches bei Lübeck und Bremen der Fall, einheitlich zusammengezogen. Die direkte Besteuerung ist einfacher; sie besteht nur aus Einkommensteuer, Grundsteuer und Wanderlagersteuer.

Die Einkommensteuer, welche bisher auf dem G. v. 2. Februar 1903 mit den Abänderungen vom 18. Januar 1904, 26. Februar 1906, 12. Oktober 1908, 14. April und 15. Oktober 1909 sowie vom 1. Juni 1911 beruht, hat durch das G. v. 9. Januar 1914 eine in mancher Beziehung, so namentlich im Rechtsmittelweg grundsätzlich abändernde allgemeine Regelung erfahren, wobei jedoch die bisherigen Steuersätze unverändert bestehen geblieben sind. Die subjektive Steuerpflicht, die dem RG. über die Doppelbesteuerung v. 22. März 1909 entspricht, ist ebenso wie die objektive Steuerpflicht nach den vorwiegend üblichen Grundsätzen geordnet; die juristischen Personen sind nunmehr einschließlich der Stiftungen steuerpflichtig. Die untere Besteuerungsgrenze ist auf 1000 M. festgelegt. Die Steuer wird nach Einheitssätzen erhoben, deren Anzahl (zur Zeit in der Regel 7—8) jedes Jahr durch Beschluß von Senat und Bürgerschaft bestimmt wird. Der Steuerfuß ist *gestaffelt*; er steigt von 1‰ bei 1000 M. Einkommen bis 1,20% für die Einheit bei Einkommen von 200 000 M. und darüber. Die Einnahme aus der Einkommensteuer beträgt 51 000 000 M.

Die *Grundsteuer* ist im Anschluß an schon länger bestehende Steuern durch G. v. 4. Juli 1881 mit Abänderungen vom 29. Juni 1883 und 3. November 1884 geregelt. Sie wird von sämtlichen innerhalb des Staatsgebiets belegenen Grundstücken erhoben und ist für alle Grundstücke in der Stadt auf 5‰, für die Grundstücke im Landgebiet, sofern sie nicht zu landwirtschaftlichen Betrieben dienen, auf 4‰ und, soweit sie dem landwirtschaftlichen Betriebe dienen, auf 3‰ von dem in näher vorgeschriebener Weise zu ermittelnden Kapitalwerte festgesetzt. Die Einnahme aus der Grundsteuer ist auf 24 300 000 M. veranschlagt.

Die *Wanderlagersteuer*, auf dem G. v. 17. November 1902 beruhend, trifft den Verkauf von Waren eines Wanderlagers von einer festen Verkaufsstätte aus freier Hand oder im Wege der Versteigerung. Die Abgabe beträgt 50 M. für die ersten beiden Wochen, für jede weitere Woche eine um je 10 M. höhere Geldsumme; bei Versteigerungen wird sie in derselben Art jedoch tageweise mit 50 M. berechnet. Die in den Landgemeinden aufkommende Steuer wird diesen für ihren Bezirk überwiesen. Die Einnahme für Staat bzw. Stadt beziffert sich auf 2000 M.

Die *indirekte Besteuerung* ist in Hamburg zunächst in *Aufwandsteuern* — *Hundeabgabe und Abgabe von den öffentlichen Vergnügungen* — vertreten. Der *Hundesteuer* unterliegen nach dem G. v. 14. Juli 1905 alle im Staatsgebiet gehaltenen Hunde; der Betrag wechselt zwischen 3 und 50 M. jährlich, teilweise nach Größe und Zahl der gleichzeitig gehaltenen Hunde abgestuft. Der in den Landgemeinden aufkommende Ertrag ist diesen überwiesen. Die Einnahme aus der Hundesteuer stellt sich auf 455 000 M. Die *Abgabe von öffentlichen Vergnügungen*, welche öffentliche Konzerte, musikalische Unterhaltungen, Tanzmusik, Schaustellungen, Maskeraden und Wettrennen trifft, ist durch G. v. 8. Dezember 1911 wesentlich verschärft, so daß die Einnahme aus ihr auf 900 000 M. angewachsen ist.

Eine ansehnliche Einnahmequelle bilden sodann die *Verkehrssteuern*: die *Umsatzsteuer*, die *Wertzuwachssteuer* und die *Stempelsteuer*.

Die als *Immobilienabgabe* bezeichnete *Umsatzsteuer von Grundstücken* ist durch G. v. 1. März 1882 geregelt. Sie wird bei Eigentumsveränderungen von Grundstücken und Gebäuden im Hamburgischen Staatsgebiet mit 2% der Kauf- oder Übernahmesumme bzw. in Ermangelung solcher des Werts, und zwar zur Hälfte vom Erwerber, zur Hälfte vom Veräußerer, erhoben. Bei Tausch von Grundstücken wird die Abgabe von jedem Grundstück erhoben. Der Erbschaftssteuer unterliegende Eigentumsübertragungen sind frei. Die Immobilienabgabe erbringt eine Einnahme von 4 000 000 M.

Die Wertzuwachssteuer gründet sich auf das G. v. 12. Oktober 1908, welches nach Erlaß des Reichszuwachssteuerg. bestehen blieb und nunmehr unverändert weiter in Geltung bleiben wird. Die Steuer ist im Falle der Veräußerung eines im hamburgischen Staatsgebiet belegenen Grundstücks von dessen Wert, wenn und soweit derselbe den Wert zur Zeit der letzten voraufgegangenen Veräußerung übersteigt, zu entrichten. Sie ist nach der Höhe des Wertzuwachses so gestaffelt, daß sie bei einem Zuwachs bis 2000 M. 1% desselben beträgt und in 8 Stufen bei einem Zuwachs von mehr als 40 000 M. auf 5% ansteigt. Zu diesen Sätzen werden Zuschläge von 10 bis 100% (nach den Zehnern gestaffelt) erhoben, je nachdem der Wertzuwachs mehr als 10 bis 100% des Anschaffungswerts beträgt. Die Einnahme aus der Wertzuwachssteuer ist mit 2 000 000 M. angesetzt.

Die Stempelabgabe wird nach dem G. v. 11. Dezember 1903 von den in einem besonderen Tarif aufgezählten Urkunden erhoben. Sie bewegt sich etwa in den gleichen Grenzen wie bei den meisten Staaten. Nach Erlaß des Reichsstempelg. v. 3. Juli 1913 ist eine Änderung des Gesetzes bislang nicht vorgenommen. Die Einnahme aus der Stempelsteuer beläuft sich auf 3 971 000 M.

Endlich kommt die Erbschafts- und Schenkungssteuer in Betracht, bezüglich derer Hamburg von Anfang an über den Anteil an der Reichssteuer insofern herausging, als es die Besteuerung des Erwerbs der Abkömmlinge (Kinder 2%, Enkel 4% mit gestaffelten Zuschlägen bis auf das Doppelte bei Anfällen von mehr als 900 000 M.) nach dem früheren G. v. 2. März 1903 beibehalten hat, ebenso wie die Besteuerung der nach dem RG. steuerfreien Erbanfälle unter 10 000 M. an Eltern, Voreltern sowie an uneheliche vom Vater anerkannte Kinder und an Kindesstatt angenommene Kinder und deren Abkömmlinge. Hierzu treten nach dem G. v. 22. März 1911, ergänzt durch G. v. 23. Juni 1911, prozentuale Zuschläge zu der nach dem Reichserbschaftssteuerg. veranlagten Steuer, welche für die einzelnen Verwandtschafts- und Verschwägerungsgrade in sechsfach verschiedener Weise abgestuft sind. Die Erbschafts- und Schenkungssteuer ist mit 3 727 000 M. in Einnahme gestellt.

Die sonstigen Einnahmen aus der Staatsverwaltung beziffern sich auf 18 171 200 M.; unter ihnen ragen besonders hervor: Einnahmen aus den städtischen Wasserwerken (5 600 500 M.), Mieten von Gebäuden und Plätzen (4 042 100 M.), Hochbau- und Ingenieurwesen (1 966 700 M.), Freihafen-Lagerhaus-Gesellschaft (974500 M.), Grundmieten und Renten (894700 M.), Gefängnisdeputation (708100 M.), Werk- und Armenhaus (727000 M.), allgemeine Armenanstalt (677 200 M.). Die Überschüsse und Bestände aus früheren Jahren sind zu 16898000 M. veranschlagt.

3. Ausgaben. Der Staatsbedarf Hamburgs zu insgesamt 190 804 700 M. gliedert sich im einzelnen wie folgt: I. Ausgaben auf die Erwerbseinkünfte 7 213 600 M., darunter: Domänen (Feldgüter) 24 900 M.; Forsten 44 600 M.; Bergwerke, Hütten, Salinen 2000 M. (Kosten der Aufsichtsbehörde für das Bergwesen); sonstige Betriebe 7 142 100 M. (Beleuchtungswesen 6 007 100 M.; Schlachthof 988 900 M.; Münze und Hüttenlaboratorium 146 100 M.). II. Bedarf für die Staatsschuld 35 385 100 M., darunter: Verzinsung 28 547 800 M.; Tilgung 6 782 200 M.; Verwaltungsaufwand (lediglich persönliche Ausgaben) 55 100 M. III. Bedarf für die Staatsverwaltung 144 314 800 M. IV. Leistungen an das Deutsche Reich 3891200 M. (lediglich Matrikularbeiträge). Der Bedarf für die Staatsverwaltung umfaßt folgende Einzelsummen: Senat und Bürgerschaft 1 595 800 M.; Finanzen 5 896 500 M.; Handel, Schiffahrt und Gewerbe 6 306 900 M.; Bauwesen, Wasserversorgung 39 670 300 M.; Militärwesen 163 600 M.; Unterrichtswesen 24 981 700 M.; Justizwesen 10 659 500 M.; polizeiliche und innere Angelegenheiten 33 092 700 M.; öffentliche Wohltätigkeit 9 029 900 M.; Angelegenheiten des Landgebiets 2 790 100 M.; auswärtige Angelegenheiten 187 400 M.; Zollwesen 9 157 200 M.; unvorhergesehene und sonstige Ausgaben 782 700 M.

Um zu zeigen, welch großen Einfluß bei der finanziellen Zusammenziehung von Staat und Stadt Hamburg die städtischen Verhältnisse ausüben müssen, wollen wir noch folgende Einzelbeträge rein städtischer Ausgaben herausheben: Volksschulwesen 15 782 800 M.; Polizei- und Baupolizeibehörde 13 536 100 M.; öffentliche Wohltätigkeit 9071500 M.; Krankenhäuser 12527800 M.; höheres Schulwesen 6291700 M.; städtische Wasserversorgung 4878000 M.; Feuerlöschwesen 2 797 700 M.

XXIX. Reichsland Elsaß-Lothringen.

1. Vermögen und Schulden. Als Elsaß-Lothringen wieder mit dem Deutschen Reiche vereinigt und zu einem Reichsland umgestaltet wurde, sind zwar die Elsaß-Lothringischen Eisenbahnen als Reichseisenbahnen in den unmittelbaren Besitz des Reiches getreten, wie wir oben gesehen haben. Im übrigen ist aber das vorhandene Staatsvermögen dem Reichsland als solchem erhalten

geblieben. Dieses Vermögen bildet insofern sogar ein unbedingteres Staatsgut, als es mit keinerlei Ansprüchen, wie sonst vielfach das Domanium in den Bundesstaaten, belastet ist. Der althergebrachte Besitz besteht vornehmlich in Forsten; Feldgüter kommen nicht in Betracht. Die Staatsforsten sind teils und wesentlich überwiegend reine Staatsforsten, die im Alleinbesitz des Staates stehen, teils sogenannte Staatsanteilforsten, die der Staat anteilig, aber in ungetrennter Gemeinschaft mit Gemeinden oder öffentlichen Anstalten besitzt; erstere umfassen 136 430 ha, der Anteil an letzteren berechnet sich auf etwa 10 000 ha. Die Staatsforsten und die ungeteilten Forsten zusammen begreifen (1911) eine Fläche von 155 242 ha, darunter 152 114 ha Holzboden und 3128 ha Nichtholzboden; die anfallende Holzmasse belief sich auf 294 425 Festmeter Bau- und Nutzholz und auf 372 224 Festmeter Brennholz, insgesamt also auf 666 649 Festmeter; es ergibt sich danach ein Durchschnittsertrag von 4,38 Festmeter auf das Hektar der Holzbodenfläche. Die Oberleitung der Forstverwaltung hat das Ministerium, Abteilung für Finanzen, Handel und Domänen, der ein Landforstmeister beigegeben ist; die weitere Verwaltung ist zunächst an die Bezirkspräsidien angegliedert, unter denen sie sich in Oberförstereien verteilt.

Neben den Staatsforsten ist als erwerbsbetriebliche Anstalt des Staats in erster Linie die Tabakmanufaktur zu nennen, die der französischen Zeit entstammt. Des weiteren rühren aus letzterer die Kanäle mit einer Streckenlänge von 410 km her, die jedoch nicht als eigentliches Erwerbsvermögen genutzt werden; die entstehenden Kosten werden durch Schiffahrtsgebühren gedeckt, die in der Reichsfinanzstatistik nicht besonders zur Erscheinung kommen. Endlich gehört hierher der Anteil an der Königlich Preußischen Klassenlotterie, der auf dem Staatsvertrage vom 28. April 1910 beruht; die Reichsfinanzstatistik weist die Einnahme daraus nicht besonders nach.

Das staatliche Kapitalvermögen ist von der Reichsfinanzstatistik in eins zusammengefaßt und mit 13 515 500 M. ausgewiesen. Es sind darin enthalten Betriebsfonds der Landeshauptkasse, Sicherheitsfonds der Staatsdepositenverwaltung, Bitscher Waldfonds, Restauration des Metzer Doms, Überschuß der Tabakmanufaktur, Versicherung des Landeseigentums gegen Feuersgefahr. Außerdem ist ein staatlicher Pensionsfonds von 104 200 M. aus der Pensionskasse für Gerichtsvollzieher und aus der Pensions-, Witwen- und Waisenkasse der Anstalts- und Gemeindeförster vorhanden.

Staatschulden besaß Elsaß-Lothringen zunächst nicht; dieselben entstammen sämtlich aus deutscher Zeit. Die nähere Regelung für die Begründung usw. derselben gibt das G. v. 24. März 1881, während die Verwaltung der Landesschulden durch G. v. 19. Juni

1901 geordnet ist. Durch G. v. 16. April 1913 ist das Ministerium ermächtigt, behufs Beschaffung von Mitteln zur Beteiligung Elsaß-Lothringens an Kaliwerken, welche im Lande betrieben werden, Anleihen (6 Millionen Mark) aufzunehmen, auf welche die für die allgemeine Landesschuld gegebenen Vorschriften keine Anwendung finden sollen. Die gesamte fundierte Staatsschuld beläuft sich auf 44546600 M., zum Teil, und zwar dem weitaus wesentlichen, als Rentenschuld, zum Teil in Schuldverschreibungen verbrieft. Die regelmäßige Tilgung soll 1% betragen; sie erfolgt durch Rückkauf bzw. durch Bildung eines Tilgungsfonds für die Rentenschuld. Die Verwaltung führt unter Oberaufsicht des Ministeriums die Landesschuldenverwaltung in Straßburg; die fortlaufende Kontrolle liegt der Landesschuldenkommission ob. Neben der fundierten Schuld können schwebende Schulden durch Ausgabe von Schatzanweisungen usw. eingegangen werden; für den Voranschlag 1913 sind solche nicht eingestellt.

2. Einnahmen. Die Erwerbseinkünfte stellen sich nach der Reichsfinanzstatistik insgesamt auf 4 168 300 M. (Roheinkommen 11 379 100 M.). Davon entfallen auf die Forsten 3 993 300 M. (Roheinkommen 8 147 700 M.) und auf die Tabakmanufaktur 175 000 M. (Roheinkommen 3 231 400 M.).

Die Leistungen von Staat zu Staat betragen 5 630 400 M. Überweisungen aus der Reichskasse (Branntweinsteuer) und 2 830 400 M. Vergütungen aus der Reichskasse für die Zoll- und Reichssteuerverwaltung.

Unter den Gebühren treten die Gerichtskosten, welche die erforderliche landesgesetzliche Regelung durch G. v. 6. Dezember 1899 mit Abänderungsg. v. 8. Juni 1903, 13. Februar 1905 und 8. August 1910 erfahren haben, weitaus an die erste Stelle. Sie erbringen einschließlich der gerichtlichen Strafen eine Einnahme von 2 700 000 M. Die Gebühren der Verwaltungsbehörden einschließlich der Strafgelder machen dagegen nur 737 800 M. aus. Es sind darin enthalten Gebühren für die Apothekenrevisionen, für tierärztliche Untersuchungen, für Untersuchung der Zuchtstiere, für Prüfung der Baupläne, für Schiffseichung, für Tätigkeit der Verwaltungsgerichte, für die Fortführungsvermessungen, die Eichgebühren und anderes. An Hafen-, Schleußen-, Kranen-, Brücken-, Schiffahrtsgebühren usw. sind 340 000 M. vereinnahmt.

In Elsaß-Lothringen war anfangs die frühere französische Besteuerung, im großen und ganzen Objektbesteuerung, beibehalten. Um die Wende des Jahrhunderts griff man aber unter tunlichster Schonung der überkommenen Verhältnisse zu einer einheitlichen Umgestaltung dieser Besteuerung und führte nunmehr ein umfassendes Ertragssteuersystem mit all den einzelnen bezüglichen Steuerarten ein. In neuester Zeit plant man den Übergang zu einer allgemeinen Einkommensteuer, für welche ein Entwurf bereits vorliegt.

Die direkte Besteuerung beruht zur Zeit auf einer Grundsteuer, einer Gebäudesteuer, einer Kapitalsteuer, einer Abgabe von den Gütern der toten Hand, einer Gewerbesteuer, einer Wandergewerbesteuer, einer Bergwerkssteuer, einer Lohn- und Besoldungssteuer und einer Besteuerung der ausländischen Lohnarbeiter. Als eigenartig in der direkten Besteuerung von Elsaß-Lothringen ist hervorzuheben, daß man aus der französischen Zeit die Erhebung von Zuschlägen zu den direkten Hauptsteuersummen zur Deckung des Mehrbedarfs des Landes, namentlich zur Deckung von Ausfällen am Steuersoll infolge von Entbürdungen, aber auch zu besonderen Zwecken, wie Hilfsfondsbildung, beibehalten hat.

Die Grundsteuer ist nach dem G. v. 14. Juli 1903 von allen Liegenschaften zu entrichten, soweit diese nicht als Grundfläche von Gebäuden oder als zu diesen gehörige Hofräume und Hausgärten der Gebäudesteuer unterworfen sind. Maßgebend ist der in genau vorgeschriebenem Verfahren zu ermittelnde Reinertrag der Grundstücke. Die Steuer beträgt 3½% dieses Reinertrages. Die Einnahme aus der Grundsteuer ist zu 2 529 000 M. veranschlagt.

Der Gebäudesteuer unterliegen nach dem G. v. 14. Juli 1895, ergänzt durch G. v. 17. Juli 1907, die bewohnbaren sowie die zum Gewerbebetriebe dienenden Gebäude mit Einschluß der Grundfläche und der dazu gehörigen Hofräume sowie der 20 a nicht übersteigenden Hausgärten. Für die Veranlagung wird der Nutzungswert, nach dem die Steuer zu erheben ist, nach einer besonderen gesetzlichen Regelung ermittelt. Die Steuer ist im allgemeinen auf 3½% des Nutzungswertes, für Dienstwohnungen auf 1,9%, festgelegt. Die Einnahme aus der Gebäudesteuer stellt sich auf 4 900 000 M.

Die Kapitalsteuer gründet sich auf das G. v. 13. Juli 1901 und trifft den Ertrag aus Kapital und Rente ohne Rücksicht darauf, ob die Bezüge aus Elsaß-Lothringen oder aus Bezugsquellen von außerhalb herrühren, insbesondere also Zinsen und Erträge aus verzinslich angelegtem Kapital jeder Art, Dividenden und sonstige Bezüge von Aktiengesellschaften und ähnlichen Erwerbsgesellschaften, Renten jeder Art sowohl in Geld als in Naturalnutzung. Maßgebend ist der Jahresertrag der Kapitalien und Renten nach dem Bestande zur Zeit der Veranlagung, für welche näheres Verfahren gesetzlich vorgeschrieben ist. Die untere Besteuerungsgrenze ist auf einen jährlichen Betrag von 100 M. gesetzt, die Steuer auf 3½% des steuerbaren Ertrages. Die Einnahme aus der Kapitalsteuer beläuft sich auf 2 813 000 M.

An die drei vorgenannten Steuern schließt sich die Abgabe von den Gütern der toten Hand an, welche in dem G. v. 8. November 1909 eine neue Regelung gefunden hat. Dieselbe haben sämtliche juristische Personen des öffentlichen und des Privatrechts, mit Ausnahme des Reichs- und des Landesfiskus sowie der nach RG. von den Staatssteuern befreiten Anstalten, von allem der Grund-, der Gebäude- und der Kapitalsteuer unterliegenden Vermögen usw. zu entrichten. Die Steuer beträgt 90% der Grundsteuer und je 40% der Gebäudesteuer und der Kapitalsteuer. Die Veranlagung vollzieht sich nach den für die betreffenden Steuern geltenden Vorschriften. Die Einnahme aus der Tote-Hand-Abgabe, welche von der Reichsfinanzstatistik mit der Umsatzsteuer für Grundstücke vereinigt ist, beläuft sich auf 780 000 M.

Der Gewerbesteuer sind nach dem G. v. 8. Juni 1896 die in Elsaß-Lothringen betriebenen stehenden Gewerbe, einschließlich des Geschäftsbetriebs der Erwerbs- und Wirtschaftsgenossenschaften, sowie die Berufstätigkeit der Ärzte, Gerichtsvollzieher, Notare und Rechtsanwälte unterworfen; in Elsaß-Lothringen unterhaltene Zweigstellen auswärtiger gewerblicher Unternehmungen unterliegen gleichfalls der Steuer. Die Steuer wird in näher vorgeschriebener Weise nach Maßgabe der Ertragsfähigkeit veranlagt und beträgt 1,90% der bezüglichen Festlegung. Die untere Besteuerungsgrenze ist zu 700 M. bestimmt. Den Gemeinden werden 8% der Gewerbesteuer überlassen. Die Einnahme aus der Gewerbesteuer ist zu 6 504 000 M. eingestellt.

Außer der Gewerbesteuer wird nach G. v. 8. Juni 1896 eine Wandergewerbesteuer erhoben. Derselben unterliegen diejenigen Personen, welche nach den §§ 55, 59 und 44 der Reichsgewerbeordnung zum Gewerbebetrieb eines Wandergewerbescheins bedürfen, die Ausländer nach besonderen Bestimmungen. Der regelmäßige Steuersatz ist 60 M. jährlich; für geringere Gewerbe kann er bis auf 12 M., unter besonderen Umständen bis auf 6 M., ermäßigt, andererseits bei Gewerben von größerem Umfang oder erheblichem Betriebskapital bis auf 360 M. erhöht werden. Auch von dieser Steuer werden den Gemeinden 8% überlassen. Vereinnahmt wurden aus der Wandergewerbesteuer 236 000 M.

Die Lohn- und Besoldungssteuer ist nach dem G. v. 13. Juli 1901 für die Bezüge aus öffentlichen oder privaten Dienstverhältnissen, aus einem wissenschaftlichen oder künstlerischen Beruf, aus schriftstellerischer oder unterrichtender, erziehender oder irgend einer anderen ertragbringenden Tätigkeit zu entrichten, soweit die Bezüge nicht schon durch eine andere Steuer betroffen oder nur vorübergehend oder nebensächlich sind. Von Besteuerung ausgeschlossen sind Bezüge, welche mit den Erträgen aus sonstigen Erwerbsquellen den Betrag von 700 M. nicht übersteigen. Als steuerbarer Betrag gilt der Jahresertrag einschließlich der Naturalbezüge, aber abzüglich der zum Erwerb nötigen Auslagen. Die Steuer beträgt 1,9% des steuerbaren Ertrags. An die Lohn- und Besoldungssteuer gliedert sich wiederum die Besteuerung der ausländischen Lohnarbeiter an, welcher nach dem G. v. 24. Juli 1907 die ausländischen Lohnarbeiter, die sich in Elsaß-Lothringen in der Regel nur während eines Teils des Jahres des Erwerbs wegen aufhalten (Saisonarbeiter), unterworfen sind. Die Steuer beträgt 5—15 M. jährlich und wird nach dem Tagesarbeitsverdienst bemessen. Die Einnahme aus der Lohn- und Besoldungssteuer insgesamt, unter Einschluß der von den ausländischen Lohnarbeitern erhobenen Steuer, beziffert sich auf 3 320 000 M.

Die Bergwerksabgabe wird nach dem G. v. 14. Juli 1908, in neuer Fassung vom 28. Mai 1913, neben der Gewerbesteuer von den Bergwerken einmal, gleichgültig ob ein Betrieb stattfindet oder nicht, als Flächenabgabe (0,50 M. für das Hektar verliehenes Feld) und ferner, sofern ein Betrieb stattfindet, als Förderungsabgabe (1½% des mittleren Verkaufswertes der gewonnenen Mineralien) erhoben. Bei Bergwerken auf Steinsalz, Kalisalze u. dgl. tritt an Stelle der Förderungsabgabe eine Zusatzabgabe zur Gewerbesteuer (2 bzw. 3% der der Gewerbesteuer zugrunde zu legenden Ertragsfähigkeit). Die Bergwerksteuer erbringt eine Einnahme von 1 340 000 M.

Die indirekte Besteuerung ist ebenso vielseitig wie die direkte Besteuerung. An Aufwandsteuern haben wir eine Weinsteuer, eine Biersteuer und eine sogenannte Lizenzabgabe.

Die in ihrem Ursprung auf die französische Zeit zurückgehende Weinsteuer wird nach dem G. v. 20. März 1873 erhoben, welches jedoch durch G. v. 23. Mai 1877, 5. Mai 1880, 14. November 1892, 18. März 1895 und 13. Juni 1903 Abänderungen erfahren hat. Sie wird fällig so oft Wein versandt wird, vor allem, wenn Wein an Kleinverkäufer oder an Konsumenten übergeht, und beträgt bei Traubenwein 1,50 M. und bei Obstwein 0,80 M. für das Hektoliter; außerdem ist für jeden Steuerschein eine Abgabe von 0,10 M. zu entrichten. Die Einnahme aus der Weinsteuer beläuft sich auf 900 000 M.

Die Biersteuer ist, da Elsaß-Lothringen der Brausteuergemeinschaft nicht angehört, selbständig geordnet, und zwar wesentlich abändernd durch G. v. 20. Juli 1910, das zu einer neuen Fassung des G. v. 10. August 1910 führte. Sie besteht in einer Brausteuer und in einer Übergangsabgabe für eingeführtes Bier. Die Brausteuer wird von dem zur Bierbereitung verwendeten Malz erhoben und beträgt für jeden Doppelzentner der im Rechnungsjahr verbrauten Stoffmenge für die ersten 250 dz 15 M. und steigt mit dem Gewicht weiter bis zu 23 M. Insgesamt werden aus der Biersteuer 7 780 000 M. vereinnahmt.

Als letzte Aufwandsteuer haben wir die sogenannten Lizenzgebühren, welche dem französischen Recht (G. v. 28. April 1816 und weitere) entstammen, mit den jetzigen Zeitverhältnissen aber durch neuere Gesetze, so zuletzt durch G. v. 5. Mai 1880 in der neuen gesetzlichen Fassung vom 13. Juni 1903, in Einklang gebracht sind. Der Steuer unterliegen die Kleinverkäufer von geistigen Getränken, die Speisewirte, Bierbrauer, Branntweinbrenner, Destillateure sowie die Großhändler mit Getränken. Der Höhe nach stuft sich die Steuer teils nach den einzelnen Gewerbearten unter Berücksichtigung der größeren oder geringeren Bedeutung derselben ab, teils, insbesondere beim Kleinhandel mit geistigen Getränken, nach den Ortschaftsgrößen. Die Sätze wechseln zwischen 5 und 300 M. jährlich. Die Einnahme aus der Lizenzabgabe berechnet sich auf 2 030 000 M.

Auch die Verkehrssteuern sind dreifach vertreten. Zunächst ist die alte Enregistrementsgebühr anzuführen, welche nach der Neuordnung durch G. v. 14. November 1904 schlechthin als Verkehrssteuer bezeichnet wird. Der Steuer unterliegen auf Grund eines besonderen eingehenden Tarifs Urkunden über gewisse Rechtsgeschäfte, z. B. Miet- und Pachtverträge, Schenkungsversprechen usw., ferner Urkunden, die von bestimmten Beamten, Behörden oder Körperschaften aufgenommen oder deren Verhältnisse in derselben geregelt werden, insbesondere Notariatsurkunden, und drittens Urkunden, die bei gewissen Vorgängen gebraucht werden. Die Steuersätze sind in dem Tarif teils als feste, teils als prozentuale ausgeworfen, bewegen sich aber bis zu verhältnismäßig nicht unbeträchtlicher Höhe. Die Einnahme aus der Verkehrssteuer ist mit 8 050 000 M. eingestellt.

An Wertzuwachssteuer wurde bislang lediglich der den Bundesstaaten nach dem RG. v. 14. Februar 1911 zustehende Anteil an der Reichssteuer vereinnahmt. Nachdem nunmehr das Reich für sich eine Wertzuwachssteuer nicht mehr in Anspruch nimmt, ist unter Beibehaltung des RG. v. 14. Februar 1911 unter nur geringfügiger Abänderung der bisherige 50prozentige Reichsanteil an der Steuer durch G. v. 13. April 1914 der Landeskasse für eigene Rechnung überwiesen. In den Voranschlag 1913 ist eine Einnahme von 55 000 M. aus der Wertzuwachssteuer eingestellt.

Die Stempelsteuer, auf dem G. v. 21. Juni 1897 beruhend, abgeändert und neu gefaßt durch G. v. 28. Mai 1912, deckt sich insofern mit der Verkehrssteuer, als alle verkehrssteuerpflichtigen Urkunden auch stempelpflichtig sind, dagegen nicht alle stempelpflichtigen Urkunden der Verkehrssteuer unterliegen. Stempelpflichtig sind fast sämtliche notariellen Urkunden, ferner Urkunden, die Namensänderungen, Befreiungen in Personenstandsangelegenheiten u. dgl. betreffen, gewisse Urkunden öffentlichrechtlicher Natur der Verwaltungsbehörden, Gemeinden und öffentlichen Anstalten, sowie bestimmte Privaturkunden. Es kommen verschiedene Arten des Stempels zur Anwendung, Dimensions- und Gradationsstempel, Fixstempel und Wertstempel. Vereinnahmt werden an Stempelsteuer 1 500 000 M.

Die Erbschafts- und Schenkungssteuer wird nicht nur als Anteil an der Reichssteuer, sondern nach dem LG. v. 29. Juni 1907 darüber hinaus, und zwar sowohl als Belastung reichssteuerfreier Anfälle, wie als Zuschlag zur Reichssteuer erhoben. Erstere besteht in einer Besteuerung der Abkömmlinge (1% mit staffelförmiger Steigung nach dem Wert wie bei der Reichserbschaftssteuer) und in einer Besteuerung der Ehegatten, sowohl bei beerbter Ehe (1% bis zum Betrage des gesetzlichen Erbteils, darüber 3%; staffelförmige Steigung nach dem Wert) wie bei unbeerbter Ehe (3% mit Steigung nach dem Wert). Ein Zuschlag zur Reichserbschaftssteuer kommt zur Hebung bei Anfällen an Geschwister sowie an Abkömmlinge ersten Grades von Geschwistern in der Höhe von $2^1/_2$%, bei Anfällen an Abkömmlinge zweiten Grades von Geschwistern mit 1% und bei den im § 12 des Reichserbschaftssteuerg. bezeichneten Anfällen mit 4%. Die Gesamteinnahme aus der Erbschafts- und Schenkungssteuer beträgt 2 500 000 M.

Die sonstigen Einnahmen aus der Staatsverwaltung, welche sich insgesamt auf 7 947 600 M. belaufen, rühren aus den verschiedensten Quellen her. Sie umfassen Vereinnahmungen aus der Universität und Bibliothek, aus dem höheren und niederen Schulwesen, aus der Verwaltung des Innern, aus der Justizverwaltung, aus der Kultusverwaltung, aus der landwirtschaftlichen Verwaltung, aus den verschiedenen Bauverwaltungen, aus den Steuerverwaltungen und aus der Finanzverwaltung. Überschüsse und Bestände aus früheren Jahren waren nicht zu vereinnahmen.

3. Ausgaben. Von dem Staatsbedarf Elsaß-Lothringens zu insgesamt 76 417 300 M. entfallen auf: I. Ausgaben auf die Erwerbseinkünfte 7 210 800 M., darunter auf die Forsten 4 154 400 M., auf die Tabakmanufaktur 3 056 400 M. II. Bedarf für die Staatsschuld 1 790 000 M., darunter: Verzinsung 1 395 000 M.; Tilgung 390 000 M.; Verwaltungsaufwand 5000 M. III. Bedarf für die Staatsverwaltung 53 080 800 M. IV. Leistungen an das Deutsche Reich 11 722 400 M., und zwar Matrikularbeiträge 7 188 400 M. und Ausgleichsbeträge für Reservatrechte (Biersteuer) 4 534 000 M. Der Bedarf für die Staatsverwaltung umfaßt folgende Einzelsummen: Statthalterschaft 434 900 M.; Vertretung beim Bundesrat 18 000 M.; Landtag 360 800 M.; Ministerium 891 300 M.; Kaiserlicher Rat 10 600 M.; Universität, Bibliothek und wissenschaftliche Anstalten 2 231 600 M.; Unterrichtsverwaltung 8 176 100 M.; Verwaltung des Innern 5 673 200 M.; Justizverwaltung 6 315 000 M.; Kultusverwaltung 5 078 200 M.; landwirtschaftliche Verwaltung 1 533 300 M.;

Hochbauverwaltung 303 200 M.; Wegebauverwaltung 2 153 700 M.; Wasserbauverwaltung 2 219 600 M.; Meliorationsbauverwaltung 778 600 M.; allgemeine Finanzverwaltung 8 846 000 M.; Zölle und indirekte Steuern 4 282 300 M.; Verkehrssteuern 1 856 900 M.; direkte Steuern, Kataster- und Vermessungswesen 3 668 300 M.; Eichwesen 138 000 M.; Staatsdepositenverwaltung 724 500 M.

C. Zahlenmäßige Zusammenstellungen zur staatlichen Finanzwirtschaft des Deutschen Reichs und der deutschen Bundesstaaten.

Vorwort. Um für die nach Zahlengrößen auszudrückenden Erscheinungen der einzelnen deutschen staatlichen Finanzwirtschaften einen leichteren und unmittelbaren Überblick für eine nähere Prüfung und gegenseitige Vergleichung zu bieten, sind die nachstehenden zahlenmäßigen Zusammenstellungen angeschlossen, die jedoch auf einige große Hauptpunkte zu beschränken waren. Zugrundegelegt sind, wie in der Hauptsache schon bei den vorgehenden Darlegungen, die Nachweise der Reichsfinanzstatistik, zum Teil in unmittelbaren Anschluß an dieselbe. Wie sonst war dabei der Voranschlag 1913 als der jüngste vorhandene Nachweis in erster Linie maßgebend; lediglich bei der Zusammenstellung über die Ausgaben der Staatsverwaltung in Einzelgliederung mußte auf die Voranschläge 1911 gegriffen werden, weil die Reichsfinanzstatistik bezügliche Daten nur bis dahin gab.

Zu den einzelnen Zusammenstellungen ist nochmals ausdrücklich darauf hinzuweisen, daß sie nicht überall und hinsichtlich aller Einzelheiten einen unbedingt sicheren Anhalt gewähren können. Bei der außerordentlich großen Verschiedenheit in der Etatisierung der einzelnen Einnahme- und Ausgabeansätze unter den Bundesstaaten war es nicht möglich, für die größeren Gesamtbeträge, wie sie in den Zusammenstellungen erscheinen, durchweg eine volle Gleichmäßigkeit in der Zusammensetzung zu erzielen. Es mußten immer einzelne Unebenheiten, meist allerdings untergeordneter Bedeutung, bestehen bleiben, die einer völlig ungetrübten Vergleichbarkeit hinderlich sind. Namentlich gilt solches hinsichtlich der Zusammenstellung über die Ausgaben für die Staatsverwaltung in Einzelgliederung. Für eine allgemeine Vergleichung und um einen Überblick im großen und ganzen zu geben, ist die Zuverlässigkeit der Zahlen aber durchweg ausreichend. Ein näheres Eingehen auf die Ergebnisse der Zusammenstellungen selbst dürfte sich erübrigen.

1. Der ordentliche Staatsbedarf nach den Voranschlägen 1913 und die prozentuale Verteilung desselben auf die Haupt-Ausgabenansätze.

Staat	Ordentlicher und einmaliger Staatsbedarf nach absoluter Zahl 1000 M.	Von dem ordentlichen Staatsbedarf entfallen prozentual auf			
		Ausgaben auf die Erwerbseinkünfte %	Bedarf für die Staatsschuld %	Bedarf für die Staatsverwaltung %	Leistungen an das Reich %
1	2	3	4	5	6
Deutsches Reich	4 001 739,6	21,5	6,1	72,4	—
Preußen	4 240 746,5	58,9	10,2	27,2	3,7
Bayern	695 138,6	47,6	13,6	30,8	8,0
Sachsen	419 469,2	54,0	9,3	32,6	4,1
Württemberg	242 257,4	46,1	11,6	34,1	8,2
Baden	223 776,9	42,6	15,9	35,5	6,0
Hessen	105 888,6	39,8	15,9	39,5	4,8
Mecklenburg-Schwerin	47 471,5	47,9	15,2	31,7	5,2
Sachsen	15 954,8	4,5	0,9	85,2	9,4
Mecklenburg-Strelitz	5 024,6	24,7	2,2	65,0	8,1
Oldenburg	38 087,7	53,0	9,2	32,8	5,0
Braunschweig	31 341,9	37,2	10,6	46,2	6,0
Sachsen-Meiningen	10 892,5	25,0	4,7	61,6	8,7
Sachsen-Altenburg	6 205,5	3,3	1,2	82,6	12,9
Sachsen-Coburg-Gotha	7 745,7	9,1	4,4	83,7	2,8
Anhalt	16 198,6	22,8	2,7	66,8	7,7
Schwarzburg-Sondershausen	3 770,1	22,7	1,6	66,3	9,4
Schwarzburg-Rudolstadt	3 681,2	14,7	5,6	69,2	10,5
Waldeck	1 500,7	0,1	9,5	75,4	15,0
Reuß älterer Linie	1 583,0	—	0,0	81,7	18,3
Reuß jüngerer Linie	3 258,2	—	1,3	80,3	18,4
Schaumburg-Lippe	1 088,2	—	2,5	80,6	16,9
Lippe	4 335,3	0,6	1,3	84,6	13,5
Lübeck	18 438,1	20,2	18,6	58,6	2,6
Bremen	50 672,3	11,8	22,0	63,7	2,5
Hamburg	190 804,7	3,8	18,6	75,6	2,0
Elsaß-Lothringen	76 417,3	9,4	2,4	72,9	15,3

2. Die Ausgaben für die Staatsverwaltung in

Staaten	Heer und Marine	Äußere Angelegenheiten	Innere Verwaltung	Landwirtschaft
				Beträge in
1	2	3	4	5
Deutsches Reich	1 150 921,6	39 982,9	68 616,7	1 454,3
Preußen	—	20 988,4	279 215,1	29 318,4
Bayern	—	7 907,6	28 222,9	5 652,3
Sachsen	—	7 260,9	23 961,3	1 162,9
Württemberg	—	2 342,9	11 231,1	2 004,4
Baden	—	2 072,1	19 806,6	1 022,4
Hessen	—	1 531,7	6 579,8	1 131,1
Mecklenburg-Schwerin	—	207,0	3 959,0	362,3
Sachsen	—	1 024,0	2 140,9	89,0
Mecklenburg-Strelitz	—	650,7	681,7	50,5
Oldenburg	—	877,5	2 473,0	154,9
Braunschweig	—	1 307,3	2 316,1	20,0
Sachsen-Meiningen	—	1 727,3	750,3	43,5
Sachsen-Altenburg	—	278,5	1 086,1	45,8
Sachsen-Coburg-Gotha	—	338,5	864,3	71,6
Anhalt	—	238,3	724,5	95,7
Schwarzburg-Sondershausen	—	572,6	301,9	10,0
Schwarzburg-Rudolstadt	—	520,8	319,9	9,7
Waldeck	—	42,3	259,9	55,0
Reuß älterer Linie	—	71,1	267,8	7,1
Reuß jüngerer Linie	—	—	416,5	13,0
Schaumburg-Lippe	—	—	240,7	3,1
Lippe	—	20,5	1 442,6	8,5
Lübeck	—	381,7	2 554,5	6,9
Bremen	—	64,4	10 861,7	57,5
Hamburg	—	1 547,4	47 853,1	149,8
Elsaß-Lothringen	—	1 417,0	5 502,5	1 437,6

Einzelgliederung nach den Voranschlägen 1911.

Handel und Gewerbe	Verkehrswesen	Kirche	Schulen	Wissenschaft	Kunst	Justizverwaltung	Finanzverwaltung
1000 Mark							
6	7	8	9	10	11	12	13
11 176,0	11 333,5	—	1 470,0	1 089,4	744,7	2 979,6	576 928,4
1 356,2	65 322,1	39 322,7	248 733,6	5 045,4	8 041,6	188 752,3	196 236,2
462,5	9 186,9	12 378,7	35 823,3	993,5	1 612,9	28 097,7	67 803,1
233,8	7 505,0	4 000,7	33 578,7	1 202,3	—	21 728,9	19 502,7
828,5	5 301,3	20 748,3	—	323,6	336,5	9 436,1	20 251,0
287,0	5 323,6	1 140,5	16 704,3	214,9	185,8	8 281,4	19 496,2
486,1	1 714,5	483,2	8 710,7	301,2	—	5 584,8	12 013,1
196,4	1 591,3	438,6	1 741,6	90,1	589,9	2 832,3	2 870,7
93,2	432,0	801,0	2 268,0	91,7	—	1 737,9	3 633,5
7,5	241,7	162,5	513,8	52,0	—	533,2	148,9
54,0	756,9	108,9	2 112,1	30,9	25,5	1 587,8	2 873,2
5,0	780,0	514,5	2 702,3	70,2	71,5	2 098,2	3 959,3
11,1	363,4	248,1	1 335,4	5,2	2,0	929,3	1 156,8
22,0	405,2	304,1	1 131,2	12,3	11,0	590,3	872,0
39,4	430,3	303,0	1 710,7	10,0	77,3	819,9	1 255,6
12,0	228,0	630,2	4 475,4	39,2	—	1 218,9	2 625,7
5,5	175,9	165,0	422,5	—	—	303,2	272,1
2,7	220,3	116,1	406,1	7,4	0,7	294,5	340,3
0,4	108,1	34,8	270,7	1,2	—	174,5	146,8
2,0	78,3	51,0	148,5	0,3	—	262,9	214,2
8,0	214,3	135,8	789,6	0,5	—	513,6	524,2
—	96,4	0,5	227,7	—	—	155,0	118,0
13,6	208,5	150,1	834,5	14,8	—	537,9	192,8
18,0	1 242,4	150,9	2 670,8	39,1	49,0	673,3	1 271,9
160,9	4 987,0	—	5 005,9	178,5	148,9	1 998,4	4 236,3
1 226,0	26 088,6	178,0	22 335,7	2 676,7	1 199,5	9 125,5	15 639,4
75,0	4 299,8	5 049,7	10 386,1	319,7	197,7	5 626,9	17 316,2

3. Prozentverhältnis der einzelnen Einnahmegattungen

Staat	Erwerbs-				
	Domänen %	Forsten %	Bergwerke %	Eisenbahnen %	Dampfschiff-fahrt %
1	2	3	4	5	6
Deutsches Reich	—	—	—	3,84	—
Preußen	0,82	3,67	7,89	57,92	—
Bayern	0,25	8,75	2,93	44,30	0,13
Sachsen	0,18	3,85	4,96	45,99	—
Württemberg	0,37	8,58	3,93	38,92	0,21
Baden	4,99	—	0,56	51,29	0,21
Hessen	1,57	4,71	0,33	47,46	—
Mecklenburg-Schwerin	10,10	8,13	0,01	44,67	1,18
Sachsen	4,18	19,91	—	—	—
Mecklenburg-Strelitz	27,84	16,95	—	—	—
Oldenburg	2,26	2,14	0,02	58,36	—
Braunschweig	7,49	16,27	14,78	8,15	—
Sachsen-Meiningen	2,68	34,41	—	2,15	—
Sachsen-Altenburg	—	9,98	—	—	—
Sachsen-Coburg-Gotha	25,10	—	—	—	—
Anhalt	12,46	9,17	26,91	—	—
Schwarzburg-Sondershausen	45,52	—	—	—	—
Schwarzburg-Rudolstadt	5,77	37,52	—	—	—
Waldeck	0,87	0,02	0,00	—	—
Reuß älterer Linie	—	—	—	—	—
Reuß jüngerer Linie	—	—	—	—	—
Schaumburg-Lippe	—	—	2,90	—	—
Lippe	0,21	0,91	—	—	—
Lübeck	1,96	0,99	—	—	—
Bremen	—	—	—	1,71	—
Hamburg	0,10	0,01	—	0,55	—
Elsaß-Lothringen	—	10,61	—	—	—

in der Gesamteinnahme nach den Voranschlägen 1913.

einkünfte								
Post und Telegraph %	Sonstige Betriebe %	Insgesamt %	Steuern und Zölle %	Gebühren %	Vergütungen aus der Reichskasse %	Sonstige Staatseinnahmen %	Überschüsse und Bestände %	Überweisungen aus der Reichskasse %
7	8	9	10	11	12	13	14	15
21,52	0,86	26,22	58,12	0,50	—	8,33	6,83	—
—	4,97	75,27	12,39	3,89	1,08	4,40	—	2,97
11,46	0,69	68,51	20,33	4,79	0,77	2,63	0,00	2,97
—	13,19	68,17	21,67	3,04	1,14	2,79	—	3,19
12,99	0,31	65,31	23,37	3,33	0,34	3,02	1,49	3,14
—	0,76	57,81	25,21	4,26	1,05	8,83	—	2,84
—	2,33	56,40	22,24	2,78	0,61	8,44	5,93	3,60
—	0,84	64,93	12,50	2,94	1,73	11,17	2,61	4,12
—	0,98	25,07	32,14	9,39	0,68	6,45	18,91	7,36
—	—	44,79	11,59	3,76	1,09	13,12	20,47	5,18
—	0,19	62,97	19,07	4,46	1,83	5,27	2,70	3,70
—	14,86	61,55	22,24	4,59	1,66	4,71	0,44	4,81
—	12,53	51,77	25,66	6,40	2,16	4,76	2,59	6,66
—	0,27	10,25	39,79	7,11	3,24	23,71	5,96	9,94
—	1,28	26,38	40,71	14,42	1,00	15,79	1,55	0,15
—	1,18	49,72	26,32	10,78	3,63	3,61	—	5,94
—	0,92	46,44	24,46	7,44	1,02	13,10	—	7,54
—	0.96	44,25	26,36	8,49	1,16	2,53	9,75	7,46
—	—	0,89	33,99	11,28	0,00	42,15	—	11,69
—	1,93	1,93	61,02	15,29	0,89	6,46	—	14,41
—	17,34	17,34	46,78	11,04	2,11	4,37	3,67	14,69
—	1,74	4,64	41,45	11,13	—	28,64	—	14,14
—	1,16	2,28	31,36	11,79	—	30,67	15,21	8,69
—	32,20	35,15	35,61	7,40	3,96	15,36	0,54	1,98
—	19,58	21,29	42,43	17,99	3,90	7,75	5,03	1,61
—	9,91	10,57	47,36	17,96	4,13	9,52	8,86	1,60
—	4,21	14,82	58,90	4,92	3,68	10,35	—	7,33

4. Die Steuerbelastung nach den einzelnen Steuerarten auf

Staat	Direkte Steuern								
	Allgemeine Einkommensteuer M.	Ergänzungssteuer M.	Grundsteuer M.	Gebäudesteuer M.	Wohn- (Miets-) steuer M.	Gewerbesteuer M.	Kapitalrentensteuer M.	Spezielle Einkommensteuer u. andere persönliche Steuern M.	Landwirtschaftliche Steuern M.
1	2	3	4	5	6	7	8	9	10
Preußen	9,43	1,52	—	—	—	—	—	—	—
Bayern	7,46	—	0,76	0,99	—	0,61	0,78	—	—
Sachsen	14,11	1,02	1,04	—	—	—	—	—	—
Württemberg	10,21	—	0,66	1,12	—	1,21	1,72	—	—
Baden	11,28	5,23	—	—	—	—	—	—	—
Hessen	11,64	3,56	—	—	—	—	—	—	—
Mecklenb.-Schwerin	—	—	0,68	0,06	0,20	2,09	1,70	2,23	1,47
Sachsen	10,16	1,04	0,33	—	—	—	—	—	—
Mecklenburg-Strelitz	—	—	1,02	—	0,16	1,45	1,30	1,99	0,78
Oldenburg	8,39	2,39	1,69	0,47	—	0,35	—	—	—
Braunschweig	9,39	1,89	1,03	—	—	0,45	—	—	—
Sachsen-Meiningen	6,99	0,99	0,49	0,94	—	—	—	—	—
Sachsen-Altenburg	7,50	—	1,33	—	—	0,74	—	—	—
Sachs.-Coburg-Gotha	9,80	0,91	0,49	—	—	—	—	—	—
Anhalt	9,86	—	0,12	—	—	1,48	0,49	—	—
Schwarzb.-Sondersh.	7,52	—	1,34	0,87	—	—	—	—	—
Schwarzb.-Rudolst.	6,63	—	0,87	0,75	—	0,94	—	—	—
Waldeck	5,65	—	1,98	—	—	0,32	—	—	—
Reuß älterer Linie	11,44	1,33	—	—	—	—	—	—	—
Reuß jüngerer Linie	8,70	—	0,99	—	—	—	—	—	—
Schaumburg-Lippe	6,69	1,76	—	—	—	—	—	—	—
Lippe	6,46	1,99	0,77	0,61	—	0,30	—	0,76	—
Lübeck	34,46	—	8,54	—	—	3,49	—	—	—
Bremen	51,16	—	0,21	8,51	8,48	0,32	—	2,67	—
Hamburg	50,26	—	23,95	—	—	—	—	—	—
Elsaß-Lothringen	—	—	1,35	2,61	—	3,47	1,50	1,77	—

den Kopf der Bevölkerung nach den Voranschlägen 1913.

Direkte Steuern			Aufwandsteuern					Verkehrssteuern			
Wandergewerbe-steuer	Eisenbahnsteuer	Bergwerkssteuer	Weinsteuer	Biersteuer	Schlacht- u. sonstige Verbrauchssteuer	Hundeabgabe	Sonstige direkte Luxusabgaben	Umsatzsteuer von Grundstücken	Wertzuwachssteuer von Grundstücken	Stempelsteuer	Erbschafts- und Schenkungs-steuer
M.	M.	M.	M.	M.	M.	M.	M.	M.	M.	M.	M.
11	12	13	14	15	16	17	18	19	20	21	22
0,08	0,01	—	—	—	0.00	—	—	—	0,03	1,79	0,22
0,04	—	0,01	—	9,63	—	—	—	—	0,04	0,01	0,25
0,05	—	0,01	—	—	1,30	—	—	—	—	1,09	0,29
0,03	—	—	0,82	5,65	—	—	—	1,40	—	—	0,48
0,09	—	—	0,90	5,89	0,38	0,35	—	2,08	—	—	0,41
0,07	—	—	—	—	—	0,35	—	—	0,01	3,32	0,42
0,14	—	—	—	—	—	0,09	—	—	—	0,56	0,28
0,06	0,09	—	—	0,05	0,00	0,26	—	—	—	—	0,14
0,20	—	—	—	—	—	0,06	—	—	—	—	0,06
0,06	—	—	—	—	—	—	—	—	0,07	1,84	0,23
0,09	—	0,20	—	—	—	—	—	—	—	1,22	0,22
0,07	0,06	0,36	—	—	—	—	—	—	—	—	0,13
0,05	0,17	—	—	—	0,66	—	0,06	—	—	0,69	0,16
0,03	0,02	0,44	—	0,04	—	0,25	—	—	—	0,10	0,19
0,10	0,09	0,73	—	—	—	—	—	—	—	0,73	0,28
0,06	0,05	0,04	—	—	—	—	—	—	—	—	0,17
0,05	0,07	1,12	—	—	—	0,09	—	—	—	—	0,12
0,08	—	—	—	—	—	0,19	—	—	—	—	0,05
0,05	—	—	—	—	—	0,15	0,20	—	—	—	0,10
0,05	—	0,05	—	—	—	0,09	—	—	—	—	0,10
0,07	—	—	—	—	—	—	—	—	—	0,54	0,13
0,13	—	0,04	—	—	—	—	—	—	0,15	—	0,10
0,07	0,51	—	—	0,46	—	0,31	0,76	2,75	1,03	1,71	2,23
—	—	—	—	0,42	—	0,16	0,27	3,67	0,33	2,56	4,01
0,00	—	—	—	—	—	0,45	0,89	3,94	1,97	3,92	3,67
0,13	—	0,72	0,48	4,15	1,09	—	—	4,71	0,03	0,80	1,33

5. Die Staatsschulden und die Ausgaben auf dieselben nach den Voranschlägen 1913.

Staat	Betrag der Staatsschuld		Ausgaben auf die Staatsschuld auf den Kopf der Bevölkerung			
	absolut 1000 M.	auf den Kopf der Bevölkerung M.	Verzinsung M.	Tilgung M.	Verwaltung u. sonstige Leistungen M.	Insgesamt M.
1	2	3	4	5	6	7
Deutsches Reich	4 677 225,3	72,04	2,42	0,91	0,02	3,35
Preußen	9 266 769,1	230,72	8,49	1,49	0,12	10,10
Bayern	2 285 976,1	331,91	12,48	1,18	0,07	13,73
Sachsen	861 109,9	179,15	5,61	2,46	0,04	8,11
Württemberg	621 377,0	254,92	9,64	1,77	0,10	11,51
Baden	585 891,5	273,42	10,62	5,60	0,05	16,27
Hessen	434 632,4	339,01	11,67	1,38	0,09	13,14
Mecklenburg-Schwerin	139 454,5	217,91	8,16	2,77	0,13	11,06
Sachsen	1 722,6	4,13	0,20	0,10	0,00	0,30
Mecklenburg-Strelitz	2 680,2	25,18	0,94	0,07	0,01	1,02
Oldenburg	82 689,8	171,19	6,33	0,91	0,01	7,25
Braunschweig	43 763,8	88,53	2,17	4,53	—	6,70
Sachsen-Meiningen	7 287,8	26,14	0,67	1,13	0,03	1,83
Sachsen-Altenburg	882,7	4,08	0,17	—	0,17	0,34
Sachsen-Coburg-Gotha	5 895,8	22,93	0,94	0,36	0,00	1,30
Anhalt	—	—	—	—	—	—
Schwarzb.-Sondershausen	1 240,2	13,79	0,53	0,15	0,00	0,68
Schwarzburg-Rudolstadt	4 560,2	45,28	1,63	0,40	—	2,03
Waldeck	1 464,0	23,73	0,82	0,74	0,70	2,26
Reuß älterer Linie	—	—	—	—	—	—
Reuß jüngerer Linie	1 040,0	6,81	0,27	—	—	0,27
Schaumburg-Lippe	387,1	8,30	0,29	0,29	—	0,58
Lippe	970,6	6,43	0,25	0,11	—	0,36
Lübeck	72 020,2	617,67	22,80	5,86	0,04	28,70
Bremen	299 766,4	1000,80	35,55	1,73	—	37,28
Hamburg	735 780,0	725,15	26,76	6,68	0,05	33,49
Elsaß-Lothringen	44 546,6	23,77	0,63	0,21	0,00	0,84

Sachverzeichnis.

(Die Zahlen geben die Seite an, die fettgedruckten die Hauptbehandlung des betreffenden Stichworts.)

FSC
www.fsc.org
MIX
Papier | Fördert
gute Waldnutzung
FSC® C083411

Kolibri 360 GmbH
Ferdinand-Jühlke-Straße 7
99095 Erfurt, Deutschland
produktsicherheit@kolibri360.de